科学出版社"十三五"普通高等教育本科规划教材

概率论与数理统计
(第二版)

西南交通大学数学学院统计系 编

科学出版社

北京

内 容 简 介

本书针对工科专业的特点，以统计建模为侧重点，突出统计方法的基本思想和实用性，并兼顾对理论基础的理解和掌握．绪论部分详细介绍了教材编写的基本结构和特点，以及每一章的主要内容和教学安排的建议．全书分为 9 章：第 1 章主要介绍了常用的描述性统计方法，第 2 章至第 4 章介绍了相关的概率论知识，第 5 章介绍简单随机样本及抽样分布，第 6 章至第 9 章介绍了常用统计方法的思想及具体分析过程．全书主要内容包括对数据的描述性统计分析、随机事件及其概率、随机变量及其分布、多维随机变量及其联合概率分布、简单随机样本及抽样分布、点估计、单个总体的区间估计与假设检验、多个正态总体的统计推断以及回归分析等．

本书可用于高等院校工科类各专业概率论与数理统计课程的教材，也可作为自学和相关科研工作者参考书．

图书在版编目(CIP)数据

概率论与数理统计/西南交通大学数学学院统计系编. —2 版. —北京：科学出版社, 2017.8

科学出版社"十三五"普通高等教育本科规划教材

ISBN 978-7-03-053868-0

Ⅰ.①概… Ⅱ.①西… Ⅲ.①概率论-高等学校-教材 ②数理统计-高等学校-教材 Ⅳ.①O21

中国版本图书馆 CIP 数据核字(2017) 第 146514 号

责任编辑：王胡权／责任校对：彭 涛
责任印制：赵 博／封面设计：迷底书装

科学出版社 出版
北京东黄城根北街 16 号
邮政编码：100717
http://www.sciencep.com

北京建宏印刷有限公司印刷
科学出版社发行 各地新华书店经销

＊

2011 年 6 月第 一 版 开本：720×1000 1/16
2017 年 8 月第 二 版 印张：19 1/2
2025 年 8 月第十二次印刷 字数：391 000
定价：49.00元
(如有印装质量问题，我社负责调换)

第二版前言

在当今大数据的时代背景下，对数据的统计分析处理提出了更多的新问题，从而也形成了统计学科进一步发展的重要推动力. 作为随机数学的基础课程，如何在概率统计课程教学中让学生领悟统计学的精髓，是我们一直在努力探索的问题.

与第一版相比，本书增加了绪论部分，其目的就是更清楚地说明教材编写的基本想法和结构组成，以便教师或学生在使用过程中可以更好地把握主线. 此外，第一版是将多维随机变量与数理统计基本概念放在一章中，实际使用中感觉内容太多，综合考虑了教师与学生的反馈意见之后，我们将这一部分内容分为了第4章和第5章. 在第二版的修订编写中，我们还修改并增加了部分例题，以方便学生在自学过程中的使用.

与第一版的出发点一致，我们依然是重点突出以统计实践为主导的结构框架，整体思路可以概括为"统计初步→统计推断"，强调统计学对数据的分析和解读，让学生自己体会到中学时代所学的统计知识在专业统计学中的基本作用，引导学生自己发现运用更系统的统计方法从数据中获取更多更深层的信息.

本书的编写与修订主要由西南交通大学数学学院统计系的几位教师完成，具体分工为：袁代林负责第1章、第2章和第3章，程世娟负责第4章和第5章，刘赪负责第6章、第7章、第8章以及绪论部分，赵联文负责第9章以及全书的修订工作，全书统稿工作由刘赪完成.

特别要感谢何平教授、李裕奇教授，在框架体系的搭建以及许多知识点的具体处理技巧等方面为我们提出了宝贵的意见和建议.

在本书第二版的修订与编写过程中，得到了西南交通大学数学学院相关领导的热情帮助与支持，特别是统计系的领导和所有教师的大力支持，在此我们表示衷心的感谢！同时感谢科学出版社为本书的顺利出版付出的辛苦劳动.

本书在修订过程中，参考了大量的相关教材和资料，选用了其中的有关内容和习题，在此谨向有关编者和作者一并表示感谢.

书中不足之处，诚恳地希望读者批评指正.

编 者

于西南交通大学

2017年3月28日

第一版前言

随着科学技术的进步和各学科的不断发展,作为数据处理和分析技术的统计方法得到了越来越广泛的应用. 可以说,只要涉及到数据分析就必然会用到统计分析的方法,而概率论则为所有统计思想和方法提供了理论支撑. 因此,概率论与数理统计已经成为高等学校工学、经济学、管理学、社会学等专业本科阶段普遍开设的随机类数学课程. 目前,结合财经类专业的特点,国内部分高等财经院校的概率统计教材在内容和体系上都在进行不断地改进. 如何针对工科专业的实际需求编写相应的统计学教材,一直是我们在教学过程中认真思考和探索的问题.

本书的目的就是针对高等院校工科类专业的实际需求,强调将实际问题提炼为统计问题的思想和实现过程,提高学生运用统计方法解决问题的实际能力. 我们在教材的体系安排、内容取舍、教学方法等方面按照上述指导思想作了一些尝试,主要体现在以下几点:

(1) 在内容安排上,从常用统计方法的理论根据出发,同时也兼顾了研究生入学考试中对概率统计部分的要求,对概率论的部分理论内容做了相应的弱化处理,突出了概率理论与统计方法的关联,以利于学生的接受和理解.

(2) 贯彻统计建模的思想: 实际问题→统计模型→求解模型→阐述结果. 具体来讲,就是从实际问题出发,建立模型将其转化为统计问题,然后再提出解决问题的思想,并利用数学手段实现,最后再回到实际问题,对得到的结果进行解释,引导学生运用所学知识解决实际问题.

(3) 借鉴了国外优秀概率统计教材的经验,将数理统计部分的结构分为点估计、基于单个总体的统计推断、基于多个总体的统计推断以及回归分析四个部分,并特别介绍了关于非正态总体的统计推断、Logistic 回归等相关内容.

在编写本书的过程中,得到了西南交通大学数学学院以及统计系所有领导和同事的热情帮助与支持,在此我们表示衷心的感谢! 此外,我们特别感谢西南交通大学教务处教材科为本书的编写工作给予了许多支持和帮助;真心感谢科学出版社为本书的顺利出版给予的鼎力协助.

本书在编写过程中,参考了大量的相关教材和资料,选用了其中的有关内容和习题，在此谨向有关编者或作者一并表示感谢．

书中如有不足之处，诚恳期望读者提出并反馈宝贵意见．

编 者
于西南交通大学
2011 年 3 月 30 日

目 录

第二版前言

第一版前言

绪论 ··· 1

第 1 章 描述性统计 ·· 4
1.1 总体与样本 ··· 4
1.2 中心位置的描述 ··· 6
1.3 离散程度的描述 ··· 8
1.4 描述性统计中的图形显示 ·· 11
1.5 概率在统计中的作用 ·· 19
练习题 1 ··· 20

第 2 章 随机事件及其概率 ·· 25
2.1 随机事件 ·· 25
2.2 概率的公理化定义及性质 ·· 29
2.3 条件概率 ·· 36
2.4 随机事件的独立性 ·· 44
练习题 2 ··· 47

第 3 章 随机变量及其分布 ·· 52
3.1 一维随机变量及其分布 ··· 52
3.2 常用一维分布 ·· 60
3.3 随机变量的函数的分布 ··· 74
3.4 数学期望与方差 ·· 77
练习题 3 ··· 89

第 4 章 多维随机变量及其联合概率分布 ·· 95
4.1 多维随机变量及其联合分布 ··· 95
4.2 随机变量的独立性与条件分布 ·· 107
4.3 多维随机变量的数字特征 ·· 119
4.4 多维随机变量的函数的分布 ·· 130
练习题 4 ··· 140

第 5 章 简单随机样本及抽样分布 ··· 147
5.1 统计量及其分布 ·· 147

 5.2 三大抽样分布 ·· 156
  练习题 5 ·· 164
第 6 章 点估计 ·· 168
 6.1 矩估计法 ·· 168
 6.2 最大似然估计法 ······································ 172
 6.3 估计量的评选标准 ··································· 181
  练习题 6 ·· 188
第 7 章 单个总体的区间估计与假设检验 ············ 191
 7.1 区间估计的基本概念 ······························· 191
 7.2 单个正态总体参数的区间估计 ·················· 196
 7.3 大样本置信区间 ····································· 201
 7.4 假设检验的基本概念 ······························· 204
 7.5 单个正态总体参数的假设检验 ·················· 209
 7.6 非正态总体的统计推断 ··························· 216
  练习题 7 ·· 223
第 8 章 多个正态总体的统计推断 ······················ 227
 8.1 两个正态总体均值差的区间估计与假设检验 ·········· 227
 8.2 两个正态总体方差比的区间估计与假设检验 ·········· 232
 8.3 成对数据的统计分析 ······························· 236
 8.4 方差分析 ·· 239
  练习题 8 ·· 247
第 9 章 回归分析 ·· 251
 9.1 一元线性回归 ······································· 251
 9.2 多元回归及非线性回归模型 ······················ 267
 9.3 Logistic 回归分析 ··································· 273
  练习题 9 ·· 277
参考文献 ·· 285
附录 ·· 286
索引 ·· 300

绪　　论

不知不觉间我们就进入了一个大数据的时代,各行各业都在讲着大数据、用着大数据.大数据的出现,对数据的统计分析处理提出了更多的新问题,从而也形成了统计学科进一步发展的重要推动力.在"互联网＋"时代,数据迅速进入人们的视野,而统计学的目的就是探寻隐藏于数据中的信息,为数据插上价值的翅膀.

对于许多大学生而言,统计学可以算作是"熟悉的陌生人".说熟悉,是因为翻开任何一本概率统计的相关教材,仅看目录会感觉到大部分概念和内容都是中小学阶段就已经学习过的;至于陌生,则是在课程学习的过程中,学生又会感觉到理论性越来越强,统计学绝不仅仅是计算几个数字而已.

统计学如同一件兵器,使用者的功力不同,其发挥的作用也会有着巨大差异.我们的目的就是希望从问题出发,从学生所熟悉的描述性统计入手,由浅层的表象分析逐步到达更深层次的信息发掘,在逐步深入的过程中展现统计学的独特魅力!

本书将统计建模作为主线,整体思路可以概括为"统计初步→统计推断",强调统计学对数据的分析和解读,让学生自己体会到中学时代所学的统计知识在专业统计学中的基本作用,引导学生自己发现运用更系统的统计方法从数据中获取更多更深层的信息.

从全书的结构安排上来看,基本想法可以表示如下图:

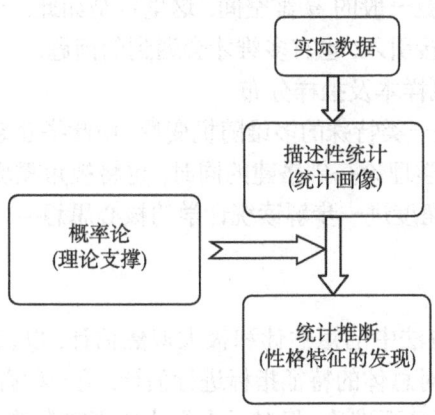

首先是结合实际问题,面对具体的数据,基于学生现有的知识储备,系统整理了常见的描述性统计方法,相当于对数据做了一个初步的画像,用直接、感性的可视化方式展示数据中所隐藏的一些基本特征.

进一步，为了发现数据更深层次的性格和特征，就必须要用到专业的统计推断方法．而这些统计方法的学习，是需要概率论作为理论支撑．因此，书中关于概率论部分的知识点都是紧紧围绕着统计学需要的，特别借鉴了国内外优秀教材的处理方式，对于概率论中的部分知识点进行了弱化，以统计学为教材编写的主线．

本书分为 9 章，各章主要内容如下：

第 1 章 描述性统计

告诉读者在面对样本数据的时候，如何快速有效地提炼出其包含的信息，完成数据的可视化描述分析．同时结合实例，阐述了概率与统计的关系，为后续章节的安排留下线索．

第 2 章 随机事件及其概率

借助于集合论的思想和方法对随机事件展开研究．在分析巩固中学已经学习过的基本概率知识的基础之上，建立系统的概率论知识体系，同时也提出研究中"仅仅运用集合论的手段"是很受限制的，能不能将我们所熟悉的函数用于概率问题的处理？

第 3 章 随机变量及其分布

是将函数引入到概率论研究的重要转折，导数、积分、级数等数学工具都会出现在概率问题的处理过程中．在相关知识点的处理上，强调概率问题是如何转化为积分、求和等数学问题的．

解决上述问题的关键在于：随机变量，分布函数．

第 4 章 多维随机变量及其联合概率分布

在数的学习过程中，我们是先从一维的数轴到平面直角坐标系，再到三维的立体空间，然后再推广到更一般的 n 维空间．这里也是如此，一维随机变量到多维的推广，有基本概念的直接引入，也有多维才会遇到的问题．

第 5 章 简单随机样本及抽样分布

简单随机样本就是一类特殊的多维随机变量，由此搭建起概率论与数理统计之间的联系．在完成统计学理论基础搭建的同时，也将视角重新回到教材的主线——统计学．从随机变量的角度进一步解读统计学的核心思想——用样本信息对总体作出推断描述．

第 6 章 点估计

重点介绍点估计方法中的矩估计和极大似然估计，以及对于点估计量优劣性的评价准则．利用样本对总体的特征指标进行估计，是一种有科学依据的合理猜测．这种猜测永远不可能百分百准确，但对于人们认知事物有着不可估量的作用．

第 7 章 单个总体的区间估计与假设检验

以正态总体为例，详细分析区间估计的枢轴量与假设检验中检验统计量之间的关系，并特别介绍了关于非正态总体的统计推断．估计与检验是统计推断的两个基本问题,在讲述基本结论的同时,更注重区间估计和假设检验的基本思想,从问题的提出到统计模型的形式,从解决问题的初始想法到最终的数学实现,从模型结果的数学描述到回归实际问题背景的结果阐述,期望让学生更深刻地了解统计学本质.

第 8 章 多个正态总体的统计推断

在前一章的基础之上,将讨论范围推广至两个正态总体,并进一步关注多个正态总体的均值比较问题,即方差分析.

第 9 章 回归分析

从相关关系的分析出发,结合实例讲解了线性回归模型的统计思想和方法,强调了回归分析每一个关键环节的统计问题再现,并特别讨论了用于分类数据的 Logistic 回归模型.

使用本书有两个建议方案,具体如下:

如果学时较短,可以选择部分内容组织教学,譬如:描述性统计、随机事件及其概率、随机变量及其分布的主要内容,多维随机变量的基本概念、统计量的概念,三大抽样分布、矩估计与最大似然估计,单正态总体的区间估计与假设检验.

如果学时足够,可以按照本书的完整结构进行教学,其中部分知识点可以作为学生课后自学 (如:大样本置信区间,非正态总体的统计推断,成对数据的统计分析,非线性回归以及 Logistic 回归分析).

第 1 章 描述性统计

在我们了解和认识客观世界的过程中，统计学的思想和方法经常起着不可替代的作用. 在许多工程及自然科学的专业领域中，包括可靠性分析、质量控制、生物信息、脑科学、心理分析、经济分析、金融风险管理、社会科学推断、行为科学等诸多领域，统计分析方法已经成为基本的数据分析与信息分析工具.

在科学研究和实际问题的处理过程中，往往需要面对数据的分析和处理. 这些数据虽然包含了大量的信息，但对我们所关心的问题而言，还需要对数据进行一定的处理才能从中提炼出有用的信息. 那么如何从这些收集到的数据中获取所需要的信息呢？统计学就提供了相应的思想和方法，通过对数据的加工和整理，可以从中提取更有价值的信息. 一般而言，统计学研究的就是如何有效地收集和整理数据资料，并通过分析对所研究的对象的性质、特征作出推断. 通常来讲，利用图、表以及简单计算以实现对数据资料的统计分析统称为描述性统计.

本章将介绍统计中的基本概念，以及一些常用的描述性统计分析方法.

1.1 总体与样本

对于一个统计问题，将研究对象的全体称为**总体**(population)，构成总体的每一个元素称为**个体**.

例如，要考察某大学在校学生的月生活费支出情况，则该所大学的全体在校学生就构成相应的总体，而每一个在校学生就是一个个体. 而如果要研究的是成都市大学在校学生的月生活费支出情况，那么总体就包含了成都市所有大学的在校学生. 可见，总体是根据研究范围所确定的.

对于不同的研究问题，通常只对总体中个体的某些特征感兴趣，如确定一批节能灯泡的使用寿命，调查某地区 3 岁儿童的身高与体重等等. 一般情况下就将所关注的特征量视为总体，而所有个体的取值就是总体的所有可能取值. 因此对于要考察的一个或多个特征量就可以定义为一个变量、或一组变量，后者也可以视为一个多元变量.

由于通常情况下总体中所包含的元素都非常多，而且有些调查数据是经过破坏性试验获得的，不可能将每一个个体都逐一考察. 例如，为了了解 2008 年成都市居民用于食品的平均消费情况，应该如何做呢？显然，我们不可能去调查每一个成都市的居民，然后得到所需要的数据. 在实际研究中只需要随机选取一部分成都市居民进行调查获取信息. 统计学的主要目的就是对收集到的数据进行加工和整理, 通过分析从这些数据中发掘所需要的信息, 并得到一定的结论. 因此, 在实际调查和研究中, 所能够得到的就是从总体中随机抽取的一部分个体, 称之为**样本**(sample). 通过对样本的调查或观测所得到的数据, 就是做统计推理时所能利用的信息.

由上所述, 统计就是要研究客观现象总体的数量特征和数量关系, 统计学主要是根据样本信息对总体进行推断. 当我们用试验或观察的方法研究一个具体问题时, 首先就是从总体中抽取一定的样本, 要通过适当的观察或试验获取必要的数据. 通过对样本的研究, 才能进一步对总体的实际情况做出相应的推断.

例 1.1.1 有 26 名海上石油工人被随机选中参加一项模拟逃生试验, 他们每个人成功逃生所耗费的时间 (单位: 秒) 如下:[1]

389	356	359	363	375	424	325	394	402
373	373	370	364	366	364	325	339	393
392	369	374	359	356	403	334	397	

作为所获取的初始信息, 对这样一组数据如果不做任何整理和分析, 很难从中直接得到有价值的结论. 所以, 当我们拿到具体数据之后, 首先会希望对数据进行一些基本的汇总、整理, 并对数据的一些基本特征给以简单描述和总结. 在这一过程中所用到的方法就属于描述性统计, 可以说描述性统计分析不仅是进行统计分析的第一步, 同时也是对数据进行更深层次分析的基础.

简单地说, 描述性统计分析就是对所收集的大量数据进行加工整理, 用统计语言去描述这些数据的特征, 提取它们包含的信息, 从而揭示研究对象的内容和本质. 统计描述语言包括反映数据分布特点的各种特征量及图形、表格等, 概括和表现研究对象的统计性质, 包含了全面分析的研究过程. 因此, 描述性统计可以通过样本数据有关特征的计算给出一些具体的数字来描述数据的一些显著特点, 如均值、中位数、标准差等; 也可以利用图形的直观性对数据特征进行展示, 如直方图、散点图等.

我们一般地将描述性统计方法分为两类: 一类是数值法, 即利用代表性的数值精确地描述出所给数据的基本特征; 一类是图表法, 即利用可视化的工具描述数据. 以下先介绍数值法, 包括关于数据集中趋势和分散程度的常用描述方法, 然后介绍描述性统计中与统计推断联系密切的常用图表工具, 包括茎叶图、直方图、散点图和箱线图.

---

[1] "Oxygen Consumption and Ventilation During Escape from an Offshore Platform", Ergonomics, 1997:281-292

1.2 中心位置的描述

统计分析的目的是研究总体特征. 但一般情况下, 我们能够得到的只是从总体中随机抽取的一部分观察对象, 这些观察对象就构成了样本. 通过对样本的研究, 才能进一步对总体的实际情况做出相应的推断. 而描述性统计分析是进行统计分析的第一步, 也是许多统计分析方法的前期预处理过程.

如果要分析样本数据蕴含总体特征的信息, 则需要对反映数据分布特征的一些指标进行计算和解释. 也就是说, 面对一个个的数据, 我们希望从中提取出一些指标, 其数值大小可以反映出这个数据集的某些特征. 本节主要关注的是那些能够刻画数据分布位置的特征量, 特别是分布的中心位置.

对于一组具体的数据, 通常会通过计算均值、中位数和四分位数等特征量, 了解它们的取值主要集中在什么位置, 即这些数据分布的集中趋势.

1.2.1 均值 (Mean)

这里讲的均值是指样本均值, 它是全部样本数据的算术平均, 也称为算术平均值. 假设有 n 个样本数据 $x_1, x_2, \cdots, x_n$, 其均值 $\bar{x}$ 定义为

$$\bar{x} = \frac{x_1 + x_2 + \cdots + x_n}{n} = \frac{1}{n} \sum_{i=1}^{n} x_i \tag{1.2.1}$$

显然, 均值只适用于数值型数据.

例 1.2.1 根据调查, 某集团公司的中层管理人员的年终奖金数据如下 (单位: 千元):

40.6	39.6	37.8	36.2	40.8
38.6	39.6	40.0	34.7	41.7
38.9	37.9	37.0	35.1	36.7
37.1	37.7	39.2	36.9	38.3

由于 $\sum_{i=1}^{20} x_i = 764.4$, 根据式 (1.2.1) 可以计算得到均值

$$\bar{x} = \frac{764.4}{20} = 38.22$$

说明这 20 名中层管理人员的平均年终奖是 38.22 千元.

1.2.2 中位数 (Median)

中位数是将一组数据从小到大排序后, 处于中间位置的数据值, 通常用 M_e 表

1.2 中心位置的描述

示. 假设有 n 个样本数据 $x_1, x_2, \cdots, x_n$, 将其按照从小到大的顺序排列, 记为

$$x_{(1)} \leqslant x_{(2)} \leqslant \cdots \leqslant x_{(n)}$$

若 n 为奇数, 则中位数为 $x_{(\frac{n+1}{2})}$; 若 n 为偶数, 则中位数为 $x_{(\frac{n}{2})}$ 和 $x_{(\frac{n}{2}+1)}$ 的平均值. 即

$$M_e = \begin{cases} x_{(\frac{n+1}{2})}, & n\text{为奇数} \\ \frac{1}{2}\left(x_{(\frac{n}{2})} + x_{(\frac{n}{2}+1)}\right), & n\text{为偶数} \end{cases} \qquad (1.2.2)$$

例 1.2.2 (续例 1.2.1) 计算这 20 名中层管理人员年终奖金的中位数.

解 将这 20 名中层管理人员的年终奖金从低到高排列如下

34.7　35.1　36.2　36.7　36.9　37　37.1　37.7　37.8　37.9
38.3　38.6　38.9　39.2　39.6　39.6　40　40.6　40.8　41.7

由于一共有 20 个数据, 所以中位数就等于排序后第 10 个和第 11 个数据的平均值, 即

$$M_e = \frac{37.9 + 38.3}{2} = 38.1$$

需要注意的是, 极大值和极小值对中位数没有影响, 而对均值则会造成一定影响. 如上例中, 若将较大的两个值 40.8 和 41.7 分别替换为 42.5 和 44, 那么中位数没有改变, 仍然是 38.1, 而均值则变为 38.42. 因此相对于均值, 中位数具有一定的稳健性或耐抗性.

1.2.3 四分位数

中位数是从中间点将全部数据等分为两部分. 为了更详细地反映数据的分布位置, 还可以将数据做更多的等分. 简单来讲, 四分位数是将所有的数据等分为四部分, 处在各分点位置的数据就是四分位数.

通常情况下, 称第一个四分位数为**下四分位数**, 记为 Q_L; 第三个四分位数为**上四分位数**, 记为 Q_U; 而第二个四分位数恰好就是中位数, 记为 Q_M. 四分位数的计算方法与中位数的计算类似, 如上例中, $Q_L = 36.95$, $Q_M = M_e = 38.1$, $Q_U = 39.6$.

如果处理的是分组数据, 则先确定 Q_L 和 Q_U 的位置以及它们各自所在的组, 然后再仿照中位数的计算公式确定 Q_L 和 Q_U 的具体数值. 具体计算公式如下:

$$Q_L = L_L + \frac{\frac{n}{4} - S_L}{f_L} \times i_L \qquad (1.2.3)$$

$$Q_U = L_U + \frac{\frac{3n}{4} - S_U}{f_U} \times i_U \qquad (1.2.4)$$

其中 n 是数据的总个数,L_L 和 L_U 分别是 Q_L 和 Q_U 所在组的下限值;f_L 和 f_U 分别是 Q_L 和 Q_U 所在组的频数;i_L 和 i_U 分别是 Q_L 和 Q_U 所在组的组距;S_L 和 S_U 分别是 Q_L 和 Q_U 所在组以前各组的累积频数.

1.3 离散程度的描述

通常情况下,对数据资料的基本分析仅仅关注其集中趋势的描述还不够,还需要对数据的离散趋势作出有效的描述. 中心位置只能反映数据集的部分特征,不同的数据集即使具有相同的中心位置 (如均值或中位数),可能仍然存在很大的差异,如下例.

例 1.3.1 比较下面 A、B 两个小组 (各有 10 人) 的身高 (单位:cm).

A	171	167	168	173	172	170	169	173	169	168
B	165	174	162	180	159	183	165	172	175	165

经过计算可以得到

$$\bar{x}_A = 170\,\text{cm}, \quad \bar{x}_B = 170\,\text{cm}$$

也就是说,这两个小组的平均身高是相同的,都是 170 cm. 但是仔细分析可以发现,相对于 B 组,A 组中每个成员都比较接近平均身高,而 B 组中成员的身高差异比较大. 那么如何将这种区别更加精确地描述出来呢?

1.3.1 极差和四分位数间距

对于一个样本的观测数据,**极差**(Range)定义为最大值与最小值之差,通常用 R_n 表示. 记观测数据的最小值和最大值分别记为 $x_{(1)} = \min\{x_1, x_2, \cdots, x_n\}$、$x_{(n)} = \max\{x_1, x_2, \cdots, x_n\}$,则

$$R_n = x_{(n)} - x_{(1)} \tag{1.3.1}$$

例 1.3.1 中 A、B 两组数据的极差分别为

$$R_{nA} = 173 - 167 = 6\,\text{cm}$$
$$R_{nB} = 183 - 159 = 24\,\text{cm}$$

说明 B 组成员的高矮差别比较大. 可以看到,极差的取值直接反映出样本数据取值范围的大小,其最大优点就是实际操作简单. 但是极差的缺点也非常明显,它只依赖于所有数据中的两个极端取值,而对这两个极端值之间的数据分布情况一无所知.

四分位数间距 f_s 定义为上四分位数 Q_U 与下四分位数 Q_L 之差，它反映了中间一半数据的分布范围，即

$$f_s = Q_U - Q_L \tag{1.3.2}$$

例 1.3.1 中 A、B 两组数据的四分位数间距分别为

$$f_{sA} = 172 - 168 = 4 \text{ cm}$$
$$f_{sB} = 175 - 165 = 10 \text{ cm}$$

也说明了 B 组成员的高矮差别比 A 组成员大. 四分位数间距只与取值在下四分位数和上四分位数之间的数据有关，而与取值落在这个范围之外的数据无关. 四分位数间距也称为半极差，等于中间一半数据的极差，它作为分散性的度量比极差 R_n 更稳健.

1.3.2 样本方差和样本标准差

为了描述所有数据偏离中心位置的程度，最直接的想法就是给出所有数据相对于均值的偏差 (deviations from the mean)，即 $x_1 - \bar{x}, x_2 - \bar{x}, \cdots, x_n - \bar{x}$. 如果将这些偏差全部加起来，由于

$$\bar{x} = \frac{x_1 + x_2 + \cdots + x_n}{n} = \frac{1}{n}\sum_{i=1}^{n} x_i$$

所以

$$\sum_{i=1}^{n}(x_i - \bar{x}) = \sum_{i=1}^{n} x_i - n\bar{x} = 0$$

这是因为这些偏差中有正有负，直接求和之后出现了正负抵消的结果. 那么如何消除这种影响呢? 通常可以采用对所有偏差取绝对值或者平方之后再求和. 如果取绝对值，即 $|x_1 - \bar{x}|, |x_2 - \bar{x}|, \cdots, |x_n - \bar{x}|$，则会带来计算与分析上的困难，因为在许多问题的分析过程中，首先考虑的就是如何去绝对值的问题. 因此，考虑对所有的偏差取平方，即 $(x_1 - \bar{x})^2, (x_2 - \bar{x})^2, \cdots, (x_n - \bar{x})^2$，并称

$$s^2 = \frac{1}{n-1}\sum_{i=1}^{n}(x_i - \bar{x})^2 = \frac{S_{xx}}{n-1} \tag{1.3.3}$$

为**样本方差**，其中 $S_{xx} = \sum_{i=1}^{n}(x_i - \bar{x})^2$. 相应的**样本标准差**为

$$s = \sqrt{s^2} \tag{1.3.4}$$

s 的量纲与样本数据 x_i 的量纲一致，在实际问题中使用更为方便.

由于

$$\sum_{i=1}^n (x_i - \overline{x})^2 = \sum_{i=1}^n \left(x_i^2 - 2\overline{x} \cdot x_i + \overline{x}^2\right)$$
$$= \sum_{i=1}^n x_i^2 - 2\overline{x} \cdot n\overline{x} + n\left(\overline{x}\right)^2$$
$$= \sum_{i=1}^n x_i^2 - n\left(\overline{x}\right)^2$$

所以 S_{xx} 也可以表示为

$$S_{xx} = \sum_{i=1}^n x_i^2 - \frac{1}{n}\left(\sum_{i=1}^n x_i\right)^2 \tag{1.3.5}$$

为了消除数据分散性受到度量单位的影响, 实际中用**变异系数**c_r描述分散程度, 定义为

$$c_r = \frac{s}{\overline{x}} \tag{1.3.6}$$

上式中要求 $\overline{x}$ 不等于 0.

例 1.3.2 (续例 1.3.1) 计算并比较 A、B 两组身高数据的样本方差和变异系数.

A 组	x_i	x_i^2	B 组	x_i	x_i^2
1	171	29241	1	165	27225
2	167	27889	2	174	30276
3	168	28224	3	162	26244
4	173	29929	4	180	32400
5	172	29584	5	159	25281
6	170	28900	6	183	33489
7	169	28561	7	165	27225
8	173	29929	8	172	29584
9	169	28561	9	175	30625
10	168	28224	10	165	27225
Σ	1700	289042	Σ	1700	289574

代入可得

$$s_A^2 = \frac{1}{9} \times (289042 - 1700^2/10) = \frac{42}{9}$$
$$s_B^2 = \frac{1}{9} \times (289574 - 1700^2/10) = \frac{574}{9}$$

标准差

$$s_A = 2.16, \quad s_B = 7.99$$

由于两组数据的样本均值都等于 170, 代入变异系数公式得

$$c_{rA} = 0.013, \quad c_{rB} = 0.047$$

说明 B 组的数据比 A 组更为分散, B 组成员的高矮差别比较大.

1.4 描述性统计中的图形显示

利用图表等可视化工具可以从数据中获得一些初步的认知和信息. 数据的图形表示是一种简便而又突出主要信息的实用方法, 它能直观地显示数据蕴含的一些重要信息, 不需要更多的专业背景知识也可以理解. 一个好的统计图形, 能够在最短的时间里传递出最多的信息, 用最少的笔墨给出更多的思维空间. 因此, 如何利用统计图表直观展示数据中所包含的信息, 也是撰写统计分析报告时必须考虑的重要问题. 以下将介绍比较常用的茎叶图、直方图、散点图及箱线图.

1.4.1 茎叶图

对于未整理的原始数据, 可以利用茎叶图来直观展示数据的分布特征. 关于茎叶图的构造, 下面结合实例进行解释说明.

例 1.4.1 某班 30 名同学的概率考试成绩是

85	80	95	85	49	62
71	60	73	81	66	41
94	74	63	67	72	90
62	62	64	50	47	54
76	72	64	57	73	81

我们根据这组数据给出一个茎叶图 (Stem-and-Leaf Display). 把每个数值分为两部分, 前面一部分 (十位) 称为**茎**(Stem), 后面一部分 (个位) 称为**叶**(Leaf), 如 85 可以分为茎 (8) 和叶 (5) 两部分, 中间用竖线分开, 即 8|5. 这 30 名同学考试成绩的茎叶图如图 1-1 所示:

```
4 | 1 7 9
5 | 0 4 7
6 | 0 2 2 2 3 4 4 6 7
7 | 1 2 2 3 3 4 6
8 | 0 1 1 5 5
9 | 0 4 5
```

茎: 十位
叶: 个位

图 1-1: 茎叶图

容易看到, 不及格的有 6 人, 最低分是 41 分, 最高分是 95 分, 分数主要集中在 60~69 和 71~79 两个分数段. 茎叶图不仅可以直观地读出数据的具体取值, 还能够

保留数据的原始信息. 通过茎叶图, 可以看出数据的分布形状, 如分布是否对称、数据是否集中、是否存在极端值等等.

综上所述, 可以按照以下步骤构造茎叶图:

(1) 根据数据的具体情况选取**茎**(Stem) 和**叶**(Leaf). 如数据 256, 选择"百位和十位"作为"茎", "个位"作为"叶", 即 25|6.

(2) 将所有茎值按大小顺序排成一列.

(3) 对茎值相同的数据, 将其叶值由小到大依次排列在对应茎值的竖线右侧.

如果有两组数据需要对比分析时, 还可以做出它们背靠背的茎叶图, 这是一种简单直观而且有效的对比方法.

例 1.4.2 记上例中的班为甲班, 现有另外一个班 (乙班)30 名同学的考试成绩如下所示:

78	86	59	87	67	76
74	43	71	81	66	45
94	74	63	47	72	93
62	82	64	50	78	54
86	73	54	57	73	90

为了对甲、乙两个班的成绩进行比较, 将这两组数据的茎叶图 (见图 1-2) 按以下方式构造:

```
乙班               7 5 3 |4| 1 7 9                       甲班
             9 7 4 4 0 |5| 0 4 7
             7 6 4 3 2 |6| 0 2 2 2 3 4 6 7
       8 8 6 4 4 3 3 2 1 |7| 1 2 2 3 3 4 6
             7 6 6 2 1 |8| 0 1 1 5 5
                 4 3 0 |9| 0 4 5
```

图 1-2: 甲乙两班成绩的背靠背茎叶图

上图中, 茎在中间, 右边表示甲班的成绩, 左边表示乙班的成绩. 可以看出, 最高分 95 和最低分 41 都在甲班, 乙班不及格的人数多于甲班, 而甲班 70 至 79 分之间的人数则少于乙班. 同时, 甲、乙两班的成绩都主要集中在 60 至 79 之间.

1.4.2 直方图

直方图(Histogram) 是用矩形的宽度和高度来表示频数分布的图形, 可以用于观察数据的分布情况. 具体来讲, 就是在平面直角坐标中, 横轴表示数据分组, 纵轴表示频率, 这样形成的矩形条就称为**直方图**, 其高度恰好就等于数据落在该区间间隔的频率, 因此也称为**频率直方图**.

以上一节例 1.4.1 的数据为例, 做直方图的具体步骤如下:

(1) **对数据进行分组**：显然，组的划分对直方图极为重要．那么在数据的最大值与最小值之间，如何分组更为合适呢？通常来讲，结合问题背景，组数控制在 5~20 个之间．H. A. Sturges 建议使用以下经验公式来确定组数：

$$\text{组数} k = 1 + 3.31 \times \lg n$$

其中 n 是数据总量．本例中有 30 个数据，按照上述公式，可以分为 6 组．

(2) **确定每组组距**：实际使用中为了便于比较，通常令各组区间长度相同，也称其为**组距**，用所有数据中的最大值与最小值之差除以组数即可得到．此处，为方便起见组距选择 10，与通常对学生成绩考查时的习惯也非常吻合．

(3) **确定分组区间**：选择略小于最小观测值的数 a，略大于最大观测值的数 b，根据所确定的组距将 (a,b) 区间分为 k 个分组区间．本例中可选择 $a=40, b=99$，分组区间为

$$[40,49], [50,59], [60,69], [70,79], [80,89], [90,99]$$

(4) **计算频率**：统计所有数据中落在每个区间的频数，并计算相应的频率．本例中的频率如表 1-1 所示：

表 1-1： 频数频率汇总表

组数	区间	频数	频率	累积频率 (%)
1	[40, 49]	3	0.1	10
2	[50, 59]	3	0.1	20
3	[60, 69]	9	0.3	50
4	[70, 79]	7	0.23	73
5	[80, 89]	5	0.17	90
6	[90, 99]	3	0.1	100

(5) **绘制直方图**：横坐标表示分组变量，纵坐标表示频率，得本例的直方图如图 1-3 所示：

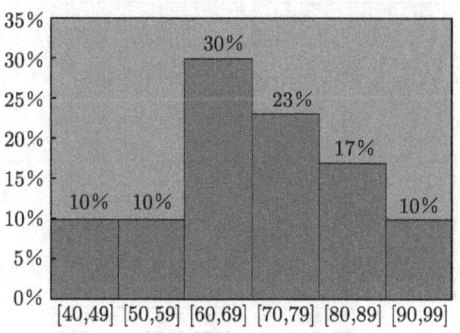

图 1-3: 直方图

若在平面直角坐标中以分组区间为底，以频率除以组距为高依次画出长方形，这样就可以得到**单位频率直方图**，也可以简称为频率直方图. 此时矩形条的面积等于数据落在该区间的频率，它是总体分布概率密度函数的近似.

直方图可以直观的反映出数据的分布情况，相对于茎叶图更容易被大众所理解和接受. 因此，直方图也是对数据进行描述性分析时十分常用的处理工具.

1.4.3 散点图

将每一个数据在坐标图上用相应的点表示所得到的图，称为**散点图**(Scatter plot). 通过散点图，可以直观地展示数据的分布特征和变化趋势. 多数情况下，散点图也是对数据进行统计分析的第一步.

例如，根据《成都市统计年鉴》相关年份的数据，可以描绘出 1978 年至 2004 年成都市不同产业从业人员的总人数散点图如下 (图 1-4).

特别是对于二维数据，在分析两个变量之间的相互关系时，通常都是先做散点图，为统计模型的构造提供直观思维，并为选择恰当的分析方法提供参考.

为了更加清晰直观地表现出不同产业从业人员的变化趋势，可以用折线将各产业所对应的数据点连接起来，形成**折线图**(图 1-5).

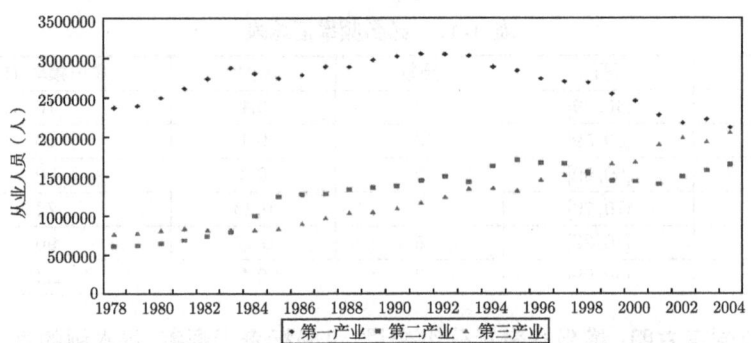

图 1-4: 成都市 1978—2004 年分产业从业人员的总人数散点图

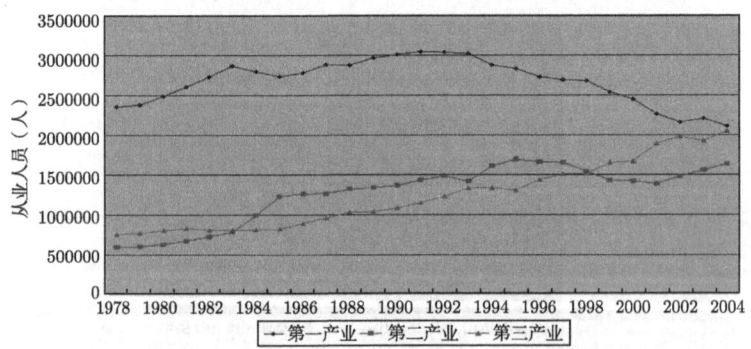

图 1-5: 成都市 1978—2004 年分产业从业人员的变化趋势折线图

又如, 将例 1.3.1 中 A 组和 B 组的数据用散点图 (图 1-6) 或折线图 (图 1-7) 展示出来.

可以明显看出 A、B 两组成员的身高有差异.

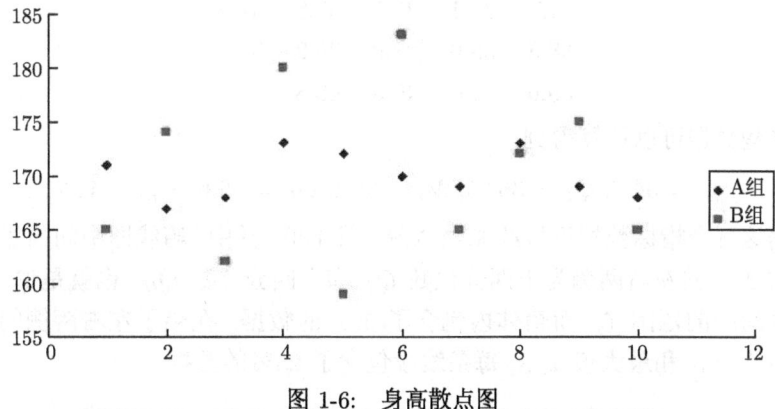

图 1-6: 身高散点图

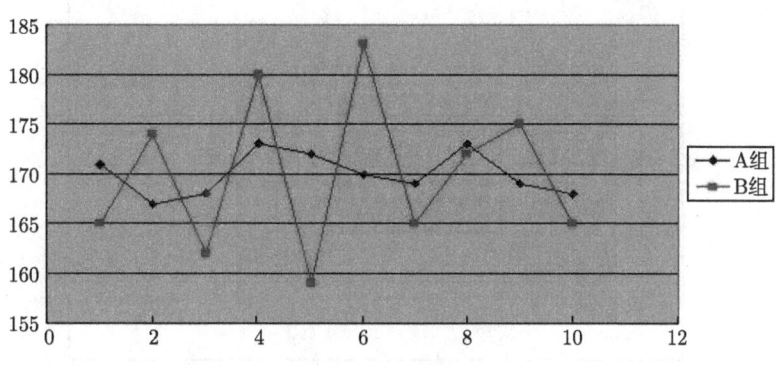

图 1-7: 身高折线图

1.4.4 箱线图

茎叶图和直方图可以非常直观地展示出一个数据集的基本特征, 而均值、极差等数量指标可以对数据集的分布中心和离散程度等某些局部特征作出更加精确的定量描述. 能否将这两种处理手段结合起来, 对数据集进行更加形象而且量化的描述呢? 这就是接下来所要介绍的**箱线图** (Boxplot). 给定一个数据集, 箱线图能够描述的特征包括: 中心, 数据分布范围和对称性, 以及异常数据的诊断 (即离群值和极值).

箱线图就是基于以下 5 个指标对所有观测数据分布特征的图形展示.

最小值 $x_{(1)}$, 下四分位数 Q_L, 中位数 M_e, 上四分位数 Q_U, 最大值 $x_{(n)}$.

例 1.4.3 某集团公司的中层管理人员的年终奖金数据排序之后如下 (单位: 千元):

34.7	35.1	36.2	36.7	36.9
37	37.1	37.7	37.8	37.9
38.3	38.6	38.9	39.2	39.6
39.6	40	40.6	40.8	41.7

由这些数据可以计算得到

$$x_{(1)} = 34.7, Q_L = 36.95, M_e = 38.1, Q_U = 39.6, x_{(n)} = 41.7$$

根据这五个指标数据可以绘制箱线图 (图 1-8). 其中, 箱线图中间的黑粗线就是中位数 M_e, 其左右两侧为下四分位数 Q_L 和上四分位数 Q_U. 也就是说, 方框是四分位数间距的范围 f_s, 而箱体内包含了 50% 的数据. 在箱子左右两侧的细线分别是最小值 $x_{(1)}$ 和最大值 $x_{(n)}$, 每条线段包含了 25% 的数据.

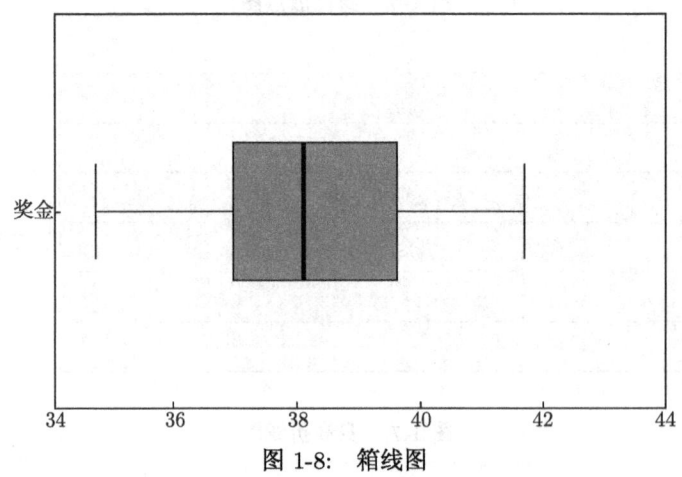

图 1-8: 箱线图

通过箱线图, 可以对数据分布的基本形状进行大致的判断: 对称、左偏和右偏. 为了能够直观反映出数据中的极端值, 箱线图中对离群值和极值都给以了明确定义.

定义 1.4.1 若数据与最近的四分位数之间的距离超过 $1.5f_s$, 称之为**离群值** (Outlier); 若数据与最近的四分位数之间的距离超过 $3f_s$, 则称之为**极值** (Extreme Value).

例 1.4.4 有 A、B 两组 (各 15 人) 的身高 (单位: cm) 如下:

A	171	167	168	173	172	170	169	173	169	168	174	177	150	175	174
B	165	174	162	180	159	183	165	172	175	165	195	150	170	165	170

通过计算 A、B 两组数据相应的五个指标, 给出它们标识出离群值和极值的箱线图如下 (图 1-9).

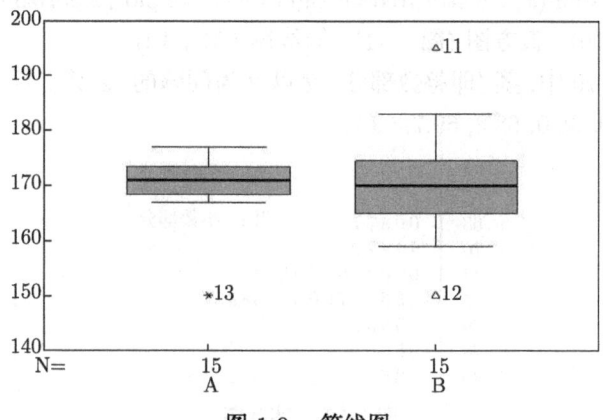

图 1-9: 箱线图

可以看出, A、B 两组的平均身高都是 170cm, 而 A 组中有一个极值 150cm, B 组中有两个离群值 150cm 和 195cm.

以上介绍描述数据的均值、中位数等特征量以及直方图、散点图等均可以利用统计软件 R、SPSS 或办公软件 Excel 得到, 以帮助我们对收集到的观测数据进行初步整理和直观展示, 同时也为进一步的分析提供思路. 下面用一个例子说明用 R 软件如何得到反映数据规律的数值特征量和图形.

例 1.4.5 某单位对 50 名女性测定血清总蛋白含量 (单位: g/L), 数据如下

75.0	73.5	78.8	74.3	75.8	65.0	74.3	71.2	69.7	68.0
73.5	75.0	72.0	64.3	75.8	80.3	69.7	74.3	73.5	73.5
75.8	75.8	68.8	76.5	70.4	71.2	81.2	75.0	70.4	68.0
70.4	72.0	76.5	74.3	76.5	77.6	67.3	72.0	75.0	74.3
73.5	79.5	73.5	74.7	65.0	76.5	81.6	75.4	72.7	72.7

(1) 计算最小值、下四分位数、中位数、均值、上四分位数、最大值、极差、四分位数间距、标准差、变异系数;

(2) 绘制茎叶图、直方图、箱线图.

解 (1) 先将数据导入 R 软件并赋给变量 x, 由命令 summary(x) 即可得到最小值、下四分位数、中位数、均值、上四分位数、最大值分别为

$$x_{(1)} = 64.1, Q_L = 71.2, M_e = 73.9, \bar{x} = 73.43, Q_U = 75.8, x_{(n)} = 81.6$$

由命令 max(x)−min(x)、quantile(x,0.75)-quantile(x,0.25)、sd(x)、sd(x)/mean(x) 可以得到极差、四分位数间距、标准差、变异系数分别为

$$R_n = 17.5,\ f_s = 4.6,\ s = 3.93,\ c_r = 0.0535$$

(2) 由命令 stem(x)、hist(x,freq=F,right=F)、boxplot(x,horizontal=T) 可以得到茎叶图 (图 1-10)、直方图 (图 1-11)、箱线图 (图 1-12).

注意到图 1-10 中, 茎 (即整数部分) 是以 2 为间隔的, 以第三行为例, 它表示的数字分别是 68.0, 68.0, 68.8, 69.7, 69.7.

```
64 | 3 0 0           茎：整数部分
66 | 3
68 | 0 0 8 7 7       叶：小数部分
70 | 4 4 4 2 2
72 | 0 0 0 7 7 5 5 5 5 5 5
74 | 3 3 3 3 3 7 0 0 0 0 4 8 8 8 8
76 | 5 5 5 5 6
78 | 8 5
80 | 3 2 6
```

图 1-10: 茎叶图

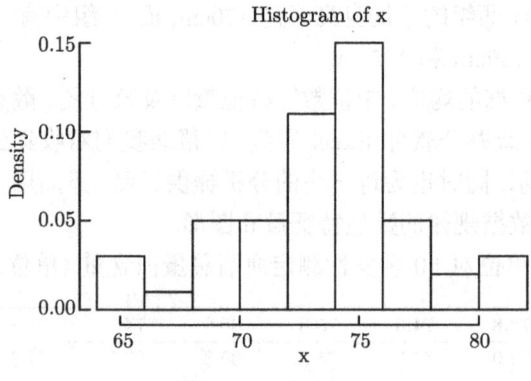

图 1-11: 直方图

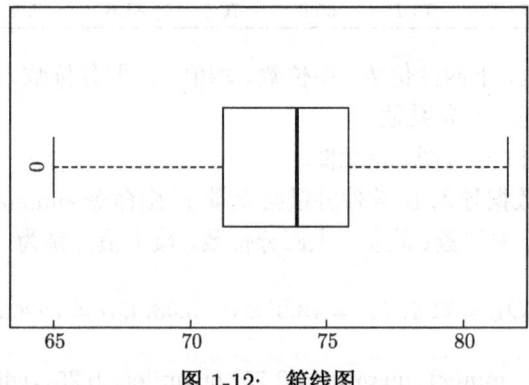

图 1-12: 箱线图

1.5 概率在统计中的作用

概率和统计之间具有非常重要的联系. 在实际问题中, 往往只能根据所获取到的样本信息, 对总体进行一定的推断; 而概率作为一个工具, 可以对推断结果的可信程度做出估计. 为了更清楚地解释概率和统计之间的关系, 考虑以下两种情况:

- 掷一枚硬币, 可能出现正面 (H), 也可能出现反面 (T). 如果一直重复抛掷一枚硬币, 记录每次出现的是正面 H 还是反面 T, 并将其作为总体, 显然正面或反面出现的次数都是趋于无穷的. 那么这个总体具有什么特点呢？假如这个硬币是均匀的, 那么总体中正面 H 和反面 T 出现的次数应该是各占一半. 所以, 当我们只抛掷一次硬币时, 就认为出现正面 H 的概率, 或者说可能性是 1/2.

- 假如我们不能确定硬币是否均匀, 也就是说, 如果一直重复抛掷这枚硬币, 总体中正面 H 和反面 T 出现的次数是否各占 50% 是未知的. 为了作出判断, 我们做了一个简单的试验——连续抛掷 10 次硬币, 结果发现 10 次都是出现的正面 H. 这种情况下, 我们显然不会再认为这枚硬币是均匀的. 因为如果是均匀的, 那么像这种"连续抛 10 次出现的都是 H"是不大可能出现的; 也就是说, 这种情况出现的概率是非常小的. 因此, 我们更有理由相信这枚硬币是不均匀的.

在上述抛硬币的两个例子中, 当总体是已知的, 概率被用来描述一个指定样本出现的可能性; 当总体是未知的, 而且已经观测到来自于该总体的一个样本时, 可以根据这个样本出现的概率对总体进行统计推断.

因此, 根据已经获取的样本信息, 对所考察的总体进行统计分析时, 所采用的思想和方法都离不开概率论知识. 但早在概率论体系构建成形之前, 人们就已经将统计的思想运用到了实践中, 并逐步从理论上提升为概率论的认识, 从而促进了概率论的发展. 所以说, 从另一角度来看, 概率论从理论认识的角度, 分析并探讨了统计思想的合理性, 从而为统计方法的应用提供了理论支撑. 因此, 概率论与数理统计的形成和发展是相互依存、相辅相成的.

以上介绍的描述性统计分析方法虽然可以帮助我们对获取的数据资料进行直观分析, 并能够对研究对象的一些特征和性质有一些初步了解, 但要对问题有更深入的认识和讨论, 必须借助于更多的统计推断方法, 而这些统计方法的学习需要以概率论为理论基础. 因此, 本书的第 2 章至第 5 章包括了相关的概率论知识和数理统计的基本概念, 第 6 章至第 9 章则分别介绍了常用统计方法的思想以及具体分析过程.

虽然学习这门课程的主要目的是着眼于其应用, 但要真正用好统计方法, 除了需要与问题有关的专业知识之外, 还必需直观理解统计分析中的基本思想和概念, 并掌握统计方法的理论依据, 特别是后者直接关系到各种统计方法的适用范围及基本条件.

练习题 1

1. 根据 1.1.1 的数据,即 26 名海上石油工人在模拟逃生试验中每个人成功逃生所耗费的时间 (单位:秒),进行如下分析:
   (1) 构造这组数据的茎叶图;
   (2) 计算样本均值和中位数;
   (3) 构造样本数据的箱线图,并结合箱线图对数据的基本特征进行描述.
2. 某单位对 100 名健康女大学生测定了血清蛋白含量 (g/L) 如下:

74.3	78.8	68.8	70.4	80.5	80.5	69.7	71.2	73.5	78.0
79.5	75.6	75.0	78.8	72.0	72	72	74.3	71.2	72
75	73.5	78.8	74.3	75.8	65	74.3	69.7	68	71.2
73.5	75	72	64.3	75.8	80.3	69.7	74.3	73.5	73.5
75.8	75.8	68.8	76.5	70.4	71.2	81.2	75	70.4	68
70.4	72	76.5	74.3	76.5	77.6	76.3	72	75.0	74.3
67.2	79.5	73.5	74.7	65	76.5	81.6	75.4	72.7	72.7
75.8	76.5	70.4	70.4	77.2	68.8	67.3	67.3	67.3	72.7
73.5	73.5	72.7	72.7	73.5	73.5	72.7	81.6	70.3	74.3
73.5	79.5	75	76.5	72.7	77.2	84.3	75	76.5	70.4

   (1) 构造直方图和箱线图;
   (2) 求均值和四分位数;
   (3) 作出散点图,观察可否寻找一条直线,使散点尽可能在这条线周围.
3. 10 个工人日产量 (件) 由低到高排列为: 9、10、10、11、12、14、15、15、16、16,试求均值、中位数和样本方差.
4. 某车间 56 个工人的日产量资料如下表,求车间工人日产量的平均数.

日产量 (件)	工人数 (人)	累积次数
10	8	8
15	12	20
18	20	40
20	10	50
22	6	56
合计	56	—

5. 某车间从事同一种零件生产的有 3 个生产小组,每个组各有 10 人,每人日产量 (单位:个) 如下:
   甲组:24、25、23、24、24、23、24、25、24、24
   乙组:20、22、25、26、27、22、26、27、25、20

丙组：10、20、25、30、35、10、20、25、30、35

(1) 求这 3 个小组的日平均产量；

(2) 试对比分析这 3 个生产小组日产量的差异程度.

6. 某车间 12 个工人生产同一种零件，其日产量 (单位：个) 分别如下：10、20、22、24、25、26、27、28、30、32、34、35，求其四分位数.

7. 某段时间内三类股票投资基金的年平均收益和标准差数据如下表：

股票类别	平均收益 (%)	标准差 (%)
A	5.63	2.71
B	6.94	4.65
C	8.23	9.07

根据上表中平均收益和标准差的信息可以得出什么结论？假如你是一个稳健型的投资者，将会倾向于购买哪一类投资基金呢？为什么？

8. 对 10 名消防员在救火过程中氧气消耗量 (单位：ml/kg/min) 进行监测，[①] 得到数据如下：

    29.5   49.3   30.6   28.2   28   26.3   33.9   29.4   23.5   31.6

计算样本数据的均值、中位数、样本方差、样本标准差.

9. 设某校某专业的学生分为 1 班和 2 班，各班学生的数理统计考试成绩如下：

1 班	61	79	78	84	68	94	85	76	55	74	58	69
	83	90	81	99	73	72	82	66	74	78	79	84
	39	75	81	93	78	88	87	56	68	70	82	
2 班	90	69	44	76	86	73	64	69	77	83	98	69
	52	72	83	75	87	78	77	90	65	79	82	81
	61	60	89	97	91	87	95	61	71			

(1) 分别计算描述两个班成绩分布特征的各种统计指标，并进行比较分析；

(2) 分别绘制两个班成绩分布的箱线图；

(3) 计算该专业全部学生的总平均成绩和方差，并利用本题数据验证：分组条件下，总平均数与各组平均数的关系，以及总方差与各组方差、组间方差的关系. (说明：分成的两个班即看成两个组，组间方差在这里为组间平方和. 可参见后面方差分析一节的内容)

10. 某企业员工的月薪在 2500 到 8000 之间，董事会决定给企业全体员工加薪. 如果给每个员工增加 500 元，则

(1) 全体员工薪金的均值、中位数将分别增加多少？

(2) 用极差和标准差分别来衡量员工薪金的差异程度，加薪前后极差和标准差的数值会有什么变化？

(3) 如果每个员工加薪的幅度是各自薪金的 5%，则上述两个问题的答案又有什么不同？

[①] "Oxygen Consumption During Fire Suppression: Error of Heart Rate Estimation", Ergonomics, 1991:1469-1474

11. 电视收看时间是影响电视广告收入的一个主要因素. 一调查公司对某社区随机选取了 25 位居民进行调查，他们平均每天收看电视的时间如下：(单位：小时)

        5   12   1   3.5   3   9   2   6.5   1.5   5.5   7.5   4.5   3.5
        6   8   5.5   4   6.5   10   7.5   3.5   6.5   4   5   7

(1) 构造这组样本数据的茎叶图和箱线图；

(2) 计算样本数据的均值、中位数和标准差；

(3) 根据茎叶图和箱线图对样本数据的基本特征进行描述.

12. 在某个城市所做的一项抽样调查中发现，在所抽取的 1000 个家庭中，人均月收入低于 1000 元的家庭占 22%，1000 元～1200 元的家庭占 25%，1200 元～1400 元的家庭占 23%，1400 元～1600 元的家庭占 13%，1600 元～1800 元的家庭占 10%，1800 元以上的家庭占 7%. 如果要分析该城市家庭的人均收入状况，用均值和中位数哪一个指标描述更好？说明理由.

13. 为研究少年儿童的成长发育状况，某研究所的一位调查人员在某城市抽取 100 名 7 岁～17 岁的少年儿童作为样本，另一位调查人员则抽取了 1000 名 7 岁～17 岁的少年儿童作为样本. 请回答以下问题，并解释其原因.

(1) 哪一位调查人员在其所抽取的样本中得到的少年儿童的平均身高较大？或者这两组样本的平均身高相同？

(2) 哪一位调查人员在其所抽取的样本中得到的少年儿童身高的标准差较大？或者这两组样本的标准差相同？

(3) 哪一位调查人员有可能得到这 1100 名少年儿童的最高者或最低者？对两位调查人员来说，这种机会是否相同？

14. 一家公司在招收职员时，首先要通过两项能力测试. 在 A 项测试中，应试者的平均分数是 100 分，标准差是 15 分；在 B 项测试中，应试者的平均分数是 400 分，标准差是 50 分. 一名应试者在 A 项测试中得到 115 分，在 B 项测试中得到了 425 分. 请问相对于所有应试者，该应试者的哪一项测试更为理想？说明理由.

15. 为了了解在校大学生每天的睡眠时间，随机选取了 10 名学生进行调查，他们在最近一周平均每天的睡眠时间如下：(单位：小时)

                6   7.25   8.5   7   5   8   6.75   7   6   7

(1) 计算这 10 名学生的平均睡眠时间以及标准差；

(2) 对这 10 名学生的睡眠时间绘制箱线图；

(3) 试根据上述结果对在校大学生的睡眠情况进行描述.

16. 对 10 名成年人和 10 名幼儿的身高（单位：cm）进行抽样调查，结果如下：

成年组	166	169	172	177	180	170	172	174	168	173
幼儿组	68	69	68	70	71	73	72	73	74	75

(1) 要比较成年组和幼儿组的身高差异，应采用什么指标进行对比？为什么？

(2) 比较分析哪一组的身高差异大.

17. 某百货公司 6 月份日销售额如下所示：(单位：万元)

257	276	297	252	238	310	240	236	265	278
271	292	261	281	301	274	267	280	291	258
272	284	268	303	273	263	322	249	269	295

(1) 计算该百货公司日销售额的均值、中位数和四分位数；

(2) 计算日销售额的标准差；

(3) 构造相应的茎叶图和箱线图.

18. 对某类塑料制品抽取 26 个样本, 测试其铝污染含量 (单位: 百万分率) 如下: [1]:

30	30	60	63	70	79	87	90	101	102
115	118	119	119	120	125	140	145	172	182
183	191	222	244	291	511				

构造箱线图, 指出是否有离群值, 并对样本数据的基本特征进行描述和分析.

19. 在一项试验中, 测试者从起点出发到达 60 米远处的目标, 行进过程中要求测试者尽可能沿直线行走, 并保持正常速度. 现对 20 名健康男性进行测试, 记录他们的节奏如下 (即每秒行进步数)[2]:

0.95	0.85	0.92	0.95	0.93	0.86	1.00	0.92	0.85	0.81
0.78	0.93	0.93	1.05	0.93	1.06	1.06	0.96	0.81	0.96

利用本章中所介绍的统计方法对这组样本数据的基本特征进行描述和分析[3].

20. 在澳大利亚的城市佩斯随机选取了 129 个家庭进行调查, 其喷头流量的观测数据如下: (单位: L/min)[4]

4.6	12.3	7.1	7.0	4.0	9.2	6.7	6.9	11.5	5.1
11.2	10.5	14.3	8.0	8.8	6.4	5.1	5.6	9.6	7.5
7.5	6.2	5.8	2.3	3.4	10.4	9.8	6.6	3.7	6.4
8.3	6.5	7.6	9.3	9.2	7.3	5.0	6.3	13.8	6.2
5.4	4.8	7.5	6.0	6.9	10.8	7.5	6.6	5.0	3.3
7.6	3.9	11.9	2.2	15.0	7.2	6.1	15.3	18.9	7.2
5.4	5.5	4.3	9.0	12.7	11.3	7.4	5.0	3.5	8.2
8.4	7.3	10.3	11.9	6.0	5.6	9.5	9.3	10.4	9.7
5.1	6.7	10.2	6.2	8.4	7.0	4.8	5.6	10.5	14.6
10.8	15.5	7.5	6.4	3.4	5.5	6.6	5.9	15.0	9.6
7.8	7.0	6.9	4.1	3.6	11.9	3.7	5.7	6.8	11.3
9.3	9.6	10.4	9.3	6.9	9.8	9.1	10.6	4.5	6.2
8.3	3.2	4.9	5.0	6.0	8.2	6.3	3.8	6.0	

---

[1] "The Lognormal Distribution for Modeling Quality Data when the Mean Is Near Zero,", J. of Quality Technology, 1990:105-110

[2] "Can We Really Walk Straight?", Amer. J. of Physical Anthropology, 1992:19-27

[3] 注: 这篇论文的作者通过更深入的统计分析, 指出人们是不能完全沿直线行走的, 并给出了相关的解释.

[4] "An Application of Bayes Methodology to the Analysis of Diary Records in a Water Use Study", J. Amer. Stat. Assoc., 1987:705-711

(1) 构造这组数据的直方图；

(2) 绘制箱线图，并判断这组数据的分布是否对称？如果不对称，是左偏还是右偏？

(3) 这组数据中有离群值或极值吗？若有，请指出其数值.

21. 下列数据是各种汽油发动机的混合辛烷值：[①]

88.5	95.6	88.3	94.2	89.2	93.3	89.8	91.8	90.4	92.2
87.7	93.3	87.6	92.7	88.3	91.8	89.6	91.6	89.3	92.2
83.4	94.7	84.3	93.2	85.3	92.3	87.4	90.4	89.7	91.2
86.7	91.1	86.7	91.0	87.9	90.4	88.9	91.1	90.3	91.0
87.5	91.0	88.2	90.3	88.6	90.1	91.2	92.6	91.6	92.2
91.5	94.2	90.8	93.4	90.9	93.0	89.3	89.8	90.5	90.0
88.6	87.8	88.3	88.5	89.0	88.7	94.4	90.6	93.7	90.7
100.3	89.9	98.8	90.1	96.1	89.9	92.7	91.8	92.7	

利用本章中所介绍的统计方法对这组样本数据的基本特征进行描述和分析.

22. 已知样本容量 $n=4$，样本均值 $\bar{x}=76.8$，样本方差 $s^2=0.06$，样本最小值是 76.6，样本最大值是 77.1，试给出另外两个样本观测值.

23. 令 $\bar{x}_n$ 和 s_n^2 分别表示根据样本 $x_1, x_2, \cdots, x_n$ 计算得到的样本均值和样本方差，增加了新样本 x_{n+1} 之后的样本均值和样本方差分别表示为 $\bar{x}_{n+1}$ 和 s_{n+1}^2.

(1) 试说明如何根据 $\bar{x}_n$ 和 x_{n+1} 计算 $\bar{x}_{n+1}$；

(2) 证明：
$$ns_{n+1}^2 = (n-1)s_n^2 + \frac{n}{n+1}(x_{n+1} - \bar{x}_n)^2$$

[①] Technometrics, Vol. 19, 425

第 2 章 随机事件及其概率

概率论是统计推断的理论基础，关于概率的研究可以追溯至 300 多年前. 作为以随机现象为研究对象的数学学科，概率论于 17 世纪由帕斯卡 (Pascal) 和费马 (Fermat) 等人创建，直至 1933 年前苏联数学家柯尔莫哥洛夫 (Kolmogorov) 给出了概率的公理化条件，从而使概率论成为一个严谨的数学分支，并对近几十年来概率论的迅速发展奠定了理论基础.

在系统学习和研究概率论的过程中，首先要明确的两个问题就是：
(1) 概率论的研究对象是如何界定的？
(2) 概率的定义是什么？

所以，本章将在前两节的内容中回答以上两个问题，从基本问题出发，引出随机事件及概率等基本概念. 同时，将结合具体问题，引出概率论中的重要概念——条件概率，并以此为出发点，对乘法公式、全概率公式、贝叶斯公式以及随机事件的独立性等相关内容进行讲解.

2.1 随机事件

2.1.1 随机现象

自然现象与社会现象是多种多样的，若从结果能否预测的角度来分，可以简单的将其分为两个大类：

第一类为确定性现象，这类现象在保持一定的条件下，重复实验与观察，它的结果总是确定的. 例如，在一标准大气压条件下，温度达到 100 摄氏度的纯水必然沸腾；在地球引力的范围内，水必然由高处流向低处；异种电荷相互吸引等.

第二类是随机现象，在保持不变的条件下，重复实验或观察，会出现这种或那种不同的结果. 例如，抛硬币出现正反面的情况，抛骰子出现的点数，某时间段内到达商场的顾客数等.

概率论与数理统计就是研究随机现象及其规律性的一门学科. 对于随机现象，虽然对个别实验或观察无法预言其结果，但若在相同的条件下进行大量的实验或观察，却又呈现出某种规律性. 例如，抛一枚质地均匀的硬币，随着实验次数的增加，正面出现的次数和反面出现的次数之比越来越接近 1:1；查看各国的人口统计资料，就会发现新生婴儿的性别比例接近于 1:1. 物理中研究微观粒子的运动也需要用随机性去描述,在 20 世纪初关于微观粒子运动规律性的概率解释的争论中,拒绝概率观点的爱因斯坦就败给了玻尔等人,使得这位伟大的科学家无可奈何地说出"上帝是不掷骰子的".

随机现象所呈现的这种规律性称为统计规律性,它是概率统计研究的基本出发点.

2.1.2 随机事件的定义

关于随机现象的研究,通常都是针对随机事件的研究. 为此,我们先引入随机试验与样本空间的概念.

如果一个试验具有以下特点:

(1) 试验在相同的条件下可以重复进行,且每次试验的可能结果不止一个;

(2) 试验之前不能准确预言试验的结果,但可以预知所有可能出现的结果.

则称之为随机试验,记为 E.

定义 2.1.1 对于一个随机试验,每个可能的结果称为样本点,记为 e,所有可能结果 (样本点) 构成的集合称为**样本空间**,记为 S.

在给定样本空间 S 上,满足事件描述要求的那些样本点组成的集合称为**随机事件**,简称**事件**,可用大写字母 $A, B, C, \cdots$ 表示. 某个事件 A 发生,指的是该次试验出现的结果 (即样本点) 属于事件 A,否则称事件 A 不发生. 特别地,称只包含一个样本点的随机事件为**基本事件**. S 包含了所有的样本点,每次试验均要发生,故称为**必然事件**;不包含任何样本点的事件在每次试验中都不可能发生,称之为**不可能事件**,记为 $\varnothing$.

例 2.1.1 某人射击一次,可以判断:该试验在相同的条件下可以重复进行,而且每次试验的可能结果为:击中 10 环,击中 9 环, ..., 击中 1 环,脱靶 (击中 0 环). 虽然不能准确预言每次射击所击中的环数,但可以知道可能出现的全部结果,因此这是一个随机试验. 用 e_i 表示击中的环数为 i,则该试验共有 11 个基本事件,样本空间 $S = \{e_0, e_1, e_2, ..., e_{10}\}$.

记随机事件 $A = \{$ 击中奇数环 $\}$,则 $A = \{e_1, e_3, e_5, e_7, e_9\}$. 若试验的结果是 e_5(即击中 5 环),则事件 A 发生;若试验的结果是 e_8(即击中 8 环),则事件 A 不发生.

每次试验中,击中的环数最多只能是 10 环,因此,若事件 $B = \{$击中的环数不大于 10 环$\}$,则 $B = S$,是必然事件. 若 $C = \{$ 击中的环数大于 10 环 $\}$,则 $C = \varnothing$,是不可能事件.

例 2.1.2 一枚硬币连续抛了 3 次,观察正面出现的次数,这也是一个随机试验,且样本空间 $S = \{0, 1, 2, 3\}$.

记事件 $A = \{$ 至少出现两次正面 $\}$,则 $A = \{2, 3\}$. 若抛硬币 3 次,出现了两次正面, 则在试验过程中事件 A 发生了; 若抛 3 次硬币只出现了 1 次正面, 则称试验过程中事件 A 不发生.

例 2.1.3 记录某网站在 1 分钟之内被点击的次数, 试写出下列事件包含的样本点:

$A = \{$一分钟内至少被点击两次$\}$,

$B = \{$一分钟内被点击的次数在 6 到 10 之间$\}$,

$C = \{$一分钟内被点击的次数不多于 8 次$\}$,

$D = \{$一分钟内被点击的次数至少为 0 次$\}$.

解 样本点为该网站在 1 分钟之内被点击的次数. 由于网站被点击的次数不可能为负数, 所以样本空间为 $S = \{0, 1, 2, \cdots\}$.

$A = \{2, 3, 4, \cdots\}$,

$B = \{6, 7, 8, 9, 10\}$,

$C = \{0, 1, 2, 3, 4, 5, 6, 7, 8\}$,

$D = \{0, 1, 2, 3, \cdots\} = S$.

2.1.3 事件的关系及其运算

从集合论的观点来看, 对于一个随机试验, 样本空间 S 就是其所有可能结果构成的全集, 随机事件是在 S 上构造的子集. 因此, 借助于集合论的知识和工具, 可以对随机事件之间的关系和运算进行讨论和研究. 通过分析事件之间的关系, 不仅能够对事件的本质有更加深刻的认识, 而且可以简化一些复杂事件的概率计算.

1. 事件的关系和运算

设试验 E 的样本空间为 S, A、B 是定义在 S 上的随机事件.

(1) 和事件

事件 $A \cup B = \{e \in A \text{ 或 } e \in B\}$ 称为 A 与 B 的和事件. 和事件 $A \cup B$ 发生意味着 A 发生或者 B 发生, 即事件 A 与 B 至少有一个发生.

(2) 积事件

事件 $A \cap B = \{e \in A \text{ 且 } e \in B\}$ 称为 A 与 B 的积事件, 通常简记为 AB. 积事件 AB 发生意味着 A 与 B 同时发生.

事件的求和运算与求积运算可以推广到有限或可列个事件, 如 $\bigcup_{i=1}^{n} A_i$, $\bigcup_{i=1}^{\infty} A_i$, $\bigcap_{i=1}^{n} A_i$, $\bigcap_{i=1}^{\infty} A_i$.

(3) 差事件

事件 $A - B = \{e \in A \text{ 且 } e \notin B\}$ 称为 A 与 B 的差事件. 差事件 $A - B$ 发生是指事件 A 发生且 B 不发生.

(4) 包含关系

如果事件 B 发生必然导致事件 A 发生, 则称事件 A 包含事件 B, 或称事件 B 包含于事件 A, 记作 $A \supset B$ 或 $B \subset A$.

容易知道 $AB \subset A \subset A \cup B$ 成立. 对任意事件 A, 有 $\emptyset \subset A \subset S$. 如果 $A \subset B$ 且 $B \subset A$, 则称 $A = B$.

(5) 互不相容

如果事件 A 与事件 B 不可能同时发生, 即 $AB = \emptyset$, 则称事件 A 与事件 B 互斥或互不相容.

多个事件中如果任意两个事件都互不相容, 则称它们两两互不相容.

基本事件是两两互不相容的.

例如, 从 $0, 1, \cdots, 9$ 这 10 个数中任取一个数, 若记事件 $A = \{$取到的数为 4 的倍数$\}$, $B = \{$取到的数为偶数$\}$, 则有 $A \subset B$.

若事件 $C = \{$取到的数字为 3$\}$, $D = \{$取到的数字为 2$\}$, 则事件 C 和事件 D 互不相容, 即 $CD = \emptyset$.

(6) 对立事件

若 $A \cup B = S$ 且 $AB = \emptyset$, 则称 B 为 A 的对立事件, 记为 $\overline{A}$, $\overline{A} = S - A$.

由两事件求差运算知道 $A - B = A - AB = A\overline{B}$ 成立.

可以看到, 随机事件的关系描述与集合论中的相关内容是完全一致的, 通常可以结合 Venn 图更加直观地理解. 图 2-1 中给出了随机事件一些常见关系的 Venn 图.

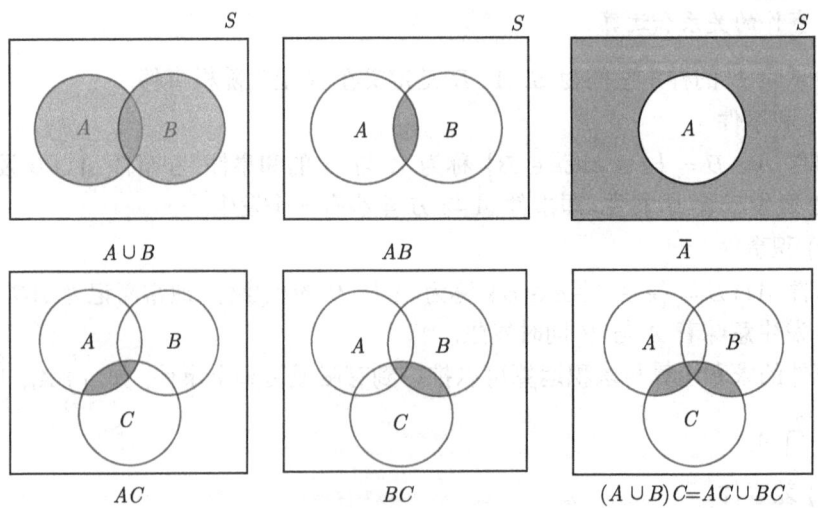

图 2-1: 随机事件常见关系的 Venn 图

例 2.1.4 设 A、B、C 是三个事件,试用 A、B、C 来表示下列随机事件:
(1) 只有事件 A 发生;
(2) 恰好有一个事件发生;
(3) 至少有一个事件发生;
(4) 三个事件都不发生;
(5) 三个事件不同时发生;
(6) 恰好有两个事件发生.

解 (1) 只有 A 发生,其意义为 A 发生而且 B 和 C 都不发生,因而可以表示为 $A\overline{B}\overline{C}$ 或者 $A-B-C$.
(2) A,B,C 中只有一个事件发生,即 $A\overline{B}\overline{C}\cup \overline{A}B\overline{C}\cup \overline{A}\overline{B}C$.
(3) 至少有一个事件发生,意味着 A 发生,或 B 发生,或 C 发生,即 $A\cup B\cup C$.
(4) 三个事件都不发生,即 $\overline{A}\,\overline{B}\,\overline{C}$.
(5) 三个事件不同时发生,也就是说 $A、B、C$ 中至少有一个不发生,因而可表示为 $\overline{ABC}$ 或者 $\overline{A}\cup \overline{B}\cup \overline{C}$.
(6) 恰好有两个事件发生,即 $AB\overline{C}\cup A\overline{B}C\cup \overline{A}BC$.

2. 事件的运算性质

交换律 $A\cup B=B\cup A$, $A\cap B=B\cap A$
结合律 $A\cup(B\cup C)=(A\cup B)\cup C$, $A\cap(B\cap C)=(A\cap B)\cap C$
分配律 $A\cup(B\cap C)=(A\cup B)\cap(A\cup C)$, $A\cap(B\cup C)=(A\cap B)\cup(A\cap C)$
德·摩根律 $\overline{A\cup B}=\overline{A}\cap\overline{B}$, $\overline{A\cap B}=\overline{A}\cup\overline{B}$

2.2 概率的公理化定义及性质

2.2.1 概率的公理化定义

研究随机现象不仅要知道它可能会出现哪些结果,更重要的是研究随机事件出现的可能性的大小,从而更加深刻地揭示其内在统计规律. 我们常常希望了解某随机事件在一次试验中发生的可能性究竟有多大,即希望找到一个合适的数——概率,来反映该随机事件在一次试验中发生的可能性的大小. 1933 年,前苏联数学家科尔莫哥洛夫 (1903-1987) 首次给出了概率的公理化定义,也称为概率的公理化条件.

定义 2.2.1 设 E 是随机试验, S 是样本空间. 对于 S 中的每一个事件 A 赋予一个实数 $P(A)$, 如果集函数 $P(\cdot)$ 满足以下三个条件:
(1) **非负性** 对于任意事件 $A\subset S$, 有 $P(A)\geqslant 0$;
(2) **规范性** $P(S)=1$;

(3) **可列可加性** 若 $A_1, A_2, A_3, \cdots$ 是两两互不相容的事件列, 则

$$P(A_1 \cup A_2 \cup A_3 \cup \cdots) = \sum_{i=1}^{\infty} P(A_i)$$

则称 $P(A)$ 为事件 A 发生的概率.

2.2.2 概率的性质

根据概率的三个公理化条件, 可以得到概率的一些重要性质:

性质 2.2.1 $P(\varnothing) = 0$

需要注意的是, 概率为 0 的事件不一定是不可能事件.

性质 2.2.2   对于任意事件 A, 有 $0 \leqslant P(A) \leqslant 1$

性质 2.2.3(有限可加性) 设 $A_1, A_2, \cdots, A_n$ 是两两互不相容的事件, 则有

$$P(A_1 \cup A_2 \cup \cdots \cup A_n) = P(A_1) + P(A_2) + \cdots + P(A_n) \qquad (2.2.1)$$

性质 2.2.4   设 A、B 是两个事件, 若 $A \subset B$, 则有 $P(A) \leqslant P(B)$, 且有

$$P(B - A) = P(B) - P(A) \qquad (2.2.2)$$

对于一般的两个事件 A、B, 有

$$P(B - A) = P(B - AB) = P(B) - P(AB) \qquad (2.2.3)$$

性质 2.2.5   对于任意事件 A, 有

$$P(\overline{A}) = 1 - P(A) \qquad (2.2.4)$$

性质 2.2.6(加法公式)   对于任意两事件 A 和 B, 有

$$P(A \cup B) = P(A) + P(B) - P(AB) \qquad (2.2.5)$$

加法公式还可以推广到多个事件的情形. 一般地, 对于任意 n 个事件 $A_1, A_2, \cdots, A_n$, 有

$$\begin{aligned} P(A_1 \cup A_2 \cup \cdots \cup A_n) = & \sum_{i=1}^{n} P(A_i) - \sum_{1 \leqslant i < j \leqslant n} P(A_i A_j) \\ & + \sum_{1 \leqslant i < j < k \leqslant n} P(A_i A_j A_k) - \cdots + (-1)^{n-1} P(A_1 A_2 \cdots A_n) \end{aligned}$$
$$(2.2.6)$$

例 2.2.1   若 $AB = \varnothing, P(A) = 0.6, P(A \cup B) = 0.8$, 求 $P(\overline{B})$.

解 由于 $AB = \varnothing$,所以 $P(A \cup B) = P(A) + P(B)$,即

$$P(B) = P(A \cup B) - P(A) = 0.8 - 0.6 = 0.2$$

故

$$P(\overline{B}) = 1 - 0.2 = 0.8$$

例 2.2.2 若 $P(A) = 0.4$, $P(B) = 0.3$, $P(A \cup B) = 0.6$,求 $P(A - B)$.

解 由加法公式可得

$$P(AB) = P(A) + P(B) - P(A \cup B) = 0.4 + 0.3 - 0.6 = 0.1$$

所以

$$P(A - B) = P(A) - P(AB) = 0.3$$

2.2.3 确定概率的古典方法与几何方法

在现实生活中,存在许多这样的随机试验——其样本空间只有有限个基本事件,而且每个基本事件出现的可能性相等,如掷一颗均匀的骰子观察出现的点数.

由于这类试验中每一个基本事件都是等可能出现的,而且样本空间中所有基本事件是两两互不相容的,因此考察某一个随机事件发生的概率时,只需要将该随机事件中所包含的基本事件各自发生的概率相加即可. 也就是说,对于这类随机试验,如果样本空间 S 中包含有 n 个样本点,随机事件 $A \subset S$,且 A 中包含有 $k(k \leqslant n)$ 个样本点,则事件 A 发生的概率为

$$P(A) = \frac{k}{n} \tag{2.2.7}$$

这类问题也称为古典概型.

古典概型的计算公式从形式上来看非常简单,在实际处理中的难点就在于样本空间 S 和事件 A 中样本点个数的计算,需要用的到排列组合的知识,而排列公式和组合公式的推导是基于下面两条计数原理.

乘法原理: 若某事件需经过 m 个步骤完成,第一步有 n_1 种方法,第二步有 n_2 种方法,……,第 m 步有 n_m 种方法,那么完成此事件总共有 $n_1 \times n_2 \times \cdots \times n_m$ 种方法.

例如从甲地到乙地有 3 条线路可选,从乙地到丙地有 4 条线路可选,则从甲地经乙地到丙地总共有 $3 \times 4 = 12$ 条线路可选.

加法原理: 若某事件共有 m 类不同的途径完成,第一类途径有 n_1 种方法完成,第二类途径有 n_2 种方法完成,……,第 m 类途径有 n_m 种方法完成,那么完成此事件总共有 $n_1 + n_2 + \cdots + n_m$ 种方法.

例如从甲地到乙地可以坐火车或汽车两类选择,火车有 3 个班次,汽车有 4 个班次,则从甲地到乙地总共有 $3+4=7$ 个班次可选.

例 2.2.3 袋子中装有 6 只白球和 4 只红球,从中任意取出 3 只球,求取出的 3 只球中至少有 1 只红球的概率.

解法一 引入事件 $A=\{$取出的 3 只球中至少有 1 只红球$\}$, $B_i=\{$取出的 3 只球中恰好有 i 只红球$\}$, $i=1,2,3$.

则 $A=B_1\cup B_2\cup B_3$, B_1、B_2、B_3 互不相容,因此有

$$P(A)=P(B_1)+P(B_2)+P(B_3)$$

$$=\frac{\binom{4}{1}\binom{6}{2}}{\binom{10}{3}}+\frac{\binom{4}{2}\binom{6}{1}}{\binom{10}{3}}+\frac{\binom{4}{3}\binom{6}{0}}{\binom{10}{3}}$$

$$=\frac{60}{120}+\frac{36}{120}+\frac{4}{120}=\frac{5}{6}$$

解法二 考虑对立事件 $\overline{A}=\{$取出的3只球都白球$\}$,

$$P(\overline{A})=\frac{\binom{6}{3}}{\binom{10}{3}}=\frac{1}{6}$$

所以由概率的性质可得

$$P(A)=1-P(\overline{A})=1-\frac{1}{6}=\frac{5}{6}$$

以上两种解法,第二种方法要简单的多. 一般地,若一个事件包括的情况比较多,直接计算其发生的概率较为麻烦, 这时它的对立事件包括的情况则比较少, 计算其发生的概率相对比较简单. 因此对于比较复杂的事件, 有时可以考虑先计算其对立事件发生的概率, 然后利用概率的性质即可得到该事件的概率.

例 2.2.4 一口袋装有 4 只白球和 2 只红球, 从袋中取球两次, 每次随机地取一只, 考虑有放回抽样和无放回抽样两种取球方式. 分别就以上两种取球方式求下列事件发生的概率:

(1) 取到的两只球都是白球;
(2) 取到的两只球颜色相同;
(3) 取到的两只球至少有一只是白球.

解 记事件 $A=\{$取到的两只球都是白球$\}$, $B=\{$取到的两只球都是红球$\}$, $C=\{$取到的两只球至少有一只是白球$\}$, 则事件 $\{$取到两只颜色相同的球$\}$ 可以表示为 $A\cup B$, 且 $C=\overline{B}$.

(a) 放回抽样

第一次取球时有 6 种取法, 由于是有放回的取球, 所以第二次取球时也有 6 种取法, 即样本空间中样本点的总数为 $6 \times 6 = 36$ 个. 对于事件 A 而言, 由于第一次有 4 只白球可供抽取, 第二次也有 4 只白球可供抽取, 因此事件 A 所包含的样本点数为 $4 \times 4 = 16$ 个, 同理 B 中包含的样本点数是 $2 \times 2 = 4$ 个. 所以,

$$P(A) = \frac{4 \times 4}{6 \times 6} = \frac{4}{9}$$

$$P(B) = \frac{2 \times 2}{6 \times 6} = \frac{1}{9}$$

由于 $AB = \varnothing$, 故

$$P(A \cup B) = P(A) + P(B) = \frac{5}{9}$$

$$P(C) = P(\overline{B}) = 1 - P(B) = \frac{8}{9}$$

(b) 不放回抽样

第一次取球时有 6 种取法, 由于是不放回的取球, 所以第二次取球时有 5 种取法, 即样本空间中样本点总数为 $6 \times 5 = 30$ 个. 对于事件 A 而言, 第一次有 4 只白球可供抽取, 当第一次取出白球后第二次只有 3 只白球可供抽取, 因此事件 A 所包含的样本点数为 $4 \times 3 = 12$ 个, 同理 B 中包含的样本点数是 $2 \times 1 = 2$ 个. 所以,

$$P(A) = \frac{4 \times 3}{6 \times 5} = \frac{2}{5}$$

$$P(B) = \frac{2 \times 1}{6 \times 5} = \frac{1}{15}$$

由于 $AB = \varnothing$, 故

$$P(A \cup B) = P(A) + P(B) = \frac{7}{15}$$

$$P(C) = P(\overline{B}) = 1 - P(B) = \frac{14}{15}$$

例 2.2.5 设有 n 个人, 每个人都等可能的被分到 N 个房间中的任意一间中去住 $(n \leqslant N)$, 求下列事件的概率:

(1) $A = \{$某指定的 n 个房间中各有一个人住$\}$;
(2) $B = \{$恰好有 n 个房间, 其中各住一人$\}$;
(3) $C = \{$某指定的一间房中恰有 $m(m < n)$ 人$\}$.

解 由于每一个人都可以被分配到 N 间房中的任意一间, 所以 n 个人住 N 间房的住房方式有 N^n 种, 即样本空间包含 N^n 个基本事件.

(1) 事件 A 所包含的基本事件的个数为 n 个人的全排列 $n!$, 故

$$P(A) = \frac{n!}{N^n}$$

(2) 首先要选出 n 间房让这 n 个人来住, 而这 n 个人来住这 n 间房的住房方式又有 $n!$ 种, 所以事件 B 所包含的基本事件的个数为 $\binom{N}{n} n!$ 故事件 B 发生的概率为

$$P(B) = \frac{\binom{N}{n} n!}{N^n}$$

(3) 首先要从 n 个人中选取 m 个人来住指定的这间房, 然后剩下的 $n-m$ 个人来住余下的 $N-1$ 间房, 所以事件 C 所包含的基本事件的个数为 $\binom{n}{m}(N-1)^{n-m}$, 故事件 C 发生的概率为

$$P(C) = \frac{\binom{n}{m}(N-1)^{n-m}}{N^n}$$

此例称为古典概型中的分房问题, 在实际中有着广泛的应用. 在统计物理中把每个粒子看作 "人", 每个小区域或盒子看作 "房间" 来研究整个系统的状态, 此例研究的问题即为物理学中的马克斯威尔 - 玻尔兹曼统计模型.

如果一个试验可能出现的结果虽然有无限多个, 但全部可能结果构成的集合 (即样本空间) 可以用一个有度量的几何区域 (如: 长度、面积、体积等) 来表示, 而且每次试验中每个可能结果的出现是等可能的, 那么对于定义在该样本空间上的任一事件 A, 其发生的概率为

$$P(A) = \frac{|S_A|}{|S|} \tag{2.2.8}$$

其中, $|S|$ 为样本空间的几何度量, $|S_A|$ 为事件 A 所对应的几何度量. 这类问题也称为**几何概型**.

例 2.2.6 在区间 $[0,2]$ 上任意投一个点, 求其落在 $[0.5, 1.5]$ 之间的概率.

解 在区间 $[0,2]$ 上投一个点, 点可以落在区间中的任意位置, 因此样本空间为区间 $[0,2]$, 其几何度量为其长度 $|S| = 2 - 0 = 2$. 记事件 $A=\{$所投的点落在 $[0.5, 1.5]$ 之间$\}$, 则 A 所对应的几何度量 $|S_A| = 1.5 - 0.5 = 1$, 故

$$P(A) = \frac{|S_A|}{|S|} = \frac{1}{2}$$

例 2.2.7 (蒲丰投针问题) 如图 2-2, 平面上画有间隔为 $d(d>0)$ 的等距平行线, 向平面任意投掷一枚长为 $l(l<d)$ 的针, 求针与平行线相交的概率.

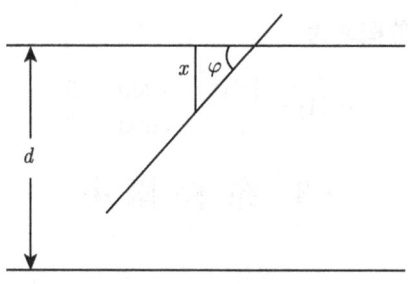

图 2-2: 蒲丰投针问题

解 以 x 表示针的中点与最近一条平行线的距离, 又以 φ 表示针与此直线间的交角. 如图所示, 易知样本空间 S 满足: $0 \leqslant x \leqslant \dfrac{d}{2}; 0 \leqslant \varphi \leqslant \pi$. S 形成 $\varphi - x$ 平面上的一个矩形, 其面积为: $S = \dfrac{\pi d}{2}$.

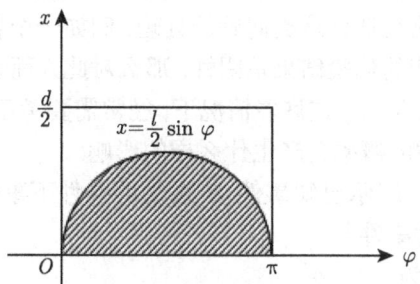

记事件 $A = \{$针与平行线相交$\}$, 则事件 A 发生意味着: $x \leqslant \dfrac{l}{2} \sin \varphi$. 针是任意投掷的, 所以

$$P(A) = \dfrac{|S_A|}{|S|} = \dfrac{\int_0^\pi \dfrac{l}{2} \sin \varphi \, d\varphi}{\dfrac{\pi d}{2}} = \dfrac{2l}{\pi d}$$

例 2.2.8 (会面问题) 甲、乙两个人相约在上午的 7:00~8:00 在某地点见面, 先到的一人等待另一人 20 分钟, 过时就离去, 试求两个人能够见面的概率.

解 以分钟为时间单位, 7:00 为时间起点, 分别用 x, y 表示甲乙两个人的到达时刻, 则本题的样本空间为

$$S = \{(x,y) | 0 \leqslant x \leqslant 60, 0 \leqslant y \leqslant 60\}$$

样本空间的几何度量为: $|S| = 60 \times 60 = 3600$. 两个人能够见面的充分必要条件为 $|x - y| \leqslant 20$. 引进事件 $A = \{$两人能见面$\}$, 则 $S_A = \{(x,y) | |x-y| \leqslant 20\}$,

$|S_A| = 2000$. 因此, 所求的概率为

$$P(A) = \frac{|S_A|}{|S|} = \frac{2000}{3600} = \frac{5}{9}$$

2.3 条件概率

2.3.1 条件概率

在引入新的概念之前, 先来考虑一个简单的问题.

从一副扑克牌中任意抽取一张, 事件 A ={抽到的这张牌是 J、Q、K 中的某一个}, 事件 B ={抽到的这张牌是红心}, 则 $P(A) = \frac{12}{54}$, $P(B) = \frac{13}{54}$. 如果已经知道抽到的这张牌是红心, 那么抽到的这张牌是 J、Q、K 的可能性就不再是 $\frac{12}{54}$, 而是 $\frac{3}{13}$. 也就是说, 如果已知事件 B 发生, 事件 A 发生的概率通常也会受到影响.

在实际问题中, 经常会遇到这类问题的处理, 例如一个普通人感染某种疾病的概率是已知的, 如果相应的化验结果是阴性, 那么对此人而言感染这种疾病的概率也应该发生相应的变化. 可见, 在许多情况下, 经常需要考察某一随机事件 B 的发生对于随机事件 A 发生的概率会产生什么样的影响.

一般地, 用 $P(A|B)$ 表示已知事件 B 发生的条件下事件 A 发生的**条件概率**, 其中事件 B 也称为**条件事件**.①

上面引例中的问题为

$$P(A|B) = \frac{3}{13} = \frac{3/54}{13/54} = \frac{P(AB)}{P(B)}$$

上式中, 条件概率被表示成无条件概率的比值形式: 分子是事件 A 与 B 同时发生的概率, 分母是条件事件 B 发生的概率. 假设事件 B 已经发生, 相应的样本空间不再是原来的 S, 而变成使 B 发生的那些样本点构成的集合, 即 B 中所有的元素. 在此基础上, 当且仅当样本点落在 A、B 的公共部分时 A 才发生, 因此在事件 B 发生的条件下事件 A 发生的条件概率正比于 $P(AB)$, 比例常数 $\frac{1}{P(B)}$ 则保证了在新样本空间中有 $P(B|B) = 1$ 成立.

定义 2.3.1 对于任意两个随机事件 A、B, $P(B) > 0$, 称

$$P(A|B) = \frac{P(AB)}{P(B)} \tag{2.3.1}$$

为事件 B 发生的条件下事件 A 发生的**条件概率** (conditional probability).

---

① 在研究问题时, 要根据问题所表达的意义, 注意分清楚是应该计算条件概率 $P(A|B)$, 还是计算积事件 AB 发生的概率 $P(AB)$.

2.3 条件概率

可以证明, 条件概率满足概率的三个公理化条件.

(1) 非负性: 对于任意事件 A, 有 $P(A|B) \geqslant 0$;

(2) 规范性: 对于必然事件 S, 有 $P(S|B) = 1$;

(3) 可列可加性: 假设 $A_1, A_2, \cdots$ 是两两互不相容的事件, 即对于任意的 $i \neq j$, 有 $A_i A_j = \varnothing$, 则

$$P(A_1 \cup A_2 \cup \cdots | B) = \sum_{i=1}^{\infty} P(A_i | B) \qquad (2.3.2)$$

所以, 条件概率也满足概率的所有性质, 如:

(1)
$$P(A \cup B | C) = P(A|C) + P(B|C) - P(AB|C) \qquad (2.3.3)$$

(2) 若 A 与 B 互不相容, 则
$$P(A \cup B | C) = P(A|C) + P(B|C) \qquad (2.3.4)$$

(3)
$$P(\overline{A}|B) = 1 - P(A|B) \qquad (2.3.5)$$

例 2.3.1 已知某家庭有 3 个小孩, 且至少有一个是女孩. 求该家庭至少有一个男孩的概率.

解 记事件 $A = \{3个小孩中至少有一个女孩\}$, $B = \{3 个小孩中至少有一个男孩\}$, 则

$$P(A) = 1 - P(\overline{A}) = 1 - \frac{1}{8} = \frac{7}{8}$$

$$P(AB) = \frac{6}{8}$$

所以

$$P(B|A) = \frac{P(AB)}{P(A)} = \frac{6/8}{7/8} = \frac{6}{7}$$

例 2.3.2 某杂志有三个专栏"娱乐"、"读书"和"摄影", 根据调查, 发现读者阅读这三个专栏的概率如下表所示:

阅读情况	A	B	C	AB	AC	BC	ABC
概率	0.14	0.23	0.37	0.08	0.09	0.13	0.05

其中 A、B、C 分别表示阅读"娱乐"、"读书"和"摄影". 如果一个读者已经阅读了"摄影"专栏, 那么他至少阅读了另外两个专栏之一的概率有多大呢?

解 这是一个条件概率的计算问题,即计算 $P(A\cup B|C)$.
由于
$$P((A\cup B)\cap C) = P(AC\cup BC)$$
$$= P(AC) + P(BC) - P(ABC)$$
$$= 0.09 + 0.13 - 0.05 = 0.17$$

所以有
$$P(A\cup B|C) = \frac{P((A\cup B)\cap C)}{P(C)} = \frac{0.17}{0.37} \approx 0.459$$

2.3.2 乘法公式

根据条件概率的定义,可以得到乘法公式如下.

定理 2.3.1 设 $P(B) > 0$,则有

$$P(AB) = P(B)P(A|B) \qquad (2.3.6)$$

可以看到, 利用乘法公式能够将两个事件同时发生的概率, 转化为其中一个事件发生的概率与该事件发生的条件下另一事件发生的条件概率之乘积.

对于三个事件 A, B, C, 有

$$P(ABC) = P(AB)P(C|AB)$$
$$= P(A)P(B|A)P(C|AB)$$

由于 $P(A) \geqslant P(AB)$, 所以只要 $P(AB) > 0$, 上式中的条件概率就有意义.

类似地,乘法公式可以推广到多个事件的情况. 假设 $A_1, A_2, \cdots, A_n$ 为 n 个随机事件, 且 $P(A_1 A_2 \cdots A_{n-1}) > 0$, 则有

$$P(A_1 A_2 \cdots A_n) = P(A_1)P(A_2|A_1)P(A_3|A_1 A_2) \cdots P(A_n|A_1 \cdots A_{n-1}) \qquad (2.3.7)$$

由于 $A_1 A_2 \cdots A_{n-1} \subset \cdots \subset A_1 A_2 \subset A_1$, 所以

$$P(A_1) \geqslant P(A_1 A_2) \geqslant \cdots \geqslant P(A_1 A_2 \cdots A_{n-1}) > 0$$

说明上式中的条件概率都是有意义的.

例 2.3.3 医院需要 O 型血,现有 4 位志愿者来献血,假设他们中仅有 1 人是 O 型血,但不知道哪一个是 O 型血. 他们按随机的顺序依次进行验血,求恰好在第 4 次检验到 O 型血的概率.

解 设 $A_i = \{$第 i 位验血者不是 O 型血$\}$, $i = 1, 2, 3$. 由已知条件知
$$P(A_1) = \frac{3}{4}, \ P(A_2|A_1) = \frac{2}{3}, \ P(A_3|A_1 A_2) = \frac{1}{2}$$

易知积事件 $A_1A_2A_3\overline{A}_4$ ={恰好在第 4 次检验到 O 型血}, 所以

$$P(A_1A_2A_3\overline{A}_4)=P(A_1)P(A_2|A_1)P(A_3|A_1A_2)P(\overline{A}_4|A_1A_2A_3)$$
$$=\frac{3}{4}\times\frac{2}{3}\times\frac{1}{2}\times 1=\frac{1}{4}$$

例 2.3.4　袋子里装有 7 个红球和 3 个白球, 每一次任取一球, 不放回的取了两次, 求:

(1) 两次取到的都是红球的概率;
(2) 两次取到的球其颜色不相同的概率.

解　记事件 A_i={第 i 次取到的是红球}, $i=1,2$, 则由题意知

$$P(A_1)=\frac{7}{10},\quad P(A_2|A_1)=\frac{6}{9}$$

(1) 两次取到的都是红球, 即 A_1A_2 发生, 由乘法公式可得

$$P(A_1A_2)=P(A_1)P(A_2|A_1)=\frac{7}{10}\times\frac{6}{9}=\frac{7}{15}$$

(2) 两次取到的球其颜色不相同, 即 $A_1\overline{A_2}\cup\overline{A_1}A_2$ 发生. 由于 $A_1\overline{A_2}$ 与 $\overline{A_1}A_2$ 不可能同时发生, 所以

$$P(A_1\overline{A_2}\cup\overline{A_1}A_2)=P(A_1\overline{A_2})+P(\overline{A_1}A_2)$$
$$=P(A_1)P(\overline{A_2}|A_1)+P(\overline{A_1})P(A_2|\overline{A_1})$$
$$=\frac{7}{10}\times\frac{3}{9}+\frac{3}{10}\times\frac{7}{9}=\frac{7}{15}$$

例 2.3.5　一个盒子里装有 6 个红球和 4 个白球, 甲、乙、丙三人按顺序各取一球, 采用不放回的抽取方式. 用 A、B、C 分别表示甲、乙、丙取到白球, 试比较 $P(A)$、$P(B)$、$P(C)$ 的大小.

解

$$P(A)=\frac{4}{10}=\frac{2}{5}$$

乙是在甲取球之后抽取的, 而甲有可能取到白球也有可能取到红球, 所以 $B=AB\cup\overline{A}B$, 因此有

$$P(B)=P(AB\cup\overline{A}B)=P(AB)+P(\overline{A}B)$$
$$=P(A)P(B|A)+P(\overline{A})P(B|\overline{A})$$
$$=\frac{4}{10}\times\frac{3}{9}+\frac{6}{10}\times\frac{4}{9}=\frac{2}{5}$$

类似地, 丙取到白球可以表示为

$$C=ABC\cup\overline{A}BC\cup A\overline{B}C\cup\overline{A}\,\overline{B}C$$

故有
$$P(C) = P(AB)P(C|AB) + P(A\overline{B})P(C|A\overline{B}) + \\ P(\overline{A}B)P(C|\overline{A}B) + P(\overline{A}\,\overline{B})P(C|\overline{A}\,\overline{B}) \\ = \frac{2}{5}$$

上述结果表明, 甲、乙、丙三人取到白球的概率是相等的, 与他们取球的先后顺序无关. 这也充分证实了我们日常生活中用抽签的方法处理问题的公平性.

2.3.3 全概率公式和贝叶斯公式

在概率的计算中, 我们常常希望通过已知的简单事件的概率去求未知的复杂事件的概率, 为达到这个目的, 通常是将一个复杂事件分解为若干个互不相容的简单事件的和, 再利用概率的可加性和乘法公式进行求解. 回顾例 2.3.5, 分析乙抽到白球的概率时, 分别考虑了甲抽到白球和红球两种情况, 即将事件 B 分解为 AB 和 $\overline{A}B$, 根据事件的互不相容性即可将和事件的概率分解为概率之和, 然后利用乘法公式分别计算这两组积事件发生的概率即可.

以下就将这种分析问题的思想和方法推广到更一般的情况. 需要先引入样本空间的划分这一概念.

定义 2.3.2 设 S 为随机试验 E 的样本空间, $A_1, A_2, \cdots, A_n$ 为 E 的一组事件, 若满足

(1) 对任意 $i \neq j$, 有 $A_i A_j = \varnothing$, 其中 $i, j = 1, 2, \cdots, n$;

(2) $A_1 \cup A_2 \cup \cdots \cup A_n = S$,

则称 $A_1, A_2, \cdots, A_n$ 为样本空间 S 的一个划分.

例如, 掷一颗骰子观察其出现的点数, 样本空间为 $S = \{1, 2, 3, 4, 5, 6\}$. 易知
$$A_1 = \{1, 2, 3\}, A_2 = \{4\}, A_3 = \{5, 6\}$$
是样本空间的一个划分, 而
$$B_1 = \{1, 2, 3, 4\}, B_2 = \{4, 5, 6\}$$
就不是样本空间的一个划分. 若记
$$C_1 = \{1, 3, 5\}, C_2 = \{2, 4, 6\}$$
则知 C_1 和 C_2 也是样本空间的一个划分.

这就说明, 样本空间的划分是不唯一的. 划分的方法可以不同, 但其实质就是将样本空间划分为一组两两互不相容的事件.

定理 2.3.2 设随机试验 E 的样本空间为 S, 事件 $A_1, A_2, \cdots, A_n$ 是 S 的一个划分, 且 $P(A_i) > 0, i = 1, 2, \cdots, n$, 对任意的随机事件 $B \subset S$, 有

$$P(B) = \sum_{i=1}^{n} P(A_i) P(B|A_i) \tag{2.3.8}$$

上式称为全概率公式.

证明 由于事件 $A_1, A_2, \cdots, A_n$ 是 S 的一个划分,且由 $A_1, A_2, \cdots, A_n$ 两两互不相容可得

$$A_1B, A_2B, \cdots, A_nB$$

也是两两互不相容的,所以有

$$\begin{aligned} P(B) &= P(SB) = P\left[(A_1 \cup A_2 \cup \cdots \cup A_n)B\right] \\ &= P(A_1B \cup A_2B \cup \cdots \cup A_nB) \\ &= P(A_1B) + P(A_2B) + \cdots + P(A_nB) \\ &= \sum_{i=1}^{n} P(A_i)P(B|A_i) \end{aligned}$$

可以看到,全概率公式的主要思想就是将一个事件的概率分解为一组两两互不相容的积事件的概率之和.

例 2.3.6 设 10 件产品中有 3 件不合格品,从中不放回地取两次,每次取一件,求取出的第二件为不合格品的概率.

解 记事件 A={第一次取到的是不合格品}, B={第二次取到的是不合格品},由全概率公式可得:

$$\begin{aligned} P(B) &= P(A)P(B|A) + P(\overline{A})P(B|\overline{A}) \\ &= \frac{3}{10} \times \frac{2}{9} + \frac{7}{10} \times \frac{3}{9} = \frac{3}{10} \end{aligned}$$

例 2.3.7 有一批同型号的产品,已知其中由一厂生产的占 15%,二厂生产的占 80%,三厂生产的占 5%,又知这三个厂的产品次品率分别为 2%, 1%, 3%,从这批产品中任取一件是次品的概率是多少?

分析: 从整批产品中任取一件为次品这一事件,无法直接计算其概率. 因为该产品可能是由一厂生产的,也可能是由二厂或三厂生产的,所以考虑用全概率公式!

解 记 $A_i = \{产品由第i家工厂生产\}, i=1,2,3$,则 A_1, A_2, A_3 为样本空间 S 的一个划分.

令 $B = \{从这批产品中任取一件是次品\}$,由已知条件可知,

$$P(A_1) = 0.15, \quad P(A_2) = 0.8, \quad P(A_3) = 0.05$$

$$P(B|A_1) = 0.02, \quad P(B|A_2) = 0.01, \quad P(B|A_3) = 0.03$$

则由全概率公式得:

$$\begin{aligned} P(B) &= P(A_1)P(B|A_1) + P(A_2)P(B|A_2) + P(A_3)P(B|A_3) \\ &= 0.15 \times 0.02 + 0.8 \times 0.01 + 0.05 \times 0.03 = 0.0125 \end{aligned}$$

在实际问题中还有可能遇到这样的一类问题：已知随机试验的某一结果是由许多可能"原因"导致的，通过实验确实观察到这个结果，问每一个可能"原因"导致这个结果的可能性有多大. 例如在上例中，若已知从中取出的是一只次品，那么它是一厂生产的概率又应该是多少呢？在实际应用中，这一类问题也具有普遍意义，其解决方法就是贝叶斯 (Bayes) 公式.

定理 2.3.3 设随机试验 E 的样本空间为 S，事件 $A_1, A_2, \cdots, A_n$ 是 S 的一个划分，$P(A_i) > 0$ $(i = 1, 2, \cdots, n)$，对任意的随机事件 $B \subset S, P(B) > 0$，有

$$P(A_k|B) = \frac{P(A_k B)}{P(B)} = \frac{P(A_k) P(B|A_k)}{\sum_{i=1}^{n} P(A_i) P(B|A_i)}, \quad k = 1, 2, \cdots, n \tag{2.3.9}$$

在实际问题中，$P(A_i)$ 通常都是根据以往的经验或数据得到的，也就是说人们根据原有的信息对于这 n 个事件 $A_1, A_2, \cdots, A_n$ 各自发生可能性的认识，也称之为**先验概率**. 而如果已知事件 B 发生，即在原有认识基础之上有了新的信息，那么 A_i 发生的概率 $P(A_i|B)$ 自然不同于之前的先验概率 $P(A_i)$，故称之为**后验概率**. 贝叶斯公式也称为逆概公式，是英国哲学家托马斯·贝叶斯 (Thomas Bayes) 于 1763 年首先提出的. 这种对问题的分析思想非常容易被人接受，在贝叶斯公式的基础之上，经过多年的发展和完善，已经形成了贝叶斯学派.

例 2.3.8 (接上例) 若从这批产品中任取一件是次品，试推断这件次品最有可能是由哪家工厂生产的？

解 根据贝叶斯公式，有

$$P(A_1|B) = \frac{P(A_1) P(B|A_1)}{P(B)} = \frac{0.15 \times 0.02}{0.0125} = 0.24$$

$$P(A_2|B) = \frac{P(A_2) P(B|A_2)}{P(B)} = \frac{0.8 \times 0.01}{0.0125} = 0.64$$

$$P(A_3|B) = \frac{P(A_3) P(B|A_3)}{P(B)} = \frac{0.05 \times 0.03}{0.0125} = 0.12$$

由此可以推断，这件次品最有可能是由二厂生产的.

例 2.3.9 玻璃杯成箱出售，每箱含 20 只. 假设各箱含 0, 1, 2 只次品的概率分别为 0.8, 0.1, 0.1. 一位顾客欲购买一箱玻璃杯，在购买时售货员随意取一箱，顾客开箱随机查看四只，若无次品则买下该箱玻璃杯，否则退回. 试求：(1) 顾客买下这箱玻璃杯的概率；(2) 顾客买下的这一箱中，确实没有次品的概率.

解 令 $B=\{$顾客买下他所查看的一箱玻璃杯$\}$，$A_i=\{$箱子中恰好有 i 件次品，$i = 0, 1, 2\}$，则

$$P(A_0) = 0.8, \, P(A_1) = 0.1, \, P(A_2) = 0.1$$

且有

$$P(B|A_0) = 1,\ P(B|A_1) = \frac{\binom{19}{4}}{\binom{20}{4}} = \frac{4}{5},\ P(B|A_2) = \frac{\binom{18}{4}}{\binom{20}{4}} = \frac{12}{19}$$

所以

(1) 顾客买下这箱玻璃杯的概率

$$P(B) = \sum_{i=0}^{2} P(A_i) P(B|A_i)$$
$$= 0.8 \times 1 + 0.1 \times \frac{4}{5} + 0.1 \times \frac{12}{19} \approx 0.94$$

(2) 顾客买下的这一箱中,确实没有次品的概率

$$P(A_0|B) = \frac{P(A_0) P(B|A_0)}{P(B)} = \frac{0.8 \times 1}{0.94} \approx 0.85$$

例 2.3.10 某种疾病在成年人中的患病率是 1‰, 关于该疾病的诊断通常采用抽血检验. 如果被检验者已经患病, 其血液化验结果呈阳性的概率是 99%; 如果被检验者没有患该病, 其血液化验结果呈阳性的概率是 2%. 如果随机选取一个成年人进行抽血化验的结果呈阳性, 那么此人有多大可能确实患有该病?

解 记事件 $A = \{患有此病\}$, $B = \{化验结果呈阳性\}$, 根据已知条件则有

$$P(A) = 0.001,\ P(\overline{A}) = 0.999$$
$$P(B|A) = 0.99,\ P(B|\overline{A}) = 0.02$$

根据全概率公式,可得

$$P(B) = P(A) P(B|A) + P(\overline{A}) P(B|\overline{A})$$
$$= 0.001 \times 0.99 + 0.999 \times 0.02 = 0.02097$$

所以根据贝叶斯公式可知,当化验结果呈阳性时,患病的概率为

$$P(A|B) = \frac{P(A) P(B|A)}{P(B)}$$
$$= \frac{0.001 \times 0.99}{0.02097} \approx 0.047$$

通过此例可以发现,贝叶斯公式的处理思想和方法在医学、信息、工业生产等众多领域都有着广泛的应用背景.

2.4 随机事件的独立性

根据条件概率的定义可以知道, 一般情况下条件概率 $P(A|B)$ 与 $P(A)$ 是不相等的. 特别的, 如果这两个概率相等

$$P(A|B) = P(A)$$

说明事件 B 的发生与否对事件 A 发生的概率没有影响, 此时称这两个事件是相互独立的.

当事件 A 与 B 满足 $P(A|B) = P(A)$, 且 $P(B) > 0$, 根据乘法公式可知

$$P(AB) = P(B)P(A|B) = P(A)P(B)$$

由此得到两事件相互独立的定义.

定义 2.4.1 如果两事件 A 与 B 满足

$$P(AB) = P(A)P(B) \tag{2.4.1}$$

则称事件 A 与 B 相互独立.

由以上分析可以得到: 如果 $P(B) > 0$, 则事件 A 与 B 相互独立的充要条件是

$$P(A|B) = P(A)$$

有关事件的独立性, 可以得到下面命题.

性质 2.4.1 如果事件 A 与 B 相互独立, 那么 A 与 $\overline{B}$、$\overline{A}$ 与 B、$\overline{A}$ 与 $\overline{B}$ 的每一对事件中的两个事件也是相互独立的.

证明 由概率的性质及事件 A 与 B 的独立性, 得

$$\begin{aligned} P(A\overline{B}) &= P(A) - P(AB) \\ &= P(A) - P(A)P(B) \\ &= P(A)[1 - P(B)] \\ &= P(A)P(\overline{B}) \end{aligned}$$

所以事件 A 与 $\overline{B}$ 相互独立. 类似可以证明 $\overline{A}$ 与 B 相互独立, $\overline{A}$ 与 $\overline{B}$ 相互独立.

例 2.4.1 设事件 A 与 B 相互独立, 已知 $P(A) = 0.4$, $P(A \cup B) = 0.7$, 求 $P(\overline{B}|A)$.

解 由于事件 A 与 B 相互独立, 有

$$\begin{aligned}0.7 &= P(A \cup B) \\ &= P(A) + P(B) - P(AB) \\ &= P(A) + P(B) - P(A)P(B) \\ &= 0.4 + P(B) - 0.4 P(B)\end{aligned}$$

解得 $P(B) = 0.5$. 根据 A 与 B 的独立性可知, A 与 $\overline{B}$ 也是相互独立的, 所以

$$P(\overline{B}|A) = P(\overline{B}) = 1 - 0.5 = 0.5$$

根据两个事件的独立性定义, 可以推广到多个事件独立性的情况.

定义 2.4.2 如果 n 个事件 $A_1, A_2, \cdots, A_n$ 中任意 $k(k=2, 3, \cdots, n)$ 个事件, $A_{i_1}, A_{i_2}, \cdots, A_{i_k}$ 任意 $(1 \leqslant i_1 < i_2 < \cdots < i_k \leqslant n)$, 都满足以下条件:

$$P(A_{i_1} A_{i_2} \cdots A_{i_k}) = P(A_{i_1}) P(A_{i_2}) \cdots P(A_{i_k}) \tag{2.4.2}$$

即积事件的概率等于各事件的概率乘积, 则称事件 $A_1, A_2, \cdots, A_n$ 是**相互独立**的.

特别的, 对于三个事件 A、B、C, 如果

$$P(AB) = P(A)P(B)$$
$$P(BC) = P(B)P(C)$$
$$P(CA) = P(C)P(A)$$

则称事件 A、B、C **两两独立**. 进一步, 对于两两独立的事件 A、B、C, 如果

$$P(ABC) = P(A)P(B)P(C)$$

则称 A、B、C 是**相互独立**的.

需要注意的是, 如果事件 A、B、C 相互独立, 那么它们一定是两两独立的; 反之则不一定.

例 2.4.2 在四张标有数字 1, 2, 3, 4 的卡片中等可能地任取一张, 记事件 $A = \{$取到数字1或2$\}$, $B = \{$取到数字1或3$\}$, $C = \{$取到数字1或4$\}$, 试讨论 A、B、C 之间的独立性.

解 $AB = AC = BC = ABC = \{$取到的数字为 1$\}$, 由题意可知

$$P(A) = P(B) = P(C) = \frac{1}{2}$$
$$P(AB) = \frac{1}{4} = \frac{1}{2} \times \frac{1}{2} = P(A)P(B)$$
$$P(BC) = \frac{1}{4} = \frac{1}{2} \times \frac{1}{2} = P(B)P(C)$$
$$P(AC) = \frac{1}{4} = \frac{1}{2} \times \frac{1}{2} = P(A)P(C)$$

所以 A、B、C 两两独立. 又因为
$$P(ABC) = \frac{1}{4} \neq P(A)P(B)P(C)$$
因此 A、B、C 不是相互独立的.

例 2.4.3 两射手独立地向同一目标射击一次, 其命中率分别为 0.9 和 0.8, 求目标被击中的概率.

解 记事件 $A = \{$甲击中目标$\}$, $B = \{$乙击中目标$\}$, $C = \{$目标被击中$\}$, 则有
$$\begin{aligned} P(C) &= P(A \cup B) \\ &= P(A) + P(B) - P(A)P(B) \\ &= 0.9 + 0.8 - 0.9 \times 0.8 \\ &= 0.98 \end{aligned}$$

或者
$$\begin{aligned} P(C) &= 1 - P(\overline{A}\,\overline{B}) \\ &= 1 - P(\overline{A})P(\overline{B}) \\ &= 1 - (1 - 0.9)(1 - 0.8) \\ &= 1 - 0.02 = 0.98 \end{aligned}$$

例 2.4.4 设三个独立工作的元件组成"2/3 表决系统", 即至少有两个元件正常工作则该系统就正常工作. 假设元件 1、2、3 正常工作的概率分别 0.5、0.6、0.7, 求这一"2/3 表决系统"正常工作的概率.

解 设 $A_i = \{$第 i 个元件正常工作$\}$, $i = 1, 2, 3$, $B = \{$"2/3 表决系统"正常工作$\}$, 则 A_1、A_2、A_3 相互独立, $P(A_1) = 0.5$, $P(A_2) = 0.6$, $P(A_3) = 0.7$, 事件 B 能够表示为以下两两互不相容事件的和事件, 即 $B = A_1 A_2 \overline{A_3} \cup A_1 \overline{A_2} A_3 \cup \overline{A_1} A_2 A_3 \cup A_1 A_2 A_3$, 所以
$$\begin{aligned} P(B) =& P(A_1 A_2 \overline{A_3} \cup A_1 \overline{A_2} A_3 \cup \overline{A_1} A_2 A_3 \cup A_1 A_2 A_3) \\ =& P(A_1)P(A_2)P(\overline{A_3}) + P(A_1)P(\overline{A_2})P(A_3) + \\ & P(\overline{A_1})P(A_2)P(A_3) + P(A_1)P(A_2)P(A_3) \\ =& 0.5 \times 0.6 \times (1-0.7) + 0.5 \times (1-0.6) \times 0.7 + \\ & (1-0.5) \times 0.6 \times 0.7 + 0.5 \times 0.6 \times 0.7 \\ =& 0.09 + 0.14 + 0.21 + 0.21 = 0.65 \end{aligned}$$

本章根据事件之间的关系及运算, 利用概率的性质, 对具体的随机现象, 能计算出一个事件发生的概率.

练 习 题 2

1. 写出下列随机试验的样本空间:

(1) 记录一个 30 人的小班一次数学考试的平均分数 (百分制记分);

(2) 同时抛两颗骰子, 记录两颗骰子的点数之和;

(3) 10 只产品中有 3 只是次品, 每次从其中取一只, 取后不放回, 直到三只次品都被取出为止, 记录抽取的次数;

(4) 在单位圆内任意取一点, 记录它的坐标;

(5) 在某交通路口的某个时段, 观察机动车的流量;

(6) 抛一枚硬币 3 次, 记录正面朝上的次数;

(7) 从一批灯泡中随机抽一个, 测量它的寿命.

2. 用事件 A、B、C 的运算关系表示下列事件:

(1) A 出现, B 和 C 都不出现;

(2) A、B 都出现, C 不出现;

(3) 三个事件都出现;

(4) 不多于一个事件出现;

(5) 不多于两个事件出现;

(6) 三个事件中至少有两个出现.

3. 指出下列关系中哪些成立, 哪些不成立:

(1) $A \cup B = A\overline{B} \cup B$;

(2) $A \cup B = \overline{A}B$;

(3) 若 $AB = \varnothing$, 且 $C \subset A$, 则 $BC = \varnothing$;

(4) 若 $A \subset B$, 则 $A \cup B = B$;

(5) $\overline{(A \cup B)}C = \overline{A}\,\overline{B}\,\overline{C}$.

4. 设 A 和 B 是任意两个互不相容的事件, 且 $P(A) > 0$, $P(B) > 0$, 试问以下结论是否正确:

(1) $P(A \cup \overline{B}) = P(\overline{B})$;

(2) 事件 $\overline{A}$ 与 $\overline{B}$ 相容;

(3) 事件 $\overline{A}$ 与 $\overline{B}$ 互不相容;

(4) $P(A\overline{B}) = P(\overline{B})$.

5. 设 A、B 为随机事件, $P(A) = 0.7$, $P(A - B) = 0.3$, 求 $P(\overline{AB})$.

6. 对事件 A, B 和 C, 已知 $P(A) = P(B) = P(C) = \dfrac{1}{4}$, $P(AB) = P(BC) = 0$, $P(AC) = \dfrac{1}{8}$, 试求 A, B, C 中至少有一个发生的概率.

7. 设 A、B 是两个事件, 已知 $P(A) = 0.5$, $P(B) = 0.7$, $P(A \cup B) = 0.8$, 试求 $P(A - B)$, $P(B - A)$.

8. 从 5 双不同的鞋子中任意取出 4 只, 求取出的这四只鞋子至少配成一双的概率.

9. 甲乙两人参加知识竞答，共有 10 个不同的题目，其中选择题 6 个，判断题 4 个，甲乙二人依次各抽一题. (1) 甲抽到选择题乙抽到判断题的概率是多少？(2) 甲乙两人中至少有一个抽到选择题的概率是多少？

10. 将 4 个男生和 4 个女生任意的分成两组，每组 4 个人，求每组各有 2 个男生的概率.

11. 将 n 只球随机的放入 $N(N \geq n)$ 个盒子中去，求每个盒子至多有一只球的概率 (设盒子的容量不限).

12. 某人午觉醒来，发觉表停了，他打开收音机，想收听电台的报时. 若电台是整点报时，试求他等待的时间不超过 10 分钟的概率.

13. 甲、乙两船停靠同一码头，各自独立地到达，且每艘船在一昼夜间到达是等可能的. 若甲船需停泊 1 小时，乙船需停泊 2 小时，而该码头只能停泊一艘船. 试求任意一艘船到达后需要等待码头空出的概率.

14. 在半径为 R 的圆内画平行弦，如果这些弦与垂直于弦的直径的交点在该直径上的位置是等可能的，即交点在直径上一个区间内的可能性与这区间的长度成比例，求任意画弦的长度大于 R 的概率.

15. 设 A_1、A_2 和 B 是任意事件，且 $0 < P(B) < 1$，$P(A_1 \cup A_2|B) = P(A_1|B) + P(A_2|B)$，试问以下结论正确与否：

(1) $P(A_1 \cup A_2) = P(A_1) + P(A_2)$；

(2) $P(A_1 \cup A_2) = P(A_1|B) + P(A_2|B)$；

(3) $P(A_1B \cup A_2B) = P(A_1B) + P(A_2B)$；

(4) $P(A_1 \cup A_2|\overline{B}) = P(A_1|\overline{B}) + P(A_2|\overline{B})$.

16. 有 10 只杯子，其中甲地生产的有 7 只，乙地生产的有 3 只，从中每次任取一只，取后不放回，共取两次. 记事件 A 表示第一次取到的是由甲地生产的，事件 B 表示第二次取到的是由乙地生产的，试求 $P(B|A)$，$P(AB)$.

17. 设 20 件产品中有 4 件不合格，从中任取两件，已知所取两件中有一件是不合格品，求另一件也是不合格品的概率.

18. 设某光学仪器厂制造的透镜，第一次落下时打破的概率为 $1/2$，若第一次落下未被破，第二次落下打破的概率为 $7/10$，若前两次落下未打破，第三次落下时打破的概率为 $9/10$，试求透镜落下三次未打破的概率.

19. 有 12 个乒乓球全是新球，每次比赛时取出三个，用完后放回去. 求第三次比赛时取出的三个球都是新球的概率.

20. 甲袋子中有 2 只红球 2 只白球；乙袋子中有 3 只红球 1 只白球. 若从甲中任取两球放入乙中，然后从乙袋子中任意取出两球，则最后取出的两球全部为红球的概率是多少？

21. 假定某种疾病在人群中的患病率为 2‰，在诊断过程中进行专门的医学检验时，对于一个患病者，其检验结果呈阳性的概率为 98%；对于一个没有患该疾病的人，其检验结果呈阳性的概率仅为 3%. 若随机选择一个人进行该检验，其检验结果呈阳性的概率是多少？

22. 某实验室从 A、B、C 三个芯片制造商处购得某芯片，数量比为 $1:2:2$. 已知 A、B、C 三个制造商的芯片次品率分别为 0.001、0.005 和 0.01. 若该实验室随机选择了一个芯片使用时，发现该芯片是次品，试问该次品芯片购自制造商 A、B、C 的概率分别是多少？

练习题 2

23. 某商店销售的日光灯管中，甲厂生产的占 70%，乙厂生产的占 30%，甲厂产品中一等品占 90%，乙厂产品中一等品占 80%，求顾客任购一只日光灯是一等品的概率. 若买到了一只日光灯是一等品，问这只日光灯由甲厂生产的可能性有多大？

24. 对某大学在校生进行调查信用卡使用情况，假定有 20% 的在校生拥有万事达卡 (MasterCard)，45% 的在校生拥有Visa卡，有 10% 的在校生同时拥有这两种信用卡. 试问: (1) 在校生拥有至少一种信用卡的概率是多少？(2) 如果已知某学生拥有信用卡，那么该学生拥有 Visa 卡的概率是多少？

25. 现有 10 箱同样规格的产品，其中 5 箱是由甲厂生产的，3 箱是由乙厂生产的，2 箱是由丙厂生产的. 设甲、乙、丙三厂生产这种产品的次品率分别为 $\frac{1}{10}, \frac{1}{15}, \frac{1}{20}$，现在从这 10 箱产品中任取一箱，再从这箱中任取一件产品，求取得的这件产品是合格品的概率；若已知取得的这件产品是合格品，问所取得的那箱产品是甲厂、乙厂、丙厂生产的概率各是多少？

26. 老李一家承包一段江面养鱼，一日出现鱼浮头现象，不几日出现大量死鱼事件，造成直接经济损失数万元. 老李马上向当地渔政部门报告，渔政部门出具的检测报告显示，此次死鱼事件是由于水体中的 COD 超标引起的. 老李家承包的水面上游有 4 家企业，其生产产生的工业污水经处理后排入江内，4 家企业的排污量分别占 40%、30%、20%和 10%，由于各种原因它们的 COD 超标的可能性分别为 3%、4%、5%和 6%. 目前没有证据证明具体是由哪一家企业的水污染导致了此次死鱼事件，请问老李向这 4 家企业索赔的比例分别是多少？

27. 给 4 个球分别标上号码 1, 2, 3, 4 后放入袋中，再从袋中有放回的取两次，每次各取一球. 若用 A 表示 {第一次出现偶数}，用 B 表示 {第二次出现奇数}，用 C 表示 {两次同奇或同偶}，试讨论 A、B、C 的独立性.

28. 将一枚硬币连续掷两次，记事件 $A_1 = \{$第一次出现正面$\}$，$A_2 = \{$第二次出现正面$\}$，$A_3 = \{$正面和反面各出现一次$\}$，$A_4 = \{$两次都出现正面$\}$，试问以下说法正确与否:

(1) A_1, A_2, A_3 两两独立；

(2) A_2, A_3, A_4 两两独立；

(3) A_1, A_2, A_3 相互独立；

(4) A_2, A_3, A_4 相互独立.

29. 装有 5 个红球，4 个黄球的口袋中丢失一个球，为了猜测所丢球的颜色，随机的从这个口袋中摸出两个球，结果都是红球，求丢失的球是黄球的概率.

30. 某人买了 A、B、C 三种不同的彩票各一张，已知各种彩票中奖的概率分别为 0.03, 0.01, 0.02, 并且各种彩票中奖是相互独立的. 如果只要有一种彩票中奖此人就一定赚钱，求此人赚钱的概率.

31. 三人独立地去破译一份密码，已知每个人能译出的概率分别为 1/5, 1/3, 1/4，问三人中至少有一人能将此密码译出的概率是多少？

32. 设某购物网站任一时刻有 k 个顾客点击浏览的概率为

$$p_k = \frac{\lambda^k}{k!} e^{-\lambda}, \qquad k = 0, 1, 2, \cdots$$

而每一个顾客购物的概率等于 $p(0 < p < 1)$. 如果每一个顾客是否购物是相互独立的，试问任一时刻恰有 m 个顾客在该网站购物的概率是多少？

33. 将 20 个运动员随机地分成甲、乙两组,每组 10 人. 已知这 20 人中有 2 人是一级运动员,求两个一级运动员被分到同一组的概率和被分到不同组的概率.

34. 在八张标有数字 1、2、3、4、5、6、7、8 的卡片中等可能地任取一张,记事件 $A = \{$取到数字 1 或 2 或 3 或 4$\}$,$B = \{$取到数字 1 或 2 或 3 或 5$\}$,$C = \{$取到数字 1 或 6 或 7 或 8$\}$,试验证 $P(ABC) = P(A)P(B)P(C)$,并讨论 A、B、C 之间的独立性.

35. 口袋中有 2 个白球,每次从口袋中随机地摸出一球,并换入一只黑球,求第 k 次取到黑球的概率.

36. 将长度为 a 米的线段随机地截成 3 段,求它们能构成三角形的概率.

37. 从 1、2、$\cdots$、9 中返回取 n 次,求取出的 n 个数的乘积能被 10 整除的概率.

38. 口袋中有一只球,不知它是黑的还是白的. 现再往口袋中放入一只白球和一只黑球,然后从口袋中任意取出一只,发现是白球. 试问口袋中原来的那只球是白球的可能性多大?

39. 已知甲口袋有 5 只白球和 4 只黑球,乙口袋有 7 只白球和 3 只黑球. 先从甲口袋随机取一只球放入乙口袋,再从乙口袋随机取一球放入甲口袋. (1) 然后在甲口袋中随机取一球为白球的概率是多少? (2) 求甲口袋中仍有 5 只白球和 4 只黑球的概率.

40. 在数集 $\{1, 2, 3, \cdots, 150\}$ 中随机地取一个数,已知取到的数不能被 2 整除,求它能被 3 或 5 整除的概率.

41. 设随机事件 A、B 满足 $P(A) = 1/4$,$P(A|B) = 1/2$,$P(B|A) = 1/3$,求概率 $P(A \cup B)$.

42. 设随机事件 A、B、C 满足 A、C 互不相容,$P(AB) = 1/2$,$P(C) = 1/3$,求条件概率 $P(AB|\overline{C})$.

43. 设随机事件 A、B 相互独立,且 $P(B) = 0.5$,$P(A - B) = 0.3$,求 $P(B - A)$.

44. 根据以往资料分析得知,某位母亲患某种疾病的概率为 0.3. 当母亲患病时,她的第一个和第二个孩子患病的概率均为 0.5,而且两个孩子同时不患病的概率为 0.25;当母亲不患病时,两个孩子也不患病. 现不知道这位母亲是否患病,求她的两个孩子各自患病的概率;当第一个孩子未患病时,第二个孩子也未患病的概率;当第一个孩子未患病时,母亲患病的概率;当第一个孩子患病时,母亲患病的概率.

45. 某产品有缺陷的概率为 0.2,没有缺陷的概率为 0.8. 对有缺陷的产品可以通过一系列相互独立的检测过程进行检测,每个过程查出有缺陷的概率为 0.9;某个过程已查出有缺陷,则不再进行下一个检测过程. 对没有缺陷的产品,必定查不出缺陷. 求有缺陷的产品在第 n 个过程结束结束之前被查出缺陷的概率;有缺陷的产品在前 n 个过程均未检测出缺陷的概率;任取一个这类产品,若前三个过程均未检测出缺陷,求此产品确实没有缺陷的概率.

46. 将一颗骰子掷两次,考虑事件 $A = \{$第一次掷得点数 2 或 5$\}$,事件 $B = \{$两次点数之和至少为 7$\}$,求概率 $P(A)$ 和 $P(B)$,并探讨事件 A、B 是否相互独立.

47. 设打靶场有 10 支某种型号的枪,其中 4 支已经校正,6 支未经校正. 某人使用已校正的枪击中目标的概率为 0.9,使用未经校正的枪击中目标的概率为 0.3. 他随机地取一支枪进行射击,各次射击的结果相互独立,已知他射击了 3 次,都未击中靶子,求他使用的是已校正的枪的概率.

练习题 2

48. 已知产品中 96% 是合格品,现有一种特殊的检测方法,它把真正合格品确认为合格品的概率为 0.98,而误认废品为合格品的概率为 0.05,求在此特殊检测方法下确认为合格品的一个产品确实是合格品的概率.

49. 在通讯传输中,需要传输的字符是 $AAAA$、$BBBB$、$CCCC$ 三者之一,传输这三者的概率分别为 0.3, 0.4, 0.3,由于通道噪声的干扰,正确接收到被传输字母的概率为 0.6,而接收到其他字母的概率为 0.2,假定前后字母是否被歪曲互不影响. 若接收到字符 $ABCA$,求被传输的是 $AAAA$ 的概率.

50. 对一目标进行三次独立射击,第一、二、三次射击的命中率分别是 0.4、0.5、0.7,试求在三次射击中恰好有一次击中目标的概率和至少有一次击中目标的概率.

第 3 章 随机变量及其分布

第 2 章主要借助了集合论的思想和方法对随机事件展开研究. 为了更深入全面地研究随机现象的统计规律性, 一个很自然的想法就是将函数引入到概率论中来, 从而将微积分、线性代数等近代数学工具应用到概率论的研究中.

因此, 本章首先将引入随机变量以及分布函数两个基本概念. 随机变量是概率论中最基本的概念之一, 在具体问题中通过随机变量的取值可以将定义在样本空间上的随机事件进行等价描述, 而关于随机变量的研究则可以通过分布函数实现.

此外, 本章将结合具体问题, 对随机变量的常见问题展开介绍, 主要包括: 离散型随机变量, 连续型随机变量, 随机变量的函数的分布以及随机变量的期望与方差等.

3.1 一维随机变量及其分布

3.1.1 一维随机变量与分布函数

很多随机现象的结果直接与数值有关系, 例如在车间供电问题中关心的是某时刻正在工作的车床数; 在快递运输中, 需要关心一天总共运输的快递数量; 以及电子元件正常工作的时间等. 有些随机现象的结果虽然看起来不是数值, 但能够将它们与数值建立对应关系, 例如在产品检验中可能抽到正品或次品, 可以将正品对应数 "1", 将次品对应数 "0".

随机变量的引入是将随机现象的结果数量化, 它是处理随机现象的一个方便而且强有力的工具.

定义 3.1.1 设 E 为随机试验, 其样本空间为 S, 如果对于 S 中的每一个样本点 e 都有一个实数 $X(e)$ 与之对应, 这样就得到一个定义在样本空间 S 上的单值实函数 $X = X(e)$, 其取值具有随机性, 并且对每取一个数值或某一范围内的值都有相应的概率, 则称 $X = X(e)$ 为**随机变量**.

随机变量一般用大写字母 $X, Y, Z, \cdots\cdots$ 表示.

例 3.1.1 袋中有 3 只黑球, 2 只白球, 从中任意取出 3 只球, 观察取出的 3 只球中的黑球的个数.

记取出的黑球数为 X, 则 X 的可能取值为 $1, 2, 3$, 因此 X 是一个变量. 但是, X 取什么值依赖于试验结果, 即 X 的取值带有随机性, 所以称 X 为随机变量.

3.1 一维随机变量及其分布

例 3.1.2 抛一枚硬币, 观察正、反面朝上情况, 若正面朝上, 令 X 取值为 1, 若反面朝上, 令 X 取值为 0, 则 X 为随机变量.

例 3.1.3 掷一个骰子观察出现的点数. 记出现的点数为 X, 则 X 为随机变量, 所有可能取值为: 1, 2, 3, 4, 5, 6.

例 3.1.4 某公共汽车站每隔 5 分钟有一辆公共汽车通过, 如果某人到达该车站的时刻是随机的, 用 X 表示此人的等待时间, 则 X 为随机变量, 所有可能取值为 $[0, 5]$ 中的实数.

例 3.1.5 用 X 表示某种型号电视机的寿命, 则 X 为随机变量, 所有可能取值为 $[0, +\infty)$ 中的实数.

随机变量概念的引入, 使得对随机现象的描述可以通过随机变量来实现, 从而能够对随机试验的结果进行更深入的研究和讨论. 一个随机事件可用随机变量的取值来表示, 因此对随机事件的研究就可以转化为对随机变量的研究.

按照随机变量的取值情况, 可以把随机变量分为两类: 如果随机变量的所有可能取值为有限个或可列多个, 称之为离散型随机变量; 否则, 称之为非离散型随机变量. 非离散随机变量中一个重要类型为连续型随机变量, 它的可能取值能充满某个区间 $[a, b]$. 本书只研究离散型随机变量和连续型随机变量.

在处理实际问题中, 人们常常感兴趣的不只是随机变量取某一数值的概率, 而更多的是随机变量的取值落在某一区间里的概率 $P\{a < X \leqslant b\}$. 由于

$$P\{a < X \leqslant b\} = P\{X \leqslant b\} - P\{X \leqslant a\}$$

所以只要知道形如事件 $\{X \leqslant x\}$ 的概率就可以了. 为了用统一的方式来描述随机变量的概率分布, 我们引入了随机变量分布函数的定义.

定义 3.1.2 设 X 为一个随机变量, 对任意实数 x, 称

$$F(x) = P\{X \leqslant x\} \tag{3.1.1}$$

为 X 的**分布函数**, 记为 $X \sim F(x)$.

该定义表明, 随机变量 X 在 $(-\infty, x]$ 取值的概率 $P\{X \leqslant x\}$ 是 x 的函数. 从理论上讲, 如果知道了随机变量 X 的分布函数 $F(x)$, 就可以求出 X 在任意区间上取值的概率, 即定义在相应样本空间 S 上的随机事件发生的概率总是可以确定的. 由于分布函数 $F(x)$ 的定义域是 $(-\infty, +\infty)$, 值域是 $[0, 1]$, 即 $F(x)$ 就是一个实函数, 所以通过 $F(x)$ 可以利用函数的分析工具和方法对随机变量进行研究.

为了区别不同随机变量的分布函数, 有时也将随机变量 X 的分布函数记为 $F_X(x)$.

根据分布函数的定义可知, $F(x)$ 具有如下性质:

(1) **单调不减**: $\forall a < b, F(a) \leqslant F(b)$;

(2) **有界性**: $0 \leqslant F(x) \leqslant 1$, 且 $F(-\infty) = 0, F(+\infty) = 1$;

(3) **右连续性**: $F(x+0) = F(x)$;

(4) 对于任意的实数 $a \leqslant b$, 有

$$P\{a < X \leqslant b\} = F(b) - F(a). \tag{3.1.2}$$

可以证明, 若定义在实数空间上的函数满足上面的性质 (1)(2)(3), 则它必是某个随机变量的分布函数. 也就是说, 单调不减、有界性以及右连续性是判断一个函数是否为分布函数的充要条件.

例 3.1.6 设袋子里有标号为 $-1, 1, 1, 2, 2, 2$ 的六个球, 从中任意取出一球, 求所取球的标号数的分布函数.

解 令随机变量 $X =$ {所取球的标号数}, 则 X 的可能取值为 $-1, 1, 2$, 且

$$P\{X = -1\} = \frac{1}{6}, P\{X = 1\} = \frac{2}{6} = \frac{1}{3}, P\{X = 2\} = \frac{1}{2}$$

当 $x < -1$ 时, $\{X \leqslant x\} = \varnothing$, 故 $F(x) = 0$,

当 $-1 \leqslant x < 1$ 时, $\{X \leqslant x\} = \{X = -1\}$, 故

$$\begin{aligned} F(x) &= P\{X \leqslant x\} \\ &= P\{X = -1\} = \frac{1}{6} \end{aligned}$$

当 $1 \leqslant x < 2$ 时, $\{X \leqslant x\} = \{X = -1\} \cup \{X = 1\}$, 故

$$\begin{aligned} F(x) &= P\{X \leqslant x\} \\ &= P\{X = -1\} + P\{X = 1\} \\ &= \frac{1}{6} + \frac{1}{3} = \frac{1}{2} \end{aligned}$$

当 $x \geqslant 2$ 时, $\{X \leqslant x\} = \{X = -1\} \cup \{X = 1\} \cup \{X = 2\}$, 故

$$\begin{aligned} F(x) &= P\{X \leqslant x\} \\ &= P\{X = -1\} + P\{X = 1\} + P\{X = 2\} \\ &= \frac{1}{6} + \frac{1}{3} + \frac{1}{2} = 1 \end{aligned}$$

综上所述,

$$F(x) = \begin{cases} 0, & x < -1 \\ \dfrac{1}{6}, & -1 \leqslant x < 1 \\ \dfrac{1}{2}, & 1 \leqslant x < 2 \\ 1, & x \geqslant 2 \end{cases}$$

3.1.2 离散型随机变量

定义 3.1.3　若随机变量的可能取值仅有有限个或可列多个, 则称其为**离散型随机变量**.

例 3.1.1 至例 3.1.3 都是离散型随机变量. 对离散型随机变量进行研究, 不仅需要知道它的所有可能取值, 还必须了解取每一个值的概率.

定义 3.1.4　设离散随机变量 X 的可能取值为: $x_1, x_2, \cdots, x_n, \cdots$, 称

$$P\{X = x_k\} = p_k,\ k = 1, 2, \cdots$$

为 X 的**概率分布**或**分布律**.

分布律 p_k 满足以下两个条件:

(1) **非负性**: $p_k \geqslant 0,\ k = 1, 2, \cdots$

(2) **规范性**: $\sum\limits_{k=1}^{\infty} p_k = 1$

反之, 凡是具备上面两个条件的 $p_k(k = 1, 2, \cdots)$, 一定可以作为某个离散型随机变量的分布律.

离散型随机变量的分布律也可以用表格或矩阵形式表示.

X	x_1	x_2	x_3	x_4	$\cdots$	x_k	$\cdots$
p_k	p_1	p_2	p_3	p_4	$\cdots$	p_k	$\cdots$

$$\begin{pmatrix} x_1 & x_2 & x_3 & \cdots & x_k & \cdots \\ p_1 & p_2 & p_3 & \cdots & p_k & \cdots \end{pmatrix}$$

根据离散型随机变量的分布律, 可以很容易求出其分布函数, 即:

$$F(x) = P\{X \leqslant x\} = \sum_{x_k \leqslant x} P\{X = x_k\} = \sum_{x_k \leqslant x} p_k \tag{3.1.3}$$

上式是对所有小于或等于 x 的 x_k 来求和的. 分布函数 $F(x)$ 是跳跃函数, 在 $x = x_k$ 处有跳跃, 其跳跃高度恰好为随机变量 X 在 x_k 这一点处取值的概率. 如例 3.1.6 中, 其分布函数的图形如图 3-1 所示, 易看出 $F(x)$ 发生跳跃之处及其跳跃高度.

若离散型随机变量 X 的所有可能取值为 $x_1, x_2, \cdots, x_n$, 且 $x_1 < x_2 < \cdots < x_n$, 则 $F(x)$ 可以表示为分段函数:

$$F(x) = \begin{cases} 0, & x < x_1 \\ p_1, & x_1 \leqslant x < x_2 \\ p_1 + p_2, & x_2 \leqslant x < x_3 \\ \cdots & \cdots \\ p_1 + p_2 + \cdots + p_{n-1}, & x_{n-1} \leqslant x < x_n \\ p_1 + p_2 + \cdots + p_{n-1} + p_n = 1, & x \geqslant x_n \end{cases} \quad (3.1.4)$$

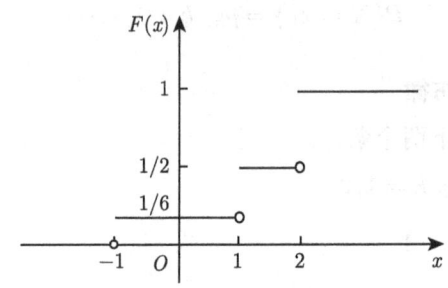

图 3-1: 分布函数

例 3.1.7 从 1~10 这 10 个数字中随机取出 5 个数字, 令 $X = \{$ 取出的 5 个数字中的最大值 $\}$, 试求 X 的分布律.

解 X 的所有可能取值为 $5, 6, 7, 8, 9, 10$, 则

$$P\{X = k\} = \frac{\binom{k-1}{4}}{\binom{10}{5}}, \ k = 5, 6, \cdots, 10$$

即

X	5	6	7	8	9	10
p_k	$\dfrac{1}{252}$	$\dfrac{5}{252}$	$\dfrac{15}{252}$	$\dfrac{35}{252}$	$\dfrac{70}{252}$	$\dfrac{126}{252}$

例 3.1.8 设离散型随机变量 X 的分布律为 $P\{X = k\} = \dfrac{a}{4^k}, k = 1, 2, 3 \cdots$. 试求常数 a 及 X 的分布函数.

解 由分布律的规范性, 有

$$\sum_{k=1}^{\infty} p_k = \sum_{k=1}^{\infty} P\{X = k\} = \sum_{k=1}^{\infty} \frac{a}{4^k} = a \times \frac{1}{3} = 1$$

所以 $a = 3$ 为所求.

3.1 一维随机变量及其分布

下面求 X 的分布函数.

当 $x < 1$ 时, $F(x) = P(\varnothing) = 0$,

对任意的 $k \geqslant 1$, 当 $k \leqslant x < k+1$ 时,

$$F(x) = \sum_{i=1}^{k} P\{X = i\} = \sum_{i=1}^{k} \frac{3}{4^k} = 3 \times \frac{1/4 - 1/4^{k+1}}{1 - 1/4} = 1 - \frac{1}{4^k}$$

所以 X 的分布函数为

$$F(x) = \begin{cases} 0, & x < 1 \\ 1 - 1/4^k, & k \leqslant x < k+1 (k \geqslant 1) \end{cases}$$

例 3.1.9 若已知随机变量 X 的分布函数

$$F(x) = \begin{cases} 0, & x < -1 \\ 0.2, & -1 \leqslant x < 1 \\ 0.7, & 1 \leqslant x < 3 \\ 1, & x \geqslant 3 \end{cases}$$

试求随机变量 X 的分布律.

解 $F(x)$ 的间断点就是随机变量 X 的可能取值, 即 $-1, 1, 3$.

$$P\{X = -1\} = 0.2 - 0 = 0.2$$

$$P\{X = 1\} = 0.7 - 0.2 = 0.5$$

$$P\{X = 3\} = 1 - 0.7 = 0.3$$

即

X	-1	1	3
p_k	0.2	0.5	0.3

3.1.3 连续型随机变量

定义 3.1.5 设随机变量 X 的分布函数为 $F(x)$, 如果存在非负可积函数 $f(x)$, 使得对任意实数 x, 均有

$$F(x) = \int_{-\infty}^{x} f(t) \, dt \tag{3.1.5}$$

则称 X 为**连续型随机变量**, 其中函数 $f(x)$ 称为 X 的**概率密度函数**, 简称**概率密度**.

由上面式 (3.1.5) 可以证明连续型随机变量的分布函数 $F(x)$ 为连续函数.

概率密度函数 $f(x)$ 具有以下基本性质:

(1) **非负性**: $f(x) \geqslant 0$;

(2) **规范性**: $\int_{-\infty}^{+\infty} f(x)\,\mathrm{d}x = 1$;

(3) 当 $F(x)$ 在 x 点可导时, $f(x) = F'(x)$;

(4) $\forall a < b$, $P\{a < X \leqslant b\} = F(b) - F(a) = \int_a^b f(x)\,\mathrm{d}x$.

其中性质 (1) 和性质 (2) 是判定某函数是否为密度函数的充要条件.

需要特别注意的是, 连续型随机变量取某一固定值的概率为 0, 即对任意的常数 c, 总有
$$P\{X = c\} = 0$$
这是由于 $\forall \Delta x > 0$
$$0 \leqslant P\{X = c\} \leqslant P\{c - \Delta x < X \leqslant c\} = \int_{c-\Delta x}^{c} f(x)\mathrm{d}x \to 0 \ (\Delta x \to 0^+)$$

所以 $\forall a < b$, 总有
$$\begin{aligned}P\{a < X \leqslant b\} &= P\{a < X < b\} \\ &= P\{a \leqslant X < b\} \\ &= P\{a \leqslant X \leqslant b\} \\ &= F(b) - F(a) \\ &= \int_a^b f(x)\,\mathrm{d}x\end{aligned} \tag{3.1.6}$$

这就意味着, 对于连续型随机变量, 单独考虑它在某一点取值的概率没有太大的意义; 而区间端点是否包含在区间内, 对于连续型随机变量在该区间上取值的概率是没有任何影响的. 同时, 上式也表明连续型随机变量在任意区间上取值的概率, 不仅等于分布函数在区间端点处的函数值之差, 也可以通过密度函数在该区间上的积分得到 (图 3-2).

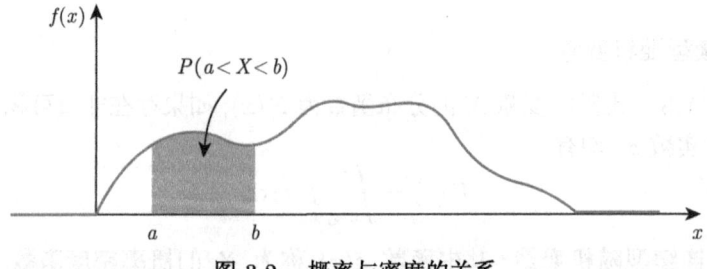

图 3-2: 概率与密度的关系

3.1 一维随机变量及其分布

例 3.1.10 设 X 是连续型的随机变量,其密度函数为

$$f(x) = \begin{cases} c(4x - 2x^2), & 0 < x < 2 \\ 0, & \text{其他} \end{cases}$$

试求:(1) 常数 c;(2)$P\{X > 1\}$.

解 (1) 由于

$$1 = \int_{-\infty}^{+\infty} f(x)\,dx = \int_0^2 c(4x - 2x^2)\,dx = \frac{8}{3}c$$

所以

$$c = \frac{3}{8}$$

(2)

$$P\{X > 1\} = \int_1^{+\infty} f(x)\,dx = \int_1^2 \frac{3}{8}(4x - 2x^2)\,dx = \frac{1}{2}$$

例 3.1.11 设随机变量 X 的概率密度函数为

$$f(x) = \begin{cases} x, & 0 < x \leqslant 1 \\ 2 - x, & 1 < x < 2 \\ 0, & \text{其他} \end{cases}$$

求随机变量 X 的分布函数.

解 $x \leqslant 0$ 时,$F(x) = P\{X \leqslant x\} = 0$

$0 < x \leqslant 1$ 时,$F(x) = \int_{-\infty}^x f(t)\,dt = \int_0^x t\,dt = \frac{1}{2}x^2$

$1 < x < 2$ 时,$F(x) = \int_{-\infty}^x f(t)\,dt = \int_0^1 t\,dt + \int_1^x (2-t)\,dt = -\frac{1}{2}x^2 + 2x - 1$

$x \geqslant 2$ 时,$F(x) = \int_{-\infty}^x f(t)\,dt = \int_0^1 t\,dt + \int_1^2 (2-t)\,dt = 1$

所以

$$F(x) = \begin{cases} 0, & x \leqslant 0 \\ \frac{1}{2}x^2, & 0 < x \leqslant 1 \\ -\frac{1}{2}x^2 + 2x - 1, & 1 < x < 2 \\ 1, & x \geqslant 2 \end{cases}$$

例 3.1.12 已知随机变量 X 具有分布函数

$$F(x) = \begin{cases} 0, & x < 2 \\ \dfrac{1 - e^{-2(x-2)}}{1 - e^{-6}}, & 2 \leqslant x < 5 \\ 1, & x \geqslant 5 \end{cases}$$

求 X 的概率密度函数.

解 容易知道 X 是连续型随机变量, 当 $2 < x < 5$ 时,
$$f(x) = F'(x) = \frac{2\mathrm{e}^{-2(x-2)}}{1 - \mathrm{e}^{-6}};$$

当 $x < 2$ 或 $x > 5$ 时, 由常函数的导数等于 0 得 $f(x) = 0$;

而当 $x = 2$ 及 $x = 5$ 处, 可以取 $f(x) = 0$.

所以概率密度函数为
$$f(x) = \begin{cases} \dfrac{2\mathrm{e}^{-2(x-2)}}{1 - \mathrm{e}^{-6}}, & 2 < x < 5 \\ 0, & \text{其他} \end{cases}$$

例 3.1.13 某电子元件的寿命 X(单位: 小时) 是以
$$f(x) = \begin{cases} 0, & x < 100 \\ \dfrac{100}{x^2}, & x \geqslant 100 \end{cases}$$

为密度函数的连续型随机变量. 求 5 个同类型的元件在使用的前 150 小时内恰有 2 个需要更换的概率.

解 记事件 $A = \{$ 元件在使用的前 150 小时内需要更换 $\}$, 则
$$P(A) = P\{X \leqslant 150\} = \int_{100}^{150} \frac{100}{x^2} \mathrm{d}x = \frac{1}{3}$$

设随机变量 Y 表示 5 个元件在使用的前 150 小时内需要更换的元件个数, 故所求概率为
$$P\{Y = 2\} = \binom{5}{2} \left(\frac{1}{3}\right)^2 \left(\frac{2}{3}\right)^3 = \frac{80}{243}$$

3.2 常用一维分布

3.2.1 离散型分布

如果随机试验 E 的结果只有两个, 即 e_1 和 e_2, 令 $A = \{e_1\}$, $\overline{A} = \{e_2\}$, 并且 $P(A) = p (0 < p < 1)$, $P(\overline{A}) = 1 - p$, 将试验 E 独立重复进行 n 次, 则称其为 n 重贝努利试验.

在现实生活中存在大量可以用贝努利试验来描述的概率问题, 如在产品抽样检查中产品合格与否, 抛硬币是正面还是反面朝上等. 有些随机试验的结果可能不止两个, 如车辆在交通路口可能会遇到红灯、黄灯、绿灯, 但如果只关心车辆是否可以立即通过, 那么也只有过与不过两种结果, 相应的问题仍然可以归为贝努利试验. 关于这一类试验, 可以引出以下几种常见分布.

1. 两点分布

抛一颗骰子一次，则 6 点出现的次数只有 0 和 1 两种可能，6 点出现 0 次的概率为 $\frac{5}{6}$，出现 1 次的概率为 $\frac{1}{6}$. 更一般地，可以给出这类随机变量的定义如下

定义 3.2.1 设随机变量 X 只取 0 与 1 两个值，并且它的分布律为

X	0	1
p_k	$1-p$	p

即

$$P\{X=k\} = p^k(1-p)^{1-k}, \quad k=0,1 \tag{3.2.1}$$

其中 $0<p<1$，则称 X 服从参数为 p 的**两点分布**或 $(0-1)$ 分布.

对于一个随机试验，如果它的样本空间只包含两个元素，即 $S=\{e_1, e_2\}$，令 $A=\{e_1\}$，则 $\overline{A}=\{e_2\}$，我们总能在 S 上定义一个服从两点分布的随机变量

$$X=X(e)=\begin{cases} 0, & e \in \overline{A} \\ 1, & e \in A \end{cases}$$

来描述随机试验的结果. 例如检查产品是否合格，记出现合格品的事件为 A；抛一枚质地均匀的硬币，记出现正面的事件为 A 等试验都可以用服从两点分布的随机变量来描述.

2. 二项分布

连续抛一颗质地均匀的骰子 5 次，6 点恰好出现 2 次的概率是多少呢？显然我们对究竟是哪两次出现 6 点没有要求，所以所求概率为 $\binom{5}{2} \times \left(\frac{1}{6}\right)^2 \times \left(\frac{5}{6}\right)^3 \approx 0.16$. 进一步，可以将其推广至 n 重贝努利试验中，事件 A 出现次数 X 的概率描述.

定义 3.2.2 如果随机变量 X 的可能取值为 $0,1,2,\cdots,n$，且

$$P\{X=k\} = \binom{n}{k} p^k(1-p)^{n-k}, \ k=0,1,2,\cdots,n \tag{3.2.2}$$

其中 $0<p<1$，则称 X 服从参数为 n,p 的**二项分布**，记为 $X \sim B(n,p)$.

由恒等式

$$\sum_{k=0}^{n} \binom{n}{k} a^k b^{n-k} = (a+b)^n$$

可以验证上面定义的确实是分布律.

特别地，当 $n=1$ 时，称 $B(1,p)$ 为 Bernoulli 分布，亦即上面讲到的 $(0-1)$ 分布或两点分布，即做一次贝努利试验，事件 A 出现次数的概率描述. 相应地，二项

分布也可以看做是 n 个独立且相同的 Bernoulli 分布的叠加 (分布的独立性概念见 4.2 节内容).

二项分布是在实际应用中非常常见的一种分布类型. 如掷一枚硬币 n 次, 正面出现次数的分布; 有放回地抽检 n 只产品, 其中次品的个数的分布; n 个新生婴儿中男婴的个数的分布; 某射手向同一目标射击 n 次, 击中靶心次数的分布等, 都可以用二项分布描述.

例 3.2.1 一张考卷上有 5 道选择题, 每道题列出 4 个可能答案, 其中只有一个答案是正确的. 若只靠猜测至少能答对 4 道题的概率是多少?

解 记事件 $A = \{$答对一道题$\}$, 则 $P(A) = \dfrac{1}{4}$

用随机变量 X 表示该学生只靠猜测答对的题目数, 则 $X \sim B\left(5, \dfrac{1}{4}\right)$
所以至少能猜对 4 道题的概率为

$$P\{X \geqslant 4\} = P\{X = 4\} + P\{X = 5\} = \binom{5}{4}\left(\dfrac{1}{4}\right)^4 \times \dfrac{3}{4} + \left(\dfrac{1}{4}\right)^5 = \dfrac{1}{64}$$

例 3.2.2 某人进行射击, 每次射击击中目标的概率为 0.02, 独立进行射击 400 次, 试求至少击中目标两次的概率.

解 用 X 来表示此人击中目标的次数, 则 $X \sim B(400, 0.02)$, 故至少击中目标两次的概率为

$$\begin{aligned}P\{X \geqslant 2\} &= 1 - P\{X < 2\} = 1 - P\{X = 0\} - P\{X = 1\} \\ &= 1 - (1 - 0.02)^{400} - \binom{400}{1} \times 0.02 \times (1 - 0.02)^{399} \\ &\approx 0.9972\end{aligned}$$

例 3.2.3 某厂自称产品次品率不超过 0.5%, 经抽样检查, 任抽 200 件产品就查出了 5 件次品, 试问上述的次品率是否可信?

解 假设此厂的次品率为 0.005, 随机变量 X 表示 200 件产品中的次品个数, 则 $X \sim B(200, 0.005)$, 所以

$$P\{X = 5\} = \binom{200}{5} 0.005^5 (1 - 0.005)^{200-5} \approx 0.003$$

这个概率很小, 应该说几乎不可能在一次抽查中 200 件产品就查出了 5 件次品, 而这个几乎不可能发生的事情恰恰发生了. 因此, 有理由认为这个厂家所宣称的产品次品率不超过 0.5% 是不可信的, 很有可能在 0.5% 之上.

这种处理方法也称为**实际推断原理**. 一个很自然的问题就是在进行这种判断时有可能出现误判, 而且从统计意义上来讲出现误判是不可避免的. 相关问题的讨论和处理将在本书的第 7 章中详细介绍.

3. 几何分布

仍然考虑贝努利试验：连续掷一颗质地均匀的骰子，直到第一次出现 6 点时停止，那么到停止时抛掷次数恰好为 k 次的概率又是多少呢？

显然，k 的取值可以为 $1,2,3,\cdots$，即所有正整数，若用随机事件 A_i 表示第 i 次出现的是 6 点，那么直到第 k 次才出现 6 点就可以表示为 $\overline{A}_1\,\overline{A}_2\cdots\overline{A}_{k-1}A_k$，根据独立性可以计算其概率为 $\dfrac{1}{6}\times\left(\dfrac{5}{6}\right)^{k-1}$. 更一般地，可以将其推广至 n 重贝努利试验中，事件 A 首次出现时试验总次数 X 的概率描述.

定义 3.2.3 如果随机变量 X 的可能取值为 $1,2,3,\cdots$，且

$$P\{X=k\}=pq^{k-1},\quad k=1,2,\cdots \tag{3.2.3}$$

其中 $0<p<1$，$q=1-p$，则称 X 服从参数为 p 的**几何分布**，记为 $X\sim\mathrm{Ge}(p)$.

几何分布描述的是伯努利试验中某个事件首次出现时，所进行的试验总次数的分布.

由恒等式

$$\sum_{k=1}^{\infty}q^{k-1}=\frac{1}{1-q}$$

可以验证上面定义的确实是分布律.

例 3.2.4 某人对同一目标进行射击，设每次射击时的命中率为 0.64，射击进行到首次击中目标时停止，用 X 表示射击总次数. 试求随机变量 X 的分布律，并求至少进行 2 次射击才能击中目标的概率.

解 由于随机变量 $X\sim\mathrm{Ge}(0.64)$，所以

$$P\{X=k\}=0.64\times(1-0.64)^{k-1}\quad k=1,2,\cdots$$

至少进行 2 次射击才能击中目标的概率为

$$P\{X\geqslant 2\}=1-P\{X=1\}=0.36$$

例 3.2.5 某人有 m 把外形相同的钥匙，其中只有一把能打开家门. 有一天该人醉酒回家，下意识的每次都从这 m 把钥匙中随机拿一把去开家门，问该人第 k 次才能打开门的概率为多大？

解 因为此人每次都从这 m 把钥匙中随机拿一把去开家门 (取后不做记号放回)，因此在开门时每把钥匙被取到的概率都是 $\dfrac{1}{m}$.

第 k 次才打开门,意味着前面的 $k-1$ 次都没有打开门. 设 Y 表示此人首次打开家门时试开的的总次数,则 $Y \sim \mathrm{Ge}\left(\dfrac{1}{m}\right)$,即

$$P\{Y=k\} = \left(1-\dfrac{1}{m}\right) \times \cdots \times \left(1-\dfrac{1}{m}\right) \times \dfrac{1}{m} = \dfrac{1}{m}\left(1-\dfrac{1}{m}\right)^{k-1}$$

其中 $k \geqslant 1$.

4. 负二项分布

继续考虑贝努利试验:连续掷一颗质地均匀的骰子,直到第 3 次出现 6 点时停止,那么到停止时抛掷次数恰好为 5 次的概率应该如何确定呢?经过分析不难发现,整个试验过程可以描述为"第 5 次出现的是 6 点,而且前 4 次试验中恰好有 2 次出现的是 6 点(前 4 次试验可以用二项分布描述)". 因此,第 5 次试验时恰好是第 3 次出现 6 点的概率应该为

$$\dfrac{1}{6} \times \binom{4}{2} \times \left(\dfrac{1}{6}\right)^2 \times \left(\dfrac{5}{6}\right)^2 = \binom{4}{2} \times \left(\dfrac{1}{6}\right)^3 \times \left(\dfrac{5}{6}\right)^2 \approx 0.019$$

更一般地,可以将其推广至 n 重贝努利试验中,事件 A 第 r 次出现时试验总次数 X 的概率描述.

定义 3.2.4 如果随机变量 X 的可能取值为 $r, r+1, r+2, r+3, \cdots$,且

$$P\{X=k\} = \binom{k-1}{r-1} p^r q^{k-r}, \quad k=r, r+1, r+2, \cdots \tag{3.2.4}$$

其中 $0 < p < 1, q = 1-p$,则称 X 服从参数为 r, p 的**负二项分布**或**帕斯卡分布**,记为 $X \sim Nb(r, p)$.

特别的,当 $r=1$ 时,负二项分布 $Nb(1, p)$ 即为几何分布. 也就是说,几何分布是负二项分布的特殊情况,而负二项分布也可以看做是一组独立且相同的几何分布的叠加.

相对于二项分布,负二项分布的特点在于事件 A 出现的次数 r 已经被固定,试验次数是随机变量;二项分布则是试验次数已经固定为 n,事件 A 出现的次数则是随机变量.

例 3.2.6 某人对同一目标进行射击,设每次射击时的命中率为 0.6,射击进行到第 5 次击中目标时停止,用 X 表示射击总次数. 试求 $P\{X \geqslant 10\}$.

解 根据题意可知,随机变量 X 服从负二项分布 $Nb(5, 0.6)$,所以

$$P\{X \geqslant 10\} = 1 - \sum_{k=5}^{9} P\{X = k\}$$
$$= 1 - \sum_{k=5}^{9} \binom{k-1}{4} \times 0.6^5 \times 0.4^{k-5}$$
$$\approx 0.267$$

例 3.2.7 一批产品共有 100 个, 其中有 25 个次品, 现有放回地从这批产品中每次抽取一个, 用 X 表示取到第 4 个次品时总的抽取次数, 试求 $P\{X \leqslant 6\}$.

解 根据题意可知, 随机变量 X 服从负二项分布 $Nb(4, 0.25)$, 所以

$$P\{X \leqslant 6\} = \sum_{k=4}^{6} P\{X = k\}$$
$$= \sum_{k=4}^{6} \binom{k-1}{3} \times 0.25^4 \times 0.75^{k-4}$$
$$\approx 0.0376$$

由此可以看到, 在贝努利试验的基础之上, 根据所考察问题的不同, 分别引出了两点分布、二项分布、几何分布和负二项分布, 这四个分布之间既有联系, 也有区别, 熟练掌握并运用它们的关键在于把握这些分布各自所刻画的问题之间的不同之处.

5. 泊松 (Poisson) 分布

在自然界及工程技术等应用领域中, 还有一类非常重要的离散分布就是泊松分布. 例如, 某网站在单位时间内被点击的次数, 放射物在某一时间段内发射的粒子数, 容器在某一时间段内产生的细菌数等, 在一定条件下, 都可以用泊松分布来描述.

定义 3.2.5 设随机变量 X 的所有可能取值为 $0, 1, 2, \cdots$, 且

$$P\{X = k\} = \frac{\lambda^k \mathrm{e}^{-\lambda}}{k!}, \quad k = 0, 1, 2, \cdots \tag{3.2.5}$$

其中 $\lambda > 0$, 则称 X 服从参数为 λ 的**泊松 (Poisson) 分布**, 记为 $X \sim \pi(\lambda)$.

由恒等式

$$\sum_{k=0}^{\infty} \frac{\lambda^k}{k!} = \mathrm{e}^{\lambda}$$

可以验证上面定义的确实是分布律.

泊松分布在随机过程和排队论中都有着广泛的应用, 参数 λ 描述的是平均特性. 如 X 表示单位时间内某网站被点击的次数, λ 则表示在这单位时间内被点击的平均次数.

例 3.2.8 设每分钟通过某交叉路口的汽车流量服从泊松分布, 且已知在一分钟内无车辆通过和恰好有一辆车通过的概率相同, 求在一分钟内至少有两辆车通过的概率.

解 由题意知, $X \sim \pi(\lambda)$, 且

$$P\{X=0\} = P\{X=1\} \Rightarrow \frac{\lambda^0 e^{-\lambda}}{0!} = \frac{\lambda^1 e^{-\lambda}}{1!}$$

解得 $\lambda = 1$.

因此, 至少有两辆车通过的概率为

$$P\{X \geqslant 2\} = 1 - P\{X=0\} - P\{X=1\} = 1 - \frac{1^0 e^{-1}}{0!} - \frac{1^1 e^{-1}}{1!} = 1 - 2e^{-1}$$

泊松分布的一个重要应用是用作二项分布的近似计算. 我们不加证明的给出如下形式的泊松逼近定理.

定理 3.2.1(泊松逼近定理) 设 $\lambda > 0$ 是一个常数, $np_n \to \lambda$, 则对任意的非负整数 k, 有

$$\lim_{n \to \infty} \binom{n}{k} \times p_n^k \times (1-p_n)^{n-k} = \frac{\lambda^k e^{-\lambda}}{k!}$$

如在例 3.2.2 中, 取 $\lambda = np = 8$, 则

$$\binom{400}{k} \times 0.02^k \times 0.98^{400-k} \approx \frac{8^k e^{-8}}{k!}$$

例 3.2.9 有一繁忙的汽车站, 每天有大量汽车通过, 设每辆汽车在一天的某段时间内, 出事故的概率为 0.0001. 在每天的该段时间内假定有 1000 辆汽车通过, 问出事故的汽车辆数不小于 2 的概率是多少?

解 设该段时间内通过的 1000 辆汽车中出事故的汽车辆数为 X, 则 $X \sim B(1000, 0.0001)$, 故所求的概率为

$$\begin{aligned} P\{X \geqslant 2\} &= 1 - P\{X=0\} - P\{X=1\} \\ &= 1 - 0.9999^{1000} - \binom{1000}{1} \times 0.0001^1 \times 0.9999^{999} \\ &\approx 1 - \frac{0.1^0 e^{-0.1}}{0!} - \frac{0.1^1 e^{-0.1}}{1!} \\ &\approx 0.0047 \end{aligned}$$

6. 超几何 (Hypergeometric) 分布

考虑一种不放回的抽样模型: 袋中共有 N 个产品, 其中有 M 个次品, 其余为正品, 现从袋中不放回地任取 n 个产品, 求恰好抽到 k 个次品的概率. 令随机变量 X 为抽到的次品的个数, 则容易求得 X 的分布律.

定义 3.2.6 若随机变量 X 的分布律为

$$P\{X=k\} = \frac{\binom{M}{k}\binom{N-M}{n-k}}{\binom{N}{n}}, \quad k=0,1,2,\cdots,\min\{n,M\} \tag{3.2.6}$$

其中 $M \leqslant N, n \leqslant N$, 则称 X 服从参数为 n,N,M 的**超几何分布**, 记为 $X \sim h(n,N,M)$.

记 $r = \min\{n,M\}$, 由恒等式

$$\sum_{k=0}^{r}\binom{M}{k}\binom{N-M}{n-k} = \binom{N}{n}$$

即可验证上式确为分布律.

如 $N=30, M=10, n=5$ 时, 恰好抽到 2 个次品的概率

$$P\{X=2\} = \frac{\binom{10}{2}\binom{20}{3}}{\binom{30}{5}} \approx 0.36$$

超几何分布在抽样理论中占重要地位. 当 N,M 很大, 而 n 很小时, 由于不放回抽样可以用有放回抽样近似, 所以超几何分布可以用二项分布近似, 即

$$\frac{\binom{M}{k}\binom{N-M}{n-k}}{\binom{N}{n}} \approx \binom{N}{k}p^k(1-p)^{n-k}$$

其中 $p = \dfrac{M}{N}$.

3.2.2 连续型分布

与离散型随机变量相比较, 连续型随机变量最大的特点就在于它能够取值于一个区间内的每个值, 也就是说, 对于该区间内任意两点 a 和 $b(a<b)$, a 与 b 之间的任意实数 x 都是有可能取到的. 比较常用的连续分布有均匀分布、指数分布和正态分布.

1. 均匀分布

定义 3.2.7 若随机变量 X 的密度函数为

$$f(x) = \begin{cases} \dfrac{1}{b-a}, & a \leqslant x \leqslant b \\ 0, & \text{其他} \end{cases} \tag{3.2.7}$$

则称 X 服从区间 $[a,b]$ 上的**均匀分布**, 记为 $X \sim U(a,b)$, 其图像如图 3-3 所示.

特别的, 当 $a=0, b=1$ 时, $U(0,1)$ 称为**标准均匀分布**.

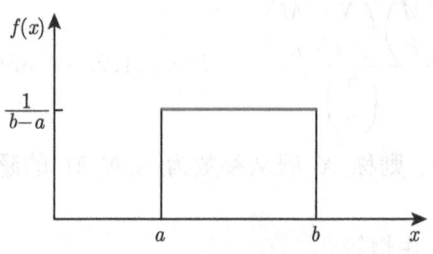

图 3-3: 均匀分布的密度函数

注意到对于 $[a,b]$ 区间内的任意一个小区间 $(c, c+l)$, X 落入其中的概率为

$$P\{c < X \leqslant c+l\} = \int_c^{c+l} f(x)\,\mathrm{d}x = \int_c^{c+l} \frac{1}{b-a}\mathrm{d}x = \frac{l}{b-a}$$

这表明, 服从均匀分布的随机变量 X 的取值落到 $[a,b]$ 区间内任意一个小区间的概率与小区间的长度成正比, 而与小区间的位置无关. 均匀分布通常可以用来描述随机投点的数学模型.

例 3.2.10 设公共汽车站从上午 7 时起每隔 15 分钟来一班车, 如果某乘客到达此站的时间是服从 7:00 到 7:30 之间均匀分布的随机变量. 试求该乘客候车时间不超过 5 分钟的概率.

解 设该乘客于 7 时 X 分到达此站, 则 X 服从区间 $[0, 30]$ 上的均匀分布, 其密度函数为

$$f(x) = \begin{cases} \dfrac{1}{30}, & 0 \leqslant x \leqslant 30 \\ 0, & \text{其他} \end{cases}$$

乘客候车不超过 5 分钟的概率为

$$P\{10 \leqslant X \leqslant 15\} + P\{25 \leqslant X \leqslant 30\} = \int_{10}^{15} \frac{1}{30}\mathrm{d}x + \int_{25}^{30} \frac{1}{30}\mathrm{d}x = \frac{1}{3}$$

例 3.2.11 设随机变量 X 服从区间 $[-3, 6]$ 上的均匀分布, 试求方程 $4x^2 + 4Xx + (X+2) = 0$ 有实根的概率.

解 已知随机变量 $X \sim U(-3, 6)$, 即

$$f(x) = \begin{cases} \dfrac{1}{9}, & -3 \leqslant x \leqslant 6 \\ 0, & \text{其他} \end{cases}$$

若方程有实根, 则 $\triangle = (4X)^2 - 4 \times 4 \times (X+2) \geqslant 0$, 即

$$X \leqslant -1 \text{ 或 } X \geqslant 2$$

所以方程有实根的概率为

$$P\{X \leqslant -1 \text{ 或 } X \geqslant 2\} = \int_{-3}^{-1} \frac{1}{9} \mathrm{d}x + \int_{2}^{6} \frac{1}{9} \mathrm{d}x = \frac{2}{3}$$

例 3.2.12　已知随机变量 $X \sim U(2,5)$，现在对 X 进行三次独立观测，试求至少有两次观测值大于 3 的概率.

解　设事件 $A = \{$观测值大于 $3\}$，由于 $X \sim U(2,5)$，故

$$P(A) = P\{X > 3\} = \frac{2}{3}$$

用随机变量 Y 表示三次独立观测中事件 A 出现的次数，则 $Y \sim B\left(3, \frac{2}{3}\right)$. 故所求概率为

$$\begin{aligned} P\{Y \geqslant 2\} &= P\{Y = 2\} + P\{Y = 3\} \\ &= \binom{3}{2} \times \left(\frac{2}{3}\right)^2 \times \frac{1}{3} + \binom{3}{3} \times \left(\frac{2}{3}\right)^3 \\ &= \frac{20}{27} \end{aligned}$$

2. 指数分布

定义 3.2.8　若随机变量 X 具有概率密度

$$f(x) = \begin{cases} \alpha \mathrm{e}^{-\alpha x}, & x \geqslant 0 \\ 0, & x < 0 \end{cases} \tag{3.2.8}$$

其中 $\alpha > 0$，则称 X 服从参数为 α 的**指数分布**，记为 $X \sim Exp(\alpha)$，其分布函数为

$$F(x) = \begin{cases} 1 - \mathrm{e}^{-\alpha x}, & x \geqslant 0 \\ 0, & x < 0 \end{cases} \tag{3.2.9}$$

指数分布的密度函数图像如图 3-4 所示. 指数分布是一种重要的寿命分布，在

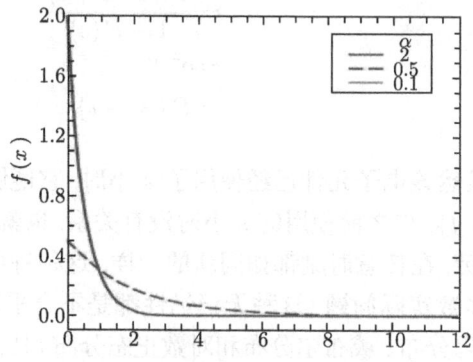

图 3-4:　指数分布的密度函数曲线

可靠性理论及排队论中都有着广泛的应用. 在实际应用中, 指数分布经常用来刻画电子元件、保险丝、玻璃、陶瓷制品的寿命, 以及服务系统的服务时间等.

例 3.2.13 设打一次电话所用的时间 (单位: 分钟) 服从参数为 0.2 的指数分布. 假定公用电话间只有一部电话, 如果有人刚好在你前面走进公用电话间并开始打电话, 试求:

(1) 等待时间超过 5 分钟的概率;

(2) 等待时间在 5 分钟到 10 分钟的概率.

解 设随机变量 X 表示此人打电话的时间, 由题意知, X 服从参数为 0.2 的指数分布, 其概率密度为

$$f(x) = \begin{cases} 0.2\mathrm{e}^{-0.2x}, & x \geqslant 0 \\ 0, & x < 0 \end{cases}$$

所求的概率分别为

$$P\{X \geqslant 5\} = \int_5^{+\infty} 0.2\mathrm{e}^{-0.2x}\mathrm{d}x = \mathrm{e}^{-1}$$

$$P\{5 < X \leqslant 10\} = \int_5^{10} 0.2\mathrm{e}^{-0.2x}\mathrm{d}x = \mathrm{e}^{-1} - \mathrm{e}^{-2}$$

假设某种电子元件的使用寿命 X 服从指数分布 $Exp(\alpha)$, 若已知该元件正常工作了 s 小时, 那么这个元件能够继续正常工作 t 小时的概率为条件概率 $P\{X > s+t | X > s\}$. 根据条件概率的定义, 有

$$\begin{aligned} P\{X > s+t | X > s\} &= \frac{P\{X > s+t\}}{P\{X > s\}} \\ &= \frac{1 - F(s+t)}{1 - F(s)} \\ &= \mathrm{e}^{-\alpha t} \\ &= P\{X > t\} \end{aligned}$$

这个结果说明, 虽然该电子元件已经使用了 s 小时, 它能够继续使用 t 小时的条件概率等于 $P\{X > t\}$, 与之前使用的 s 小时没有关系. 也就是说, 这个元件在正常工作过程中不会疲劳, 在任意时刻都如同新的一样. 这种特性称为指数分布的**无记忆性**. 当然, 对于多数实际问题, 这种无记忆性都是不合乎常理的, 因此在寿命模型中更常用的有伽玛分布、威布尔分布和对数正态分布 (具体内容可以参考相关书籍).

3. 正态分布

正态分布是最常见最重要的一种分布, 例如测量误差; 人的生理特征尺寸如身高、体重等; 正常情况下生产的产品尺寸: 直径、长度、重量、高度等都近似服从正态分布.

定义 3.2.9 若随机变量 X 具有概率密度

$$f(x) = \frac{1}{\sqrt{2\pi}\sigma} e^{-\frac{(x-\mu)^2}{2\sigma^2}}, \quad -\infty < x < +\infty \tag{3.2.10}$$

则称 X 服从参数为 μ 和 σ^2 $(\sigma > 0)$ 的**正态分布**, 记为 $X \sim N(\mu, \sigma^2)$, 相应地称 X 为正态变量.

由积分

$$\int_0^\infty e^{-x^2} dx = \frac{\sqrt{\pi}}{2}$$

可以验证上面定义的确实是密度函数.

正态分布的密度函数 $f(x)$ 的图形关于 $x = \mu$ 对称, 参数 μ 决定密度曲线的位置, σ 的取值则影响着曲线的形状. σ 的取值越大, 密度曲线越平缓; σ 取值越小, 密度曲线越陡峭, 如图 3-5 所示. 正态分布在概率统计中的地位非常重要. 大量的实践经验与理论分析表明, 测量误差、自动机床生产的产品尺寸等都服从 "中间大, 两头小" 的正态分布.

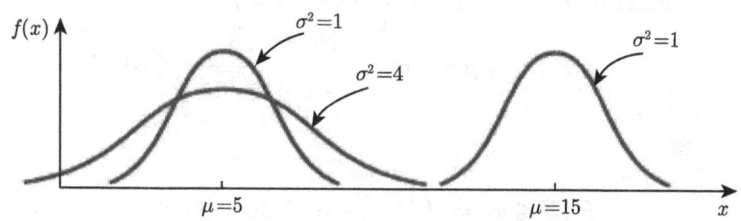

图 3-5: 正态分布的密度函数

特别的, 当 $\mu = 0, \sigma = 1$ 时, 称 $N(0,1)$ 为**标准正态分布**. 标准正态分布的概率密度函数为

$$\varphi(x) = \frac{1}{\sqrt{2\pi}} e^{-\frac{x^2}{2}}, \quad -\infty < x < +\infty \tag{3.2.11}$$

相应的分布函数为

$$\Phi(x) = \int_{-\infty}^x \varphi(t) dt = \int_{-\infty}^x \frac{1}{\sqrt{2\pi}} e^{-\frac{t^2}{2}} dt \tag{3.2.12}$$

由于标准正态分布的分布函数不含有任何未知的参数, 因此若随机变量 $X \sim N(0,1)$, 对于任意实数 x, $\Phi(x) = P\{X \leqslant x\}$ 的值都是可以近似计算出来的. 书后

附有标准正态分布表, 计算时可以直接查表. 由于标准正态分布的密度函数是偶函数, 可以证明, 其分布函数具有以下性质:

(1) $P\{X > x\} = 1 - \Phi(x)$

(2) $\Phi(-x) = 1 - \Phi(x)$

(3) $P\{a < X \leqslant b\} = \Phi(b) - \Phi(a)$

(4) $P\{|X| < x\} = 2\Phi(x) - 1$

在实际应用中, 用到的不可能总是标准正态分布, 更多时候是一般的正态分布. 对于这样一类随机变量, 计算其在某区间内取值的概率能否利用标准正态分布得到呢? 答案是肯定的, 这就是对于一般正态变量的标准化过程.

定理 3.2.2 若随机变量 $X \sim N(\mu, \sigma^2)$, 则

$$Z = \frac{X - \mu}{\sigma}$$

服从标准正态分布 $N(0,1)$, 且

$$F_X(a) = P\{X \leqslant a\} = \Phi\left(\frac{a - \mu}{\sigma}\right)$$

证明 若 $X \sim N(\mu, \sigma^2)$, 由于 $Z = \dfrac{X - \mu}{\sigma}$, 其分布函数为

$$\begin{aligned} F_Z(x) &= P\{Z \leqslant x\} = P\left\{\frac{X - \mu}{\sigma} \leqslant x\right\} \\ &= P\{X \leqslant \mu + \sigma x\} = \int_{-\infty}^{\mu + \sigma x} \frac{1}{\sqrt{2\pi}\sigma} e^{-\frac{(t-\mu)^2}{2\sigma^2}} dt \end{aligned}$$

令 $\dfrac{t - \mu}{\sigma} = y$, 得

$$P\{Z \leqslant x\} = \int_{-\infty}^{x} \frac{1}{\sqrt{2\pi}} e^{-\frac{y^2}{2}} dy = \Phi(x)$$

所以, $Z \sim N(0,1)$. 相应地称 $Z = \dfrac{X - \mu}{\sigma}$ 是对随机变量 X 的标准化.

进一步, 则有

$$P\{X \leqslant a\} = P\left\{\frac{X - \mu}{\sigma} \leqslant \frac{a - \mu}{\sigma}\right\} = \Phi\left(\frac{a - \mu}{\sigma}\right)$$

注: 此定理表明, 若 $X \sim N(\mu, \sigma^2)$, 对于任意的 $a < b$, 有

$$P\{a \leqslant X \leqslant b\} = \Phi\left(\frac{b - \mu}{\sigma}\right) - \Phi\left(\frac{a - \mu}{\sigma}\right) \tag{3.2.13}$$

上述推导过程表明, 通过一个线性变换可以将一般的正态分布转化为标准正态分布, 相应的概率计算也可以利用标准正态分布得到. 以下结合例子做进一步说明.

例 3.2.14 已知 $X \sim N(0,1)$，试求：$P\{X \leqslant 1.25\}, P\{X \leqslant -1.25\}, P\{-0.38 \leqslant X \leqslant 1.25\}$.

解 由于 $X \sim N(0,1)$，所以

$$P\{X \leqslant 1.25\} = \Phi(1.25) = 0.8944$$
$$P\{X \leqslant -1.25\} = \Phi(-1.25) = 1 - \Phi(1.25) = 0.1056$$
$$P\{-0.38 \leqslant X \leqslant 1.25\} = \Phi(1.25) - \Phi(-0.38) = 0.5424$$

例 3.2.15 司机在驾驶过程中看到前车刹车灯到减慢车速的反应时间 (单位：秒) 对于避免追尾事故至关重要的. 有研究发现, 这个反应时间可以用正态分布 $N(1.25, 0.46^2)$ 来描述. 试问反应时间在 1 至 1.75 秒的概率是多少？[1]

解 设随机变量 X 表示反应时间，则有 $X \sim N(1.25, 0.46^2)$. 所求概率为

$$\begin{aligned}P\{1 \leqslant X \leqslant 1.75\} &= \Phi\left(\frac{1.75 - 1.25}{0.46}\right) - \Phi\left(\frac{1 - 1.25}{0.46}\right) \\ &= \Phi(1.09) - \Phi(-0.54) \\ &= 0.8621 - (1 - 0.7054) = 0.5675\end{aligned}$$

例 3.2.16 某年举行的高等教育大专文凭认定考试中，已知某科的考生成绩 $X \sim N(\mu, \sigma^2)$，及格率为 25%，80 分以上的占 3%，试求考生的成绩在 70 分以上的比例.

解 根据已知条件可以得到：

$$0.25 = P\{X \geqslant 60\} = 1 - P\left\{\frac{X-\mu}{\sigma} < \frac{60-\mu}{\sigma}\right\} = 1 - \Phi\left(\frac{60-\mu}{\sigma}\right)$$

$$0.03 = P\{X \geqslant 80\} = 1 - P\left\{\frac{X-\mu}{\sigma} < \frac{80-\mu}{\sigma}\right\} = 1 - \Phi\left(\frac{80-\mu}{\sigma}\right)$$

所以有

$$\begin{cases}\Phi\left(\dfrac{60-\mu}{\sigma}\right) = 0.75 \\ \Phi\left(\dfrac{80-\mu}{\sigma}\right) = 0.97\end{cases}$$

查表可得

$$\begin{cases}\dfrac{60-\mu}{\sigma} = 0.675 \\ \dfrac{80-\mu}{\sigma} = 1.88\end{cases}$$

解此方程组得到：$\mu = 48.7967, \sigma = 16.5975$.

---

[1] "Fast-Rise Brake Lamp as a Collision-Prevention Device", *Ergonomics*, 1993:391-395

所以, $X \sim N(48.7967, 16.5975^2)$. 故

$$P\{X \geqslant 70\} = 1 - P\left\{\frac{X - 48.7695}{16.5975} < \frac{70 - 48.7967}{16.5975}\right\}$$
$$= 1 - \Phi(1.28) = 0.1003$$

例 3.2.17 某产品的质量指标 $X \sim N(160, \sigma^2)$, 若要求 $P\{120 < X < 200\} \geqslant 0.8$, 试问, 允许 σ 最大为多少?

解 已知 $X \sim N(160, \sigma^2)$, 由题意知:

$$0.8 \leqslant P\{120 < X < 200\} = \Phi\left(\frac{200-160}{\sigma}\right) - \Phi\left(\frac{120-160}{\sigma}\right)$$
$$= \Phi\left(\frac{40}{\sigma}\right) - \Phi\left(\frac{-40}{\sigma}\right) = 2\Phi\left(\frac{40}{\sigma}\right) - 1$$

即 $\Phi\left(\frac{40}{\sigma}\right) \geqslant 0.9$, 查表得, $\frac{40}{\sigma} \geqslant 1.28$, 即 $\sigma \leqslant \frac{40}{1.28} = 31.25$.

3.3 随机变量的函数的分布

若一书刊店某种杂志的月销售量是随机变量 X, 因此销售这种杂志所得的利润也是随机变量, 记为 Y, 且 Y 一定是月销售量 X 的函数 $g(X)$.

一般地, 设 X 为随机变量, 那么 X 的一元函数 $g(X)$ 也是随机变量. 如果随机变量 X 的概率分布是已知的, 随机变量 $Y = g(X)$ 的分布又应该如何确定呢? 本节的内容就是如何确定随机变量的函数的分布.

3.3.1 离散型随机变量的函数的分布

例 3.3.1 假设 X 的分布律为

X	-1	0	1	2	3
p_k	$\frac{1}{5}$	$\frac{1}{10}$	$\frac{1}{10}$	$\frac{3}{10}$	$\frac{3}{10}$

试求 $Y = X^2 - 1$ 的分布律.

解 Y 是离散型随机变量, 其可能取值为 $-1, 0, 3, 8$, 且

$$P\{Y = -1\} = P\{X = 0\} = \frac{1}{10}$$
$$P\{Y = 0\} = P\{X = -1\} + P\{X = 1\}$$
$$= \frac{1}{5} + \frac{1}{10} = \frac{3}{10}$$

3.3 随机变量的函数的分布

$$P\{Y=3\} = P\{X=2\} = \frac{3}{10}$$
$$P\{Y=8\} = P\{X=3\} = \frac{3}{10}$$

即 Y 的分布律为

Y	-1	0	3	8
p_k	$\frac{1}{10}$	$\frac{3}{10}$	$\frac{3}{10}$	$\frac{3}{10}$

根据上例可以看到，对于离散型随机变量 X，确定其函数 $Y = g(X)$ 的分布律分为两步：

(1) 将 X 的可能取值代入 $g(X)$，确定 Y 的所有可能取值；
(2) 根据 X 取各个值的概率即可确定 Y 取相应值的概率．

例 3.3.2 已知随机变量 $X \sim B(3, 0.5)$，$Y = \max\{X, 2\}$，求随机变量 Y 的分布律．

解 由 X 的可能取值为 $0, 1, 2, 3$，知 Y 的可能取值为 2 和 3，且

$$P\{Y=2\} = P\{X=0\} + P\{X=1\} + P\{X=2\} = 0.875$$
$$P\{Y=3\} = P\{X=3\} = 0.125$$

所以 Y 的分布律为

Y	2	3
p_k	0.875	0.125

3.3.2 连续型随机变量的函数的分布

例 3.3.3 设随机变量 X 的概率密度为

$$f_X(x) = \begin{cases} \dfrac{x}{8}, & 0 < x < 4 \\ 0, & \text{其他} \end{cases}$$

试求 $Y = 2X + 8$ 的概率密度．

解 对于随机变量 Y，为了求概率密度函数 $f_Y(y)$，首先需要确定其分布函数 $F_Y(y)$．根据分布函数的定义，有

$$\begin{aligned}
F_Y(y) &= P\{Y \leqslant y\} = P\{2X + 8 \leqslant y\} \\
&= P\left\{X \leqslant \frac{y-8}{2}\right\} \\
&= \int_{-\infty}^{\frac{y-8}{2}} f_X(x)\,\mathrm{d}x
\end{aligned}$$

两边分别关于 y 求导, 即得

$$f_Y(y) = f_X\left(\frac{y-8}{2}\right) \times \left(\frac{y-8}{2}\right)'$$
$$= \begin{cases} \dfrac{1}{8}\left(\dfrac{y-8}{2}\right) \times \dfrac{1}{2}, & 0 < \dfrac{y-8}{2} < 4 \\ 0, & \text{其他} \end{cases}$$

整理即得概率密度为
$$f_Y(y) = \begin{cases} \dfrac{y-8}{32}, & 8 < y < 16 \\ 0, & \text{其他} \end{cases}$$

由上例可以看到, 若 X 是连续型随机变量, $g(\cdot)$ 是连续函数, 则 $Y = g(X)$ 亦为连续型随机变量. 如果已知 X 的概率密度函数 $f_X(x)$, 那么可以从分布函数的定义入手, 利用随机变量 X 的分布确定 $Y = g(X)$ 的分布函数, 进一步通过对 Y 的分布函数求导的办法即可得到概率密度函数 $f_Y(y)$.

例 3.3.4 设随机变量 X 具有概率密度 $f_X(x), -\infty < x < +\infty$, 求 $Y = X^2$ 的概率密度.

解 首先求 $Y = X^2$ 的分布函数:
由于 $Y = X^2 \geqslant 0$, 所以当 $y \leqslant 0$ 时, $F_Y(y) = 0$
当 $y > 0$ 时,
$$\begin{aligned} F_Y(y) &= P\{Y \leqslant y\} = P\{X^2 \leqslant y\} \\ &= P\{-\sqrt{y} \leqslant X \leqslant \sqrt{y}\} \\ &= \int_{-\sqrt{y}}^{\sqrt{y}} f_X(x)\,\mathrm{d}x \end{aligned}$$

两边分别关于 y 求导, 即得
$$f_Y(y) = \begin{cases} \dfrac{1}{2\sqrt{y}}\left[f_X(\sqrt{y}) + f_X(-\sqrt{y})\right], & y > 0 \\ 0, & y \leqslant 0 \end{cases}$$

注 上例中若 $X \sim N(0,1)$, 即 $f_X(x) = \dfrac{1}{\sqrt{2\pi}}\mathrm{e}^{-\frac{x^2}{2}}$, 则代入得 Y 的概率密度函数为
$$f_Y(y) = \begin{cases} \dfrac{1}{\sqrt{2\pi}} y^{-\frac{1}{2}} \mathrm{e}^{-\frac{y}{2}}, & y > 0 \\ 0, & y \leqslant 0 \end{cases}$$

它是后面在数理统计中用到的 χ^2 分布的一种特殊情况.

例 3.3.5 设随机变量 $X \sim U\left(-\dfrac{\pi}{2}, \dfrac{\pi}{2}\right), Y = \cos X$, 求 Y 的概率密度.

解 因为 $X \sim U\left(-\dfrac{\pi}{2}, \dfrac{\pi}{2}\right)$，所以

$$f_X(y) = \begin{cases} \dfrac{1}{\pi}, & -\dfrac{\pi}{2} < x < \dfrac{\pi}{2} \\ 0, & \text{其他} \end{cases}$$

又由于 $Y = \cos X$，知 Y 的值域为 $[0,1]$.

对于 $y \in (0,1)$，

$$\begin{aligned} F_Y(y) &= P\{Y \leqslant y\} = P\{\cos X \leqslant y\} \\ &= P\left\{-\dfrac{\pi}{2} \leqslant X \leqslant -\arccos y\right\} + P\left\{\arccos y \leqslant X \leqslant \dfrac{\pi}{2}\right\} \\ &= \int_{-\frac{\pi}{2}}^{-\arccos y} \dfrac{1}{\pi} \mathrm{d}x + \int_{\arccos y}^{\frac{\pi}{2}} \dfrac{1}{\pi} \mathrm{d}x \\ &= 1 - \dfrac{2}{\pi} \arccos y \end{aligned}$$

从而

$$f_Y(y) = [F_Y(y)]' = \dfrac{2}{\pi\sqrt{1-y^2}}, \quad 0 < y < 1$$

最后得到

$$f_Y(y) \begin{cases} \dfrac{2}{\pi\sqrt{1-y^2}}, & 0 < y < 1 \\ 0, & \text{其他} \end{cases}$$

对于正态分布，利用上述方法可以得到以下结论：

命题 3.3.1 若 $X \sim N(\mu, \sigma^2)$，$Y = aX + b$，且 $a \neq 0$，则 $Y \sim N(a\mu + b, a^2\sigma^2)$. 读者可以作为练习题完成证明.

特别地，当 $a = \dfrac{1}{\sigma}$，$b = -\dfrac{\mu}{\sigma}$，即 $Y = \dfrac{X - \mu}{\sigma}$ 时，$Y \sim N(0,1)$.

3.4 数学期望与方差

根据前面的内容可以看到，关于随机变量的讨论，其关键在于确定随机变量的分布. 只要确定了随机变量的分布，有关该随机变量的相关问题即可解决，这是因为分布函数 (包括离散型随机变量的分布律以及连续型随机变量的概率密度) 已经包含了随机变量的所有信息. 但是在许多情况下，确定随机变量的分布是非常困难的. 而且对于随机变量，有时更关注某些局部特征量，而并不需要了解它的所有信息. 例如了解某个城市的居民收入情况，只需要知道该城市居民的平均收入，并不需要确切了解每个居民的收入水平的分布.

在概率论中，对于随机变量分布特征的不同刻画指标，称之为随机变量的数字特征. 常用的数字特征有数学期望和方差等.

3.4.1 数学期望的概念

对于随机变量, 经常要考虑它的平均取值, 例如平均身高、平均考试成绩、测量的平均误差等. 先看一个例子.

设某射击手在相同条件下, 瞄准靶子连续射击 90 次 (X 表示每次射击命中的环数, 则 X 是一个随机变量). 命中 0, 1, 2, 3, 4, 5 环的次数分别为 2, 13, 15, 10, 20, 30 次, 命中各环的频率分别为

$$\frac{2}{90} \quad \frac{13}{90} \quad \frac{15}{90} \quad \frac{10}{90} \quad \frac{20}{90} \quad \frac{30}{90}$$

所以

$$\begin{aligned}
\text{平均射中环数} &= \frac{\text{射中的总环数}}{\text{射击的总次数}} \\
&= \frac{0 \times 2 + 1 \times 13 + 2 \times 15 + 3 \times 10 + 4 \times 20 + 5 \times 30}{90} \\
&= 0 \times \frac{2}{90} + 1 \times \frac{13}{90} + 2 \times \frac{15}{90} + 3 \times \frac{10}{90} + 4 \times \frac{20}{90} + 5 \times \frac{30}{90} \\
&= \sum_{k=0}^{5} k \cdot \frac{n_k}{n} \approx 3.37
\end{aligned}$$

可以看到, 上式最终表示为随机变量 X 所有可能取值的加权平均, 权重则是随机变量取相应值的频率. 当实验次数无限增加时, 频率的稳定中心就是概率, 用概率代替上式中的频率, 即可给出离散型随机变量数学期望的定义.

定义 3.4.1 设 X 为离散型随机变量, 其分布律为

$$P\{X = x_k\} = p_k, \ k = 1, 2, \cdots$$

若级数 $\sum_{k=1}^{\infty} x_k p_k$ 绝对收敛, 则称该级数为 X 的**数学期望**, 记为

$$E(X) = \sum_{k=1}^{\infty} x_k p_k \tag{3.4.1}$$

根据积分的定义和思想, 对于连续型随机变量, 可以利用积分给出其数学期望的定义.

定义 3.4.2 设连续型随机变量 X 的密度函数为 $f(x)$, 若 $\int_{-\infty}^{+\infty} x f(x) \, \mathrm{d}x$ 绝对收敛, 则称该积分为 X 的**数学期望**, 记为

$$E(X) = \int_{-\infty}^{+\infty} x f(x) \, \mathrm{d}x \tag{3.4.2}$$

随机变量的数学期望也简称为期望或均值,完全由随机变量的概率分布决定.

例 3.4.1 已知某工人每天制作的产品中出现 0 个、1 个、2 个、3 个次品数的概率分别为 0.2、0.4、0.3、0.1,则他平均每天出几件次品?

解 设随机变量 X 每天制作的产品中的次品数,则

$$P\{X=0\}=0.2,\ P\{X=1\}=0.4,\ P\{X=2\}=0.3,\ P\{X=3\}=0.1$$

所以一天的平均次品数为:

$$E(X)=0\times 0.2+1\times 0.4+2\times 0.3+3\times 0.1=1.3$$

例 3.4.2 某人有 10 万元现金,准备投资于某项目,预估成功的机会为 30%,失败的机会为 70%. 如果成功,可得利润 8 万元;如果失败,则损失 2 万元. 若存入银行,同期间的利率为 5%,问是否应该做此项投资?

解 设随机变量 X 为投资利润,则

$$P\{X=8\}=0.3,\ P\{X=-2\}=0.7$$

所以该项目的预期利润为

$$E(X)=8\times 0.3-2\times 0.7=1(万元)$$

而存入银行的同期利息为 $10\times 5\%=0.5$(万元),故此人应选择投资.

例 3.4.3 设顾客在某银行的窗口等待服务的时间 X(单位:分钟) 服从指数分布,其概率密度为

$$f(x)=\begin{cases}\dfrac{1}{5}\mathrm{e}^{-\frac{x}{5}}, & x\geqslant 0\\ 0, & x<0\end{cases}$$

试求顾客等待服务的平均时间?

解 $E(X)=\displaystyle\int_{-\infty}^{+\infty}xf(x)\mathrm{d}x=\int_{0}^{+\infty}x\cdot\dfrac{1}{5}\mathrm{e}^{-\frac{x}{5}}\mathrm{d}x=5(分钟)$

因此,顾客平均等待 5 分钟就可得到服务.

3.4.2 随机变量的函数的数学期望

对于随机变量的函数,应该如何确定其数学期望呢?以下分离散型和连续型两种情况,结合例子分别讨论.

例 3.4.4 设随机变量 X 的分布律为

$$P\{X=0\}=\dfrac{1}{2},\ P\{X=1\}=\dfrac{1}{4},\ P\{X=2\}=\dfrac{1}{4}$$

求 $Y=X^2+2$ 的数学期望.

解 根据数学期望的定义,为了求 Y 的数学期望,首先需要确定 Y 的分布律. 随机变量 Y 的可能取值为 $2, 3, 6$,其分布律为

Y	2	3	6
p_k	1/2	1/4	1/4

记 $g(X) = X^2 + 2$,则 Y 的数学期望为

$$E(Y) = E[g(X)] = \sum_{k=1}^{3} y_k \cdot P\{Y = y_k\}$$
$$= 2 \times \frac{1}{2} + 3 \times \frac{1}{4} + 6 \times \frac{1}{4}$$
$$= g(0) \times \frac{1}{2} + g(1) \times \frac{1}{4} + g(2) \times \frac{1}{4}$$
$$= \sum_{k=1}^{3} g(x_k) \cdot P\{X = x_k\} = \frac{13}{4}$$

可以看到,离散型随机变量 $Y = g(X)$ 的数学期望不仅可以根据定义,先求分布律再计算期望;也可以直接将 $E(X) = \sum_{k=1}^{\infty} x_k \cdot P\{X = x_k\}$ 中的乘积项 x_k 替换为 $g(x_k)$ 即可.

那么,对于连续型随机变量 X,其函数 $g(X)$ 的数学期望应该如何计算呢?如果将 $g(X)$ 视为新的随机变量 Y,可以先推导 Y 的分布,然后再根据数学期望的定义进行计算. 但是这个过程相对麻烦,可以证明,与离散型的情况类似,计算 $g(X)$ 的数学期望 $E[g(X)]$ 时,可利用 X 的分布,直接将积分 $\int_{-\infty}^{+\infty} x \cdot f_X(x) \mathrm{d}x$ 中被积函数的因式 x 替换为 $g(x)$ 即可. 显然后者的计算过程相对简洁. 综上所述,可以给出如下定理:

定理 3.4.1 设 Y 是随机变量 X 的函数,即 $Y = g(X)$ ($g(\cdot)$ 是连续函数),
(1) 设 X 为离散型随机变量,其分布律为

$$P\{X = x_k\} = p_k, \ k = 1, 2, \cdots$$

且 Y 的数学期望存在,则

$$E(Y) = E[g(X)] = \sum_{k=1}^{\infty} g(x_k) p_k \tag{3.4.3}$$

(2) 设 X 为连续型随机变量,其密度函数为 $f_X(x)$,且 Y 的数学期望存在,则

$$E(Y) = E[g(X)] = \int_{-\infty}^{+\infty} g(x) f_X(x) \mathrm{d}x \tag{3.4.4}$$

定理证明略.

例 3.4.5 已知风速 X 是一个随机变量,它在 $[0, a]$ 上服从均匀分布,而飞机两翼上受到的压力 Y 与风速的平方成正比,即 $Y = kX^2(k>0)$, 求此压力的均值.

解 X 的概率密度函数为

$$f(x) = \begin{cases} \dfrac{1}{a}, & 0 \leqslant x \leqslant a \\ 0, & \text{其他} \end{cases}$$

由定理可知

$$E(Y) = E(kX^2) = \int_{-\infty}^{+\infty} kx^2 f(x) \mathrm{d}x = \int_0^a kx^2 \frac{1}{a} \mathrm{d}x = \frac{1}{3}ka^2$$

例 3.4.6 假设在国际市场上每年对我国出口的某种商品的需求量 X(单位: 吨) 是一个随机变量, 它在 $[2000, 4000]$ 上服从均匀分布, 若每售出这种商品一吨可为国家挣得外汇 3 万元, 假如销售不出去囤积在仓库中, 则每吨需浪费保管费 1 万元. 问需组织多少货源才能使预期收益最大?

解 设 $y(2000 \leqslant y \leqslant 4000)$ 为预备出口的该商品的数量, 用 Z 表示国家的收益 (单位: 万元), 它为 X 的函数, 记为 $g(X)$, 则有

$$Z = g(X) = \begin{cases} 3y, & X \geqslant y \\ 3X - (y - X), & X < y \end{cases}$$

即

$$z = g(x) = \begin{cases} 3y, & x \geqslant y \\ 3x - (y - x), & x < y \end{cases}$$

下面求 $E(Z)$, 并求使 $E(Z)$ 最大的 y 即可. 由于 $X \sim U(2000, 4000)$, 所以

$$\begin{aligned} E(Z) &= E[g(X)] \\ &= \int_{2000}^y \frac{3x - (y-x)}{2000} \mathrm{d}x + \int_y^{4000} \frac{3y}{2000} \mathrm{d}x \\ &= -\frac{1}{1000}(y - 3500)^2 + 8250 \end{aligned}$$

由上式可以看到, 组织 3500 吨这种货源才能使预期收益最大.

容易证明, 当 $g(x)$ 是线性函数 $ax + b$ 时, 数学期望具有以下性质.

性质 3.4.1

$$E(aX + b) = aE(X) + b \tag{3.4.5}$$

该性质也称为数学期望的线性性质. 特别地, 当 $a = 0$ 时, 有 $E(b) = b$, 即常数的数学期望是它本身.

3.4.3 方差与标准差

1. 方差的概念

从定义可以看到, 数学期望描述的是随机变量分布的中心位置, 因此也称为均值. 但对于不同的随机变量, 即使其数学期望是相同的, 其概率分布仍然可能存在一定的差异. 例如, 已知随机变量 X 和 Y 的概率分布分别如下:

X	-3	-1	1	3
p_k	$\dfrac{1}{8}$	$\dfrac{3}{8}$	$\dfrac{3}{8}$	$\dfrac{1}{8}$

Y	-1	0	1
p_k	$\dfrac{1}{4}$	$\dfrac{1}{2}$	$\dfrac{1}{4}$

计算可得, $E(X) = E(Y) = 0$, 也就是说这两个随机变量的数学期望完全一样, 但从分布来看, 这两个随机变量相对于数学期望的分散程度是不同的. 与第一章中描述样本数据相对于中心位置偏离程度的处理思想类似, 可以给出方差的定义.

定义 3.4.3 已知随机变量 X 的数学期望存在, 若 $E\{[X - E(X)]^2\}$ 存在, 则称 $E\left\{[X - E(X)]^2\right\}$ 为 X 的**方差**, 记为

$$D(X) = E\left\{[X - E(X)]^2\right\} \tag{3.4.6}$$

方差也记为 $\mathrm{Var}(X), V(X)$ 或 $\sigma^2(X)$.

称 $\sigma_X = \sqrt{D(X)}$ 为随机变量 X 的**标准差或均方差**.

方差反映了随机变量相对于其均值的偏离程度, 方差越大, 则随机变量的取值越分散. 由于标准差的量纲与随机变量的量纲相同, 在实际问题中更为常用.

根据定义可以看到, 方差就是随机变量的函数的数学期望. 记随机变量 X 的数学期望为 μ, 由随机变量的函数的期望知, X 的方差即为 $(X - \mu)^2$ 的数学期望, 所以 X 的方差具体计算可以表示为:

(1) 当 X 是离散型随机变量时,

$$D(X) = E\left[(X - \mu)^2\right] = \sum (x_k - \mu)^2 \cdot P\{X = k\} \tag{3.4.7}$$

(2) 当 X 是连续型随机变量时,

$$D(X) = E\left[(X - \mu)^2\right] = \int_{-\infty}^{+\infty} (x - \mu)^2 f_X(x)\, dx \tag{3.4.8}$$

由于

$$\begin{aligned} D(X) &= E\{[X - E(X)]^2\} \\ &= E\left\{X^2 - 2XE(X) + [E(X)]^2\right\} \\ &= E(X^2) - [E(X)]^2 \end{aligned}$$

3.4 数学期望与方差

所以, 方差与数学期望之间存在以下关系:

$$D(X) = E\left(X^2\right) - [E(X)]^2 \tag{3.4.9}$$

例 3.4.7 计算引例中随机变量 X 与 Y 的方差

解 由引例中的计算知 $E(X) = E(Y) = 0$, 由于

$$E(X^2) = (-3)^2 \times \frac{1}{8} + (-1)^2 \times \frac{3}{8} + 1^2 \times \frac{3}{8} + 3^2 \times \frac{1}{8} = 3$$

$$E(Y^2) = (-1)^2 \times \frac{1}{4} + 0^2 \times \frac{1}{2} + 1^2 \times \frac{1}{4} = \frac{1}{2}$$

所以,

$$D(X) = E\left(X^2\right) - [E(X)]^2 = 3 - 0 = 3$$

$$D(Y) = E\left(Y^2\right) - [E(X)]^2 = \frac{1}{2} - 0 = \frac{1}{2}$$

例 3.4.8 设连续型随机变量 X 的概率密度为

$$f(x) = \begin{cases} 1+x, & -1 \leqslant x < 0 \\ 1-x, & 0 \leqslant x < 1 \\ 0, & \text{其他} \end{cases}$$

求 X 的数学期望和方差.

解 由于

$$\begin{aligned} E(X) &= \int_{-\infty}^{+\infty} x f(x) \, \mathrm{d}x \\ &= \int_{-1}^{0} x(1+x) \, \mathrm{d}x + \int_{0}^{1} x(1-x) \, \mathrm{d}x \\ &= 0 \end{aligned}$$

$$\begin{aligned} E\left(X^2\right) &= \int_{-\infty}^{+\infty} x^2 f(x) \, \mathrm{d}x \\ &= \int_{-1}^{0} x^2(1+x) \, \mathrm{d}x + \int_{0}^{1} x^2(1-x) \, \mathrm{d}x \\ &= \frac{1}{6} \end{aligned}$$

所以

$$\begin{aligned} D(X) &= E\left(X^2\right) - [E(X)]^2 \\ &= \frac{1}{6} - 0 = \frac{1}{6} \end{aligned}$$

2. 方差的性质

性质 3.4.2 设 C 为常数, 则 $D(C) = 0$.

这是因为若随机变量 $X = C$, 则 $E(X) = C$. 所以 $X - E(X) = 0$, 故而 $D(X) = D(C) = 0$.

性质 3.4.3 设 a、b 为常数, 则 $D(aX + b) = a^2 D(X)$.

证明

$$\begin{aligned} D(aX+b) &= E\{[aX+b-E(aX+b)]^2\} \\ &= E\{[aX+b-aE(X)-b]^2\} \\ &= a^2 E\{[X-E(X)]^2\} \\ &= a^2 D(X) \end{aligned}$$

若随机变量 X 的均值和方差均存在, 令

$$X^* = \frac{X - E(X)}{\sqrt{D(X)}}$$

由方差的性质可以得到 $E(X^*) = 0$, $D(X^*) = 1$. 称 X^* 是 X 的**标准化变量**.

例 3.4.9 已知随机变量 X 的分布函数为

$$F(x) = \begin{cases} 0, & x < 0 \\ \sin x, & 0 \leqslant x \leqslant \pi/2 \\ 1, & x > \pi/2 \end{cases}$$

若 $Y = -10\sin X + 5$, 求 Y 的数学期望、方差及标准差.

解 容易求出 X 的概率密度函数为

$$f(x) = \begin{cases} \cos x, & 0 \leqslant x \leqslant \pi/2 \\ 0, & \text{其他} \end{cases}$$

所以

$$\begin{aligned} E(\sin X) &= \int_{-\infty}^{+\infty} \sin x f(x) \mathrm{d}x \\ &= \int_0^{\pi/2} \sin x \cos x \mathrm{d}x = \frac{1}{2} \\ E(\sin^2 X) &= \int_{-\infty}^{+\infty} \sin^2 x f(x) \mathrm{d}x \\ &= \int_0^{\pi/2} \sin^2 x \cos x \mathrm{d}x = \frac{1}{3} \\ D(\sin X) &= E(\sin^2 X) - [E(\sin X)]^2 \end{aligned}$$

$$= \frac{1}{3} - \frac{1}{4} = \frac{1}{12}$$

由数学期望及方差的性质得

$$E(Y) = -10E(\sin X) + 5 = -10 \times \frac{1}{2} + 5 = 0$$

$$D(Y) = 10^2 D(\sin X) = 100 \times \frac{1}{12} = \frac{25}{3}$$

$$\sigma_Y = \sqrt{D(Y)} = \frac{5\sqrt{3}}{3}$$

在概率统计的理论和应用中, 需要用数字特征去限定某事件发生的概率的上界, 下面的切比雪夫不等式是一个基本不等式.

性质 3.4.4 (切比雪夫不等式) 设随机变量 X 的期望 $EX = \mu$ 和方差 $DX = \sigma^2$ 均存在, 则对任意 $\varepsilon > 0$, 有

$$P\{|X - \mu| \geq \varepsilon\} \leq \frac{\sigma^2}{\varepsilon^2} \tag{3.4.10}$$

证明 若 X 为连续型随机变量, 具有密度函数 $f(x)$, 则

$$P\{|X-\mu| \geq \varepsilon\} = \int_{|x-\mu|\geq\varepsilon} f(x)\mathrm{d}x \leq \int_{|x-\mu|\geq\varepsilon} \frac{(x-\mu)^2}{\varepsilon^2} f(x)\mathrm{d}x$$

$$\leq \frac{1}{\varepsilon^2} \int_{-\infty}^{\infty} (x-\mu)^2 f(x)\mathrm{d}x = \frac{\sigma^2}{\varepsilon^2}$$

若 X 为离散型随机变量, 可以类似地证明切比雪夫不等式成立.

切比雪夫不等式给出了大偏差 "$\{|X - \mu| \geq \varepsilon\}$" 发生的概率的上界. 这个上界与方差成正比, 方差越小, 上界也越小, 说明 X 取值越集中在 $E(X)$ 附近.

我们知道, 常数的方差等于 0. 反之, 若随机变量的方差等于 0, 则意味着随机变量的取值集中在一点上, 即可以证明下面的结论成立:

若随机变量 X 的方差存在, $EX = \mu$, 则 $DX = 0$ 的充分必要条件是 X 几乎处处等于常数 μ, 即 $P\{X = \mu\} = 1$.

3. 常见分布的数学期望与方差

例 3.4.10 已知 X 服从 $(0-1)$ 分布, 即

$$P\{X = k\} = p^k (1-p)^{1-k}, \ k = 0, 1 \ (0 < p < 1)$$

则

$$E(X) = 0 \times (1-p) + 1 \times p = p$$

$$E(X^2) = 0^2 \times (1-p) + 1^2 \times p = p$$

所以
$$D(X) = E(X^2) - [E(X)]^2 = p - p^2 = p(1-p)$$

例 3.4.11 已知 $X \sim B(n,p)$, 即
$$P\{X = k\} = \binom{n}{k} p^k (1-p)^{n-k}, \ k = 0, 1, 2, \cdots, n$$

则
$$\begin{aligned}
E(X) &= \sum_{k=0}^{n} k \cdot P\{X = k\} \\
&= \sum_{k=0}^{n} k \binom{n}{k} p^k (1-p)^{n-k} \\
&= \sum_{k=1}^{n} \frac{n!}{(k-1)!(n-k)!} p^k (1-p)^{n-k} \\
&= np \sum_{k=1}^{n} \binom{n-1}{k-1} p^{k-1} (1-p)^{n-k} \\
&= np
\end{aligned}$$

由于
$$\begin{aligned}
E[X(X-1)] &= \sum_{k=1}^{n} k(k-1) \cdot P\{X = k\} \\
&= \sum_{k=2}^{n} \frac{n!}{(k-2)!(n-k)!} p^k (1-p)^{n-k} \\
&= n(n-1) p^2
\end{aligned}$$

故
$$D(X) = E(X^2) - [E(X)]^2 = n(n-1)p^2 + np - n^2 p^2 = np(1-p)$$

例 3.4.12 已知 $X \sim \pi(\lambda)$, 即
$$P\{X = k\} = \frac{\lambda^k e^{-\lambda}}{k!}, \quad k = 0, 1, 2, \cdots$$

则
$$\begin{aligned}
E(X) &= \sum_{k=0}^{\infty} k \cdot P\{X = k\} \\
&= \sum_{k=0}^{\infty} k \frac{\lambda^k e^{-\lambda}}{k!} \\
&= \lambda e^{-\lambda} \sum_{k=1}^{\infty} \frac{\lambda^{k-1}}{(k-1)!} \\
&= \lambda e^{-\lambda} e^{\lambda} = \lambda
\end{aligned}$$

由于
$$E[X(X-1)] = \sum_{k=0}^{\infty} k(k-1) \cdot P\{X=k\}$$
$$= \sum_{k=0}^{\infty} k(k-1) \frac{\lambda^k e^{-\lambda}}{k!}$$
$$= \lambda^2 e^{-\lambda} \sum_{k=2}^{\infty} \frac{\lambda^{k-2}}{(k-2)!}$$
$$= \lambda^2 e^{-\lambda} e^{\lambda} = \lambda^2$$

所以
$$D(X) = E(X^2) - [E(X)]^2 = \lambda^2 + \lambda - \lambda^2 = \lambda$$

例 3.4.13 已知 $X \sim U(a,b)$，即
$$f(x) = \begin{cases} \dfrac{1}{b-a}, & a \leqslant x \leqslant b \\ 0, & \text{其他} \end{cases}$$

则
$$E(X) = \int_{-\infty}^{+\infty} x f(x) \,\mathrm{d}x = \int_a^b \frac{x}{b-a} \,\mathrm{d}x = \frac{a+b}{2}$$
$$E(X^2) = \int_{-\infty}^{+\infty} x^2 f(x) \,\mathrm{d}x = \int_a^b \frac{x^2}{b-a} \,\mathrm{d}x = \frac{a^2+b^2+ab}{3}$$
$$D(X) = E(X^2) - [E(X)]^2 = \frac{(b-a)^2}{12}$$

例 3.4.14 已知 $X \sim Exp(\alpha)$，即
$$f(x) = \begin{cases} \alpha e^{-\alpha x}, & x \geqslant 0 \\ 0, & x < 0 \end{cases}$$

$$E(X) = \int_{-\infty}^{+\infty} x f(x) \,\mathrm{d}x = \int_0^{+\infty} x \alpha e^{-\alpha x} \,\mathrm{d}x = \frac{1}{\alpha}$$
$$E(X^2) = \int_{-\infty}^{+\infty} x^2 f(x) \,\mathrm{d}x = \int_0^{+\infty} x^2 \alpha e^{-\alpha x} \,\mathrm{d}x = \frac{2}{\alpha^2}$$
$$D(X) = E(X^2) - [E(X)]^2 = \frac{2}{\alpha^2} - \frac{1}{\alpha^2} = \frac{1}{\alpha^2}$$

例 3.4.15 已知 $X \sim N(\mu, \sigma^2)$，即
$$f(x) = \frac{1}{\sqrt{2\pi}\sigma} e^{-\frac{(x-\mu)^2}{2\sigma^2}}, \quad -\infty < x < +\infty$$

由于标准正态分布的密度函数 $\varphi(t)$ 是偶函数, 所以利用 $\int_{-\infty}^{+\infty} \varphi(t)\,dt = 1$ 和 $\int_{-\infty}^{+\infty} t\varphi(t)\,dt = 0$, 可以得到

$$\begin{aligned}
E(X) &= \int_{-\infty}^{+\infty} x \frac{1}{\sqrt{2\pi}\sigma} e^{-\frac{(x-\mu)^2}{2\sigma^2}} dx \\
&= \int_{-\infty}^{+\infty} (\sigma t + \mu) \frac{1}{\sqrt{2\pi}\sigma} e^{-\frac{t^2}{2}} \sigma dt \quad \left(令 t = \frac{x-\mu}{\sigma}\right) \\
&= \sigma \int_{-\infty}^{+\infty} t \cdot \varphi(t)\,dt + \mu \int_{-\infty}^{+\infty} \varphi(t)\,dt = \mu \\
D(X) &= \int_{-\infty}^{+\infty} (x-\mu)^2 \frac{1}{\sqrt{2\pi}\sigma} e^{-\frac{(x-\mu)^2}{2\sigma^2}} dx \\
&= \int_{-\infty}^{+\infty} \sigma^2 t^2 \frac{1}{\sqrt{2\pi}} e^{-\frac{t^2}{2}} dt \quad \left(令 t = \frac{x-\mu}{\sigma}\right) \\
&= \int_{-\infty}^{+\infty} \frac{\sigma^2}{\sqrt{2\pi}} t\,d\left(-e^{-\frac{t^2}{2}}\right) \\
&= 0 + \sigma^2 \int_{-\infty}^{+\infty} \frac{1}{\sqrt{2\pi}} e^{-\frac{t^2}{2}} dt = \sigma^2
\end{aligned}$$

3.4.4 矩

数学期望和方差是随机变量的两个重要特征数, 对其定义进行推广即可给出随机变量矩的概念.

定义 3.4.4 设 X 为随机变量, k 为正整数, 如果下列的数学期望都存在, 则称

$$\mu_k = E(X^k) \tag{3.4.11}$$

为 X 的 k **阶原点矩**, 通常简称为 k **阶矩**; 称

$$v_k = E\left[(X - EX)^k\right] \tag{3.4.12}$$

为 X 的 k **阶中心矩**.

例 3.4.16 已知 $X \sim Exp(\alpha)$, $Y \sim N(\mu, \sigma^2)$, 求 $E(X^k)$, $E[Y - E(Y))^k]$.

解

$$\begin{aligned}
E(X^k) &= \int_{-\infty}^{+\infty} x^k f(x)\,dx = \int_0^{+\infty} x^k \alpha e^{-\alpha x}\,dx \\
&= 0 + \int_0^{+\infty} e^{-\alpha x}\,dx^k = \frac{k}{\alpha} \int_0^{+\infty} x^{k-1} \alpha e^{-\alpha x}\,dx \\
&= \frac{k}{\alpha} E(X^{k-1}) = \cdots = \frac{k(k-1)\times \cdots \times 2}{\alpha^{k-1}} E(X) = \frac{k!}{\alpha^k}
\end{aligned}$$

$$E\left[Y-E(Y)^k\right]=\int_{-\infty}^{+\infty}(y-\mu)^k\frac{1}{\sqrt{2\pi}\sigma}\mathrm{e}^{-\frac{(y-\mu)^2}{2\sigma^2}}\mathrm{d}y=\sigma^k\int_{-\infty}^{+\infty}t^k\frac{1}{\sqrt{2\pi}}\mathrm{e}^{-\frac{t^2}{2}}\mathrm{d}t$$

当 $k=2m-1$ 时,$E\left[Y-E(Y)^k\right]=0$;

当 $k=2m$ 时,

$$E\left[Y-E(Y)^k\right]=\sigma^{2m}\int_{-\infty}^{+\infty}t^{2m}\frac{1}{\sqrt{2\pi}}\mathrm{e}^{-\frac{t^2}{2}}\mathrm{d}t=\sigma^{2m}\int_{-\infty}^{+\infty}t^{2m-1}\frac{1}{\sqrt{2\pi}}\mathrm{d}\left(-\mathrm{e}^{-\frac{t^2}{2}}\right)$$

$$=0+\sigma^{2m}(2m-1)\int_{-\infty}^{+\infty}t^{2m-2}\frac{1}{\sqrt{2\pi}}\mathrm{e}^{-\frac{t^2}{2}}\mathrm{d}t=\cdots$$

$$=\sigma^{2m}(2m-1)(2m-3)\times\cdots\times 1=\sigma^{2m}(2m-1)!!$$

可以看到,X 的数学期望就是其一阶原点矩,方差就是其二阶中心矩. 对于一个随机变量 X,如果其 k 阶矩存在,那么 $l(l<k)$ 阶矩必然存在. (证明略)

练 习 题 3

1. 一个袋子中装有编号分别为 1、2、3、4、5 的 5 个球,现在从袋子中任意取出 3 个球,用 X 表示取出的三个球的最大号码,求 X 的分布律与分布函数.

2. 已知随机变量 X 只取 0、1 两个数值,并且 X 取 0 的概率为它取 1 的概率的 3 倍,求 X 的分布律及分布函数.

3. 一批产品分为一、二、三级,其中一级品是二级品的两倍,三级品是二级品的一半. 从这批产品中随机地抽取一个作质量检验,用随机变量描述检验的可能结果,试求出它的分布律.

4. 设随机变量 X 的分布函数为

$$F(x)=\begin{cases}0, & x<-1\\ 0.4, & -1\leqslant x<1\\ 0.8, & 1\leqslant x<3\\ 1, & x\geqslant 3\end{cases}$$

试求 X 的分布律.

5. 已知随机变量 X 的分布函数为

$$F(x)=\begin{cases}a\mathrm{e}^{-x}+b, & x\geqslant 0\\ 0, & x<0\end{cases}$$

试求常数 a、b 的值.

6. 离散型随机变量 X 的分布律为 $P\{X=0\}=\dfrac{C}{2}$,$P\{X=1\}=2C$,$P\{X=2\}=C$,$P\{X=3\}=\dfrac{1}{8}$,试求:

(1) 常数 C；

(2) 概率 $P\{X \geqslant 1\}$；

(3) X 的分布函数.

7. 已知函数
$$f(x) = \begin{cases} \cos x, & -\dfrac{\pi}{2} \leqslant x \leqslant 0 \\ 0, & \text{其他} \end{cases}$$

问它能否作为某个连续型随机变量的密度函数？

8. 设连续型随机变量 X 的概率密度函数为
$$f(x) = \begin{cases} Cx, & 0 \leqslant x \leqslant 1 \\ 0, & \text{其他} \end{cases}$$

(1) 求常数 C；(2) 求 $P\{0.4 < X < 0.6\}$；(3) 若 $P\{|X - 0.5| < a\} = 0.4$，求 a.

9. 设连续型随机变量 X 的概率密度函数为
$$f(x) = \begin{cases} \dfrac{18}{x^3}, & x > a \\ 0, & x \leqslant a \end{cases}$$

试求常数 a.

10. 已知连续型随机变量 X 的概率密度函数为
$$f(x) = \begin{cases} e^x, & x < 0 \\ 0, & x \geqslant 0 \end{cases}$$

试求 $P\{X = -3\}$，$P\{-1 \leqslant X \leqslant 1\}$，$P\{X < 2\}$.

11. 设连续型随机变量 X 的概率密度函数为
$$f(x) = \begin{cases} k\sin x, & 0 < x < \pi \\ 0, & \text{其他} \end{cases}$$

试求：(1) k 的值；

(2) $P\left\{-\dfrac{\pi}{2} < X < \dfrac{\pi}{2}\right\}$；

(3) X 的分布函数.

12. 袋子中有 2 个红球和 4 个白球，从中任取 3 个球，求取到的红球数的分布律.

13. 一名精神科医生听取六名研究对象对近期所做的梦的叙述，得知其中 4 名为忧郁症患者，2 名是健康者. 现从六名对象中选出 3 名，求：(1) 选出的三名都是忧郁症患者的概率是多少？(2) 至少选出两名忧郁症患者的概率.

14. 设在保险公司里有 2500 个同一年龄和同社会阶层的人参加了人寿保险. 在一年里每个人死亡的概率为 0.002，每个参加保险的人在每年一月一日付 12 元保险费，而死亡时家属可到保险公司领取赔付费 2000 元. 试问：

(1) 一年内保险公司亏本的概率是多少？

(2) 一年内保险公司获利不少于 10000、20000 元的概率分别是多少？

15. 一台总机共有 300 台分机, 总机拥有 13 条外线, 假设每台分机向总机要外线的概率为 3%, 试求每台分机向总机要外线时能及时得到满足的概率和同时向总机要外线的分机的最可能台数.

16. 按规定, 某种型号电子元件的使用寿命超过 1500 小时的为一级品. 已知某批产品的一级品率为 0.2, 现从中随机地抽查 10 只, 设 10 只元件中一级品的只数为 X, 试求:

(1) X 的分布律及分布函数;

(2) $P\{2.5 < X \leqslant 3.8\}$, $P\{X < 7.2\}$ 及 $P\{X > 3.4\}$.

17. 有甲、乙两种味道和颜色都极为相似的名酒各 4 杯. 如果从中挑 4 杯, 能将甲种酒全部挑出来, 算是试验成功一次.

(1) 某人随机地去猜, 试问他试验成功一次的概率是多少?

(2) 某人声称他通过品尝能区分两种酒. 他连续进行了 10 次独立的试验, 成功 3 次. 试推断他是猜对的, 还是他确有区分的能力.

18. 设随机变量 X 服从泊松分布, 且 $P\{X=1\} = P\{X=2\}$, 求 $P\{X=4\}$. 已知电话交换台每分钟接到的呼唤的次数服从参数为 4 的泊松分布, 求每分钟恰好接到 5 次呼唤的概率以及每分钟接到的呼唤的次数大于 5 次的概率.

19. 一大型设备在任何长为 t 的时间内发生故障的次数 $N(t)$ 服从参数为 λt 的泊松分布. 试求:

(1) 相继两次故障之间时间间隔 T 的概率分布;

(2) 在设备已经无故障工作了 8 小时的情况下, 再无故障运行 8 小时的概率.

20. 已知生三胞胎的概率是万分之一, 求在 1 万次生育当中至少有两次是三胞胎的概率.

21. 某人每次射击中靶的概率为 0.7, 试求此人射击 10 次至少中靶 3 次的概率.

22. 利用一批同类型的仪器作试验, 每相隔 5 秒钟顺次接通一个, 每个仪器在接通后 16 秒钟开始工作, 当对任一仪器获得满意结果时立即结束试验. 如果对每个仪器获得满意结果的概率为 $p(0 < p < 1)$, 没有获得满意结果的概率为 $q(p+q=1)$, 试求获得满意结果而要接通仪器的个数的分布律, 与至少要接通 6 个仪器才获得满意结果的概率.

23. 进行某种试验, 已知试验成功的概率为 $\frac{3}{4}$, 失败的概率为 $\frac{1}{4}$, 以 X 表示首次成功所需试验的次数, 试求 X 的分布律以及 X 取偶数的概率.

24. 一批产品包括 7 件正品, 3 件次品, 有放回地抽取, 每次一件, 直到取到正品为止, 假定每件产品被取到的机会相同, 试求抽取次数 X 的分布律.

25. 假设随机变量 X 的绝对值不大于 1, 且 $P\{X=-1\} = \frac{1}{8}$, $P\{X=1\} = \frac{1}{4}$. 在事件 $\{-1 < X < 1\}$ 出现的条件下, X 在 $(-1, 1)$ 内任意子区间上取值的概率与该子区间的长度成正比. 试求:

(1) X 的分布函数;

(2) X 取负值的概率.

26. 设某种型号的灯管寿命 X(单位: 小时) 服从指数分布, 其概率密度为

$$f(x) = \begin{cases} \dfrac{1}{1200} e^{\frac{x}{a}}, & x \geqslant 0 \\ 0, & x < 0 \end{cases}$$

(1) 试确定常数 a,并求其分布函数;

(2) 若灯泡寿命超过 1000 小时为一级品,试问任取一灯泡测试,其为一级品的概率是多少?

(3) 3 个这种灯泡使用了 1000 小时后至少有 2 个仍可继续使用的概率是多少?

27. 设随机变量 $X \sim N(\mu, \sigma^2)$,且 $P\{X < 9\} = 0.975$,$P\{X < 2\} = 0.062$,试求 $P\{X > 6\}$.

28. 某种电子元件在电源电压不超过 200V、200V~240V 及超过 240V 的 3 种情况下,损坏率依次为 0.1、0.001 及 0.2. 设电源电压 $X \sim N(220, 25^2)$,试求:

(1) 此种电子元件的损坏率;

(2) 此种电子元件损坏时,电源电压在 200V~240V 的概率.

29. 某单位招聘 2500 人,按考试成绩从高分到低分依次录用,共有 10000 人报名,假设报名者的成绩 $X \sim N(\mu, \sigma^2)$,已知 90 分以上的有 359 人,60 分以下的有 1151 人,试问录用者中最低分为多少?

30. 将一枚硬币接连抛 5 次,假设 5 次中至少有一次国徽不出现,试求国徽出现的次数与不出现次数之比 Y 的分布律.

31. 设随机变量 X 的概率密度函数为

$$f(x) = \begin{cases} \dfrac{2x}{\pi^2}, & 0 < x < \pi \\ 0, & 其他 \end{cases}$$

试求 $Y = \sin X$ 的概率密度.

32. 设连续型随机变量 X 的概率密度函数为

$$f(x) = \begin{cases} e^{-x}, & x \geqslant 0 \\ 0, & x < 0 \end{cases}$$

试求 $Y = \sqrt{X}$ 的概率密度.

33. 把 3 个球放入两个盒子中,假设每个球放入每个盒子的可能性相同,试求放入第一个盒子中的球的个数的数学期望和方差.

34. 一箱子内有 9 件产品,其中 4 件正品 5 件次品,现在从中任取 3 件产品,用 X 表示这 3 件产品中次品的件数,试求 X 的数学期望与方差.

35. 连续型随机变量 X 的概率密度为

$$f(x) = \begin{cases} \cos x, & -\dfrac{\pi}{2} \leqslant x \leqslant 0 \\ 0, & 其他 \end{cases}$$

试求 X 的数学期望和方差.

36. 已知连续型随机变量 X 的概率密度为

$$f(x) = \begin{cases} ax + b, & 0 \leqslant x \leqslant 1 \\ 0, & 其他 \end{cases}$$

又知 X 的数学期望 $E(X) = \dfrac{1}{3}$,试求:

(1) 常数 a、b;

(2) $E(3X+8)$, $E(X^2+1)$.

37. 连续型随机变量 X 的概率密度为

$$f(x) = \begin{cases} \dfrac{1}{\pi}, & -\dfrac{\pi}{2} < x < \dfrac{\pi}{2} \\ 0, & \text{其他} \end{cases}$$

试求 $Y = \sin X$ 的数学期望.

38. 已知随机变量 X 的数学期望 $E(X) = -4$, 方差 $D(X) = 1$, 试求 $E\left(\dfrac{1}{2}X - 5\right)$ 与 $D(-2X+7)$.

39. 随机变量 X 服从伽马分布 $Ga(\alpha, \lambda)$, 具有概率密度函数

$$f(x) = \begin{cases} \dfrac{\lambda^\alpha}{\Gamma(\alpha)} x^{\alpha-1} e^{-\lambda x}, & x \geqslant 0 \\ 0, & x < 0 \end{cases}$$

其中 $\alpha > 0, \lambda > 0$, 伽马函数 $\Gamma(\alpha) = \int_0^{+\infty} x^{\alpha-1} e^{-x} dx$. 求 X 的数学期望、方差及标准差.

40. 随机变量 X 服从贝塔分布 $Be(a, b)$, 具有概率密度函数

$$f(x) = \begin{cases} \dfrac{1}{B(a,b)} x^{a-1}(1-x)^{b-1}, & 0 < x < 1 \\ 0, & \text{其他} \end{cases}$$

其中 $a > 0, b > 0$, 贝塔函数 $B(a,b) = \int_0^1 x^{a-1}(1-x)^{b-1} dx$. 求 X 的数学期望及方差.

41. 已知随机变量服从柯西分布, 其概率密度函数为 $f(x) = \dfrac{1}{\pi(1+x^2)}$, $-\infty < x < +\infty$, 试由数学期望的定义验证其数学期望不存在.

42. 设连续型随机变量 X 具有分布函数

$$F(x) = \begin{cases} 0, & x \leqslant -a \\ A + B \arcsin \dfrac{x}{a}, & -a < x \leqslant a \\ 1, & x > a \end{cases}$$

求常数 A, B 的值, 概率 $P\left\{-\dfrac{a}{2} < X < 2a\right\}$, 及 X 的概率密度函数.

43. 已知离散型随机变量 X 的可能取值为 $-2, 0, 2, 7$, 取相应的值的概率分别为 $a, \dfrac{2}{3}a, \dfrac{5}{4}a, \dfrac{7}{8}a$. 求常数 a 及 $P\{|X| \leqslant 2 | X \geqslant 0\}$ 及 $Y = X^2$ 的分布律.

44. 设连续型随机变量 X 具有概率密度函数 $f(x) = ae^{-|x|}$, $-\infty < x < +\infty$, 求常数 a, X 的分布函数及 $Y = X^2$ 的概率密度函数.

45. 设某城市成年人的身高 $X \sim N(1.72, 0.06^2)$, 以米为单位, 试问应如何设计公共汽车车门的高度, 使成年人不弯腰上下车而与车门碰头的概率小于 0.05? 若设计车门的高度为 1.80 米, 求 150 个成年人上下车发生与车门碰头的人数少于 2 人的概率.

46. 已知药物 A 对某疾病的治愈率为 0.7, 药物 B 对该疾病的治愈率为 0.8. 现将病人每两人组成一个小组, 每小组里一人采用药物 A 治疗, 另一人采用药物 B 治疗. 试验对各组病人依次治疗, 直到至少有一种药物累计治愈 10 人为止. 求试验结束时, 进行治疗的病人组数恰好有 11 组的概率.

47. 设随机变量 X 服从区间 $[-5, 10]$ 上的均匀分布, 求关于 x 的一元二次方程 $x^2 - 2Xx + 9 = 0$ 有实根的概率以及随机变量 $Y = X^2$ 的概率密度函数.

48. 设连续型随机变量 X 具有概率密度函数

$$f(x) = \begin{cases} 0, & x \leqslant 0 \\ 1/2, & 0 < x < 1 \\ a/x^4, & x \geqslant 1 \end{cases}$$

求常数 a 的值, 随机变量 $Y = 1/X$ 的概率密度函数.

49. 设随机变量 $X \sim \pi(\lambda)$, $Y = \min\{X, 2\}$, 求 Y 的分布律和数学期望.

50. 设 $f_1(x)$ 为标准正态分布的密度函数, $f_2(x)$ 为 $[-1, 3]$ 上的均匀分布的密度函数, 随机变量 X 的密度为 $f(x)$, 而

$$f(x) = \begin{cases} f_1(x), & x \leqslant 0 \\ af_2(x), & x > 0 \end{cases}$$

求常数 a 的值, 及随机变量 X 的数学期望.

51. 设随机变量 X 具有概率密度函数

$$f(x) = \begin{cases} 0, & x \leqslant 0 \\ 2^{-x} \ln 2, & x > 0 \end{cases}$$

对 X 进行独立重复观测, 直到第二个大于 3 的观测值出现时停止, 记 Y 为观测的次数. 求 Y 的分布律及数学期望.

第4章　多维随机变量及其联合概率分布

在第 3 章中研究的都是基于一个随机变量的概率问题,而在许多实际问题中有些随机试验的结果需要同时用两个及以上的随机变量来描述. 比如, 要了解学校学生的健康状况, 就需要对抽查的每一个学生的身高、体重、肺活量等多项指标进行测量, 得到许多测量数据, 然后要对这些数据及它们之间的关系进行分析, 才能得出学生的健康状况. 所有的这些测量数据不能只用一个随机变量的取值来表示, 而需要用多个随机变量来描述, 其中每个随机变量表示一个项目.

本章把研究对象由一个随机变量推广到多个随机变量, 探讨由相互联系的多个随机变量所构成的一个整体 (即多维随机变量) 的分布规律. 我们将着重讨论二维随机变量的情形, 多于二维的情形可作类似推广.

4.1　多维随机变量及其联合分布

本节中将首先介绍二维随机变量的相关概念和内容, 然后再推广到更一般的情况, 即多维随机变量.

4.1.1　二维随机变量及其联合分布

定义 4.1.1　若 X、Y 是两个定义在同一个样本空间 S 上的随机变量, 则称 (X,Y) 是**二维随机变量**或**二维随机向量**.

注意, 二维随机变量的关键是定义在同一样本空间之上, 对于不同样本空间 S_1 和 S_2 上的两个随机变量, 只能在乘积空间 $S_1 \times S_2 = \{(e_1, e_2) : e_1 \in S_1, e_2 \in S_2\}$ 及其子集上讨论它们, 以下我们均默认多维随机变量中的随机变量是定义在同一样本空间上的.

与本章相对应, 第 3 章中所讨论的随机变量称为一维随机变量. 在实际问题中二维随机变量的情形是经常遇到的. 例如, 炮弹弹着点的位置需要由其横坐标和纵坐标来确定, 而横坐标 X 和纵坐标 Y 是定义在同一样本空间上的两个随机变量, 且这两个随机变量作为一个整体 (X, Y) 才能确定弹着点的确切位置, (X, Y) 是一个二维随机变量; 考查某一地区学前儿童的发育情况, 则儿童的身高 H 和体重 W 就构成二维随机变量 (H, W); 考察某家庭的家庭的收入和支出情况, 收入 X 和支出 Y 构成二维随机变量 (X, Y) 等.

二维随机变量 (X, Y) 的性质不仅与 X、Y 有关, 而且还依赖于这两个随机变量的相互关系, 与一维情形一样, 我们先建立二维随机变量的分布函数的概念.

定义 4.1.2 对任意的实数 x 和 y, 称

$$F(x,y) = P\{X \leqslant x, Y \leqslant y\} \tag{4.1.1}$$

为二维随机变量 (X,Y) 的**分布函数**, 或 X 与 Y 的**联合分布函数**.

上式右端表示的是 $P\{(X \leqslant x) \cap (Y \leqslant y)\}$, 如果将二维随机变量 (X,Y) 看作平面上随机点的坐标, 则分布函数 $F(x,y)$ 表示随机点 (X,Y) 落在点 (x,y) 左下方的概率, 如图 4-1 所示.

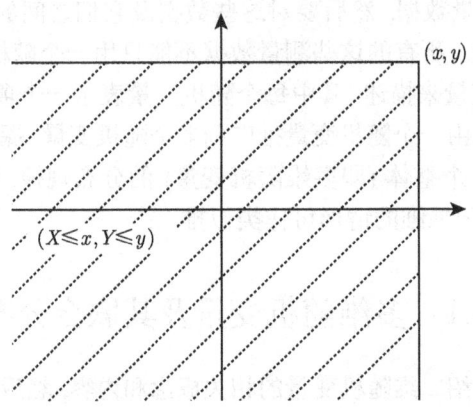

图 4-1: (x,y) 左下方区域

二维随机变量的分布函数具有如下性质:

(1) **单调性**: 固定 x, $F(x,y)$ 是 y 的单调不减函数; 固定 y, $F(x,y)$ 是 x 的单调不减函数, 即

当 $x_1 < x_2$ 时, 有 $F(x_1,y) \leqslant F(x_2,y)$,

当 $y_1 < y_2$ 时, 有 $F(x,y_1) \leqslant F(x,y_2)$.

(2) **有界性**: 对任意的 x 和 y, 有 $0 \leqslant F(x,y) \leqslant 1$, 且

$$F(-\infty,y) = \lim_{x \to -\infty} F(x,y) = 0, \quad F(x,-\infty) = \lim_{y \to -\infty} F(x,y) = 0$$

$$F(-\infty,-\infty) = \lim_{x,y \to -\infty} F(x,y) = 0, \quad F(+\infty,+\infty) = \lim_{x,y \to +\infty} F(x,y) = 1$$

(3) **右连续性**: $F(x,y)$ 关于 x 或 y 都是右连续的, 即

$$F(x+0,y) = F(x,y), \quad F(x,y+0) = F(x,y)$$

(4) **非负性**: 当 $a < b$ 且 $c < d$ 时, 有

$$F(b,d) - F(b,c) - F(a,d) + F(a,c) \geqslant 0$$

4.1 多维随机变量及其联合分布

任意一个二维分布函数 $F(x,y)$ 都必须具有上述四条性质, 而且还可以证明具有上述四条性质的二元函数 $F(x,y)$ 一定是某个二维随机变量 (X,Y) 的分布函数. 性质 (4) 是二维随机变量特有的, 它表明随机点 (X,Y) 落在以 (a,c)、(a,d)、(b,c)、(b,d) 为顶点的矩形区域内的概率不可能小于 0 (图 4-2).

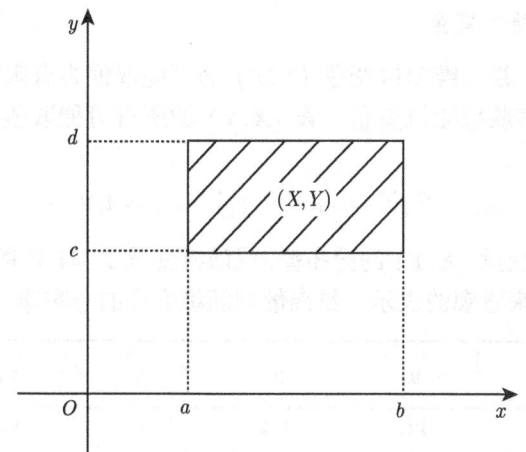

图 4-2: 以 (a,c), (a,d), (b,c), (b,d) 为顶点的矩形

二维随机变量 (X,Y) 作为一个整体, 具有分布函数 $F(x,y)$, X 与 Y 都是一维随机变量, 也分别有分布函数. 若已知 X 与 Y 的联合分布函数 $F(x,y)$, 可以得到

$$F(x,+\infty) = P\{X \leqslant x, Y < +\infty\} = P\{X \leqslant x\}$$

上式的右端正是随机变量 X 的分布函数的定义表达式. 说明联合分布函数 $F(x,y)$ 中包含了随机变量 X 的所有概率信息, 通过令 y 趋近于 $+\infty$, 就可以由联合分布函数 $F(x,y)$ 得到随机变量 X 的分布函数, 也称为二维随机变量 (X,Y) 关于随机变量 X 的边缘分布函数. 类似的, 若令 x 趋近于 $+\infty$, 则有

$$F(+\infty,y) = P\{X < +\infty, Y \leqslant y\} = P\{Y \leqslant y\}$$

由此给出随机变量 X、Y 的边缘分布函数的定义.

定义 4.1.3 若已知二维随机变量 (X,Y) 的分布函数为 $F(x,y)$, 则二维随机变量 (X,Y) 关于 X、Y 的**边缘分布函数**分别记为 $F_X(x)$、$F_Y(y)$, 且

$$F_X(x) = F(x,+\infty) = P\{X \leqslant x\}, \quad -\infty < x < +\infty \tag{4.1.2}$$

$$F_Y(y) = F(+\infty,y) = P\{Y \leqslant y\}, \quad -\infty < y < +\infty \tag{4.1.3}$$

若已知随机变量 X 与 Y 的联合分布函数, 可以通过上定义来确定每一个分量的边缘分布函数, 这个结论反过来是不成立的, 在后面的学习中我们会发现, 若已知边缘分布, 不一定能确定联合分布.

下面分别对二维离散型随机变量和二维连续型随机变量做进一步的探讨.

1. 二维离散型随机变量

定义 4.1.4 若二维随机变量 (X,Y) 的可能取值为有限对或可列多对, 则称 (X,Y) 为二维离散型随机变量. 设 (X,Y) 的所有可能取值为 (x_i, y_j), $(i,j = 1, 2, \cdots)$, 称

$$p_{ij} = P\{X = x_i, Y = y_j\}, \quad i,j = 1, 2, \cdots$$

为二维离散型随机变量 (X,Y) 的**分布律**, 或随机变量 X 与 Y 的**联合分布律**.

也可以用表格来直观的表示二维离散型随机变量的分布律:

X \ Y	y_1	y_2	$\cdots$	y_j	$\cdots$
x_1	p_{11}	p_{12}	$\cdots$	p_{ij}	$\cdots$
x_2	p_{21}	p_{22}	$\cdots$	p_{2j}	$\cdots$
$\vdots$	$\vdots$	$\vdots$		$\vdots$	
x_i	p_{i1}	p_{i2}	$\cdots$	p_{ij}	$\cdots$
$\vdots$	$\vdots$	$\vdots$		$\vdots$	

二维离散型随机变量的分布律具有以下基本性质:

(1) **非负性**: $p_{ij} \geqslant 0, \ i,j = 1, 2, \cdots$

(2) **规范性**: $\sum\limits_{i=1}^{\infty} \sum\limits_{j=1}^{\infty} p_{ij} = 1$

根据联合分布律可以得到 (X,Y) 的分布函数为

$$F(x,y) = P\{X \leqslant x, Y \leqslant y\} = \sum_{x_i \leqslant x} \sum_{y_j \leqslant y} P\{X = x_i, Y = y_j\} = \sum_{x_i \leqslant x} \sum_{y_j \leqslant y} p_{ij}$$

若已知 (X,Y) 的分布律 p_{ij} $(i,j = 1, 2, ...)$, 则随机点 (X,Y) 落在平面区域 D 内的概率为

$$P\{(X,Y) \in D\} = \sum_{(x_i, y_j) \in D} p_{ij} \tag{4.1.4}$$

即取值在 D 中的那些概率的和.

对于二维离散型随机变量, 确定其分布律的过程可以分为两步: 首先确定二维随机变量 (X,Y) 所有可能的取值, 然后计算取每个数值的概率.

例 4.1.1 设随机变量 X 在 $1, 2, 3, 4$ 四个整数中等可能地取值,随机变量 Y 在 $1 \sim X$ 中等可能地取一整数值,试求二维随机变量 (X, Y) 的分布律.

解 根据乘法公式,可以求得 (X, Y) 的分布律为

$$P\{X = i, Y = j\} = P\{Y = j | X = i\} P\{X = i\} = \frac{1}{i} \cdot \frac{1}{4}$$

其中,$i = 1, 2, 3, 4$,$j \leqslant i$,所以

$$P\{X = 1, Y = 1\} = \frac{1}{4}, \quad P\{X = 2, Y = 1\} = \frac{1}{8}$$

$$P\{X = 2, Y = 2\} = \frac{1}{8}, \quad P\{X = 3, Y = 1\} = \frac{1}{12}$$

$$P\{X = 3, Y = 2\} = \frac{1}{12}, \quad P\{X = 3, Y = 3\} = \frac{1}{12}$$

$$P\{X = 4, Y = 1\} = \frac{1}{16}, \quad P\{X = 4, Y = 2\} = \frac{1}{16}$$

$$P\{X = 4, Y = 3\} = \frac{1}{16}, \quad P\{X = 4, Y = 4\} = \frac{1}{16}$$

即

X \ Y	1	2	3	4
1	1/4	0	0	0
2	1/8	1/8	0	0
3	1/12	1/12	1/12	0
4	1/16	1/16	1/16	1/16

若已知 (X, Y) 的分布律,也可以得到随机变量 X 和 Y 各自的分布律.

定义 4.1.5 若已知二维离散型随机变量 (X, Y) 的分布律,随机变量 X 和 Y 的**边缘分布律**分别为

$$P\{X = x_i\} = P\{X = x_i, Y < +\infty\} = \sum_{j} p_{ij} \triangleq p_{i\cdot} \qquad (4.1.5)$$

$$P\{Y = y_j\} = P\{X < +\infty, Y = y_j\} = \sum_{i} p_{ij} \triangleq p_{\cdot j} \qquad (4.1.6)$$

可将 (X, Y) 的联合分布律和边缘分布律用表格表示为

X \ Y	y_1	y_2	$\cdots$	y_j	$\cdots$	$p_{i\cdot}$
x_1	p_{11}	p_{12}	$\cdots$	p_{1j}	$\cdots$	$p_{1\cdot}$
x_2	p_{21}	p_{22}	$\cdots$	p_{2j}	$\cdots$	$p_{2\cdot}$
$\vdots$	$\vdots$	$\vdots$		$\vdots$		$\vdots$
x_i	p_{i1}	p_{i2}	$\cdots$	p_{ij}	$\cdots$	$p_{i\cdot}$
$\vdots$	$\vdots$	$\vdots$		$\vdots$		
$p_{\cdot j}$	$p_{\cdot 1}$	$p_{\cdot 2}$	$\cdots$	$p_{\cdot j}$	$\cdots$	1

例 4.1.2 将一枚均匀的硬币抛掷 4 次, 用随机变量 X 表示正面朝上的次数, Y 表示反面朝上的次数, 求二维随机变量 (X,Y) 的分布律以及随机变量 X、Y 的边缘分布律.

解 (X,Y) 的所有可能取值为: $(0,4)$、$(1,3)$、$(2,2)$、$(3,1)$、$(4,0)$, 其对应的概率分别为

$$P\{X=0, Y=4\} = \left(\frac{1}{2}\right)^4 = \frac{1}{16}$$

$$P\{X=1, Y=3\} = \binom{4}{1} \times \frac{1}{2} \times \left(\frac{1}{2}\right)^3 = \frac{1}{4}$$

$$P\{X=2, Y=2\} = \binom{4}{2} \times \left(\frac{1}{2}\right)^2 \times \left(\frac{1}{2}\right)^2 = \frac{3}{8}$$

$$P\{X=3, Y=1\} = \binom{4}{3} \times \left(\frac{1}{2}\right)^3 \times \frac{1}{2} = \frac{1}{4}$$

$$P\{X=4, Y=0\} = \left(\frac{1}{2}\right)^4 = \frac{1}{16}$$

(X,Y) 的分布律也可以用表格表示为

X \ Y	0	1	2	3	4
0	0	0	0	0	1/16
1	0	0	0	1/4	0
2	0	0	3/8	0	0
3	0	1/4	0	0	0
4	1/16	0	0	0	0

由边缘分布律的定义可得随机变量 X 的边缘分布律为

4.1 多维随机变量及其联合分布

X	0	1	2	3	4
p_k	1/16	1/4	3/8	1/4	1/16

随机变量 Y 的边缘分布律为

Y	0	1	2	3	4
p_k	1/16	1/4	3/8	1/4	1/16

例 4.1.3 (续例 4.1.1) 求 (1)Y 的边缘分布律; (2)$P\{X=Y\}$ 的值.

解 (1) 根据所求的联合分布律, 可求得随机变量 Y 的边缘分布律为

Y	1	2	3	4
p_k	25/48	13/48	7/48	1/16

(2) 由 (X,Y) 的分布律可知

$$\begin{aligned} P\{X=Y\} &= P\{X=1, Y=1\} + P\{X=2, Y=2\} \\ &\quad + P\{X=3, Y=3\} + P\{X=4, Y=4\} \\ &= \frac{1}{4} + \frac{1}{8} + \frac{1}{12} + \frac{1}{16} \\ &= \frac{25}{48} \end{aligned}$$

2. 二维连续型随机变量

定义 4.1.6 设二维随机变量 (X,Y) 的分布函数为 $F(x,y)$, 若存在非负可积的二元实函数 $f(x,y)$, 使得对于任意实数 x,y 都有:

$$F(x,y) = \int_{-\infty}^{x} \int_{-\infty}^{y} f(u,v)\,\mathrm{d}u\mathrm{d}v \tag{4.1.7}$$

则称 (X,Y) 为二维连续型随机变量, 称 $f(x,y)$ 为二维连续型随机变量 (X,Y) 的**概率密度函数**, 或随机变量 X 与 Y 的**联合密度函数**.

联合密度函数 $f(x,y)$ 具有以下基本性质:

(1) **非负性**: $f(x,y) \geqslant 0$

(2) **规范性**: $\int_{-\infty}^{+\infty} \int_{-\infty}^{+\infty} f(x,y)\,\mathrm{d}x\mathrm{d}y = 1$

(3) 在 $F(x,y)$ 的二阶偏导数存在的点上有

$$\frac{\partial^2 F(x,y)}{\partial x \partial y} = f(x,y)$$

(4) 随机点 (X,Y) 落在平面区域 D 内的概率为

$$P\{(X,Y) \in D\} = \iint_D f(x,y)\,\mathrm{d}x\mathrm{d}y \tag{4.1.8}$$

由二重积分的几何意义可知, $z = f(x,y)$ 表示空间中 xOy 平面上方的一个曲面, 公式 (4.1.8) 表明: 随机点 (X,Y) 落在 xOy 平面上某一区域 D 内的概率 $P\{(X,Y) \in D\}$ 等于以 D 为底, 以曲面 $z = f(x,y)$ 为顶的曲顶柱体体积 (图 4-3). 特别需要指出的是, 对于二维连续型随机变量, 性质 (4) 将概率问题转换为一个二重积分的计算问题, 从而进一步体现出在概率问题中对于微积分等数学工具的应用.

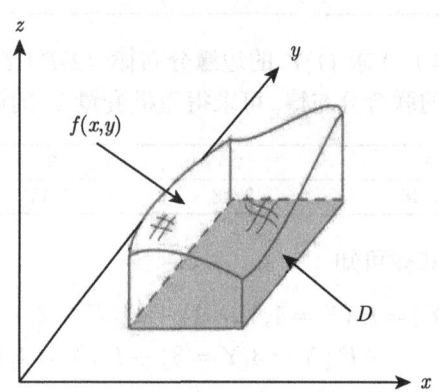

图 4-3: 二维随机变量的密度函数图

根据联合分布函数与边缘分布函数的关系, 有

$$F_X(x) = F(x, +\infty)$$
$$= \int_{-\infty}^{x} \int_{-\infty}^{+\infty} f(u,y) \, du dy$$
$$= \int_{-\infty}^{x} \left[\int_{-\infty}^{+\infty} f(u,y) \, dy \right] du$$
$$= \int_{-\infty}^{x} f_X(u) \, du$$

上式表明, X 是一维连续型随机变量, 其概率密度函数为 $f_X(x)$, 同理可得 Y 也是一维连续型随机变量, 并可以类似推导出其概率密度函数. 即随机变量 X 和 Y 的概率密度函数可以由 (X,Y) 的密度函数 $f(x,y)$ 通过积分计算得到.

定义 4.1.7 若已知二维连续型随机变量 (X,Y) 的密度函数为 $f(x,y)$, 则随机变量 X、Y 的**边缘概率密度函数**分别为:

$$f_X(x) = \int_{-\infty}^{+\infty} f(x,y) \, dy \tag{4.1.9}$$

$$f_Y(y) = \int_{-\infty}^{+\infty} f(x,y) \, dx \tag{4.1.10}$$

例 4.1.4 若二维连续型随机变量 (X,Y) 的概率密度函数为

$$f(x,y) = \begin{cases} Ae^{-(2x+3y)}, & x \geqslant 0, y \geqslant 0 \\ 0, & \text{其他} \end{cases}$$

试求 (1) 常数 A 的值;

(2) $P\{X \leqslant 3, Y \leqslant 1\}$, $P\{X \leqslant 3\}$, $P\{Y \leqslant 2\}$.

解 (1) 由概率密度函数的性质知

$$1 = \int_{-\infty}^{+\infty} \int_{-\infty}^{+\infty} f(x,y)\,dxdy = \int_{0}^{+\infty} \int_{0}^{+\infty} Ae^{-(2x+3y)}\,dxdy = \frac{A}{6}$$

所以 $A = 6$

所以二维连续型随机变量 (X,Y) 的概率密度函数为

$$f(x,y) = \begin{cases} 6e^{-(2x+3y)}, & x \geqslant 0, y \geqslant 0 \\ 0, & \text{其他} \end{cases}$$

(2) $P\{X \leqslant 3, Y \leqslant 1\} = \int_{0}^{3} \int_{0}^{1} 6e^{-(2x+3y)}\,dxdy = (1-e^{-6})(1-e^{-3})$

$$P\{X \leqslant 3\} = \int_{0}^{3} \int_{0}^{+\infty} 6e^{-(2x+3y)}\,dxdy = 1-e^{-6}$$

$$P\{Y \leqslant 2\} = \int_{0}^{+\infty} \int_{0}^{2} 6e^{-(2x+3y)}\,dxdy = 1-e^{-6}$$

例 4.1.5 (二维均匀分布) 设 D 为一个平面区域, 其面积为 S_D, 若二维连续型随机变量 (X,Y) 的概率密度为

$$f(x,y) = \begin{cases} \dfrac{1}{S_D}, & (x,y) \in D \\ 0, & \text{其他} \end{cases}$$

则称 (X,Y) 服从区域 D 上的均匀分布, 记为 $(X,Y) \sim U(D)$.

例如, 若 (X,Y) 在单位矩形 $[0,1] \times [0,1]$ 上服从均匀分布, 则其概率密度函数为

$$f(x,y) = \begin{cases} 1, & 0 \leqslant x \leqslant 1, 0 \leqslant y \leqslant 1 \\ 0, & \text{其他} \end{cases}$$

例 4.1.6 若 (X,Y) 在区域 D 上服从均匀分布, 其中 $D = \{(x,y) | 0 < x < 1, |y| < x\}$, 试求

(1) X, Y 的边缘概率密度函数;

(2) $P\left\{Y > \dfrac{1}{2}\right\}$ 的值.

解 (1) (X,Y) 概率密度函数为

$$f(x,y) = \begin{cases} 1, & 0 < x < 1, |y| < x \\ 0, & 其他 \end{cases}$$

通过计算可得, 随机变量 X 与 Y 的边缘概率密度函数分别为

$$f_X(x) = \begin{cases} 2x, & 0 < x < 1 \\ 0, & 其他 \end{cases}, \quad f_Y(y) = \begin{cases} 1+y, & -1 < y < 0 \\ 1-y, & 0 < y < 1 \\ 0, & 其他 \end{cases}$$

(2)
$$P\left\{Y > \frac{1}{2}\right\} = \int_{\frac{1}{2}}^{+\infty} f_Y(y)\mathrm{d}y = \int_{\frac{1}{2}}^{1}(1-y)\mathrm{d}y = \frac{1}{8}$$

本例中的两个边缘分布都不是一维均匀分布, 即二维均匀分布的边缘分布不一定是一维均匀分布.

例 4.1.7 (二维正态分布) 对任意实数 x,y, 若二维连续型随机变量 (X,Y) 的概率密度为

$$f(x,y) = \frac{1}{2\pi\sigma_1\sigma_2\sqrt{1-\rho^2}}\exp\left\{-\frac{1}{2(1-\rho^2)}\left[\frac{(x-\mu_1)^2}{\sigma_1^2} + \frac{(y-\mu_2)^2}{\sigma_2^2}\right.\right.$$
$$\left.\left. -2\rho\frac{(x-\mu_1)(y-\mu_2)}{\sigma_1\sigma_2}\right]\right\}$$

其中 $\mu_1, \mu_2, \sigma_1^2, \sigma_2^2, \rho$ 均为常数, 且 $\sigma_1 > 0, \sigma_2 > 0, -1 < \rho < 1$, 则称 (X,Y) 服从参数为 $\mu_1, \mu_2, \sigma_1^2, \sigma_2^2, \rho$ 的二维正态分布, 记为 $(X,Y) \sim N(\mu_1, \mu_2, \sigma_1^2, \sigma_2^2, \rho)$.

可以证明: 若 $(X,Y) \sim N(\mu_1, \mu_2, \sigma_1^2, \sigma_2^2, \rho)$, 则 $X \sim N(\mu_1, \sigma_1^2)$, $Y \sim N(\mu_2, \sigma_2^2)$, 即二维正态分布的边缘分布是一维正态分布, 且与 ρ 无关. 根据这一结论, $N(\mu_1, \mu_2, \sigma_1^2, \sigma_2^2, -0.3)$ 与 $N(\mu_1, \mu_2, \sigma_1^2, \sigma_2^2, 0.82)$ 是不同的二维正态分布, 但它们有相同的边缘分布. 这说明边缘分布相同联合分布不一定相同, 进一步也说明, 根据联合分布可以确定边缘分布, 但一般情况下, 若已知边缘分布不一定能确定联合分布.

4.1.2 多维随机变量

将以上关于二维随机变量的讨论推广至更一般的情况, 即多维随机变量. 可以类似的给出多维随机变量的联合分布、边缘分布等相关的概念.

定义 4.1.8 设 $X_1, X_2, \cdots, X_n$ 是定义在同一样本空间上的 n 个随机变量, 由它们构成的一个向量 $(X_1, X_2, \cdots, X_n)$ 称为 n 维随机变量或 n 维随机向量.

例 4.1.8 某人把一枚硬币连续抛了 n 次, 观察正面 H、反面 T 出现的情况. 每次抛硬币要么正面朝上要么反面朝上, 因此样本空间为 $S = \{H, T\}$, 若设随机变量

$$X_i = \begin{cases} 1, & \text{第}i\text{次抛硬币出现正面} \\ 0, & \text{第}i\text{次抛硬币出现反面} \end{cases} \quad i = 1, 2, \cdots, n$$

则 n 维随机变量 $(X_1, X_2, \cdots, X_n)$ 描述的是抛硬币 n 次出现的所有可能结果.

定义 4.1.9 设 $(X_1, X_2, \cdots, X_n)$ 为 n 维随机变量, 对于任意实数 $x_1, x_2, \cdots, x_n$, n 元函数

$$F(x_1, x_2, \cdots, x_n) = P\{X_1 \leqslant x_1, X_2 \leqslant x_2, \cdots, X_n \leqslant x_n\} \tag{4.1.11}$$

称为 n 维随机变量 $(X_1, X_2, \cdots, X_n)$ 的分布函数或随机变量 $X_1, X_2, \cdots, X_n$ 的联合分布函数.

根据联合分布可以确定边缘分布, 如

$$F_{X_1}(x_1) = F(x_1, +\infty, \cdots, +\infty)$$
$$F_{X_1 X_3}(x_1, x_3) = F(x_1, +\infty, x_3, \cdots, +\infty)$$

分别为 X_1 和 (X_1, X_3) 的边缘分布函数. 与二维随机变量一样, 多维随机变量也有离散型和连续型之分.

定义 4.1.10 设 X_i 的所有可能取值为 $x_{ij_i}(i = 1, 2, \cdots, n; j_i = 1, 2, \cdots)$, 若记

$$P\{X_1 = x_{1j_1}, X_2 = x_{2j_2}, \cdots, X_n = x_{nj_n}\} = p_{j_1 j_2 \cdots j_n}$$

且有

$$p_{j_1 j_2 \cdots j_n} \geqslant 0, \quad \sum_{j_1=1}^{\infty} \sum_{j_2=1}^{\infty} \cdots \sum_{j_n=1}^{\infty} p_{j_1 j_2 \cdots j_n} = 1$$

则称 $P\{X_1 = x_{1j_1}, X_2 = x_{2j_2}, \cdots, X_n = x_{nj_n}\} = p_{j_1 j_2 \cdots j_n}$ 为 n 维离散型随机变量 $(X_1, X_2, \cdots, X_n)$ 的分布律.

若存在非负可积函数 $f(x_1, x_2, \cdots, x_n)$ 使得对于任意的实数 $x_1, x_2, \cdots, x_n$, 有

$$F(x_1, x_2, \cdots, x_n) = \int_{-\infty}^{x_1} \int_{-\infty}^{x_2} \cdots \int_{-\infty}^{x_n} f(t_1, t_2, \cdots, t_n) \, \mathrm{d}t_1 \mathrm{d}t_2 \cdots \mathrm{d}t_n \tag{4.1.12}$$

则称 $(X_1, X_2, \cdots, X_n)$ 为 n 维连续型随机变量, $f(x_1, x_2, \cdots, x_n)$ 称为 $(X_1, X_2, \cdots, X_n)$ 的概率密度函数, 或称为 $X_1, X_2, \cdots, X_n$ 的联合概率密度函数.

例 4.1.9 已知二维连续型随机变量 (X, Y, Z) 的概率密度函数为

$$f(x, y, z) = \begin{cases} 6\mathrm{e}^{-(x+2y+3z)}, & x \geqslant 0, y \geqslant 0, z \geqslant 0 \\ 0, & \text{其他} \end{cases}$$

试分别求出 X、Y、Z 的边缘概率密度函数, 以及 (X, Y) 的概率密度函数.

解 (1) 当 $x<0$ 时,$f(x,y,z)=0$,所以

$$f_X(x)=\int_{-\infty}^{+\infty}\int_{-\infty}^{+\infty}f(x,y,z)\mathrm{d}y\mathrm{d}z=0$$

当 $x\geqslant 0$ 时,

$$f_X(x)=\int_0^{+\infty}\int_0^{+\infty}6\mathrm{e}^{-(x+2y+3z)}\mathrm{d}y\mathrm{d}z=\mathrm{e}^{-x}$$

所以

$$f_X(x)=\begin{cases}\mathrm{e}^{-x},&x\geqslant 0\\0,&x<0\end{cases}$$

同理可求出

$$f_Y(y)=\begin{cases}2\mathrm{e}^{-2y},&y\geqslant 0\\0,&y<0\end{cases}$$

$$f_Z(z)=\begin{cases}3\mathrm{e}^{-3z},&z\geqslant 0\\0,&z<0\end{cases}$$

(2) 当 $x<0$ 或 $y<0$ 时,$f(x,y,z)=0$,所以

$$f_{XY}(x)=\int_{-\infty}^{+\infty}f(x,y,z)\mathrm{d}z=0$$

当 $x\geqslant 0$ 及 $y\geqslant 0$ 时,

$$f_{XY}(x,y)=\int_0^{+\infty}6\mathrm{e}^{-(x+2y+3z)}\mathrm{d}z=2\mathrm{e}^{-(x+2y)}$$

即 (X,Y) 的概率密度为

$$f_{XY}(x,y)=\begin{cases}2\mathrm{e}^{-(x+2y)},&x\geqslant 0,y\geqslant 0\\0,&\text{其他}\end{cases}$$

例 4.1.10 (多项分布) 进行 n 次独立重复试验,对于每一次试验,所有可能出现的结果有 k 个,分别记为 $A_1,A_2,\cdots,A_k$,每次试验中事件 A_i 发生的概率为 $p_i(i=1,2,\cdots,k,p_1+p_2+\cdots+p_k=1)$. 随机变量 X_i 表示 n 次独立重复试验中事件 A_i 出现的次数,则 n 次试验中 A_1 出现 n_1 次,A_2 出现 n_2 次,$\cdots$,A_k 出现 n_k 次的概率为

$$P\{X_1=n_1,X_2=n_2,\cdots,X_k=n_k\}=\frac{n!}{n_1!n_2!\cdots n_k!}p_1^{n_1}p_2^{n_2}\cdots p_k^{n_k}$$

其中 $n = n_1+n_2+\cdots+n_k$，这个联合分布称为**多项分布**，记为 $M(n, p_1, p_2, \cdots, p_k)$.

当 $k=2$ 时是二项分布，多项分布是二项分布的推广，且可以证明：多项分布的二维边缘分布是二项分布.

例如，有 100 件产品，其中一等品 75 件、二等品 20 件、三等品 5 件. 从这一批产品中有放回地任意抽取 5 件，用 X 和 Y 分别表示取出的 5 件产品中一等品、二等品的件数，则

$$P\{X=i, Y=j\} = \frac{5!}{i!j!(5-i-j)!}\left(\frac{75}{100}\right)^i\left(\frac{20}{100}\right)^j\left(\frac{5}{100}\right)^{5-i-j}$$

其中 $i = 0, 1, 2, \cdots, 5, j = 0, 1, 2, \cdots, 5$，且 $i+j \leqslant 5$.

例 4.1.11 (多维超几何分布)　将上例中产品抽样方式改为不放回抽样，即从这一批产品中不放回地任意抽取 5 件，用 X 和 Y 分别表示取出的 5 件产品中一等品、二等品的件数，则

$$P\{X=i, Y=j\} = \frac{\binom{75}{i}\binom{20}{j}\binom{5}{5-i-j}}{\binom{100}{5}}$$

其中 $i, j = 0, 1, 2, \cdots, 5$，且 $i+j \leqslant 5$，这就是一个多维超几何分布.

多项分布和多维超几何分布在产品的抽样检验中都是常见分布，具有广泛的应用背景.

4.2　随机变量的独立性与条件分布

第一节的讨论中明确指出，对于多维随机变量，根据联合分布可以确定各分量的边缘分布，但一般情况下仅仅根据边缘分布的信息却无法确定联合分布. 除了各分量的边缘分布，还需要进一步了解各分量之间的相互关系，才能确定其联合分布. 随机变量之间的相互关系主要表现为独立和相依这两种关系，前者就是随机变量的独立性，后者则是通过条件分布来研究随机变量之间的相依关系，本节将对这两种关系进行探讨.

4.2.1　随机变量的独立性

随机变量的独立性是概率论中的一个重要概念. 简单的来说，若两个随机变量的取值互不影响，我们称这两个随机变量是相互独立的，这个概念是由第 2 章中讲

的随机事件的独立性引伸而来的. 在第 2 章中, 当两个随机事件 A 与 B 满足

$$P(AB) = P(A)P(B)$$

时, 事件 A 与 B 相互独立. 那么, 随机变量之间的独立性应该如何定义呢?

设 X, Y 是两个随机变量, 令事件 $A = \{X \leqslant x\}$ 事件 $B = \{Y \leqslant y\}$, 若这两个事件相互独立, 则随机变量 X 与 Y 的联合分布函数

$$F(x,y) = P\{X \leqslant x, Y \leqslant y\} = P\{X \leqslant x\}P\{Y \leqslant y\} = F_X(x)F_Y(y)$$

即联合分布的信息可以完全由两个边缘分布的信息来表达.

定义 4.2.1 设二维随机变量 (X, Y) 的分布函数和边缘分布函数分别为 $F(x,y)$、$F_X(x)$、$F_Y(y)$, 若对任意实数 x, y 都有

$$P\{X \leqslant x, Y \leqslant y\} = P\{X \leqslant x\}P\{Y \leqslant y\}$$

即

$$F(x,y) = F_X(x)F_Y(y) \tag{4.2.1}$$

则称随机变量 X 与 Y 是**相互独立**的, 简称独立.

由上定义知, 对任意实数 x、y, 若事件 $\{X \leqslant x\}$ 与事件 $\{Y \leqslant y\}$ 相互独立, 则随机变量 X 与 Y 是相互独立的, 随机变量之间的相互独立性和随机事件之间的相互独立性是一致的.

定理 4.2.1 (1) 二维离散型随机变量 (X, Y) 中, X、Y 相互独立的充分必要条件是它们的联合分布律等于两个边缘分布律的乘积, 即对 (X, Y) 的任意取值 (x_i, y_j) 都有

$$P\{X = x_i, Y = y_j\} = P\{X = x_i\}P\{Y = y_j\} \tag{4.2.2}$$

(2) 二维连续型随机变量 (X, Y) 中, X、Y 相互独立的充分必要条件是它们的联合概率密度函数等于两个边缘概率密度函数的乘积, 即对任意的实数 x、y 都有

$$f(x,y) = f_X(x)f_Y(y) \tag{4.2.3}$$

(3) 若随机变量 X 与 Y 相互独立, 则 $g(X)$ 与 $h(Y)$ 也相互独立.

对二维离散型随机变量 (X, Y), 若存在取值 (x_0, y_0) 使公式 (4.2.2) 不成立, 则 X、Y 是不相互独立的.

在实际问题中, 也可以由随机试验的独立性直接判断随机变量的独立性. 例如, 甲掷均匀硬币两次, 记正面出现的次数为 X, 而乙掷均匀硬币两次, 记正面出现的次数为 Y, X, Y 都是随机变量. 因 "甲掷硬币" 与 "乙掷硬币" 这两个试验互不影响, 所以这两个随机试验相互独立, 所以随机变量 X 与 Y 也相互独立.

4.2 随机变量的独立性与条件分布

如果随机变量 X 与 Y 相互独立,那么每个随机变量各自取值的概率是不受另外一个随机变量影响的. 因此,随机变量 X 与 Y 相互独立的含义也可以理解为:对于任意的实数 a,b,c,d 都有

$$P\{a<X\leqslant b, c<Y\leqslant d\} = P\{a<X\leqslant b\}P\{c<Y\leqslant d\}$$

例 4.2.1 已知二维离散型随机变量 (X,Y) 的分布律为

X \ Y	1	2	3
−1	1/6	1/12	0
2	1/3	1/6	1/4

判断 X、Y 是否相互独立.

解 由于

$$P\{X=-1\} = \frac{1}{6} + \frac{1}{12} = \frac{1}{4}$$

$$P\{Y=3\} = 0 + \frac{1}{4} = \frac{1}{4}$$

显然 $P\{X=-1,Y=3\} = 0 \neq P\{X=-1\}P\{Y=3\}$,所以 X 与 Y 不独立.

例 4.2.2 设随机变量 X 和 Y 的分布律分别为

X	−1	0	1
p_k	1/4	1/2	1/4

Y	0	1
p_k	1/2	1/2

已知 $P\{XY=0\} = 1$.

(1) 求二维随机变量 (X,Y) 的分布律;
(2) 判断 X 与 Y 是否相互独立.

解 (1) 根据已知条件, (X,Y) 的所有可能取值为 $(-1,0), (-1,1), (0,0), (0,1), (1,0), (1,1)$.

由于 $P\{XY=0\} = P\{X=0\} + P\{Y=0\} - P\{X=0,Y=0\} = 1$ 而 $P\{X=0\} = \frac{1}{2}$, $P\{Y=0\} = \frac{1}{2}$,所以

$$P\{X=0, Y=0\} = 0$$

根据 $P\{XY\neq 0\} = 0$,可以得到

$$P\{X=-1, Y=1\} = P\{X=1, Y=1\} = 0$$

由

$$P\{X=-1\} = P\{X=-1, Y=0\} + P\{X=-1, Y=1\} = \frac{1}{4}$$

可以得到
$$P\{X=-1,Y=0\}=\frac{1}{4}$$
因此可以给出 X 和 Y 的联合分布律如下表：

X \ Y	0	1
-1	1/4	0
0	0	1/2
1	1/4	0

(2) 由于 $P\{X=0,Y=0\}=0$，$P\{X=0\}\cdot P\{Y=0\}=\dfrac{1}{4}$，显然
$$P\{X=0,Y=0\}\neq P\{X=0\}\cdot P\{Y=0\}$$
所以 X 与 Y 不是相互独立的.

例 4.2.3 已知 (X,Y) 的概率密度函数为
$$f(x,y)=\begin{cases}6\mathrm{e}^{-(2x+3y)}, & x\geqslant 0, y\geqslant 0\\ 0, & \text{其他}\end{cases}$$
随机变量 X 与 Y 是否相互独立？

解 当 $x\geqslant 0$ 时，
$$f_X(x)=\int_{-\infty}^{+\infty}f(x,y)\mathrm{d}y=\int_0^{+\infty}6\mathrm{e}^{-(2x+3y)}\mathrm{d}y=2\mathrm{e}^{-2x}$$
当 $x<0$ 时，$f_X(x)=0$ 所以，X 的边缘密度函数为：
$$f_X(x)=\begin{cases}2\mathrm{e}^{-2x}, & x\geqslant 0\\ 0, & x<0\end{cases}$$
同理，Y 的边缘密度函数为
$$f_Y(y)=\begin{cases}3\mathrm{e}^{-3y}, & y\geqslant 0\\ 0, & y<0\end{cases}$$
因为对于任意的 x、y，都有 $f(x,y)=f_X(x)f_Y(y)$，所以 X 与 Y 是相互独立的.

例 4.2.4 已知二维连续型随机变量 (X,Y) 的概率密度函数为
$$f(x,y)=\begin{cases}\dfrac{1}{\pi}, & x^2+y^2\leqslant 1\\ 0, & x^2+y^2>1\end{cases}$$
随机变量 X 与 Y 是否相互独立？

4.2 随机变量的独立性与条件分布

解 当 $|x| \leqslant 1$ 时,

$$f_X(x) = \int_{-\infty}^{+\infty} f(x,y)\,\mathrm{d}y = \int_{-\sqrt{1-x^2}}^{+\sqrt{1-x^2}} \frac{1}{\pi}\,\mathrm{d}y = \frac{2\sqrt{1-x^2}}{\pi}$$

当 $|x| > 1$ 时,$f_X(x) = 0$. 所以 X 的边缘密度函数为

$$f_X(x) = \begin{cases} \dfrac{2\sqrt{1-x^2}}{\pi}, & |x| \leqslant 1 \\ 0, & |x| > 1 \end{cases}$$

同理,Y 的边缘密度函数为

$$f_Y(y) = \begin{cases} \dfrac{2\sqrt{1-y^2}}{\pi}, & |y| \leqslant 1 \\ 0, & |y| > 1 \end{cases}$$

由于 $f(x,y) \neq f_X(x)f_Y(y)$,所以 X 与 Y 不是相互独立的.

如果两个随机变量 X 与 Y 是相互独立的,根据随机变量独立性的定义,可以通过它们的边缘分布计算得到它们的联合分布.

例 4.2.5 已知随机变量 X 与 Y 相互独立,且其分布律分别为

$$P\{X=1\} = 0.3, \quad P\{X=3\} = 0.7$$

$$P\{Y=2\} = 0.6, \quad P\{Y=4\} = 0.4$$

试求 (X,Y) 的分布律.

解 因为 X 与 Y 相互独立,所以

$$P\{X=x_i, Y=y_j\} = P\{X=x_i\}P\{Y=y_j\}$$

所以

$$P\{X=1, Y=2\} = P\{X=1\} \times P\{Y=2\} = 0.3 \times 0.6 = 0.18$$
$$P\{X=1, Y=4\} = P\{X=1\} \times P\{Y=4\} = 0.3 \times 0.4 = 0.12$$
$$P\{X=3, Y=2\} = P\{X=3\} \times P\{Y=2\} = 0.7 \times 0.6 = 0.42$$
$$P\{X=3, Y=4\} = P\{X=3\} \times P\{Y=4\} = 0.7 \times 0.4 = 0.28$$

因此 (X,Y) 的分布表为:

X \ Y	2	4
1	0.18	0.12
3	0.42	0.28

例 4.2.6 设连续型随机变量 X 与 Y 相互独立且具有相同的分布,都在区间 $(0,1)$ 上服从均匀分布,试求二次方程 $t^2+Xt+Y=0$ 有实根的概率.

解 由题意
$$f_X(x) = \begin{cases} 1, & 0<x<1 \\ 0, & \text{其他} \end{cases}$$

$$f_Y(y) = \begin{cases} 1, & 0<y<1 \\ 0, & \text{其他} \end{cases}$$

因为 X 与 Y 是相互独立,所以其联合概率密度函数为
$$f(x,y) = f_X(x)f_Y(y) = \begin{cases} 1, & 0<x<1, 0<y<1 \\ 0, & \text{其他} \end{cases}$$

欲使方程 $t^2+Xt+Y=0$ 有实根,则其判别式 $\triangle = X^2-4Y \geqslant 0$,即 $Y \leqslant \dfrac{X^2}{4}$,所求的概率为
$$P\left\{Y \leqslant \frac{X^2}{4}\right\} = \int_0^1 \int_0^{\frac{x^2}{4}} 1 \mathrm{d}x\mathrm{d}y = \int_0^1 \frac{x^2}{4}\mathrm{d}x = \frac{1}{12}$$

可以将独立性的概念推广到 n 维随机变量的情况.

定义 4.2.2 若对任意实数 $x_1, x_2, \cdots, x_n$ 有
$$F(x_1, x_2, \cdots, x_n) = F_{X_1}(x_1) F_{X_2}(x_2) \cdots F_{X_n}(x_n) \tag{4.2.4}$$

则称随机变量 $X_1, X_2, \cdots, X_n$ 是相互独立的.

对于离散型和连续型的情况,同样可以用联合分布律等于边缘分布律的乘积,或者联合概率密度函数等于边缘概率密度函数的乘积,作为判断独立性的充要条件. 如例 4.1.9 中,由于
$$f(x,y,z) = f_X(x) f_Y(y) f_Z(z)$$

所以随机变量 X、Y、Z 是相互独立的.

4.2.2 条件分布

二维随机变量 (X,Y) 的两个分量之间主要表现为独立和相依两类关系. 由于在许多问题中两个随机变量的取值往往是彼此有影响的,这就使得条件分布成为研究变量之间的相依关系的一个有力工具. 比如,考虑一个城市的所有中学生,从中随机抽取一个,分别以 X 和 Y 表示其身高和体重,则 X 和 Y 都是随机变量,都有各自的概率分布. 如果限制 $1.6 \leqslant X \leqslant 1.7$(米),在这个条件下描述 Y 的分布,即要先把身高在 1.6 米至 1.7 米之间的那些人都挑出来,然后在这些人中确定体重 Y

4.2 随机变量的独立性与条件分布

的分布. 很容易想到, 对于随机变量 Y, 限制了条件的分布与没有这个限制条件的分布应该是存在差异的.

由条件概率的定义很自然的引出条件分布的概念.

一、离散型随机变量的条件分布

定义 4.2.3 设 (X,Y) 是二维离散型随机变量, 可能的取值为 $(x_i, y_j)(i, j = 1, 2, \cdots)$, 其分布律和边缘分布律分别为

$$P\{X = x_i, Y = y_j\} = p_{ij}, \quad i, j = 1, 2, \ldots$$

$$P\{X = x_i\} = p_{i\cdot} \quad P\{Y = y_j\} = p_{\cdot j}$$

对于固定的 j, 若 $P\{Y = y_j\} = p_{\cdot j} > 0$, 则称

$$P\{X = x_i | Y = y_j\} = \frac{P\{X = x_i, Y = y_j\}}{P\{Y = y_j\}} = \frac{p_{ij}}{p_{\cdot j}} \triangleq p_{i|j}, \quad i = 1, 2, \cdots \quad (4.2.5)$$

为在 $Y = y_j$ 条件下随机变量 X 的**条件分布律**.

同样, 对于固定的 i, 若 $P\{X = x_i\} = p_{i\cdot} > 0$, 则称

$$P\{Y = y_j | X = x_i\} = \frac{P\{X = x_i, Y = y_j\}}{P\{X = x_i\}} = \frac{p_{ij}}{p_{i\cdot}} \triangleq p_{j|i}, \quad j = 1, 2, \cdots \quad (4.2.6)$$

为在 $X = x_i$ 条件下随机变量 Y 的条件分布律.

条件分布律也具有分布律的两条基本性质:

(1) $P\{Y = y_j | X = x_i\} \geqslant 0$;

(2) $\sum_{j=1}^{\infty} P\{Y = y_j | X = x_i\} = 1$.

对于二维离散型随机变量, 根据其条件分布律就可以给出相应的条件分布函数.

定义 4.2.4 给定 $Y = y_j$, 随机变量 X 的条件分布函数为

$$F(x|y_j) = P\{X \leqslant x | Y = y_j\} = \sum_{x_i \leqslant x} P\{X = x_i | Y = y_j\} = \sum_{x_i \leqslant x} p_{i|j} \quad (4.2.7)$$

给定 $X = x_i$, 随机变量 Y 的条件分布函数为

$$F(y|x_i) = P\{Y \leqslant y | X = x_i\} = \sum_{y_j \leqslant y} P\{Y = y_j | X = x_i\} = \sum_{y_j \leqslant y} p_{j|i} \quad (4.2.8)$$

例 4.2.7 设 (X,Y) 的分布律如下表,试分别求 $X=-1$ 和 $X=2$ 时 Y 的条件分布律.

X \ Y	0	1	2
−1	1/10	1/20	7/20
2	3/10	1/10	1/10

解 由联合分布律可求 X 的边缘分布律为

X	−1	2
p_k	1/2	1/2

(1) 当 $X=-1$ 时,Y 的条件分布律为

$$P\{Y=0|X=-1\} = \frac{P\{X=-1,Y=0\}}{P\{X=-1\}} = \frac{1/10}{1/2} = \frac{1}{5}$$

$$P\{Y=1|X=-1\} = \frac{P\{X=-1,Y=1\}}{P\{X=-1\}} = \frac{1/20}{1/2} = \frac{1}{10}$$

$$P\{Y=2|X=-1\} = \frac{P\{X=-1,Y=2\}}{P\{X=-1\}} = \frac{7/20}{1/2} = \frac{7}{10}$$

即

$Y|X=-1$	0	1	2
p_k	1/5	1/10	7/10

(2) 当 $X=2$ 时,Y 的条件分布律为

$$P\{Y=0|X=2\} = \frac{P\{X=2,Y=0\}}{P\{X=2\}} = \frac{3/10}{1/2} = \frac{3}{5}$$

$$P\{Y=1|X=2\} = \frac{P\{X=2,Y=1\}}{P\{X=2\}} = \frac{1/10}{1/2} = \frac{1}{5}$$

$$P\{Y=2|X=2\} = \frac{P\{X=2,Y=2\}}{P\{X=2\}} = \frac{1/10}{1/2} = \frac{1}{5}$$

即

$Y|X=2$	0	1	2
p_k	3/5	1/5	1/5

注意, 在本例中, 二维联合分布只有一个, 而条件分布则有五个. 若随机变量 X 与 Y 的取值更多, 则条件分布也更多, 每个条件分布都从一个不同的侧面描述了一种状态下的特定分布. 可见, 条件分布的内容丰富, 其应用也更广.

例 4.2.8 设在某一时间段内进入某一商店的顾客人数 X 服从参数为 λ 的泊松分布, 每个顾客购买某种商品的概率为 p, 并且各个顾客是否购买该商品是相互独立的, 求进入商店的顾客购买这种商品的人数 Y 的概率分布.

解 由题意知,

$$P\{X=m\} = \frac{\lambda^m}{m!}\mathrm{e}^{-\lambda}, \quad m=0,1,2,\cdots$$

在进入商店的人数 $X=m$ 的条件下, 购买某种商品的人数 Y 的条件分布为 $B(m,p)$, 即

$$P\{Y=k|X=m\} = \binom{m}{k}p^k(1-p)^{m-k}, \quad k=0,1,2,\cdots,m$$

由全概率公式有

$$\begin{aligned}
P\{Y=k\} &= \sum_{m=k}^{+\infty} P\{X=m\}P\{Y=k|X=m\} \\
&= \sum_{m=k}^{+\infty} \frac{\lambda^m}{m!}\mathrm{e}^{-\lambda}\binom{m}{k}p^k(1-p)^{m-k} \\
&= \mathrm{e}^{-\lambda}\sum_{m=k}^{+\infty} \frac{\lambda^m}{k!(m-k)!}p^k(1-p)^{m-k} \\
&= \mathrm{e}^{-\lambda}\frac{(\lambda p)^k}{k!}\sum_{m=k}^{+\infty}\frac{[\lambda(1-p)]^{m-k}}{(m-k)!} \\
&= \frac{(\lambda p)^k}{k!}\mathrm{e}^{-\lambda}\mathrm{e}^{\lambda(1-p)} \\
&= \frac{(\lambda p)^k}{k!}\mathrm{e}^{-\lambda p}, k=0,1,2,\cdots
\end{aligned}$$

即随机变量 Y 服从参数为 λp 的泊松分布.

二、连续型随机变量的条件分布

对于连续型随机变量, 因为 X 和 Y 取固定数值 x 和 y 时有 $P\{X=x\}=0$ 和 $P\{Y=y\}=0$, 所以无法用条件概率公式直接计算 $P\{X\leqslant x|Y=y\}$ 和 $P\{Y\leqslant y|X=x\}$. 因此, 我们考虑在 x,y 的邻域内, 用极限的方法来处理条件分布函数和条

件概率密度函数问题.

$$P\{X \leqslant x | Y = y\} \triangleq \lim_{\varepsilon \to 0^+} P\{X \leqslant x | y \leqslant Y \leqslant y + \varepsilon\}$$

$$= \lim_{\varepsilon \to 0^+} \frac{P\{X \leqslant x, y \leqslant Y \leqslant y + \varepsilon\}}{P\{y \leqslant Y \leqslant y + \varepsilon\}}$$

$$= \lim_{\varepsilon \to 0^+} \frac{F(x, y + \varepsilon) - F(x, y)}{F_Y(y + \varepsilon) - F_Y(y)}$$

$$= \lim_{\varepsilon \to 0^+} \frac{[F(x, y + \varepsilon) - F(x, y)]/\varepsilon}{[F_Y(y + \varepsilon) - F_Y(y)]/\varepsilon}$$

$$= \frac{\dfrac{\partial F(x, y)}{\partial y}}{\dfrac{\mathrm{d} F_Y(y)}{\mathrm{d} y}}$$

$$= \frac{\displaystyle\int_{-\infty}^{x} f(u, y) \mathrm{d}u}{f_Y(y)}$$

$$= \int_{-\infty}^{x} \frac{f(u, y)}{f_Y(y)} \mathrm{d}u$$

即

$$P\{X \leqslant x | Y = y\} = \int_{-\infty}^{x} \frac{f(u, y)}{f_Y(y)} \mathrm{d}u$$

上式的右端就是在 $Y = y$ 条件下 X 的条件分布函数,可记为 $F_{X|Y}(x|y)$,再由概率密度函数的定义,上式右端的被积函数是 $Y = y$ 条件下 X 的条件密度函数,记为 $f_{X|Y}(x|y)$. 同理可推导 $F_{Y|X}(y|x)$ 和 $f_{Y|X}(y|x)$.

定义 4.2.5 设 $f(x, y)$ 是二维连续型随机变量 (X, Y) 的概率密度函数,$f_X(x)$ 和 $f_Y(y)$ 分别是 X, Y 的边缘概率密度函数,且 $f_X(x) > 0$,$f_Y(y) > 0$,则称

$$F_{X|Y}(x|y) = P\{X \leqslant x | Y = y\} = \int_{-\infty}^{x} \frac{f(u, y)}{f_Y(y)} \mathrm{d}u \tag{4.2.9}$$

是在 $Y = y$ 条件下 X 的**条件分布函数**,记为 $X|Y = y \sim F_{X|Y}(x|y)$,其中

$$f_{X|Y}(x|y) = \frac{f(x, y)}{f_Y(y)} \tag{4.2.10}$$

称为在 $Y = y$ 条件下 X 的**条件概率密度**.

$$F_{Y|X}(y|x) = \int_{-\infty}^{y} \frac{f(x, v)}{f_X(x)} \mathrm{d}v \tag{4.2.11}$$

4.2 随机变量的独立性与条件分布

是在 $X=x$ 条件下 Y 的条件分布函数, 记为 $Y|X=x \sim F_{Y|X}(y|x)$, 其中

$$f_{Y|X}(y|x) = \frac{f(x,y)}{f_X(x)} \tag{4.2.12}$$

为在 $X=x$ 条件下 Y 的条件概率密度函数.

例 4.2.9 设 (X,Y) 在区域 $D=\{(x,y)\,|\,x^2+y^2\leqslant 1\}$ 上服从均匀分布, 求条件概率密度 $f_{X|Y}(x|y)$.

解 由题意知, (X,Y) 的概率密度为:

$$f(x,y) = \begin{cases} \dfrac{1}{\pi}, & x^2+y^2\leqslant 1 \\ 0, & \text{其他} \end{cases}$$

而 Y 的边缘概率密度为

$$\begin{aligned}
f_Y(y) &= \int_{-\infty}^{+\infty} f(x,y)\,\mathrm{d}x \\
&= \begin{cases} \displaystyle\int_{-\sqrt{1-y^2}}^{\sqrt{1-y^2}} \dfrac{1}{\pi}\mathrm{d}x, & -1\leqslant y\leqslant 1 \\ 0, & \text{其他} \end{cases} \\
&= \begin{cases} \dfrac{2}{\pi}\sqrt{1-y^2}, & -1\leqslant y\leqslant 1 \\ 0, & \text{其他} \end{cases}
\end{aligned}$$

所以当 $-1<y<1$ 时, 有

$$\begin{aligned}
f_{X|Y}(x|y) &= \frac{f(x,y)}{f_Y(y)} \\
&= \begin{cases} \dfrac{1}{2\sqrt{1-y^2}}, & -\sqrt{1-y^2}\leqslant x\leqslant\sqrt{1-y^2} \\ 0, & \text{其他} \end{cases}
\end{aligned}$$

也就是说, 当 $-1<y<1$ 时, 在 $Y=y$ 条件下 X 服从区间 $\left[-\sqrt{1-y^2},\sqrt{1-y^2}\right]$ 上的均匀分布.

比如, 将 $y=0$ 带入刚才求出的条件概率密度函数中, 可得均匀分布

$$f_{X|Y}(x|y=0) = \begin{cases} \dfrac{1}{2}, & -1\leqslant x\leqslant 1 \\ 0, & \text{其他} \end{cases}$$

同理, 当 $-1<x<1$ 时, 在 $X=x$ 条件下 Y 服从区间 $\left[-\sqrt{1-x^2},\sqrt{1-x^2}\right]$ 上的均匀分布.

例 4.2.10 设随机变量 X 在区间 $(0,1)$ 内随机取值, 当观察到 $X=x$ $(0<x<1)$ 时, Y 在区间 $(x,1)$ 随机取值, 求 Y 的概率密度函数.

解 由题意知, $X \sim U(0,1)$, 即
$$f_X(x) = \begin{cases} 1, & 0 < x < 1 \\ 0, & \text{其他} \end{cases}$$

对于任意给定的 x, 在 $X=x$ 的条件下 $Y \sim U(x,1)$, 即
$$f_{Y|X}(y|x) = \begin{cases} \dfrac{1}{1-x}, & x < y < 1 \\ 0, & \text{其他} \end{cases}$$

因此
$$\begin{aligned} f(x,y) &= f_{Y|X}(y|x) f_X(x) \\ &= \begin{cases} \dfrac{1}{1-x}, & 0 < x < y < 1 \\ 0, & \text{其他} \end{cases} \end{aligned}$$

所以 Y 的边缘概率密度为
$$\begin{aligned} f_Y(y) &= \int_{-\infty}^{+\infty} f(x,y)\,\mathrm{d}x \\ &= \begin{cases} \displaystyle\int_0^y \dfrac{1}{1-x}\mathrm{d}x, & 0 < y < 1 \\ 0, & \text{其他} \end{cases} \\ &= \begin{cases} -\ln(1-y), & 0 < y < 1 \\ 0, & \text{其他} \end{cases} \end{aligned}$$

例 4.2.11 设二维连续型随机变量 (X,Y) 的联合概率密度函数为
$$f(x,y) = \begin{cases} \dfrac{21}{4}x^2 y, & x^2 \leqslant y \leqslant 1 \\ 0, & \text{其他} \end{cases}$$

求条件概率 $P\{Y \geqslant 0.75 | X = 0.5\}$ 的值.

解 因为
$$P\{Y \geqslant 0.75 | X = 0.5\} = \int_{0.75}^{1} f_{Y|X}(y|x=0.5)\mathrm{d}y$$

所以先求条件概率密度函数 $f_{Y|X}(y|x)$.

当 $-1 < x < 1$ 时, 随机变量 X 的概率密度函数为
$$f_X(x) = \int_{x^2}^{1} \dfrac{21}{4}x^2 y\,\mathrm{d}y = \dfrac{21}{8}x^2(1-x^4)$$

因而当 $-1 < x < 1$ 时

$$f_{Y|X}(y|x) = \frac{f(x,y)}{f_X(x)} = \begin{cases} \dfrac{2y}{1-x^4}, & x^2 \leqslant y < 1 \\ 0, & \text{其他} \end{cases}$$

所以

$$f_{Y|X}(y|x=0.5) = \begin{cases} \dfrac{32y}{15}, & \dfrac{1}{4} \leqslant y \leqslant 1 \\ 0, & \text{其他} \end{cases}$$

从而有

$$P\{Y \geqslant 0.75 | X = 0.5\} = \int_{0.75}^{1} \frac{32y}{15} \mathrm{d}y = \frac{7}{15}.$$

4.3 多维随机变量的数字特征

通过前面的学习, 可以明确的是: 对于随机变量, 要想完整地刻画其概率特性就必须确定其分布, 当然, 对于离散型随机变量或连续型随机变量一般是找出其分布律或者密度函数. 数学期望、方差等数字特征是由随机变量分布的所决定的常数, 刻画的是随机变量的某些局部特征. 对于多维随机变量, 除了数学期望和方差之外, 还有一类刻画各分量之间相互关系的数字特征 —— 协方差与相关系数. 本节主要介绍多维随机变量的数字特征, 为了方便, 以下主要以二维随机变量为例进行讨论, 并假定有关的数字特征均存在.

4.3.1 多维随机变量的函数的数学期望

在第 3 章中我们讨论了一维随机变量的函数的数学期望, 对于随机变量 X, 其函数 $Y = g(X)$ 的数学期望可以直接利用公式计算, 而不需要先推导 $Y = g(X)$ 的分布. 对于多维随机变量, 也可以给出类似的结论.

定理 4.3.1 设 $Z = g(X,Y)$ 是随机变量 X 和 Y 的函数,

(1) 当 X 和 Y 是离散型随机变量时, 有

$$E(Z) = E[g(X,Y)] = \sum_{i=1}^{\infty} \sum_{j=1}^{\infty} g(x_i, y_j) p_{ij} \qquad (4.3.1)$$

其中 $p_{ij} = P\{X = x_i, Y = y_j\}$ 是二维离散型随机变量 (X,Y) 的分布律.

(2) 当 X 和 Y 是连续型随机变量时, 有

$$E(Z) = E[g(X,Y)] = \int_{-\infty}^{+\infty} \int_{-\infty}^{+\infty} g(x,y) f(x,y) dxdy \qquad (4.3.2)$$

其中 $f(x,y)$ 是二维连续型随机变量 (X,Y) 的概率密度函数.

例 4.3.1 设二维连续型随机变量 (X,Y) 的概率密度函数为

$$f(x,y) = \begin{cases} x+y, & 0 \leqslant x \leqslant 1, 0 \leqslant y \leqslant 1 \\ 0, & 其他 \end{cases}$$

试求随机变量 $Z = XY$ 的数学期望.

解 由定理知

$$\begin{aligned} E(XY) &= \int_{-\infty}^{+\infty} \int_{-\infty}^{+\infty} xy f(x,y) \, \mathrm{d}x \mathrm{d}y \\ &= \int_0^1 \int_0^1 xy(x+y) \, \mathrm{d}x \mathrm{d}y \\ &= \frac{1}{3} \end{aligned}$$

例 4.3.2 在长为 a 的线段上任取两个点 X 和 Y, 求这两点之间的平均长度.

解 由于 X 和 Y 都服从 $(0,a)$ 上的均匀分布, 且 X 与 Y 相互独立, 所以 (X,Y) 的概率密度函数为

$$f(x,y) = \begin{cases} \dfrac{1}{a^2}, & 0 < x < a, 0 < y < a \\ 0, & 其他 \end{cases}$$

由定理 4.3.1 可知, 这两点之间的平均长度为

$$\begin{aligned} E(|X-Y|) &= \int_0^a \int_0^a |x-y| \frac{1}{a^2} \mathrm{d}x \mathrm{d}y \\ &= \frac{1}{a^2} \left\{ \int_0^a \int_0^x (x-y) \, \mathrm{d}y \mathrm{d}x + \int_0^a \int_x^a (y-x) \, \mathrm{d}y \mathrm{d}x \right\} \\ &= \frac{1}{a^2} \int_0^a \left(x^2 - ax + \frac{a^2}{2} \right) \mathrm{d}x \\ &= \frac{a}{3} \end{aligned}$$

在第 3 章中给出了一维随机变量的数学期望与方差概念以及一些简单的性质, 结合本章中的相关内容, 可以给出多维随机变量的数学期望和方差的一些运算性质.

4.3.2 数学期望和方差的运算性质

性质 4.3.1 随机变量和的数学期望等于随机变量的数学期望之和, 即

$$E(X_1 + X_2 + \cdots + X_n) = E(X_1) + E(X_2) + \cdots + E(X_n) \tag{4.3.3}$$

证明 先证 $n=2$ 的情况.

设随机变量 (X,Y) 为二维连续型随机变量, 其概率密度函数为 $f(x,y)$, 则

$$E(X+Y) = \int_{-\infty}^{+\infty} \int_{-\infty}^{+\infty} (x+y) f(x,y) \, dx dy$$
$$= \int_{-\infty}^{+\infty} \int_{-\infty}^{+\infty} x f(x,y) \, dx dy + \int_{-\infty}^{+\infty} \int_{-\infty}^{+\infty} y f(x,y) \, dx dy$$
$$= E(X) + E(Y)$$

离散型的情况可类似证明.

进一步, 再利用数学归纳法即可证明一般情况.

例 4.3.3 将 n 个球随机地放入 M 个盒子中去, 设每个球放入各个盒子中是等可能的, 求有球的盒子数 X 的数学期望.

解 记 $X_i = \begin{cases} 1, & \text{第}i\text{个盒子中有球} \\ 0, & \text{第}i\text{个盒子中无球} \end{cases}$ $(i=1,2,\cdots,M)$

则 $X = \sum_{i=1}^{M} X_i$, 且

$$P\{X_i = 0\} = \frac{(M-1)^n}{M^n} = \left(1 - \frac{1}{M}\right)^n$$

$$P\{X_i = 1\} = 1 - P\{X_i = 0\} = 1 - \left(1 - \frac{1}{M}\right)^n$$

所以

$$E(X_i) = 1 \times P\{X_i = 1\} + 0 \times P\{X_i = 0\} = 1 - \left(1 - \frac{1}{M}\right)^n$$

再由数学期望的运算性质, 可得

$$E(X) = E\left(\sum_{i=1}^{M} X_i\right) = \sum_{i=1}^{M} E(X_i) = M \left[1 - \left(1 - \frac{1}{M}\right)^n\right]$$

根据此例可以看到, 对于一个随机变量 X, 有时直接计算其数学期望比较麻烦甚至是不可能的. 解决此类问题的一个常用方法是, 引入一组新的简单的随机变量 $X_1,\cdots,X_n$, 将随机变量 X 表示成这一组随机变量的和, 然后再利用数学期望的性质, 通过计算各 X_i 的数学期望, 最终得到随机变量 X 的数学期望.

性质 4.3.2 独立随机变量之积的数学期望等于各随机变量的数学期望之积, 即当随机变量 $X_1,\cdots,X_n$ 相互独立时, 有

$$E(X_1 X_2 \cdots X_n) = E(X_1) E(X_2) \cdots E(X_n) \tag{4.3.4}$$

证明 只证 $n=2$ 的情况.

设随机变量 (X,Y) 为二维连续型随机变量, 其概率密度函数为 $f(x,y)$, 则当 X 和 Y 相互独立时, 有
$$f(x,y) = f_X(x) f_Y(y)$$

由定理 4.3.1 可知,
$$\begin{aligned} E(XY) &= \int_{-\infty}^{+\infty}\int_{-\infty}^{+\infty} xy f(x,y)\,\mathrm{d}x\mathrm{d}y \\ &= \int_{-\infty}^{+\infty}\int_{-\infty}^{+\infty} xy f_X(x) f_Y(y)\,\mathrm{d}x\mathrm{d}y \\ &= \int_{-\infty}^{+\infty} x f_X(x)\,\mathrm{d}x \int_{-\infty}^{+\infty} y f_Y(y)\,\mathrm{d}y \\ &= E(X) E(Y) \end{aligned}$$

离散型的情况可进行类似证明.

性质 4.3.3 独立随机变量之和的方差等于各随机变量的方差之和, 即当随机变量 $X_1, X_2, \cdots, X_n$ 相互独立时, 有
$$D(X_1 + X_2 + \cdots + X_n) = D(X_1) + D(X_2) + \cdots + D(X_n) \tag{4.3.5}$$

证明 记 $E(X_i) = \mu_i$, 则
$$E\left(\sum_{i=1}^{n} X_i\right) = \sum_{i=1}^{n} \mu_i$$

由方差的定义有
$$\begin{aligned} D(X_1 + X_2 + \cdots + X_n) &= E\left\{ \left(\sum_{i=1}^{n} X_i - \sum_{i=1}^{n} \mu_i\right)^2 \right\} \\ &= E\left\{ \left[\sum_{i=1}^{n} (X_i - \mu_i)\right]^2 \right\} \\ &= \sum_{i=1}^{n} D(X_i) + \sum_{i \neq j} E[(X_i - \mu_i)(X_j - \mu_j)] \end{aligned}$$

当随机变量 X_i 和 X_j 相互独立时有
$$E[(X_i - \mu_i)(X_j - \mu_j)] = E(X_i - \mu_i) E(X_j - \mu_j) = 0$$

所以, 当随机变量 $X_1, X_2, \cdots, X_n$ 相互独立时有
$$D(X_1 + X_2 + \cdots + X_n) = D(X_1) + D(X_2) + \cdots + D(X_n)$$

在使用以上性质时要特别注意: 后两个性质都要求随机变量是相互独立的, 而第一个性质则不要求.

4.3.3 协方差与相关系数

在性质 4.3.3 的证明中看到, 当随机变量 X 和 Y 相互独立时, 其和的方差等于方差之和, 即

$$D(X+Y) = D(X) + D(Y)$$

如果随机变量 X 和 Y 不独立, 则有

$$D(X+Y) = D(X) + D(Y) + 2E\{[X-E(X)][Y-E(Y)]\}$$

上式右端中的最后一项刻画的是两个随机变量之间的相互关系. 描述两个随机变量相互关系的特征数有很多, 其中一个较为简单的特征数是协方差, 定义如下:

定义 4.3.1 若 $E\{[X-E(X)][Y-E(Y)]\}$ 存在, 则称之为随机变量 X 和 Y 的**协方差**, 记为

$$Cov(X,Y) = E\{[X-E(X)][Y-E(Y)]\} \tag{4.3.6}$$

由于

$$\begin{aligned}Cov(X,Y) &= E\{[X-E(X)][Y-E(Y)]\}\\&= E\{XY - XE(Y) - YE(X) + E(X)E(Y)\}\\&= E(XY) - E(X)E(Y) - E(Y)E(X) + E(X)E(Y)\\&= E(XY) - E(X)E(Y)\end{aligned}$$

即

$$Cov(X,Y) = E(XY) - E(X)E(Y) \tag{4.3.7}$$

我们常根据式 (4.3.7) 来计算协方差.

根据协方差的定义以及数学期望和方差的性质, 可以证明协方差满足以下性质:

性质 4.3.4 对任意常数 a、b, 有

$$Cov(aX, bY) = abCov(X,Y)$$

$$Cov(X, a) = 0$$

$$Cov(aX + bY, Z) = aCov(X, Z) + bCov(Y, Z)$$

性质 4.3.5 $Cov(X,X) = D(X)$, $Cov(X,Y) = Cov(Y,X)$.

性质 4.3.6 若随机变量 X 与 Y 相互独立, 则 $Cov(X,Y) = 0$, 反之不然.

性质 4.3.7 $D(X+Y) = D(X) + D(Y) + 2Cov(X,Y)$.

协方差 $Cov(X,Y)$ 是带有量纲的量. 例如, 若 X 表示人的身高 (单位: 厘米), Y 表示人的体重 (单位: 千克), 则 $Cov(X,Y)$ 带有量纲 (厘米: 千克). 为了消除量纲的影响, 现对协方差除以相同的量纲, 得到一个新的概念 —— 相关系数, 相关系数是一个无量纲的量.

定义 4.3.2 设 (X,Y) 为二维随机变量, 且 $D(X) > 0, D(Y) > 0$, 称

$$\rho_{XY} = \frac{Cov(X,Y)}{\sqrt{D(X)}\sqrt{D(Y)}} \tag{4.3.8}$$

为随机变量 X 与 Y 的**相关系数**.

特别地, 当相关系数 $\rho_{XY} = 0$ 时, 称随机变量 X 与 Y **不相关**.

若设随机变量 X 与 Y 的数学期望和方差都存在, 则其标准化变量分别为

$$X^* = \frac{X - E(X)}{\sqrt{D(X)}} \quad Y^* = \frac{Y - E(Y)}{\sqrt{D(Y)}}$$

根据协方差的性质有

$$Cov(X^*, Y^*) = Cov\left(\frac{X - E(X)}{\sqrt{D(X)}}, \frac{Y - E(Y)}{\sqrt{D(Y)}}\right) = \frac{Cov(X,Y)}{\sqrt{D(X)}\sqrt{D(Y)}} = \rho_{XY}$$

所以, 相关系数的另一种解释是: 它是相应标准化变量的协方差.

例 4.3.4 设随机变量 (X,Y) 的概率密度函数为

$$f(x,y) = \begin{cases} x+y, & 0 \leqslant x \leqslant 1, 0 \leqslant y \leqslant 1 \\ 0, & \text{其他} \end{cases}$$

试求 $Cov(X,Y)$ 及 ρ_{XY}.

解 由于

$$f_X(x) = \int_{-\infty}^{+\infty} f(x,y)\,dy = \begin{cases} \int_0^1 (x+y)\,dy = x + \frac{1}{2}, & 0 \leqslant x \leqslant 1 \\ 0, & \text{其他} \end{cases}$$

故

$$E(X) = \int_{-\infty}^{+\infty} x f_X(x)\,dx = \int_0^1 x\left(x + \frac{1}{2}\right)dx = \frac{7}{12}$$

同理可得 $E(Y) = \frac{7}{12}$

$$E(XY) = \int_{-\infty}^{+\infty} xy f(x,y)\,dxdy = \int_0^1 \int_0^1 xy(x+y)\,dxdy = \frac{1}{3}$$

于是
$$Cov(X,Y) = E(XY) - E(X)E(Y) = \frac{1}{3} - \frac{7}{12} \times \frac{7}{12} = -\frac{1}{144}$$
而
$$E(X^2) = \int_0^1 x^2 \left(x + \frac{1}{2}\right) dx = \frac{5}{12}$$
所以
$$D(X) = E(X^2) - [E(X)]^2 = \frac{11}{144}$$

同理可得 $D(X) = \frac{11}{144}$. 因此
$$\rho_{XY} = \frac{Cov(X,Y)}{\sqrt{D(X)}\sqrt{D(Y)}} = \frac{-1/144}{\sqrt{11/144}\sqrt{11/144}} = -\frac{1}{11}$$

例 4.3.5 设二维连续型随机变量 (X,Y) 的概率密度函数为
$$f(x,y) = \begin{cases} \frac{1}{4}, & 0 \leqslant x \leqslant 2, 0 \leqslant y \leqslant 2 \\ 0, & 其他 \end{cases}$$

试求 ρ_{XY}.

解 因为 X 和 Y 的边缘概率密度函数分别为
$$f_X(x) = \begin{cases} \int_0^2 \frac{1}{4} dy = \frac{1}{2}, & 0 \leqslant x \leqslant 2 \\ 0, & 其他 \end{cases}$$
$$f_Y(y) = \begin{cases} \int_0^2 \frac{1}{4} dx = \frac{1}{2}, & 0 \leqslant y \leqslant 2 \\ 0, & 其他 \end{cases}$$

所以 $f(x,y) = f_X(x)f_Y(y)$, 即 X 和 Y 是相互独立的. 根据协方差的性质知, 它们的协方差为 0, 因此它们的相关系数 $\rho_{XY} = 0$.

为了研究相关系数的性质, 我们需要如下引理:

引理 4.3.1 (施瓦茨 (Schwarz) 不等式) 对任意的二维随机变量 (X,Y), 若 X 与 Y 的方差都存在, 则有
$$[Cov(X,Y)]^2 \leqslant D(X)D(Y)$$

证明 若 $D(X) = 0$, 则随机变量 X 几乎处处为常数, 因而它与随机变量 Y 的协方差为 0, 从而上式的两端都为 0, 结论成立.

若 $D(X) > 0$, 考虑 t 的如下二次函数
$$g(t) = E[t(X - E(X)) + (Y - E(Y))]^2 = t^2 D(X) + 2tCov(X,Y) + D(Y)$$

由于上述二次三项式非负，且平方项 t^2 的系数 $D(X)$ 为正，所以其判别式小于或等于 0，即
$$\{2Cov(X,Y)\}^2 - 4D(X)D(Y) \leqslant 0$$
移项后即得施瓦茨不等式.

利用施瓦茨不等式即可得相关系数的第一个重要性质.

性质 4.3.8 对任意的随机变量 X 和 Y，有 $-1 \leqslant \rho_{XY} \leqslant 1$.

这个性质表明相关系数的取值介于 -1 和 1 之间. 当相关系数为 ± 1 时，有另外一个重要性质.

性质 4.3.9 $\rho_{XY} = \pm 1$ 的充要条件是 X 和 Y 之间几乎处处有线性关系，即存在常数 a, b，使得
$$P\{Y = aX + b\} = 1$$
其中，当 $\rho_{XY} = 1$ 时有 $a > 0$；当 $\rho_{XY} = -1$ 时有 $a < 0$.

相关系数刻画了随机变量 X 与 Y 的线性关系的强弱，因此也常称其为"线性相关系数". 若 $\rho_{XY} = 0$，则随机变量 X 与 Y 不相关. 不相关是指 X 与 Y 没有线性关系，但 X 与 Y 可以有其他的函数关系，例如平方关系、对数关系等. 若 $\rho_{XY} = 1$，则称随机变量 X 与 Y 完全正相关，若 $\rho_{XY} = -1$，则称 X 与 Y 完全负相关.

性质 4.3.10 若随机变量 X 和 Y 相互独立，则 $\rho_{XY} = 0$，反之不成立.

这说明，一般情况下，独立和不相关是不等价的. 由随机变量 X 与 Y 相互独立可以得到它们的协方差为 0，进而得到它们的相关系数为 0，即 X 与 Y 是不相关的. 但 X 与 Y 不相关时，X 与 Y 并不一定独立.

例 4.3.6 设 $\theta \sim U(-\pi, \pi)$，设随机变量 $X = \sin\theta, Y = \cos\theta$，求 X 与 Y 的协方差和相关系数.

解 由于
$$E(X) = \int_{-\pi}^{\pi} \sin x \cdot \frac{1}{2\pi} \mathrm{d}x = 0$$
$$E(XY) = \int_{-\pi}^{\pi} \cos x \sin x \cdot \frac{1}{2\pi} \mathrm{d}x = 0$$
所以
$$Cov(X, Y) = E(XY) - E(X)E(Y) = 0$$
因此，随机变量 X 与 Y 的相关系数 $\rho_{XY} = 0$.

本例题中，随机变量 X 与 Y 的相关系数虽然为 0，但是随机变量 X 和 Y 都是变量 θ 的函数，满足 $X^2 + Y^2 = 1$ 这个制约关系，所以随机变量 X 和 Y 不独立. 同时，相关系数为 0 说明 X 和 Y 之间不存在线性关系，但 X 和 Y 之间还是有函数关系 $X^2 + Y^2 = 1$ 的.

性质 4.3.11 二维正态分布 $N(\mu_1,\mu_2,\sigma_1^2,\sigma_2^2,\rho)$ 的不相关与独立是等价的.

证明这一性质, 需要分两步:

(1) 计算二维正态分布 (X,Y) 中随机变量 X 与 Y 的相关系数, 得到其相关系数就是参数 ρ 这一结论 (计算过程略).

(2) 证明 $\rho=0$ 与独立是等价的.

因为二维正态分布 $N(\mu_1,\mu_2,\sigma_1^2,\sigma_2^2,\rho)$ 的两个边缘分布分别为 $N(\mu_1,\sigma_1^2)$ 和 $N(\mu_2,\sigma_2^2)$, 设 $f(x,y)$, $f_X(x)$ 和 $f_Y(y)$ 分别是二维正态分布的联合概率密度函数和边缘概率密度函数, 当 $\rho=0$ 时, 从二维正态分布密度函数的表达式中可以发现

$$f(x,y) = f_X(x)f_Y(y)$$

即 X 与 Y 相互独立.

反之, 若 X 与 Y 相互独立, 即对一切的 x 与 y 都有 $f(x,y) = f_X(x)f_Y(y)$, 特别的, 令 $x=\mu_1$, $y=\mu_2$, 则可得

$$\frac{1}{\sqrt{1-\rho^2}} = 1$$

从而有 $\rho=0$, 结论得证.

多维正态分布在数理统计中有着非常重要的地位, 综合前面关于二维正态分布的讨论, 把二维正态分布的一些重要结论总结如下.

若 (X,Y) 服从二维正态分布, 即 $(X,Y) \sim N(\mu_1,\mu_2,\sigma_1^2,\sigma_2^2,\rho)$, 其中 $|\rho|<1$,

(1) $X \sim N(\mu_1,\sigma_1^2)$, $Y \sim N(\mu_2,\sigma_2^2)$;

(2) $X|Y=y \sim N\left(\mu_1 + \rho\dfrac{\sigma_1}{\sigma_2}(y-\mu_2),\, \sigma_1^2(1-\rho^2)\right)$;

(3) $Y|X=x \sim N\left(\mu_2 + \rho\dfrac{\sigma_2}{\sigma_1}(x-\mu_1),\, \sigma_2^2(1-\rho^2)\right)$;

(4) X 与 Y 的相关系数 $\rho_{XY} = \rho$;

(5) X 与 Y 相互独立的充要条件是 X 与 Y 不相关, 即 $\rho=0$.

例 4.3.7 设二维连续型随机变量 (X,Y) 的概率密度函数为

$$f(x,y) = \frac{1}{2}[f_1(x,y) + f_2(x,y)]$$

其中 $f_1(x,y)$ 是二维正态分布 $N\left(0,0,1,1,\dfrac{1}{3}\right)$ 的概率密度函数, $f_2(x,y)$ 是二维正态分布 $N\left(0,0,1,1,-\dfrac{1}{3}\right)$ 的概率密度函数.

(1) 试求 $f_X(x)$, $f_Y(y)$ 以及 ρ_{XY};

(2) 判断 X 与 Y 是否相互独立?

解 (1) 设 $(X_1, Y_1) \sim N\left(0, 0, 1, 1, \dfrac{1}{3}\right)$, $(X_2, Y_2) \sim N\left(0, 0, 1, 1, -\dfrac{1}{3}\right)$, 则 X_1, Y_1, X_2, Y_2 都服从标准正态分布 $N(0,1)$, 故有

$$f_X(x) = \int_{-\infty}^{+\infty} f(x,y)\,\mathrm{d}y$$

$$= \frac{1}{2}\left[\int_{-\infty}^{+\infty} f_1(x,y)\,\mathrm{d}y + \int_{-\infty}^{+\infty} f_2(x,y)\,\mathrm{d}y\right]$$

$$= \frac{1}{2}[f_{X_1}(x) + f_{X_2}(x)]$$

$$= \frac{1}{2}\left[\frac{1}{\sqrt{2\pi}}\mathrm{e}^{-\frac{x^2}{2}} + \frac{1}{\sqrt{2\pi}}\mathrm{e}^{-\frac{x^2}{2}}\right] = \frac{1}{\sqrt{2\pi}}\mathrm{e}^{-\frac{x^2}{2}},\ x \in R$$

同理可得

$$f_Y(y) = \frac{1}{\sqrt{2\pi}}\mathrm{e}^{-\frac{y^2}{2}},\ y \in R$$

即随机变量 X 和 Y 都服从标准正态分布 $N(0,1)$, 所以

$$\rho_{XY} = \frac{Cov(X,Y)}{\sqrt{DX}\sqrt{DY}} = E(XY)$$

由于 $EX_1 = EY_1 = 0, DX_1 = DY_1 = 1, \rho_{X_1Y_1} = \dfrac{1}{3}$, 所以

$$\rho_{X_1Y_1} = \frac{Cov(X_1, Y_1)}{\sqrt{DX_1}\sqrt{DY_1}} = E(X_1Y_1)$$

$$= \int_{-\infty}^{+\infty}\int_{-\infty}^{+\infty} xy f_1(x,y)\,\mathrm{d}x\mathrm{d}y$$

$$= \frac{1}{3}$$

同理可得

$$\rho_{X_2Y_2} = E(X_2Y_2) = \int_{-\infty}^{+\infty}\int_{-\infty}^{+\infty} xy f_2(x,y)\,\mathrm{d}x\mathrm{d}y = -\frac{1}{3}$$

故有

$$\rho_{XY} = E(XY) = \int_{-\infty}^{+\infty}\int_{-\infty}^{+\infty} xy f(x,y)\,\mathrm{d}x\mathrm{d}y$$

$$= \frac{1}{2}\left[\int_{-\infty}^{+\infty}\int_{-\infty}^{+\infty} xy f_1(x,y)\,\mathrm{d}x\mathrm{d}y + \int_{-\infty}^{+\infty}\int_{-\infty}^{+\infty} xy f_2(x,y)\,\mathrm{d}x\mathrm{d}y\right]$$

$$= \frac{1}{2}\left(\frac{1}{3} - \frac{1}{3}\right) = 0$$

(2) 根据已知条件可得, 对任意 $x,y \in R$ 都有

$$f(x,y) = \frac{3}{8\sqrt{2\pi}} \left\{ \exp\left\{-\frac{9}{16}\left(x^2 - \frac{2}{3}xy + y^2\right)\right\} + \exp\left\{-\frac{9}{16}\left(x^2 + \frac{2}{3}xy + y^2\right)\right\} \right\}$$

而

$$f_X(x) f_Y(y) = \frac{1}{2\pi} e^{-\frac{x^2+y^2}{2}}, \quad x,y \in R$$

显然, $f(x,y) \neq f_X(x) f_Y(y)$, 所以 X 与 Y 不独立.

4.3.4 多维随机变量的协方差矩阵

定义 4.3.3 设 $\boldsymbol{X} = (X_1, X_2, \cdots, X_n)'$ 为 n 维随机变量, 如果其每一个分量的数学期望都存在, 则称

$$E\boldsymbol{X} = (EX_1, EX_2, \cdots, EX_n)'$$

为 n 维随机变量 $\boldsymbol{X}$ 的**数学期望**, 称

$$E\left[(\boldsymbol{X} - E\boldsymbol{X})(\boldsymbol{X} - E\boldsymbol{X})'\right] = \begin{pmatrix} c_{11} & c_{12} & \cdots & c_{1n} \\ c_{21} & c_{22} & \cdots & c_{2n} \\ \vdots & \vdots & & \vdots \\ c_{n1} & c_{n2} & \cdots & c_{nn} \end{pmatrix}$$

为 n 维随机变量 $\boldsymbol{X}$ 的**协方差矩阵**简称协差阵, 记为 $Cov(\boldsymbol{X})$, 其中 $c_{ij} = Cov(X_i, X_j)$, $i, j = 1, 2, \cdots, n$.

可以看到, 协方差矩阵对角线上的每一个元素就是相应位置随机变量的方差, 非对角线元素就是对应随机变量的协方差. 协方差矩阵描述的是多维随机变量的所有分量其两两之间的关系, 由于 $c_{ij} = c_{ji}$ $(i, j = 1, 2, \cdots, n)$, 所以协方差矩阵是一个对称矩阵. 一般情况下, n 维随机变量的分布是不知道的, 或者太复杂, 以致数学上不容易处理, 因此在实际应用中协方差矩阵就显得重要了.

例 4.3.8 设随机变量 (X, Y) 的协方差矩阵为

$$C = \begin{pmatrix} 4 & -3 \\ -3 & 9 \end{pmatrix}$$

试求 X 与 Y 的相关系数.

解 由协方差矩阵的定义, $D(X) = 4$, $D(Y) = 9$, $Cov(X,Y) = -3$, 所以

$$\rho_{XY} = \frac{Cov(X,Y)}{\sqrt{D(X)}\sqrt{D(Y)}} = \frac{-3}{\sqrt{4}\sqrt{9}} = -\frac{1}{2}$$

本节的最后, 介绍多维正态分布的概率密度函数. 多维正态分布在概率论、数理统计、随机过程以及多元统计分析等课程中都有着重要的应用.

例 4.3.9 (n 维正态分布) 若 n 维随机变量 $\boldsymbol{X} = (X_1, X_2, \cdots, X_n)'$ 的概率密度函数为

$$f(x_1, x_2, \cdots, x_n) = \frac{1}{(2\pi)^{\frac{n}{2}} |\Sigma|^{\frac{1}{2}}} \exp\left\{-\frac{1}{2} (\boldsymbol{x} - \boldsymbol{\mu})' \Sigma^{-1} (\boldsymbol{x} - \boldsymbol{\mu})\right\} \quad (4.3.9)$$

其中 $\boldsymbol{\mu} = E(\boldsymbol{X}) = (\mu_1, \mu_2, \cdots, \mu_n)'$ 是 $\boldsymbol{X}$ 的数学期望, Σ 是 $\boldsymbol{X}$ 的协方差矩阵, $\boldsymbol{x} = (x_1, x_2, \cdots, x_n)'$ 是任意实向量, 则称 n 维随机变量 $\boldsymbol{X}$ 服从 n **维正态分布**, 记为 $\boldsymbol{X} \sim N_n(\mu, \Sigma)$.

4.4 多维随机变量的函数的分布

在理论研究和实际应用中, 经常会遇到这样的问题: 已知 $X_1, \cdots, X_n$ 的分布或其联合分布, 随机变量 Y 是 $X_1, \cdots, X_n$ 的函数即 $Y = g(X_1, \cdots, X_n)$, 该如何来确定随机变量 Y 的分布呢?

解决这类问题需要很强的技巧, 不仅对离散场合和连续场合有不同的方法, 而且对不同形式的函数 $g(X_1, \cdots, X_n)$ 要采用不同的方法, 甚至有些方法只能对特殊的函数 $g(X_1, \cdots, X_n)$ 适用, 下面将介绍随机变量几种常见函数的分布的求法.

4.4.1 离散型分布的情况

设 $(X_1, \cdots, X_n)$ 是 n 维离散型随机变量, 则函数 $Y = g(X_1, \cdots, X_n)$ 是一维离散型随机变量, 当 $(X_1, \cdots, X_n)$ 所有可能取值较少时, 可以将 Y 的取值一一列举出来, 然后再合并整理, 就可以得到所求的分布律.

例 4.4.1 已知 X 与 Y 的联合分布律如表

X \ Y	0	1	2
−1	1/10	1/20	7/20
1	3/10	1/10	1/10

求 $Z = X + Y$, $N = \min\{X, Y\}$ 的分布律.

解 Z 的可能取值为 $-1, 0, 1, 2, 3$, 且

$$P\{Z = -1\} = P\{X = -1, Y = 0\} = 1/10$$
$$P\{Z = 0\} = P\{X = -1, Y = 1\} = 1/20$$
$$P\{Z = 1\} = P\{X = -1, Y = 2\} + P\{X = 1, Y = 0\} = 13/20$$
$$P\{Z = 2\} = P\{X = 1, Y = 1\} = 1/10$$
$$P\{Z = 3\} = P\{X = 1, Y = 2\} = 1/10$$

4.4 多维随机变量的函数的分布

即

Z	-1	0	1	2	3
p_k	1/10	1/20	13/20	1/10	1/10

$N = \min\{X,Y\}$ 的取值如下表所示

X \ Y	0	1	2
-1	-1	-1	-1
1	0	1	1

$$P\{N=-1\} = P\{X=-1, Y=0\} + P\{X=-1, Y=1\} + P\{X=-1, Y=2\}$$
$$= \frac{1}{10} + \frac{1}{20} + \frac{7}{20}$$
$$= \frac{1}{2}$$
$$P\{N=0\} = P\{X=1, Y=0\} = \frac{3}{10}$$
$$P\{N=1\} = P\{X=1, Y=1\} + P\{X=1, Y=2\} = \frac{1}{5}$$

所以 $N = \min\{X,Y\}$ 的分布律如下

N	-1	0	1
p_k	1/2	3/10	1/5

例 4.4.2 (泊松分布的可加性) 设随机变量 $X \sim \pi(\alpha)$, $Y \sim \pi(\beta)$, 且 X 与 Y 相互独立, 求证 $Z = X + Y \sim \pi(\alpha + \beta)$.

证明 $Z = X + Y$ 可能取所有的非负整数 $0, 1, 2, \cdots$, 且

$$P\{Z=k\} = P\{X+Y=k\} = \sum_{i=0}^{k} P\{X=i, Y=k-i\}$$

根据 X 与 Y 的独立性可知

$$P\{X=i, Y=k-i\} = P\{X=i\}P\{Y=k-i\}$$

所以

$$P\{Z=k\} = \sum_{i=0}^{k} P\{X=i\} P\{Y=k-i\}$$

$$= \sum_{i=0}^{k} \frac{\alpha^i}{i!} e^{-\alpha} \frac{\beta^{k-i}}{(k-i)!} e^{-\beta}$$

$$= \frac{(\alpha+\beta)^k}{k!} e^{-(\alpha+\beta)} \sum_{i=0}^{k} \frac{k!}{i!(k-i)!} \left(\frac{\alpha}{\alpha+\beta}\right)^i \left(\frac{\beta}{\alpha+\beta}\right)^{k-i}$$

$$= \frac{(\alpha+\beta)^k}{k!} e^{-(\alpha+\beta)} \quad k=0,1,2,\cdots$$

即 $Z = X + Y \sim \pi(\alpha+\beta)$.

4.4.2 连续型分布的情况

一般情况下,研究随机变量的分布都可以从其分布函数的定义入手. 若连续型随机变量 $(X_1,\cdots,X_n)$ 的分布已知,$g(\cdot)$ 是一个 n 元连续函数,且随机变量 Y 可以表示为随机变量 $X_1,\cdots,X_n$ 的函数 $Y = g(X_1,\cdots,X_n)$,则 Y 是一个连续型随机变量,且可以通过 $(X_1,\cdots,X_n)$ 的分布函数将 Y 的分布函数表示出来. 以下仅研究连续型随机变量和的分布和最值的分布.

1. 随机变量和的分布

若二维连续型随机变量 (X,Y) 的概率密度为 $f(x,y)$,则 $Z = X + Y$ 的分布函数为

$$F_Z(z) = P\{Z \leqslant z\} = \iint_{x+y \leqslant z} f(x,y) \mathrm{d}x\mathrm{d}y = \int_{-\infty}^{+\infty} \left[\int_{-\infty}^{z-y} f(x,y) \mathrm{d}x\right] \mathrm{d}y$$

上式中积分区域如图 4-4 所示.

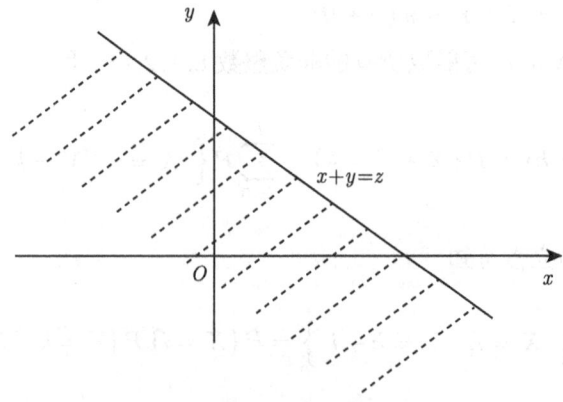

图 4-4: 积分区域

4.4 多维随机变量的函数的分布

固定 z 和 y, 对积分 $\int_{-\infty}^{z-y} f(x,y)\,\mathrm{d}x$ 作变量代换, 令 $x = u - y$, 则有

$$\int_{-\infty}^{z-y} f(x,y)\,\mathrm{d}x = \int_{-\infty}^{z} f(u-y,y)\,\mathrm{d}u$$

于是

$$F_Z(z) = \int_{-\infty}^{+\infty} \left[\int_{-\infty}^{z} f(u-y,y)\,\mathrm{d}u\right]\mathrm{d}y$$

$$= \int_{-\infty}^{z} \left[\int_{-\infty}^{+\infty} f(u-y,y)\,\mathrm{d}y\right]\mathrm{d}u$$

上式两端分别对 z 求导, 即得 Z 的概率密度函数

$$f_Z(z) = \int_{-\infty}^{+\infty} f(z-y,y)\,\mathrm{d}y \tag{4.4.1}$$

由 X 和 Y 的对称性知, $f_Z(z)$ 也可以表示为

$$f_Z(z) = \int_{-\infty}^{+\infty} f(x,z-x)\,\mathrm{d}x \tag{4.4.2}$$

特别的, 如果 X 和 Y 相互独立, 则有

$$f_Z(z) = \int_{-\infty}^{+\infty} f_X(x)f_Y(z-x)\,\mathrm{d}x \tag{4.4.3}$$

$$f_Z(z) = \int_{-\infty}^{+\infty} f_X(z-y)f_Y(y)\,\mathrm{d}y \tag{4.4.4}$$

以上两式称为卷积公式, 记为 $f_X * f_Y$.

例 4.4.3 设二维连续型随机变量 (X,Y) 的概率密度函数为

$$f(x,y) = \begin{cases} 3x, & 0 < x < 1, 0 < y < x \\ 0, & \text{其他} \end{cases}$$

试求 $Z = X + Y$ 的概率密度函数.

解 $Z = X + Y$ 的概率密度为

$$f_Z(z) = \int_{-\infty}^{+\infty} f(x,z-x)\mathrm{d}x$$

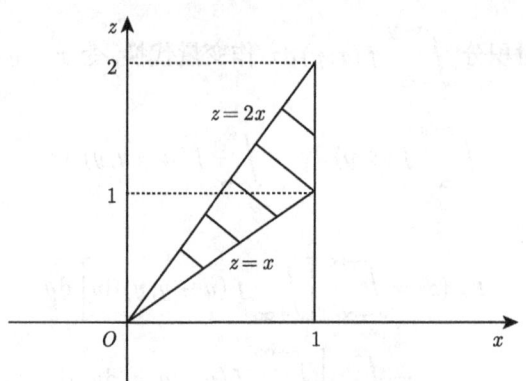

图 4-5: 例 4.4.3 的积分区域

若要被积函数 $f_Z(z) = \int_{-\infty}^{+\infty} f(x, z-x)\mathrm{d}x > 0$, 即

$$\begin{cases} 0 < x < 1 \\ 0 < z - x < x \end{cases}$$

即

$$\begin{cases} 0 < x < 1 \\ \dfrac{z}{2} < x < z \end{cases}$$

当 $z < 0$ 时 $f_Z(z) = 0$.

当 $0 \leqslant z < 1$ 时,

$$f_Z(z) = \int_{z/2}^{z} 3x \mathrm{d}x = \frac{9}{8}z^2$$

当 $1 \leqslant z < 2$ 时,

$$f_Z(z) = \int_{z/2}^{1} 3x \mathrm{d}x = \frac{3}{8}(4 - z^2)$$

当 $z \geqslant 2$ 时,

$$f_Z(z) = 0$$

即 $Z = X + Y$ 的概率密度函数为

$$f(x,y) = \begin{cases} \dfrac{9}{8}z^2, & 0 \leqslant z < 1 \\ \dfrac{3}{8}(4 - z^2), & 1 \leqslant z < 2 \\ 0, & 其他 \end{cases}$$

例 4.4.4 设随机变量 X 和 Y 是两个相互独立的随机变量,其概率密度函数分别为

$$f_X(x) = \begin{cases} \dfrac{1}{2}, & -1 < x < 1 \\ 0, & \text{其他} \end{cases} \qquad f_Y(y) = \begin{cases} 2\mathrm{e}^{-2y}, & y > 0 \\ 0, & y \leqslant 0 \end{cases}$$

试求 $Z = X + Y$ 的概率密度函数.

解 因为 X 与 Y 相互独立,所以

$$f_Z(z) = \int_{-\infty}^{+\infty} f_X(z-y) f_Y(y) \,\mathrm{d}y$$

若要被积函数 $f_X(z-y) f_Y(y) > 0$,则要求

$$\begin{cases} -1 < z - y < 1 \\ y > 0 \end{cases}$$

即

$$\begin{cases} z - 1 < y < z + 1 \\ y > 0 \end{cases}$$

当 $-1 < z < 1$ 时,

$$f_Z(z) = \int_0^{z+1} \frac{1}{2} \cdot 2\mathrm{e}^{-2y} \mathrm{d}y = \frac{1}{2}\left(1 - \mathrm{e}^{-2(z+1)}\right)$$

当 $z \geqslant 1$ 时,

$$f_Z(z) = \int_{z-1}^{z+1} \frac{1}{2} \cdot 2\mathrm{e}^{-2y} \mathrm{d}y = \frac{1}{2}\mathrm{e}^{-2z}\left(\mathrm{e}^2 - \mathrm{e}^{-2}\right)$$

而当 $z \leqslant -1$ 时,由于被积函数 $f_X(z-y) f_Y(y) = 0$,故 $f_Z(z) = 0$ 所以

$$f_Z(z) = \begin{cases} \dfrac{1}{2}\left(1 - \mathrm{e}^{-2(z+1)}\right), & -1 < z < 1 \\ \dfrac{1}{2}\mathrm{e}^{-2z}\left(\mathrm{e}^2 - \mathrm{e}^{-2}\right), & z \geqslant 1 \\ 0, & z \leqslant -1 \end{cases}$$

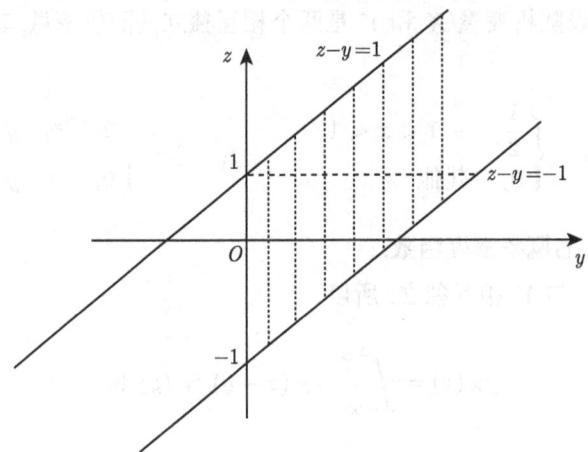

图 4-6: 例 4.4.4 的积分区域

例 4.4.5 设 X 和 Y 是两个相互独立的随机变量,它们都服从标准正态分布 $N(0,1)$,试求 $Z = X + Y$ 的分布.

解 由卷积公式知

$$f_Z(z) = \int_{-\infty}^{+\infty} f_X(x) f_Y(z-x) \,dx$$

$$= \frac{1}{2\pi} \int_{-\infty}^{+\infty} e^{-\frac{x^2}{2}} \cdot e^{-\frac{(z-x)^2}{2}} \,dx$$

$$= \frac{1}{2\pi} e^{-\frac{z^2}{4}} \int_{-\infty}^{+\infty} e^{-(x-\frac{z}{2})^2} \,dx$$

令 $\dfrac{t}{\sqrt{2}} = x - \dfrac{z}{2}$,则

$$\int_{-\infty}^{+\infty} e^{-(x-\frac{z}{2})^2} \,dx = \int_{-\infty}^{+\infty} \frac{1}{\sqrt{2}} e^{-\frac{t^2}{2}} \,dt$$

$$= \sqrt{\pi} \left[\int_{-\infty}^{+\infty} \frac{1}{\sqrt{2\pi}} e^{-\frac{t^2}{2}} \,dt \right]$$

$$= \sqrt{\pi}$$

所以,当 $-\infty < z < +\infty$ 时

$$f_Z(z) = \frac{1}{2\pi} e^{-\frac{z^2}{4}} \cdot \sqrt{\pi} = \frac{1}{\sqrt{2\pi}\sqrt{2}} e^{-\frac{z^2}{2(\sqrt{2})^2}}$$

即 $Z = X + Y$ 服从参数为 0 和 2 的正态分布 $N(0,2)$.

一般的, 若随机变量 X 和 Y 相互独立, 且分别服从正态分布 $N(\mu_1, \sigma_1^2)$ 和 $N(\mu_2, \sigma_2^2)$, 则 $Z = X + Y$ 服从正态分布 $N(\mu_1 + \mu_2, \sigma_1^2 + \sigma_2^2)$, 这个结论通常称为正态分布的可加性.

更一般地, 若随机变量 $X_1, X_2, \cdots, X_n$ 相互独立, 且 $X_i \sim N(\mu_i, \sigma_i^2)$, $i = 1, 2, \cdots, n$, 则这 n 个随机变量的线性组合仍然是正态随机变量, 且

$$a_1 X_1 + a_2 X_2 + \cdots + a_n X_n \sim N(\mu, \sigma^2)$$

其中 $\mu = \sum_{i=1}^{n} a_i \mu_i$, $\sigma^2 = \sum_{i=1}^{n} a_i^2 \sigma_i^2$, 且 a_i 不全为 0.

例 4.4.6 设 X 和 Y 是两个相互独立的随机变量, 且 $X \sim N(\mu, \sigma^2)$, $Y \sim U(-a, a)$, 试求 $Z = X + Y$ 的概率密度函数.

解 随机变量 X 与 Y 相互独立且其概率密度函数分别为

$$f_X(x) = \frac{1}{\sqrt{2\pi}\sigma} e^{-\frac{(x-\mu)^2}{2\sigma^2}}, \quad -\infty < x < +\infty$$

$$f_Y(y) = \begin{cases} \dfrac{1}{2a}, & -a < x < a \\ 0, & \text{其他} \end{cases}$$

利用卷积公式, $Z = X + Y$ 的概率密度函数为

$$\begin{aligned} f_Z(z) &= \int_{-\infty}^{+\infty} f_X(z-y) f_Y(y) \, dy \\ &= \int_{-a}^{a} \frac{1}{\sqrt{2\pi}\sigma} e^{-\frac{(z-y-\mu)^2}{2\sigma^2}} \cdot \frac{1}{2a} \, dy \\ &= \frac{1}{2a\sqrt{2\pi}\sigma} \int_{-a}^{a} e^{-\frac{(z-y-\mu)^2}{2\sigma^2}} \, dy \end{aligned}$$

令 $\dfrac{z-y-\mu}{\sigma} = t$, 得 $Z = X + Y$ 的概率密度函数为

$$f_Z(z) = \frac{-1}{2a\sqrt{2\pi}} \int_{\frac{z+a-\mu}{\sigma}}^{\frac{z-a-\mu}{\sigma}} e^{-\frac{t^2}{2}} \, dt = \frac{1}{2a} \left[\Phi\left(\frac{z+a-\mu}{\sigma}\right) - \Phi\left(\frac{z-a-\mu}{\sigma}\right) \right]$$

特别的, 当 $X \sim N(0,1)$, $Y \sim U(-1,1)$ 时, $Z = X + Y$ 的概率密度函数为

$$f_Z(z) = \frac{1}{2} [\Phi(z+1) - \Phi(z-1)]$$

其中 $-\infty < z < +\infty$.

2. 最大值与最小值的分布

设 X 和 Y 是两个相互独立的随机变量, 称 $M = \max\{X, Y\}$ 为最大值变量, $N = \min\{X, Y\}$ 为最小值变量, 统称为最值变量. 若已知 X 和 Y 分布函数分别为 $F_X(x)$ 和 $F_Y(y)$, 由 X 和 Y 的独立性容易求出 M 和 N 的分布函数.

$$\begin{aligned} F_M(z) &= P\{M \leqslant z\} = P\{X \leqslant z, Y \leqslant z\} \\ &= P\{X \leqslant z\} P\{Y \leqslant z\} \\ &= F_X(z) F_Y(z) \end{aligned}$$

$$\begin{aligned} F_N(z) &= P\{N \leqslant z\} = 1 - P\{N > z\} \\ &= 1 - P\{X > z, Y > z\} \\ &= 1 - P\{X > z\} P\{Y > z\} \\ &= 1 - [1 - F_X(z)][1 - F_Y(z)] \end{aligned}$$

可以将以上推导过程推广至 n 个随机变量的情况.

设随机变量 $X_1, X_2, \cdots, X_n$ 相互独立且 $X_i \sim F_i(x)$, $(i = 1, 2, \cdots, n)$. 记 $M = \max\{X_1, X_2, \cdots, X_n\}$, $N = \min\{X_1, X_2, \cdots, X_n\}$, 则有

$$F_M(z) = \prod_{i=1}^{n} F_i(z) \tag{4.4.5}$$

$$F_N(z) = 1 - \prod_{i=1}^{n} [1 - F_i(z)] \tag{4.4.6}$$

进一步, 若随机变量 $X_1, X_2, \cdots, X_n$ 相互独立且有相同的分布函数 $F(x)$, 则有

$$F_M(z) = [F(z)]^n \tag{4.4.7}$$

$$F_N(z) = 1 - [1 - F(z)]^n \tag{4.4.8}$$

例 4.4.7 设系统 L 由两个相互独立的子系统 L_1, L_2 连接而成, 连接的方式为: (1) 串联, (2) 并联, (3) 备用 (当 L_1 损坏时 L_2 开始工作), 设 L_1、L_2 的寿命分别为 X 和 Y, 其概率密度函数分别为

$$f_X(x) = \begin{cases} \alpha e^{-\alpha x}, & x \geqslant 0 \\ 0, & x < 0 \end{cases}, \quad f_Y(y) = \begin{cases} \beta e^{-\beta y}, & y \geqslant 0 \\ 0, & y < 0 \end{cases}$$

其中 $\alpha > 0$, $\beta > 0$, 且 $\alpha \neq \beta$. 试分别就以上 3 种连接方式写出 L 的寿命 Z 的概率密度函数.

4.4 多维随机变量的函数的分布

解 由题意知随机变量 X 和 Y 的分布函数分别为

$$F_X(x) = \begin{cases} 1-e^{-\alpha x}, & x \geqslant 0 \\ 0, & x < 0 \end{cases}, F_Y(y) = \begin{cases} 1-e^{-\beta y}, & y \geqslant 0 \\ 0, & y < 0 \end{cases}$$

(1) 串联时,L_1 和 L_2 只要一个损坏系统就停止工作,所以 $Z = \min\{X, Y\}$,从而随机变量 Z 的分布函数为

$$F_Z(z) = 1 - [1 - F_X(z)][1 - F_Y(z)] = \begin{cases} 1 - e^{-(\alpha+\beta)z}, & z \geqslant 0 \\ 0, & z < 0 \end{cases}$$

概率密度函数为

$$f_Z(z) = \begin{cases} (\alpha+\beta)e^{-(\alpha+\beta)z}, & z \geqslant 0 \\ 0, & z < 0 \end{cases}$$

(2) 并联时,当且仅当 L_1 和 L_2 都损坏,系统才能停止工作,此时 $Z = \max\{X, Y\}$,从而随机变量 Z 的分布函数为

$$F_Z(z) = F_X(z)F_Y(z) = \begin{cases} (1-e^{-\alpha z})(1-e^{-\beta z}), & z \geqslant 0 \\ 0, & z < 0 \end{cases}$$

概率密度函数为

$$f_Z(z) = \begin{cases} \alpha e^{-\alpha z} + \beta e^{-\beta z} - (\alpha+\beta)e^{-(\alpha+\beta)z}, & z \geqslant 0 \\ 0, & z < 0 \end{cases}$$

(3) 备用时,当 L_1 损坏时 L_2 才工作,所以此时 $Z = X + Y$
当 $z < 0$ 时,$F_Z(z) = P\{X + Y \leqslant 0\} = 0$,从而 $f_Z(z) = 0$
当 $z \geqslant 0$ 时,

$$f_Z(z) = \int_{-\infty}^{+\infty} f_X(z-y)f_Y(y)\,\mathrm{d}y$$
$$= \int_0^z \alpha e^{-\alpha(z-y)} \beta e^{-\beta y} \mathrm{d}y$$
$$= \frac{\alpha\beta}{\beta-\alpha}\left(e^{-\alpha z} - e^{-\beta z}\right)$$

故

$$f_Z(z) = \begin{cases} \dfrac{\alpha\beta}{\beta-\alpha}\left(e^{-\alpha z} - e^{-\beta z}\right), & z \geqslant 0 \\ 0, & z < 0 \end{cases}$$

练习题 4

1. 一个袋中有三个球,依次标有数字 $1,2,2$,从中任取一个,不放回袋中,再任取一个,设每次取球时各球被取到的可能性相等,以 X, Y 分别记第一次和第二次取到的球上标有的数字,求 (X, Y) 的分布律.

2. 设袋子中有 5 个红球和 3 个黑球,随机取两次,每次取一个,设:

$$X = \begin{cases} 0, & \text{第一次取黑球} \\ 1, & \text{第一次取红球} \end{cases}$$

$$Y = \begin{cases} 0, & \text{第二次取黑球} \\ 1, & \text{第二次取红球} \end{cases}$$

试在有放回和不放回两种情形下求 (X, Y) 的分布律和边缘分布律.

3. 将一枚质地均匀的硬币连续抛 3 次,用 X 表示正面出现的次数,Y 表示正反面出现的次数之差的绝对值,求 (X, Y) 的分布律.

4. 一百件产品中有 50 件一等品,30 件二等品,20 件三等品. 从中任取 5 件,用 X, Y 表示这 5 件中的一等品数和二等品数,分别在有放回和无放回两种情况下求 (X, Y) 的分布律.

5. 设随机变量 X_i $(i = 1, 2)$ 的分布律相同,如下表所示,且满足 $P\{X_1 X_2 = 0\} = 1$,试求概率 $P\{X_1 = X_2\}$.

X	-1	0	1
p	0.25	0.5	0.25

6. 已知随机变量 X 和 Y 的联合分布律为

X \ Y	0	1
0	0.12	0.28
1	0.18	0.42

试求以下概率值: $P\{X < Y\}$, $P\{X = Y\}$, $P\{X + Y = 1\}$.

7. 设随机变量 (X, Y) 的概率密度函数为

$$f(x, y) = \begin{cases} k(6 - x - y), & 0 \leqslant x \leqslant 2,\ 2 \leqslant y \leqslant 4 \\ 0, & \text{其他} \end{cases}$$

试求:

(1) 常数 k 的值;

(2) $P\{X < 1, Y < 3\}$;

(3) $P\{X < 1.5\}$;

(4) $P\{X + Y \leqslant 4\}$.

练习题 4

8. 设随机变量 (X,Y) 的概率密度函数为

$$f(x,y) = \begin{cases} k, & 0 < x^2 < y < x < 1 \\ 0, & \text{其他} \end{cases}$$

试求:

(1) 常数 k 的值;
(2) $P\{X > 0.5\}$;
(3) $P\{Y < 0.5\}$.

9. 设随机变量 (X,Y) 的概率密度函数为

$$f(x,y) = \begin{cases} x^2 + \dfrac{xy}{3}, & 0 \leqslant x \leqslant 1, 0 \leqslant y \leqslant 2 \\ 0, & \text{其他} \end{cases}$$

试求 $P\{X+Y > 1\}$ 的值.

10. 从 $(0,1)$ 中任意取两个数,求其和不大于 1 且其积不小于 3/16 的概率.

11. 设随机变量 Y 服从参数为 1 的指数分布,定义随机变量 X_k(其中 $k = 1, 2$) 如下:

$$X_k = \begin{cases} 0, & Y \leqslant k \\ 1, & Y > k \end{cases}$$

求 X_1 和 X_2 的联合分布律.

12. 设二维连续型随机变量 (X,Y) 的概率密度函数为

$$f(x,y) = \begin{cases} C(1-x)y, & 0 \leqslant x \leqslant 1, 0 \leqslant y \leqslant x \\ 0, & \text{其他} \end{cases}$$

试求:

(1) 常数 C 的值;
(2) (X,Y) 的边缘概率密度函数;
(3) $P\left\{\dfrac{1}{4} < x < \dfrac{1}{2}, Y < \dfrac{1}{2}\right\}$.

13. 设二维连续型随机变量 (X,Y) 的概率密度函数为

$$f(x,y) = \begin{cases} C\mathrm{e}^{-(3x+4y)}, & x > 0, y > 0 \\ 0, & \text{其他} \end{cases}$$

试求:

(1) 常数 C 的值;
(2) (X,Y) 的分布函数及边缘分布函数;
(3) $P\{0 < x < 1, 0 < Y < 2\}$ 的值.

14. 设随机变量 X 与 Y 的联合概率密度函数为

$$f(x,y) = \begin{cases} k(x+y), & 0 < x < 1, 0 < y < 1 \\ 0, & \text{其他} \end{cases}$$

试求：
(1) 常数 k；
(2) X 与 Y 的联合分布函数；
(3) 随机变量 X、Y 各自的边缘概率密度函数.

15. 设二维随机变量 (X,Y) 的概率密度函数为
$$f(x,y)=\begin{cases} e^{-y}, & 0<x<y \\ 0, & \text{其他} \end{cases}$$

试求 $P\{X+Y<1\}$.

16. 设二维连续型随机变量 (X,Y) 的概率密度函数为
$$f(x,y)=\begin{cases} 2e^{-x-2y}, & x\geqslant 0, y\geqslant 0 \\ 0, & \text{其他} \end{cases}$$

(1) 判断 X,Y 的独立性；
(2) 求 (X,Y) 的分布函数；
(3) 求 $P\{X<Y\}$.

17. 设二维随机变量 (X,Y) 的概率密度函数为
$$f(x,y)=\begin{cases} 8xy, & 0\leqslant x\leqslant y\leqslant 1 \\ 0, & \text{其他} \end{cases}$$

判断 X,Y 是否相互独立.

18. 甲乙两人独立的各进行两次射击，设甲的命中率为 0.2，乙的命中率为 0.5，用 X 和 Y 分别表示甲乙命中的次数，试求 $P\{X\leqslant Y\}$ 的值.

19. 设二维随机变量 (X,Y) 的分布律为

X \ Y	0	1
0	0.12	0.28
1	0.18	0.42

若随机事件 $\{X=0\}$ 与 $\{X+Y=1\}$ 相互独立，试求 a,b 的值.

20. 一电子仪器由两个部件组成，以 X 和 Y 分别表示这两个部件的寿命 (单位：千小时)，已知 X 与 Y 的联合分布函数为
$$F(x,y)=\begin{cases} 1-e^{-0.5x}-e^{-0.5y}+e^{-0.5(x+y)}, & x\geqslant 0, y\geqslant 0 \\ 0, & \text{其他} \end{cases}$$

(1) X 与 Y 是否独立？为什么？
(2) 试求两个部件的寿命都超过 100 小时的概率.

21. 已知随机变量 $X_1, X_2, \cdots, X_n$ 相互独立，且各自相应的概率密度函数分别为 $f_{X_1}(x)$, $f_{X_2}(x), \cdots, f_{X_n}(x)$，设 $Y_1=X_1$, $Y_2=X_1+X_2, \cdots, Y_n=X_1+X_2+\cdots+X_n$.

求证: 随机变量 $(Y_1, Y_2, \cdots, Y_n)$ 的概率密度函数为

$$f_{Y_1 Y_2 \cdots Y_n}(y_1, y_2, \cdots, y_n) = f_{X_1}(y_1) f_{X_2}(y_2 - y_1) \cdots f_{X_n}(y_n - y_{n-1})$$

22. 已知随机变量 X 和 Y 的联合分布律为

X \ Y	0	1
0	0.4	b
1	a	0.1

(1) 判断 X, Y 的独立性;
(2) 求 $Z = X + Y$ 的分布律;
(3) 求当 $Y = 1$ 时 X 的条件分布律;
(4) 求当 $X = 2$ 时 Y 的条件分布律.

23. 设口袋中有 5 个球, 分别标有号码 1、2、3、4、5, 现从口袋中任意取出 3 个球, 用随机变量 X、Y 分别表示取出的球的最大号码和最小号码. 试求:
(1) 二维随机变量 (X, Y) 的分布律;
(2) 当 $Y = 2$ 时 X 的条件分布律.

24. 以 X 记某医院一天内出生婴儿的个数, 以 Y 记其中男婴的个数, 已知 X 与 Y 的联合分布律为

$$P\{X = n, Y = m\} = \frac{e^{-14}(7.14)^m (6.86)^{n-m}}{m!(n-m)!}, \quad m = 0, 1, 2, \cdots, n; \ n = 0, 1, 2, \cdots$$

试求条件分布律 $P\{X = i | Y = j\}$.

25. 设随机变量 X 和 Y 独立同分布, 试在以下情况下求 $P\{X = k | X + Y = m\}$ 的值:
(1) X 和 Y 都服从参数为 p 的几何分布;
(2) X 和 Y 都服从参数为 n, p 的二项分布.

26. 设二维随机变量 (X, Y) 的概率密度函数为

$$f(x, y) = \begin{cases} 3x, & 0 < x < 1, \ 0 < y < x \\ 0, & 其他 \end{cases}$$

试求条件密度函数 $f_{Y|X}(y|x), f_{X|Y}(x|y)$.

27. 设二维随机变量 (X, Y) 的概率密度函数为

$$f(x, y) = \begin{cases} 1, & |y| < x, \ 0 < x < 1 \\ 0, & 其他 \end{cases}$$

试求条件密度函数 $f_{X|Y}(x|y)$.

28. 已知随机变量 Y 的密度函数为

$$f_Y(y) = \begin{cases} 5y^4, & 0 < y < 1 \\ 0, & 其他 \end{cases}$$

在给定 $Y = y$ 的条件下, 随机变量 X 的条件密度函数为

$$f_{X|Y}(x|y) = \begin{cases} \dfrac{3x^2}{y^3}, & 0 < x < y < 1 \\ 0, & \text{其他} \end{cases}$$

试求 $P\{X > 0.5\}$ 的值.

29. 已知 $(X, Y) \sim N(0, 0, 1, 1, \rho)$, 试求 X, Y 的条件分布.

30. 设一个袋子里装有 m 个颜色各不相同的球, 每次从中任取一个, 有放回的摸取 n 次, 用 X 表示在这 n 次摸球中摸到球的不同颜色的数目, 求 $E(X)$.

31. 抛一枚均匀的骰子两次, 其最小点数记为 X, 试求 $E(X)$.

32. 从 $0, 1, 2, \cdots, n$ 中任取两个不同的数字, 求这两数之差的绝对值的数学期望.

33. 盒子中有 n 个不同的球, 其上分别写有数字 $1, 2, \cdots, n$, 每次随机抽取一个, 记下其号码, 放回去再抽, 直到抽到两个不同的数字为止, 求平均抽球次数.

34. 一商店销售某种商品, 每周的进货量 X 与顾客对该种商品的需求量 Y 是相互独立的随机变量, 且都服从区间 $(10, 20)$ 上的均匀分布. 商店每售出一单位商品可获利 1000 元; 若需求量超过了进货量, 则可从其他商店调剂供应, 这时每单位的商品获利为 500 元, 试求该商店经销该种商品每周的平均利润.

35. 已知随机变量 X_1, X_2, X_3 相互独立, 且 $X_1 \sim U(0, 6), X_2 \sim N(1, 3), X_3 \sim Exp(3)$, 试求 $Y = X_1 - 2X_2 + 3X_3$ 的期望、方差和标准差.

36. 设随机变量 X 的分布律如下表所示, 随机变量 $Y = X^2$, 求 $Cov(X, Y)$, 并判断 X, Y 独立吗?

X	-1	0	1
p	$\dfrac{1}{3}$	$\dfrac{1}{3}$	$\dfrac{1}{3}$

37. 若 X 与 Y 都是随机变量, 且 $D(X) = 25, D(Y) = 36, \rho_{XY} = 0.4$, 试求: $Cov(X, Y), D(X + Y)$.

38. 已知随机变量 $X \sim U(0, 1), Y \sim U(1, 3), X$ 与 Y 相互独立, 试求 $E(XY)$ 和 $D(XY)$ 的值.

39. 设随机变量 X 与 Y 的联合概率密度为

$$f(x, y) = \begin{cases} x + y, & 0 \leqslant x \leqslant 1, 0 \leqslant y \leqslant 1 \\ 0, & \text{其他} \end{cases}$$

试求: $D(2X + 3Y)$.

40. 设随机变量 X 与 Y 的联合概率密度为

$$f(x, y) = \begin{cases} \dfrac{1}{3}(x + y), & 0 \leqslant x \leqslant 1, 0 \leqslant y \leqslant 2 \\ 0, & \text{其他} \end{cases}$$

试求: $D(2X - 3Y + 8)$.

练习题 4

41. 二维随机变量 (X,Y) 服从以点 $(0,1)$、$(1,0)$、$(1,1)$ 为顶点的三角形区域上的均匀分布，试求 $E(X+Y), D(X+Y)$.

42. 设随机变量 X 与 Y 的联合概率密度为
$$f(x,y) = \begin{cases} \dfrac{8}{3}, & 0 < x - y < 0.5, 0 < x, y < 1 \\ 0, & 其他 \end{cases}$$

试求：

(1) $E(X), E(Y), D(X), D(Y)$;

(2) $Cov(X,Y), \rho_{XY}$.

43. 设随机变量 X 与 Y 的联合概率密度为
$$f(x,y) = \begin{cases} 12y^2, & 0 \leqslant y \leqslant x \leqslant 1 \\ 0, & 其他 \end{cases}$$

试求：$E(X), E(Y), E(XY), E(X^2 + Y^2)$.

44. 设随机变量 X 与 Y 相互独立，其概率密度函数分别为
$$f_X(x) = \begin{cases} \dfrac{3}{2} - x, & 0 < x < 1 \\ 0, & 其他 \end{cases}$$

$$f_Y(y) = \begin{cases} 2y, & 0 < y < 1 \\ 0, & 其他 \end{cases}$$

试求 $E[2X + 3YE(X)]$ 和 $E(4XY)$ 的值.

45. 将一枚硬币重复的抛掷 n 次，用 X 和 Y 分别表示正面朝上的次数和反面朝上的次数，试求 X 与 Y 的协方差和相关系数.

46. 设随机变量 X 与 Y 相互独立，都服从参数为 λ 的泊松分布，令
$$U = 2X + Y, \quad V = 2X - Y$$

求 U 与 V 的相关系数.

47. 在一个有 n 人参加的晚会上，每人带了一件礼物，且假定各人带的礼物各不相同. 晚会结束后每人从放在一起的 n 件礼物中随机的抽取一件礼物，用 X 表示抽中自己的礼物的人数，试求 X 的均值和方差.

48. 设随机变量 X 与 Y 的相关系数为 ρ，令
$$U = aX + b, \quad V = cY + d$$

其中 a, b, c, d 均为非零常数，试求 U 与 V 的相关系数.

49. 设随机变量 X_1 与 X_2 独立同分布，其共同的分布为 $N(\mu, \sigma^2)$，令
$$X = aX_1 + bX_2, \quad Y = aX_1 - bX_2$$

其中 a, b 为非零的常数，求 X 与 Y 的相关系数.

50. 一箱零件共有 100 件，其中一、二、三等品分别为 80、10、10 件，现从中随机地抽取一件，记
$$X_i = \begin{cases} 1, & \text{抽到}i\text{等品} \\ 0, & \text{其他} \end{cases}$$
其中 $i = 1, 2, 3$，试求：(1)X_1 与 X_2 的分布律；(2)$Cov(X_1, X_2)$.

51. 设 X 与 Y 相互独立，且都在区间 $[0, 1]$ 上服从均匀分布.
试求：
(1) $Z = X + 2Y$ 的概率密度函数；
(2) $M = \max\{X, Y\}$ 和 $M = \min\{X, Y\}$ 的概率密度函数.

52. 设 X 与 Y 是两个随机变量，且
$$P\{X \geqslant 0, Y \geqslant 0\} = \frac{3}{7}, \quad P\{X \geqslant 0\} = P\{Y \geqslant 0\} = \frac{4}{7}$$
试求 $P\{\max(X, Y) > 0\}$ 的值.

53. 设 X 和 Y 是独立同分布的随机变量，其共同的分布是参数为 λ 的指数分布，求 $Y = \max\{X, Y\}$ 的数学期望.

54. 设随机变量 X 与 Y 的联合概率密度为
$$f(x, y) = \begin{cases} \dfrac{1}{4}, & 0 \leqslant x \leqslant 2, 0 \leqslant y \leqslant 2 \\ 0, & \text{其他} \end{cases}$$
试求：
(1) $E(X), D(X), Cov(X, Y), \rho_{XY}$；
(2) $Z = X - Y$ 的概率密度函数.

55. 设随机变量 X 和 Y 的分布律分别为

X	-1	0	1
p_k	1/4	1/2	1/4

Y	0	1
p_k	1/2	1/2

已知 $P\{XY = 0\} = 1$，试求 $Z = X - 3Y$ 和 $M = \max\{X, Y\}$ 的分布律.

56. 设随机变量 X 和 Y 相互独立，且 $X \sim N(1, 4)$，$Y \sim N(0, 1)$，试求随机变量 $Z = 2X - Y + 3$ 的概率密度函数.

57. 设随机变量 $X \sim U(0, 2)$，$Y \sim Exp(3)$，且 X 和 Y 相互独立. 试求 $Z = X + Y$ 和 $M = \max\{X, Y\}$ 以及 $N = \min\{X, Y\}$ 的概率密度.

58. 已知 X, Y, Z 是相互独立的随机变量，其概率密度函数分别为 $f_X(x), f_Y(y), f_Z(z)$.
试求：
(1) $P\{|X| < 5, Y > 2, Z^2 \geqslant 2\}$；
(2) $P\{\min(X, Y, Z) > 2\}$；
(3) $P\{\max(X, Y, Z) < 6\}$.

第 5 章 简单随机样本及抽样分布

在第 4 章中, 主要对多维随机变量的相关问题进行了讨论和研究. 本章在多维随机变量的基础之上, 以简单随机样本的联合分布为切入点, 将研究视点由概率论转向数理统计的范畴. 在概率论的研究中, 多数情况下都是在分布已知的前提下进行相关问题的计算和推导, 而在现实问题中, 关于分布的信息往往是未知的, 需要通过抽样信息进行估计和推断得到. 本章将从统计学中的基本概念开始, 介绍常用统计量及抽样分布, 为后面章节的学习做好准备工作.

5.1 统计量及其分布

在第 1 章中提到过, 对于一个统计问题, 将研究对象的全体称为总体, 构成总体的每一个元素称为个体. 从总体中抽出一部分个体, 构成了一个样本. 对于同一个总体, 样本不同, 所得的观测值不同. 例如, 从某高校所有在校生中先后两次随机抽取 $n = 3$ 个学生调查其月生活费, 第一次调查结果为 (单位: 元): $x_1 = 1450, x_2 = 1630, x_3 = 1520$, 第二次调查结果为: $x_1 = 1550, x_2 = 1630, x_3 = 1410$. 甚至同一个样本, 在不同的条件下也有不同的样本观测值. 例如从本班学生中随机抽取 10 人测其血压, 此时此刻的收缩压是 $x_1, \cdots, x_{10}$, 若让这 10 人跑完 800 米后马上再测其血压, 测得收缩压为 $y_1, \cdots, y_{10}$, 同一样本的这两组观测值明显不同.

也就是说, 在获得具体样本数据之前, 每一个 x_i 的取值都具有不确定性. 正是由于这种不确定性, 才可以把 x_i 的每一次实际取值看作是对随机变量 X_i 的一次具体观测. 因此, 一般地, 记样本为 $X_1, X_2, \cdots, X_n$, n 是样本容量, 相应的样本观测值记为 $x_1, x_2, \cdots, x_n$, 简称样本值.

5.1.1 简单随机样本与统计量

一般情况下, 总体就是我们所关注的特征量, 而每一个个体的取值就是总体的所有可能取值, 因此总体是一个随机变量, 有相应的概率分布, 通常用随机变量 X 表示. 由于抽样的目的是为了对总体进行推断, 为了保证所抽取的样本能够充分代表总体的特征, 必须随机地从总体中抽取样本, 即总体中每一个个体都有同等机会被抽入样本, 这也就意味着样本与所考察的总体具有相同的分布.

定义 5.1.1 设 $X_1, X_2, \cdots, X_n$ 是来自总体 X 的一个容量为 n 的样本, 如果 $X_1, X_2, \cdots, X_n$ 相互独立, 且均与总体 X 具有相同的概率分布, 则称 $X_1, X_2, \cdots, X_n$

为来自总体 X 的**简单随机样本**, 简称**样本**.

定义中的条件也可以表示为随机变量 $X_1, X_2, \cdots, X_n$ 相互独立且与总体 X 同分布. 在实际问题中, 只要总体规模足够大, 独立性条件总是可以近似满足的. 一般情况下, 要求样本容量 n 与总体规模 N 的比值 $n/N \leqslant 0.05$. 以下若无特别说明, 所说的样本指的都是简单随机样本. 由简单随机样本的定义和第 4 章中随机变量的独立性知识可知, 若总体 X 的分布函数为 $F(x)$, 则样本 $X_1, X_2, \cdots, X_n$ 的联合分布函数 $F(x_1, x_2, \cdots, x_n)$ 由 $F(x)$ 完全决定, 并且

$$\begin{aligned} F(x_1, \cdots, x_n) &= P\{X_1 \leqslant x_1, \cdots, X_n \leqslant x_n\} \\ &= P\{X_1 \leqslant x_1\} \cdots P\{X_n \leqslant x_n\} \\ &= F(x_1) F(x_2) \cdots F(x_n) \end{aligned}$$

特别的, 如果总体 X 是离散型随机变量, 其分布律为 $P\{X = x\} = p_x$, 则样本 $X_1, \cdots, X_n$ 的联合分布律为

$$P\{X_1 = x_1, \cdots, X_n = x_n\} = \prod_{i=1}^{n} P\{X_i = x_i\} = \prod_{i=1}^{n} p_{x_i} \tag{5.1.1}$$

如果总体 X 是连续型随机变量, 其概率密度函数为 $f(x)$, 则样本 $X_1, \cdots, X_n$ 的联合概率密度函数为

$$f(x_1, x_2, \cdots, x_n) = f(x_1) f(x_2) \cdots f(x_n) = \prod_{i=1}^{n} f(x_i) \tag{5.1.2}$$

例 5.1.1 设总体 X 服从参数为 λ 的泊松分布, 从中抽取一个容量为 n 的样本 $X_1, \cdots, X_n$, 试求样本 $X_1, \cdots, X_n$ 的联合分布律.

解 总体 X 服从参数为 λ 的泊松分布, 则其分布律为

$$P\{X = x\} = \frac{\lambda^x \mathrm{e}^{-\lambda}}{x!}, \ x = 0, 1, 2, \cdots$$

于是, 个体 $X_i\ (i = 1, 2, \cdots, n)$ 的分布律为

$$P\{X_i = x_i\} = \frac{\lambda^{x_i} \mathrm{e}^{-\lambda}}{x_i!}, \ x_i = 0, 1, 2, \cdots$$

所以 $X_1, \cdots, X_n$ 的联合分布律为

$$\begin{aligned} P\{X_1 = x_1, \cdots, X_n = x_n\} &= \prod_{i=1}^{n} P\{X_i = x_i\} \\ &= \prod_{i=1}^{n} \frac{\lambda^{x_i} \mathrm{e}^{-\lambda}}{x_i!} \\ &= \frac{\lambda^{\sum\limits_{i=1}^{n} x_i} \mathrm{e}^{-n\lambda}}{x_1! \cdots x_n!} \end{aligned}$$

其中, $x_i = 0, 1, 2, \cdots,\ (i = 1, 2, \cdots, n)$.

例 5.1.2 设总体 X 服从参数为 $\alpha(\alpha > 0)$ 的指数分布, 从中抽取一个容量为 n 的样本 $X_1, \cdots, X_n$, 试求样本 $X_1, \cdots, X_n$ 的联合概率密度和联合分布函数.

解 总体 X 服从参数为 $\alpha(\alpha > 0)$ 的指数分布, 则其概率密度函数和分布函数分别为

$$f(x) = \begin{cases} \alpha e^{-\alpha x}, & x \geqslant 0 \\ 0, & x < 0 \end{cases},\quad F(x) = \begin{cases} 1 - e^{-\alpha x}, & x \geqslant 0 \\ 0, & x < 0 \end{cases}$$

于是, 个体 $X_i\ (i = 1, 2, \cdots, n)$ 的概率密度函数和分布函数分别为

$$f(x_i) = \begin{cases} \alpha e^{-\alpha x_i}, & x_i \geqslant 0 \\ 0, & x_i < 0 \end{cases},\quad F(x_i) = \begin{cases} 1 - e^{-\alpha x_i}, & x_i \geqslant 0 \\ 0, & x_i < 0 \end{cases}$$

所以, $X_1, \cdots, X_n$ 的联合概率密度函数为

$$f(x_1, \cdots, x_n) = \prod_{i=1}^n f(x_i) = \begin{cases} \prod_{i=1}^n \alpha e^{-\alpha x_i} = \alpha^n e^{-\alpha \sum_{i=1}^n x_i}, & x_1 \geqslant 0, \cdots, x_n \geqslant 0 \\ 0, & \text{其他} \end{cases}$$

$X_1, \cdots, X_n$ 的联合分布函数为

$$F(x_1, \cdots, x_n) = \prod_{i=1}^n F(x_i) = \begin{cases} \prod_{i=1}^n (1 - e^{-\alpha x_i}), & x_1 \geqslant 0, \cdots, x_n \geqslant 0 \\ 0, & \text{其他} \end{cases}$$

样本来自于总体, 所以样本的观测值中含有总体各方面的信息, 但这些信息较为分散, 有时显得杂乱无章, 为将这些分散在样本中有关总体的信息集中起来, 以反映总体的各种特征, 就需要对样本进行加工, 最常用的加工方法就是构造样本的函数, 不同的样本函数反映总体的不同特征. 如第 1 章中介绍的均值, 就是将样本数据 $x_1, x_2, \cdots, x_n$ 代入样本函数 $\overline{X} = \dfrac{1}{n} \sum_{k=1}^n X_k$ 中, 得到样本观测值的平均值 $\overline{x}$, 用于反映总体的平均取值情况. 用获得的样本信息对总体 X 作出估计和推断时, 需要按照不同的要求构造样本的各种相应的函数.

定义 5.1.2 设 $X_1, X_2, \cdots, X_n$ 为来自某总体的一个容量为 n 的样本, g 是 n 元连续函数, 若样本函数 $T = g(X_1, X_2, \cdots, X_n)$ 中不含有任何未知的参数, 则称 T 为**统计量**. 若 $(x_1, x_2, \cdots, x_n)$ 为样本的一组观测值, 则 $t = g(x_1, x_2, \cdots, x_n)$ 为相应的**统计值**.

例 5.1.3 设 X_1, X_2, X_3 为来自总体 $N(\mu, \sigma^2)$ 的一个样本, 其中 μ 已知, σ 未知, 判断下列各式哪些是统计量? 哪些不是统计量?

(1) $T_1 = X_1$

(2) $T_2 = X_1 + X_2 - 3X_3$

(3) $T_3 = X_1 + \mu e^{X_2}$

(4) $T_4 = \dfrac{1}{\sigma^2}(X_1^2 + X_2^2 + X_3)$

解 样本函数 T_1、T_2、T_3 中不含有未知的参数 σ, 所以是统计量; 样本函数 T_4 中含有未知的参数 σ, 所以不是统计量.

统计量的取值只依赖样本, 而不依赖其他任何未知的参数. 统计量作为随机变量 $X_1,\cdots,X_n$ 的函数也是随机变量, 并且具有相应的概率分布, 统计量的分布称为**抽样分布**. 由于这里所讨论的都是简单随机样本, 因此根据总体 X 的概率分布, 可以利用其独立同分布性和概率论中的有关知识, 推导出统计量 $T = g(X_1, X_2,\cdots, X_n)$ 的概率分布. 如在上例中, 容易知道统计量 T_2 的分布为正态分布 $N(-\mu, 11\sigma^2)$.

下面列出一些统计中常用的统计量:

- 样本均值

$$\overline{X} = \frac{1}{n}\sum_{k=1}^{n} X_k$$

- 样本方差

$$S^2 = \frac{1}{n-1}\sum_{i=1}^{n}\left(X_i - \overline{X}\right)^2$$

- 样本标准差

$$S = \sqrt{S^2}$$

- 样本 k 阶原点矩

$$\overline{X^k} = \frac{1}{n}\sum_{i=1}^{n} X_i^k$$

- 样本 k 阶中心矩

$$S_n^k = \frac{1}{n}\sum_{i=1}^{n}\left(X_i - \overline{X}\right)^k$$

- 样本变异系数

$$C_r = \frac{S}{\overline{X}}$$

- 极差

$$R_n = X_{(n)} - X_{(1)}$$

- 顺序统计量

$$X_{(1)} \leqslant X_{(2)} \leqslant ... \leqslant X_{(n)}$$

顺序统计量是将 $X_1, X_2, \cdots, X_n$ 按照从小到大的顺序排列，其中 $X_{(1)} = \min\{X_1, \cdots, X_n\}$ 是最小顺序统计量，$X_{(n)} = \max\{X_1, \cdots, X_n\}$ 是最大顺序统计量，$X_{(k)}$ 是第 k 个顺序统计量. 若设 $X_1, X_2, \cdots, X_n$ 独立同分布，分布函数为 $F(x)$，由第 4 章最值分布的结论可推导出：

$X_{(1)}$ 的分布函数为：

$$F_{X_{(1)}}(x) = 1 - [1 - F(x)]^n$$

$X_{(n)}$ 的分布函数为：

$$F_{X_{(n)}}(x) = [F(x)]^n$$

5.1.2 样本均值的分布

设 $X_1, X_2, \cdots, X_n$ 是来自总体 X 的简单随机样本，且 $E(X) = \mu$，$D(X) = \sigma^2$，则有

$$E(\overline{X}) = E\left(\frac{1}{n}\sum_{i=1}^{n} X_i\right) = \frac{1}{n}\sum_{i=1}^{n} E(X_i) = \mu \tag{5.1.3}$$

$$D(\overline{X}) = D\left(\frac{1}{n}\sum_{i=1}^{n} X_i\right) = \frac{1}{n^2}\sum_{i=1}^{n} D(X_i) = \frac{\sigma^2}{n} \tag{5.1.4}$$

这表明 $\overline{X}$ 与 X 有相同的数学期望 μ，但 $\overline{X}$ 的方差却只有 X 方差的 $\dfrac{1}{n}$，因而 $\overline{X}$ 比每一个 X_i 更集中于数学期望 μ，这同时也表明 $\overline{X}$ 的分布与样本容量 n 有关.

定理 5.1.1 设 $X_1, X_2, \cdots, X_n$ 是来自总体 X 的简单随机样本，$\overline{X}$ 是样本均值，

(1) 若总体 X 的分布为 $N(\mu, \sigma^2)$，则 $\overline{X}$ 的**精确分布**为 $N(\mu, \sigma^2/n)$；

(2) 若总体 X 的分布未知或不是正态分布，但 $E(X) = \mu$，$D(X) = \sigma^2$，则当样本容量 n 较大时，$\overline{X}$ 的**渐近分布**为 $N(\mu, \sigma^2/n)$[1].

对于该定理的第一个结论，利用正态分布的可加性可得

$$\sum_{i=1}^{n} X_i \sim N(n\mu, n\sigma^2)$$

由此可知 $\overline{X} \sim N(\mu, \sigma^2/n)$

为了证明第二个结论，须利用中心极限定理来探讨 $\overline{X}$ 的渐近分布. 中心极限定理主要研究这样一类问题：在什么条件下，随机变量序列前 n 项和的极限分布是正态分布？

---

[1]这里的渐近分布指的是当 n 较大时的近似分布.

5.1.3 中心极限定理

定义 5.1.3 设随机变量序列 $X_1, X_2, \cdots, X_n, \cdots$ 的部分和为

$$Y_n = \sum_{i=1}^{n} X_i$$

若对 $\forall x \in R$, 有

$$\lim_{n\to\infty} P\left\{\frac{Y_n - E(Y_n)}{\sqrt{D(Y_n)}} \leqslant x\right\} = \varPhi(x) = \int_{-\infty}^{x} \frac{1}{\sqrt{2\pi}} \mathrm{e}^{-\frac{t^2}{2}} \mathrm{d}t$$

即当 n 充分大时, 标准化随机变量

$$Y_n^* = \frac{Y_n - E(Y_n)}{\sqrt{D(Y_n)}}$$

的极限分布是 $N(0,1)$, 则称随机变量序列 $X_1, X_2, \cdots, X_n, \cdots$ 满足**中心极限定理**(Central Limit Theorem).

中心极限定理是概率论与数理统计中的基本理论, 在概率论与数理统计的理论研究和实际应用中起着十分重要的作用. 中心极限定理从理论上阐述和论证了随机试验的结果当 n 无限增大时的近似分布规律, 同时也进一步说明了正态分布在概率统计中的重要地位. 在实际应用中, 通常还可以利用中心极限定理解决关于随机变量和的概率近似计算问题. 中心极限定理研究的是一类问题, 包含的内容也很丰富, 以下仅介绍比较常用的几个中心极限定理.

定理 5.1.2 (隶莫佛-拉普拉斯中心极限定理) 设随机变量 Y_n $(n=1,2,\cdots)$ 服从参数为 n, p 的二项分布 $B(n,p)$ $(0 < p < 1)$, 则对 $\forall x \in \mathbf{R}$, 恒有

$$\lim_{n\to\infty} P\left\{\frac{Y_n - np}{\sqrt{np(1-p)}} \leqslant x\right\} = \varPhi(x) = \int_{-\infty}^{x} \frac{1}{\sqrt{2\pi}} \mathrm{e}^{-t^2/2} \mathrm{d}t \tag{5.1.5}$$

在这个定理中, Y_n 可以看成 n 个相互独立且服从相同的 $(0-1)$ 分布的随机变量 $X_1, \cdots, X_n$ 的和, 即 $Y_n = \sum_{k=1}^{n} X_k$, 其中 X_k 的分布律为

$$P\{X_k = i\} = p^i(1-p)^{1-i}, \ i = 0, 1; \ k = 1, 2, \cdots, n$$

由 $E(X_k) = p, D(X_k) = p(1-p)$ 可知 $E(Y_n) = np, D(Y_n) = np(1-p)$, 因此也有

$$\lim_{n\to\infty} P\left\{\frac{Y_n - E(Y_n)}{\sqrt{D(Y_n)}} \leqslant x\right\} = \lim_{n\to\infty} P\left\{\frac{Y_n - np}{\sqrt{np(1-p)}} \leqslant x\right\} = \varPhi(x)$$

由棣莫佛–拉普拉斯中心极限定理知，当 n 很大时，对任意的 x，概率

$$P\left\{\frac{Y_n - np}{\sqrt{np(1-p)}} \leqslant x\right\} \approx \Phi(x) \tag{5.1.6}$$

同样，当 n 很大时，对任意的 a, b，概率

$$\begin{aligned}P\{a \leqslant Y_n \leqslant b\} &= P\left\{\frac{a - np}{\sqrt{np(1-p)}} \leqslant \frac{Y_n - np}{\sqrt{np(1-p)}} \leqslant \frac{b - np}{\sqrt{np(1-p)}}\right\} \\ &\approx \Phi\left(\frac{b - np}{\sqrt{np(1-p)}}\right) - \Phi\left(\frac{a - np}{\sqrt{np(1-p)}}\right)\end{aligned} \tag{5.1.7}$$

通过公式 (5.1.6) 和 (5.1.7)，就可以利用标准正态分布表来近似计算较难计算的二项分布的概率计算问题.

例 5.1.4 保险公司经过多年的资料统计表明，在索赔户中被盗户占 20%. 现随机抽查 100 户索赔户，设其中有 X 户属于被盗户，求 X 的取值在 14 到 30 之间的概率.

解 由题意，$X \sim B(100, 0.2)$，其分布律为

$$P\{X = k\} = \binom{100}{k} \times 0.2^k \times 0.8^{100-k}$$

利用棣莫佛–拉普拉斯中心极限定理，所求概率为：

$$\begin{aligned}P\{14 \leqslant X \leqslant 30\} &= \sum_{k=14}^{30} \binom{100}{k} \times 0.2^k \times 0.8^{100-k} \\ &\approx \Phi\left(\frac{30 - 100 \times 0.2}{\sqrt{100 \times 0.2 \times 0.8}}\right) - \Phi\left(\frac{14 - 100 \times 0.2}{\sqrt{100 \times 0.2 \times 0.8}}\right) \\ &= \Phi(2.5) - \Phi(-1.5) \\ &= 0.9938 - (1 - 0.9332) \\ &= 0.927\end{aligned}$$

例 5.1.5 某人寿公司在某地区为 10 万人保险，规定年初向人寿保险公司缴纳保险金 30 元. 若投保人死亡，则人寿保险公司向其家属一次性赔偿 6000 元. 由历史资料统计，该地区人口死亡率为 0.0037. 求人寿保险公司一年从该地区获得不少于 60 万元净收益的概率.

解 设该地区的投保人的年死亡人数为 X，则 X 服从参数为 $n = 100000, p = 0.0037$ 的二项分布，$E(X) = 370, D(X) = np(1-p) \approx 19.20^2$，根据棣莫佛–拉普拉

斯定理中心极限定理可以用 $N(370, 19.20^2)$ 来近似计算. 保险公司若要获得不少于 60 万的净收益, 要求
$$100000 \times 30 - 6000X \geqslant 600000$$
解得 $X \leqslant 400$,

所以
$$\begin{aligned}P\{X \leqslant 40\} &= P\left\{\frac{X-370}{19.20} \leqslant \frac{400-370}{19.20}\right\} \\ &\approx \Phi\left(\frac{400-370}{19.20}\right) \\ &= \Phi(1.56) \\ &= 0.9406\end{aligned}$$

即, 人寿保险公司一年从该地区获得不少于 60 万元净收益的概率为 0.9406.

定理 5.1.3 (独立同分布中心极限定理) 设 $X_1, X_2, \cdots, X_n, \cdots$ 为独立同分布的随机变量序列, 且 $E(X_i) = \mu$, $D(X_i) = \sigma^2 > 0$. 记 $Y_n = \sum_{i=1}^n X_i$, 即 $E(Y_n) = n\mu$, $D(Y_n) = n\sigma^2$, 则 $\forall x \in \mathbf{R}$,

$$\lim_{n \to \infty} P\left\{\frac{Y_n - n\mu}{\sigma\sqrt{n}} \leqslant x\right\} = \Phi(x) = \int_{-\infty}^{x} \frac{1}{\sqrt{2\pi}} \mathrm{e}^{-t^2/2} \mathrm{d}t \tag{5.1.8}$$

利用独立同分布中心极限定理, 现在可以证明定理 5.1.1 的第二个结论了.

由于 $X_1, X_2, \cdots, X_n$ 是来自总体 X 的简单随机样本, 即 $X_1, X_2, \cdots, X_n$ 是独立同分布的, 并且其数学期望和方差均存在, 根据独立同分布中心极限定理可知, 当 n 充分大时,

$$\frac{\sum_{i=1}^n X_i - n\mu}{\sigma\sqrt{n}} = \frac{\frac{1}{n}\sum_{i=1}^n X_i - \mu}{\sqrt{\frac{\sigma^2}{n}}} = \frac{\overline{X} - E(\overline{X})}{\sqrt{D(\overline{X})}}$$

的极限分布是标准正态分布 $N(0,1)$, 即 $\overline{X}$ 的渐近分布是 $N(\mu, \sigma^2/n)$.

例 5.1.6 每袋味精的净重为随机变量, 平均重量为 100 克, 标准差为 10 克. 一箱内装 200 袋味精, 试求一箱味精的净重大于 20.5 千克的概率.

解 设第 i 袋味精的净重为 X_i, 则 X_i $(i = 1, 2, \cdots, 200)$ 独立同分布, 且

$$E\left(\sum_{i=1}^{200} X_i\right) = 200 \times E(X_i) = 20000$$

$$D\left(\sum_{i=1}^{200} X_i\right) = 200 \times D(X_i) = 20000$$

由独立同分布中心极限定理可得,

$$P\left\{\sum_{i=1}^{200} X_i > 20500\right\} \approx 1 - \Phi\left(\frac{20500 - 20000}{\sqrt{20000}}\right)$$
$$= 1 - \Phi(3.54) \approx 0.0002$$

即一箱味精的净重大于 20.5 千克的概率为 0.0002.

例 5.1.7 某车间有 100 台车床, 它们独立地工作着. 每台机床开工率为 0.6, 开工时耗电为 1.2 千瓦. 至少要供给这个车间多少电力, 才能以 99.9% 的把握保证这个车间不会因供电不足而影响生产?

解 引入随机变量

$$X_i = \begin{cases} 1, & \text{第} i \text{台车床在工作} \\ 0, & \text{第} i \text{台车床没有工作} \end{cases}$$

则 $X_1, X_2, \cdots, X_{100}$ 独立同分布, 其共同的分布为 $P\{X_i = 1\} = 0.6, P\{X_i = 0\} = 0.4$, 用 $X = \sum_{i=1}^{100} X_i$ 表示这个车间同时工作的机床的台数, 则

$$E(X) = 100 E(X_i) = 60$$

$$D(X) = 100 D(X_i) = 24$$

假设至少要给这个车间供电 r 千瓦才能以 99.9% 的概率保证这个车间不会因供电不足而影响生产, 则根据独立同分布中心极限定理可得

$$0.999 \leqslant P\{1.2 X \leqslant r\}$$
$$= P\{X \leqslant r/1.2\}$$
$$= P\left\{\frac{X - 60}{\sqrt{24}} \leqslant \frac{r/1.2 - 60}{\sqrt{24}}\right\}$$
$$\approx \Phi\left(\frac{r/1.2 - 60}{\sqrt{24}}\right)$$

查表可得, $\frac{r/1.2 - 60}{\sqrt{24}} \geqslant 3.08$, 即 $r \geqslant 90.1$, 即至少供给 90.1 千瓦电才能以 99.9% 的概率保证这个车间不会因供电不足而影响生产.

例 5.1.8 设总体 $X \sim N(1, 0.2^2)$, 从中抽取容量为 n 的样本, 欲使样本均值满足

$$P\{0.9 < \overline{X} \leqslant 1.1\} \geqslant 0.95$$

试求样本容量 n 最小为多少?

解 由题意知
$$\overline{X} = \frac{1}{n}\sum_{i=1}^{n} \sim N\left(1, \frac{0.2^2}{n}\right)$$

因此
$$0.95 \leqslant P\{0.9 < \overline{X} \leqslant 1.1\}$$
$$= P\left\{\frac{0.9-1}{\sqrt{0.2^2/n}} < \frac{\overline{X}-1}{\sqrt{0.2^2/n}} \leqslant \frac{1.1-1}{\sqrt{0.2^2/n}}\right\}$$
$$= \Phi\left(\frac{1.1-1}{\sqrt{0.2^2/n}}\right) - \Phi\left(\frac{0.9-1}{\sqrt{0.2^2/n}}\right)$$
$$= 2\Phi(\sqrt{n}/2) - 1$$

即
$$\Phi(\sqrt{n}/2) \geqslant \frac{0.95+1}{2} = 0.975$$

查表得 $\sqrt{n}/2 \geqslant 1.96$，即 $n \geqslant 15.3664$，因此样本容量 n 至少取 16.

5.2 三大抽样分布

利用样本推断总体的特征，需要根据总体的特征构造出相应的统计量，而且还需要事先知道这个统计量的分布，这样才能对总体的特征作出合理的统计分析. 在实际问题的处理中，有很多统计推断都是基于正态总体这一基本假设的，因此以标准正态随机变量为基石而构造的卡方分布、t 分布、F 分布是三个常用的统计量. 这三个统计量有着明确的构造思想和背景，并且能够写出其密度函数的具体表达式，被称为统计中的三大抽样分布.

5.2.1 χ^2 分布

定义 5.2.1 设随机变量 $X_1, X_2, \cdots, X_n$ 相互独立且都服从标准正态分布 $N(0,1)$，则随机变量
$$X = X_1^2 + X_2^2 + \cdots + X_n^2 \tag{5.2.1}$$
的分布称为自由度为 n 的卡方分布，记为 $X \sim \chi^2(n)$.

$\chi^2(n)$ 分布的概率密度函数为
$$f(x) = \begin{cases} \dfrac{1}{2^{\frac{n}{2}}\Gamma\left(\dfrac{n}{2}\right)} e^{-\frac{x}{2}} x^{\frac{n}{2}-1}, & x \geqslant 0 \\ 0, & x < 0 \end{cases}$$

其中 $\Gamma(\cdot)$ 为 Γ 函数, $\Gamma(s) = \displaystyle\int_0^{+\infty} x^{s-1} e^{-x} dx$(图 5-1).

5.2 三大抽样分布

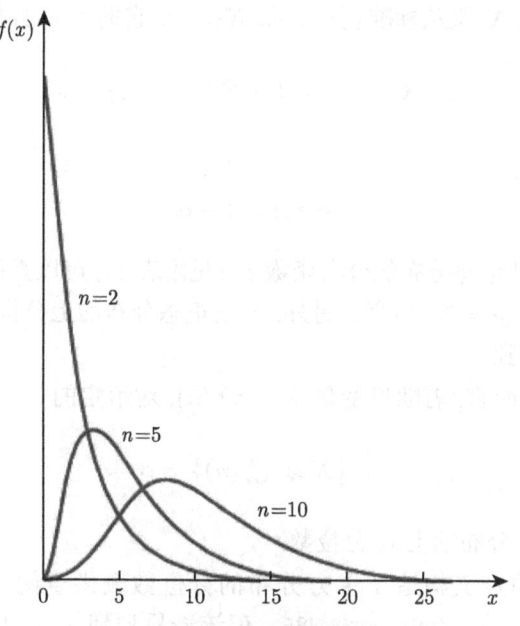

图 5-1: χ^2 分布密度函数曲线

该密度函数曲线的形状与自由度 n 有关, 随着 n 的增大, 曲线的形状越来越接近于正态分布.

可以证明以下两个重要结论成立:

(1) 若 $Y \sim \chi^2(n)$, 则 $E(Y) = n$, $D(Y) = 2n$

(2) 若 $X \sim \chi^2(m)$, $Y \sim \chi^2(n)$, 且 X 与 Y 相互独立, 则有

$$X + Y \sim \chi^2(m+n)$$

$\chi^2(n)$ 概率密度函数比较复杂, 所以直接由密度函数积分来计算概率比较困难. 为此人们对常用分布 (如正态分布、卡方分布、t 分布、F 分布等) 分别编制了分位数表 (见本书附录) 供实际使用.

定义 5.2.2 设连续型随机变量 X 的分布函数为 $F(x)$, 概率密度函数为 $f(x)$, 对任意的正数 α $(0 < \alpha < 1)$, 称满足

$$P\{X \geqslant x_\alpha\} = \int_{x_\alpha}^{+\infty} f(x)\mathrm{d}x = \alpha \tag{5.2.2}$$

的 x_α 为此分布的**上 α 分位数**.

上分位数把密度函数下面的面积分为两部分, 右侧的面积恰好为 α.

今后若无特别说明, 本书中出现的分位数指的都是上 α 分位数.

例 5.2.1 设 X 服从标准正态分布 $N(0,1)$, 它的上 α 分位数记为 z_α, 满足

$$P\{X \geqslant z_\alpha\} = 1 - P\{X < z_\alpha\} = \alpha$$

即 z_α 是方程

$$\Phi(z_\alpha) = 1 - \alpha$$

的唯一解, 利用标准正态分布的分布函数表 (见附表 1), 可以查得上分位数的值, 例如 $z_{0.025} = 1.96$, $z_{0.05} = 1.645$ 等. 另外, 一般正态分布的上分位数可以由标准正态分布的上分位数得到.

对于卡方分布而言, 若随机变量 $X \sim \chi^2(n)$, 对给定的 α $(0 < \alpha < 1)$, 称满足

$$P\{X \geqslant \chi_\alpha^2(n)\} = \alpha$$

的 $\chi_\alpha^2(n)$ 为 $\chi^2(n)$ 分布的上 α 分位数.

根据分位数的定义构造了卡方分布的分位数表供查阅 (见附表 2), 例如 $\chi_{0.05}^2(10) = 18.31$, $\chi_{0.05}^2(26) = 38.885$. 但该表只列到 $n = 45$ 为止, 当 $n > 45$ 时, $\chi^2(n)$ 分布的上 α 分位数的近似值为

$$\chi_\alpha^2(n) \approx \frac{1}{2}(z_\alpha + \sqrt{2n-1})^2$$

其中, z_α 是标准正态分布的上 α 分位数.

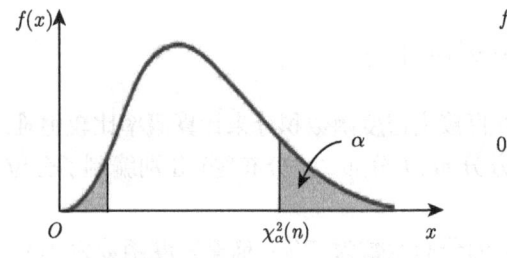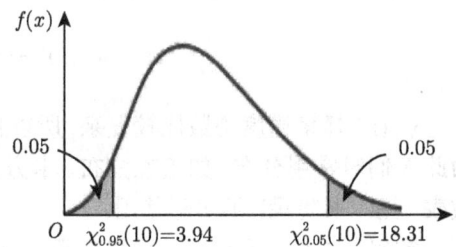

图 5-2: χ^2 分布的分位数

例 5.2.2 已知 X_1, X_2, X_3 为来自正态总体 $N(0, 2^2)$ 的一个容量为 3 的样本. 试求系数 a、b, 使

$$X = a(X_1 + X_3)^2 + bX_2^2$$

服从自由度为 2 的卡方分布.

解 因为 $X_i \sim N(0, 2^2)$, 所以

$$X_1 + X_3 \sim N(0, 8)$$

$$\frac{X_1 + X_3}{\sqrt{8}} = \frac{X_1 + X_3}{2\sqrt{2}} \sim N(0, 1)$$

$$\frac{X_2}{\sqrt{4}} = \frac{X_2}{2} \sim N(0, 1)$$

所以

$$X = a(X_1 + X_3)^2 + bX_2^2$$
$$= 8a \times \left(\frac{X_1 + X_3}{2\sqrt{2}}\right)^2 + 4b \times \left(\frac{X_2}{2}\right)^2$$

由卡方分布的定义知, 当 $a = \dfrac{1}{8}$, $b = \dfrac{1}{4}$ 时, $X \sim \chi^2(2)$.

5.2.2 t 分布

定义 5.2.3 设随机变量 $X \sim N(0, 1)$, $Y \sim \chi^2(n)$, 且 X 与 Y 相互独立, 则随机变量

$$T = \frac{X}{\sqrt{Y/n}} \tag{5.2.3}$$

的分布称为自由度为 n 的 t 分布, 记为 $T \sim t(n)$.

$t(n)$ 分布的密度函数为

$$f(x) = \frac{\Gamma\left(\frac{n+1}{2}\right)}{\sqrt{n\pi}\,\Gamma\left(\frac{n}{2}\right)} \left(1 + \frac{x^2}{2}\right)^{\frac{n+1}{2}}, \quad x \in \mathbf{R}$$

该概率密度函数曲线关于纵轴对称, 与标准正态分布的概率密度函数形状相似. 当自由度较大 $(n > 45)$ 时, t 分布可以用标准正态分布 $N(0, 1)$ 近似.

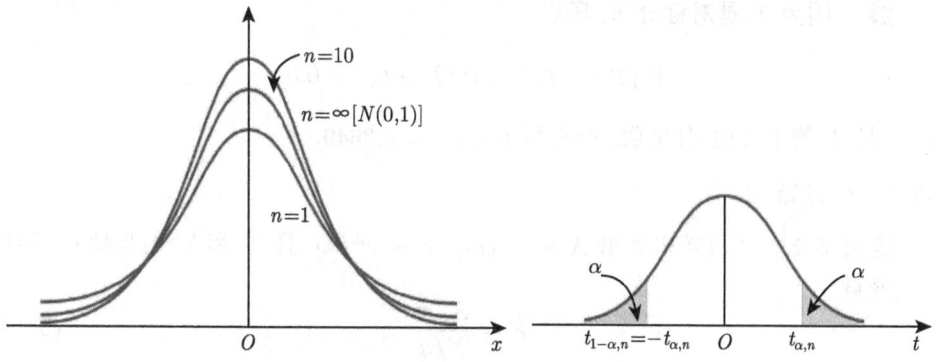

图 5-3: t 分布的概率密度曲线及其分位数

当随机变量 $T \sim t(n)$ 时, 对给定的 α $(0 < \alpha < 1)$, 称满足

$$P\{T \geqslant t_\alpha(n)\} = \alpha$$

的 $t_\alpha(n)$ 为自由度为 n 的 t 分布的上 α 分位数.

直接由 t 分布的概率密度函数来计算概率比较困难, 为方便计, 根据分位数的定义构造了 t 分布的分位数表供查阅 (见附表 3). 由于 t 分布的密度函数是偶函数, 故其分位数之间有如下关系:

$$t_\alpha(n) = -t_{1-\alpha}(n)$$

例 5.2.3 设总体 X 服从标准正态分布 $N(0,1)$, 从中抽取一个容量为 5 的样本 $X_1, X_2, \cdots, X_5$, 试确定常数 C, 使统计量

$$T = \frac{C(X_1 + X_2)}{\sqrt{X_3^2 + X_4^2 + X_5^2}}$$

服从 t 分布, 并确定其自由度.

解 因为 $X_1, X_2, \cdots, X_5$ 相互独立且都服从 $N(0,1)$, 所以 $X_1 + X_2 \sim N(0,2)$, 故 $\dfrac{X_1 + X_2}{\sqrt{2}} \sim N(0,1)$, 又知 $X_3^2 + X_4^2 + X_5^2 \sim \chi^2(3)$, 由 t 分布的定义有

$$\frac{\dfrac{X_1 + X_2}{\sqrt{2}}}{\sqrt{\dfrac{X_3^2 + X_4^2 + X_5^2}{3}}} \sim t(3)$$

故取常数 $C = \sqrt{\dfrac{3}{2}}$ 可使原统计量 T 服从 t 分布, 其自由度为 3.

例 5.2.4 已知统计量 $T \sim t(5)$, 求 t_α, 使 $P\{T < -t_\alpha\} = 0.01$

解 因为 T 是对称分布, 所以

$$P\{T < -t_\alpha\} = P\{T > t_\alpha\} = 0.01$$

即 t_α 是 T 的上 0.01 分位数, 查表得 $t_{0.01}(5) = 3.3649$.

5.2.3 F 分布

定义 5.2.4 设随机变量 $X \sim \chi^2(m)$, $Y \sim \chi^2(n)$, 且 X 和 Y 相互独立, 则称随机变量

$$F = \frac{X/m}{Y/n} \tag{5.2.4}$$

服从自由度 m 和 n 的 F 分布, 记为 $F \sim F(m,n)$, 其中 m 是第一自由度, n 是第二自由度.

5.2 三大抽样分布

$F(m,n)$ 分布的概率密度密度函数为

$$f(x) = \begin{cases} \dfrac{\Gamma\left(\dfrac{m+n}{2}\right)}{\Gamma\left(\dfrac{m}{2}\right)\Gamma\left(\dfrac{n}{2}\right)} \left(\dfrac{m}{n}\right) \left(\dfrac{m}{n}x\right)^{\frac{m}{2}-1} \left(1+\dfrac{m}{n}x\right)^{-\frac{m+n}{2}}, & x \geqslant 0 \\ 0, & x < 0 \end{cases}$$

当随机变量 $F \sim F(m,n)$ 时, 对给定的 α $(0 < \alpha < 1)$, 称满足

$$P\{F \geqslant F_\alpha(m,n)\} = \alpha$$

的 $F_\alpha(m,n)$ 是随机变量 F 的上 α 分位数或 $F(m,n)$ 分布的上 α 分位数. F 分布的分位数可查 F 分布表得到, 例如 $F_{0.05}(24,30) = 1.89$ 等.

由 F 分布的构造可知, 若 $F \sim F(m,n)$, 则 $1/F \sim F(n,m)$, 再由 F 分布上 α 分位数的定义知, $F_{1-\alpha}(n,m) = \dfrac{1}{F_\alpha(m,n)}$

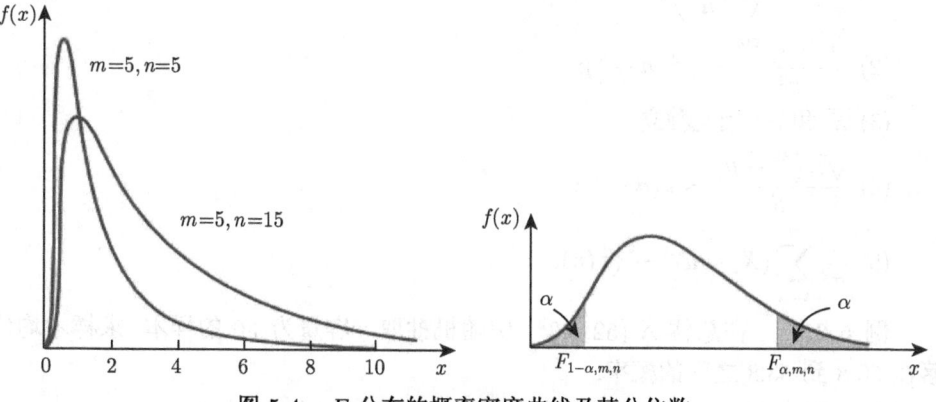

图 5-4: F 分布的概率密度曲线及其分位数

例 5.2.5 设总体 $X \sim N(0,2)$, 从中抽取一个容量为 4 的样本 X_1, X_2, X_3, X_4, 试求概率

$$P\left\{\dfrac{(X_1+X_2)^2}{(X_3-X_4)^2} \leqslant 40\right\}$$

解 由于 X_1, X_2, X_3, X_4 相互独立且都服从 $X \sim N(0,2)$, 所以

$$\dfrac{X_1+X_2}{\sqrt{4}} \sim N(0,1) \quad \dfrac{X_3-X_4}{\sqrt{4}} \sim N(0,1)$$

$$\left(\dfrac{X_1+X_2}{\sqrt{4}}\right)^2 \sim \chi^2(1) \quad \left(\dfrac{X_3-X_4}{\sqrt{4}}\right)^2 \sim \chi^2(1)$$

因其独立性, 由 F 分布的定义知 $F = \frac{(X_1+X_2)^2}{(X_3-X_4)^2} \sim F(1,1)$, 所以所求概率为:

$$\begin{aligned}
P\left\{\frac{(X_1+X_2)^2}{(X_3-X_4)^2} \leqslant 40\right\} &= 1 - P\left\{\frac{(X_1+X_2)^2}{(X_3-X_4)^2} > 40\right\} \\
&= 1 - P\{F > 40\} \\
&= 1 - 0.1 \\
&= 0.9
\end{aligned}$$

5.2.4 正态总体下样本均值与样本方差的分布

前面已经提到, 许多实际问题的统计分析都是基于正态总体这一基本假设的, 这说明正态分布和正态总体在统计理论中具有举足轻重的地位. 以下不加证明地给出正态总体的样本均值和方差的一些重要结论, 以供学习使用.

定理 5.2.1 设 $X_1, X_2, \cdots, X_n$ 是来自于正态总体 $N(\mu, \sigma^2)$ 的简单随机样本, 则有

(1) $\overline{X} \sim N\left(\mu, \frac{\sigma^2}{n}\right)$;

(2) $\frac{(n-1)S^2}{\sigma^2} \sim \chi^2(n-1)$;

(3) $\overline{X}$ 和 S^2 相互独立;

(4) $\frac{\sqrt{n}(\overline{X}-\mu)}{S} \sim t(n-1)$;

(5) $\frac{1}{\sigma^2} \sum_{i=1}^n (X_i - \mu)^2 \sim \chi^2(n)$.

例 5.2.6 在总体 $N(52, 6.3^2)$ 中随机抽取一容量为 36 的样本, 求样本均值落在 50.8 到 53.8 之间的概率.

解 因为 $X \sim N(52, 6.3^2)$, 样本容量 $n = 36$, 所以

$$\overline{X} = \frac{1}{36}\sum_{i=1}^{36} X_i \sim N\left(52, \frac{6.3^2}{36}\right)$$

即

$$\overline{X} \sim N(52, 1.05^2)$$

故

$$\begin{aligned}
P\{50.8 < \overline{X} \leqslant 53.8\} &= P\left\{\frac{50.8-52}{1.05} < \frac{\overline{X}-52}{1.05} \leqslant \frac{53.8-52}{1.05}\right\} \\
&= \Phi\left(\frac{53.8-52}{1.05}\right) - \Phi\left(\frac{50.8-52}{1.05}\right) \approx 0.8293
\end{aligned}$$

根据上述定理和三大抽样分布的定义,可以得到以下推论.

推论 5.2.1 设 $X_1, X_2, \cdots, X_m$ 是来自于正态总体 $N(\mu_1, \sigma_1^2)$ 的样本,$Y_1, Y_2, \cdots, Y_n$ 是来自于正态总体 $N(\mu_2, \sigma_2^2)$ 的样本,两总体相互独立,$\overline{X}$、$\overline{Y}$、S_1^2、S_2^2 分别为两组样本的样本均值和样本方差. 则

(1) $\overline{X} \pm \overline{Y} \sim N\left(\mu_1 \pm \mu_2, \dfrac{\sigma_1^2}{m} + \dfrac{\sigma_2^2}{n}\right)$

(2) $F = \dfrac{S_1^2/\sigma_1^2}{S_2^2/\sigma_2^2} \sim F(m-1, n-1)$

(3) 当 $\sigma_1^2 = \sigma_2^2 = \sigma$ 时,记

$$S_W = \sqrt{\dfrac{(m-1)S_1^2 + (n-1)S_2^2}{m+n-2}}$$

则

$$T = \dfrac{(\overline{X} - \overline{Y}) - (\mu_1 - \mu_2)}{S_W\sqrt{\dfrac{1}{m} + \dfrac{1}{n}}} \sim t(m+n-2)$$

例 5.2.7 从总体 $N(20, 3)$ 中抽取容量为 10 和 15 的两个独立样本,求这两个样本的均值之差的绝对值大于 0.3 的概率.

解 设这两个独立样本的均值分别为 $\overline{X}$ 和 $\overline{Y}$,则 $\overline{X} \sim N\left(20, \dfrac{3}{10}\right)$,$\overline{Y} \sim N\left(20, \dfrac{3}{15}\right)$,所以有

$$\overline{X} - \overline{Y} \sim N\left(0, \dfrac{3}{10} + \dfrac{3}{15}\right)$$

即

$$\overline{X} - \overline{Y} \sim N\left(0, \dfrac{1}{2}\right)$$

故所求概率为

$$\begin{aligned}
P\{|\overline{X} - \overline{Y}| > 0.3\} &= 1 - P\{|\overline{X} - \overline{Y}| \leqslant 0.3\} \\
&= 1 - P\{-0.3 \leqslant \overline{X} - \overline{Y} \leqslant 0.3\} \\
&= 1 - P\left\{\dfrac{-0.3}{\sqrt{1/2}} \leqslant \dfrac{\overline{X} - \overline{Y}}{\sqrt{1/2}} \leqslant \dfrac{0.3}{\sqrt{1/2}}\right\} \\
&= 1 - \Phi\left(\dfrac{0.3}{\sqrt{1/2}}\right) + \Phi\left(\dfrac{-0.3}{\sqrt{1/2}}\right) \\
&\approx 0.6744
\end{aligned}$$

练习题 5

1. 设总体 X 服从两点分布, 其分布律为

$$P\{X=k\} = p^k(1-p)^{1-k}, \quad k=0,1$$

从中抽取一个容量为 n 的样本 $X_1, \cdots, X_n$, 试求样本的联合分布.

2. 设总体 $X \sim U(a,b)$, 从中抽取一个容量为 n 的样本 $X_1, \cdots, X_n$, 试求样本的联合分布.

3. 在总体 $X \sim N(12, 4)$ 中随机抽取一个容量为 4 的样本 $X_1, \cdots, X_4$, 其顺序统计量为 $X_{(1)}, \cdots, X_{(4)}$, 试求:

 (1) $P\{X_{(4)} > 15\}$;
 (2) $P\{X_{(1)} < 10\}$.

4. 从一批灯泡中任意抽出 10 只测量寿命, 所得数据如下 (单位: 小时):

$$1450 \quad 1360 \quad 1520 \quad 1530 \quad 1470 \quad 1440 \quad 1560 \quad 1380 \quad 1460 \quad 1430$$

试求样本均值、样本方差以及样本标准差.

5. 设容量为 12 的一个样本的观测值为

$$-5, 4, -1, 6, 2, 4, -1, 2, 4, -1, 1, 3$$

求极差的值.

6. 每小时从加工的零件中任取 10 个检查其直径 x_i, 共测 10 小时, 其结果和频率值 f_i 如下 (单位: 毫米)

x_i	11.7	11.8	11.9	12	12.1	12.2	12.3	12.4
f_i	4	10	20	32	18	10	5	1

试求样本均值及均方差.

7. 为调查某人的电话费支出情况, 随机抽取一年中的八个月, 得其这八个月的电话费 (单位: 元) 支出分别为

$$243, 230, 185, 240, 228, 196, 246, 200$$

(1) 求样本均值、样本方差;
(2) 求样本的中位数和变异系数.

8. 从一批产品中随机的抽取 8 个, 测得它们的重量分别为

$$143, 100, 146, 130, 185, 140, 128, 196$$

(1) 求样本的二阶原点矩;
(2) 极差和中位数.

9. 设总体 $X \sim N(\mu, \sigma^2)$，$X_1, X_2, \cdots X_7$ 是来自于总体 X 的一个容量为 7 的样本，若 μ 未知而 σ 已知，下列随机变量是否为统计量？

(1) $X_1 + X_2 - X_3$

(2) $X_1^2 + X_2^2 - X_3$

(3) $2X_1 - \mu$

(4) $\dfrac{3\mu^2}{\sigma^2}$

(5) $\dfrac{1}{\sigma}(X_2 - \mu)$

10. 若总体 X 的期望为 μ，方差为 9，从总体中抽取一个容量为 32 的样本，设样本均值为 $\overline{X}$，求概率 $P\{|\overline{X} - \mu| < 1\}$ 的近似值.

11. 一计算机系统有 120 个终端，每个终端平均只有百分之五的时间在使用，如果各个终端的使用与否相互独立，求在任意时刻有 10 个以上的终端在使用的概率.

12. 某保险公司的老年人寿保险有 1 万人参加，每人每年交 200 元. 若老人在该年内死亡，公司付给家属 1 万元. 设老年人死亡率为 0.017，试求保险公司在一年内的这项保险中亏本的概率.

13. 对于一个学生而言，来参加家长会的家长人数是一个随机变量. 设一个学生无家长、1 名家长、2 名家长来参加会议的概率分别为 0.05、0.8、0.15. 若学校共有 400 名学生，设各学生参加会议的家长数相互独立，且服从同一分布.

(1) 求参加会议的家长数 X 超过 450 的概率；

(2) 求有 1 名家长来参加会议的学生数不多于 340 的概率.

14. 某药厂生产的某种药品，声称对某疾病的治愈率为 80%，现为了检验此治愈率，任意抽取 100 个这种病患者进行临床试验，如果有多于 75 人治愈，则此药通过检验，试在以下两种情况下，分别计算此药通过检验的可能性.

(1) 此药的实际治愈率为 80%；

(2) 此药的实际治愈率为 70%.

15. 某汽车 4S 店每天售出的汽车数服从参数为 2 的泊松分布. 若一年有 360 天都经营汽车销售，且每天售出的汽车数量是相互独立的，求一年中售出 700 辆以上汽车的概率是多少？

16. 对一枚均匀的硬币，至少要抛多少次才能使正面出现的频率在 0.4 到 0.6 之间的概率不小于 0.9？

17. 现有一批种子，其中良种占 1/6，今取 6000 粒，问能以 0.99 的概率保证这 6000 粒种子中良种所占的比例与 1/6 的差值不超过多少？

18. 根据以往经验，某种电器元件的寿命 (单位：小时) 服从参数为 $\dfrac{1}{100}$ 小时的指数分布，现随机的取 16 只，设它们的寿命是相互独立的，试求这 16 只元件的寿命总和大于 1920 小时的概率.

19. 大学英语四级考试有 85 道单项选择题，每题有 4 个备选答案. 必须答对 51 道题以上才能通过考试，试问某同学靠猜能通过考试的概率是多少？

20. 设 $X \sim N(0, 4)$，$X_1, X_2, \cdots, X_5$ 是来自于总体 X 的一个容量为 5 的样本.

(1) $Y = aX_1^2 + b(X_2 + X_3)^2 + c(X_4 - X_5)^2$, 试确定常数 a, b, c, 使 Y 服从卡方分布并确定自由度；

(2) $Z = \dfrac{a(X_1 + X_2)}{\sqrt{(X_3^2 + X_4^2)}}$, 试确定常数 a, 使 Z 服从 t 分布并确定自由度；

(3) $W = \dfrac{a(X_1 + X_2)^2}{(X_3^2 + X_4^2 + X_5^2)}$, 试确定常数 a, 使 W 服从 F 分布并确定自由度.

21. 设随机变量 $F \sim F(15, 10)$, 对给定的正数 $\alpha = 0.1$, 求 λ_1, λ_2 使得

$$P\{\lambda_1 < F < \lambda_2\} = 1 - \alpha$$

22. 设总体 $X \sim N(0, 0.3^2)$, $X_1, \cdots, X_{10}$ 为一个容量为 10 的样本, 试求 $P\left\{\sum_{i=1}^{10} X_i^2 \geqslant 1.44\right\}$ 的值.

23. 设 $X_1, X_2, \cdots, X_5$ 是来自标准正态分布的一个简单随机样本, 试求 k, 使得

$$P\left\{\dfrac{X_1 + X_2}{\sqrt{X_3^2 + X_4^2 + X_5^2}} \leqslant k\right\} = 0.9$$

24. 设总体 $X \sim N(2, 1)$, $X_1, X_2, \cdots, X_9$ 是来自于总体 X 的一组样本. 试求:

(1) $\overline{X} = \dfrac{1}{9}\sum_{i=1}^{n} X_i$ 的分布；

(2) 分别计算 X 与 $\overline{X}$ 在区间 $[1, 3]$ 中取值的概率.

25. 设总体 X 服从 $N(\mu, 4)$, $X_1, \cdots, X_n$ 是来自此总体的一个容量为 n 样本, $\overline{X}$ 为样本均值, 试问样本容量 n 为多大时有下式成立?

$$P\{|\overline{X} - \mu| < 0.1\} \leqslant 0.95$$

26. 设 $X \sim N(0, 1)$, $X_1, X_2, \cdots, X_{10}$ 是来自于总体 X 的一个容量为 10 的样本, 求 $P\left\{\sum_{i=1}^{10} X_i^2 > 12.549\right\}$ 的值.

27. $X_1, X_2, \cdots, X_{10}$ 是来自于总体 X 的一个容量为 10 的样本, $Y_1, Y_2, \cdots, Y_9$ 是来自于总体 Y 的一个容量为 9 的样本, 其中 $X \sim N(10, 4)$, $Y \sim N(20, 4)$, 且 X 与 Y 相互独立, 试求概率 $P\{\overline{Y} - \overline{X} > 11\}$.

28. 从正态总体 $X \sim N(3.4, 36)$ 中抽取容量为 n 的样本, 如果要求其样本均值落在区间 $(1.4, 5.4)$ 内的概率不小于 0.95, 试问样本容量最小取多大?

29. 某厂要检验保温瓶的保温性能, 在保温瓶中灌满 100 度的沸水, 24 小时后测定其保温温度为 T 度. 已知 $T \sim N(62, 5)$, 若独立进行两次抽样测试, 第一次抽取 20 只, 第二次抽取 12 只, 试问这两个样本均值差的绝对值大于 1 度的概率是多少?

30. 将重量为 a 的物品在天平上重复称量 n 次, 若各次称量的结果相互独立, 且都服从参数为 a 和 0.16 的正态分布, 则 n 不小于多少时有下式成立?

$$P\{|\overline{X} - a| < 0.1\} \geqslant 0.95$$

练习题 5

31. 设总体 $X \sim N(\mu, \sigma^2)$, 其中 σ^2 已知, $X_1, \cdots, X_{40}$ 为样本, 试求

$$P\left\{0.5\sigma^2 \leqslant \frac{1}{40}\sum_{i=1}^{40}(X_i - \overline{X})^2 \leqslant 1.435\sigma^2\right\}$$

32. 设总体 $X \sim N(40, 25)$,
(1) 抽取容量为 64 的样本, 试求 $P\{|\overline{X} - 40| < 1\}$ 的值;
(2) 样本容量为多大时有 $P\{|\overline{X} - 40| < 1\} = 0.95$?

33. 设总体 $X \sim N(\mu, \sigma^2)$, $X_1, \cdots, X_{16}$ 为样本, 样本方差为 S^2, 当 n 最小为多少时有下式成立?

$$P\left\{\frac{S^2}{\sigma^2} \leqslant 1.5\right\} \geqslant 0.95$$

34. 设总体 $X \sim N(\mu, \sigma^2)$, $X_1, \cdots, X_{16}$ 为样本, 样本均值为 $\overline{X}$, 在下列条件下求样本均值与总体均值 μ 的差的绝对值小于 2 的概率.
(1) $\sigma^2 = 25$ 已知;
(2) σ^2 未知.

35. 设总体 $X \sim N(\mu, \sigma^2)$, $X_1, \cdots, X_{16}$ 为样本, 样本均值为 $\overline{X}$, 样本方差为 S^2, 欲使

$$P\{\overline{X} > \mu + KS\} = 0.95$$

则 K 应该取何值?

第 6 章 点 估 计

设总体 X 的分布已知, 但分布中有一个或多个参数未知. 为了推断其未知参数, 首先从总体 X 中抽取一个简单随机样本, 然后根据所获取的样本观测值计算出一个具体的值作为参数的估计值. 这就是参数的点估计 (Point estimation), 在实际问题中经常遇到.

一个著名的例子就是在第二次世界大战期间, 盟军出于战略目的需要了解德军坦克的具体数量. 然而, 最终可靠的情报并非来源于间谍, 而是来源于盟军的统计学家. 统计学家究竟做了什么呢?

当时, 德国对生产的坦克都是按件编号, 并铭刻在装备上. 根据俘获的德军坦克的标号, 统计学家对当时德军的坦克数量做出了估计[①]. 战争结束后, 根据德军的官方记录, 盟军发现所得到的估计数字与实际数字相当接近. 从统计学的角度来看, 盟军要估计的总体参数就是德军坦克数量, 而缴获的坦克标号就是样本, 统计学家得到的推断结果展现了统计学的神奇魅力.

为描述方便, 设总体 X 的分布函数为 $F(x;\theta)$, θ 为未知参数. $X_1, X_2, \cdots, X_n$ 是来自总体 X 的一个简单随机样本, $x_1, x_2, \cdots, x_n$ 是对应的样本观测值. 所谓参数 θ 的点估计, 就是构造一个适当的统计量 $\hat{\theta}(X_1, X_2, \cdots, X_n)$, 将样本观测值代入所得到的 $\hat{\theta}(x_1, x_2, \cdots, x_n)$ 作为未知参数 θ 的估计值. 由于未知参数 θ 可以看做数轴上的一个点, 用 $\hat{\theta}$ 去估计 θ, 相当于用一个点去估计数轴上的这个点, 所以称 $\hat{\theta}(X_1, X_2, \cdots, X_n)$ 为 θ 的点估计量, $\hat{\theta}(x_1, x_2, \cdots, x_n)$ 为 θ 的点估计值.

那么应该依据什么原则去构造适当的点估计量呢? 根据其基本思想的不同, 常用的点估计方法可分为矩估计法、最大似然估计法和最小二乘法等. 本章将介绍矩估计法和最大似然估计法, 最小二乘法将在回归分析一章中介绍.

6.1 矩 估 计 法

矩估计法是英国统计学家 K. 皮尔逊 (K. Pearson) 在 19 世纪末到 20 世纪初的一系列文章中引进的. 其基本思想就是利用样本矩来估计相应的总体矩, 下面通过例子来说明.

例 6.1.1 已知顾客在某银行的窗口等待服务的时间 X 服从指数分布 $\mathrm{Exp}(\alpha)$, 其中参数 α 未知. 根据概率论的知识可知, 总体 X 的数学期望 (即一阶原点矩) 为

[①]具体内容可参见杨轶莘编著. 大数据时代下的统计学. 北京: 电子工业出版社, 2015

6.1 矩估计法

$E(X) = \dfrac{1}{\alpha}$. 设 $X_1, X_2, \cdots, X_n$ 是来自该总体的一个简单随机样本,其样本均值 $\overline{X} = \dfrac{1}{n}\sum_{i=1}^{n} X_i$. 一个很自然的想法就是,随着样本容量 n 的逐渐增大,$\overline{X}$ 也应该是越来越接近于总体期望 $\dfrac{1}{\alpha}$ 的. 因此考虑用样本一阶原点矩 (即样本均值) 来估计总体的一阶原点矩 (即数学期望),则有

$$E(X) = \dfrac{1}{\alpha} \triangleq \overline{X}$$

由此解得 α 的矩估计量 $\hat{\alpha} = \dfrac{1}{\overline{X}}$.

将以上过程的基本步骤总结如下:

(1) 根据总体 X 的分布计算其数学期望,将 $E(X)$ 表示为待估参数 α 的函数 $g(\alpha) = \dfrac{1}{\alpha}$;

(2) 利用对应的样本一阶原点矩 $\overline{X}$ 估计 $E(X)$(总体 X 的一阶原点矩);

(3) 解方程 $g(\alpha) = \overline{X}$,将 α 用样本 $X_1, X_2, \cdots, X_n$ 表示出来,即为 α 的矩估计量.

将以上思路推广至一般情况,如果待估参数有 k 个,则至少需要构造 k 个方程.

定义 6.1.1 设总体 X 的分布函数为 $F(x; \theta_1, \cdots, \theta_k)$,其中 $\theta_1, \cdots, \theta_k$ 是未知参数. 假定总体 X 的 r 阶原点矩 $E(X^r)(1 \leqslant r \leqslant k)$ 都存在,一般情况下 $E(X^r)$ 依赖于 $\theta_1, \cdots, \theta_k$,记为

$$E(X^r) = g_r(\theta_1, \cdots, \theta_k), \quad r = 1, 2, \cdots, k \tag{6.1.1}$$

设 $X_1, X_2, \cdots, X_n$ 是来自总体 X 的一个简单随机样本,其样本 r 阶原点矩

$$\overline{X^r} = \dfrac{1}{n}\sum_{i=1}^{n} X_i^r, \quad r = 1, 2, \cdots, k \tag{6.1.2}$$

令样本 r 阶原点矩等于总体 X 的 r 阶原点矩 $(r = 1, 2, \cdots, k)$,即

$$\begin{cases} E(X) = g_1(\theta_1, \cdots, \theta_k) \triangleq \dfrac{1}{n}\sum_{i=1}^{n} X_i = \overline{X} \\ E(X^2) = g_2(\theta_1, \cdots, \theta_k) \triangleq \dfrac{1}{n}\sum_{i=1}^{n} X_i^2 = \overline{X^2} \\ \cdots\cdots \\ E(X^k) = g_k(\theta_1, \cdots, \theta_k) \triangleq \dfrac{1}{n}\sum_{i=1}^{n} X_i^k = \overline{X^k} \end{cases} \tag{6.1.3}$$

求解该方程组, 将未知参数 $\theta_1, \cdots, \theta_k$ 分别表示为样本 $X_1, X_2, \cdots, X_n$ 的函数, 即可得到参数 $\theta_1, \cdots, \theta_k$ 的矩估计量

$$\hat{\theta}_r = \hat{\theta}_r(X_1, X_2, \cdots, X_n), \quad r = 1, 2, \cdots, k$$

如果将样本观测值 $x_1, x_2, \cdots, x_n$ 代入, 则称 $\hat{\theta}_r = \hat{\theta}_r(x_1, x_2, \cdots, x_n)(r = 1, 2, \cdots, k)$ 为参数 $\theta_1, \cdots, \theta_k$ 的矩估计值.

需要注意以下几点:

(1) 定义中选用的是原点矩, 也可以用中心矩. 只要给定总体矩, 采用相应的样本矩去估计即可, 后面将结合例子进行说明.

(2) 如果要估计的是 $\theta_1, \cdots, \theta_k$ 的某个函数 $h(\theta_1, \cdots, \theta_k)$, 则用 $\hat{h} = h(\hat{\theta}_1, \cdots, \hat{\theta}_k)$ 来估计它, 称之为矩估计量.

(3) 矩估计法的关键是计算总体矩, 因此使用矩估计法的前提就是所需要的总体矩必须存在. 而这也是矩估计法的局限所在.

例 6.1.2 设总体 X 服从正态分布 $N(\mu, \sigma^2)$, 其中 μ 和 σ^2 是未知参数. 已知 $X_1, X_2, \cdots, X_n$ 是来自该总体的一个简单随机样本, 试给出 μ 和 σ^2 的矩估计量.

解 由于 $X \sim N(\mu, \sigma^2)$, 根据概率论知识可知,

$$\begin{cases} E(X) = \mu \\ E(X^2) = \mu^2 + \sigma^2 \end{cases}$$

分别令其等于 $\overline{X}$ 和 $\overline{X^2}$, 即

$$\begin{cases} \mu \triangleq \overline{X} \\ \mu^2 + \sigma^2 \triangleq \overline{X^2} \end{cases}$$

解得 μ 和 σ^2 的矩估计量分别为: $\hat{\mu} = \overline{X}, \hat{\sigma^2} = \overline{X^2} - \overline{X}^2$

本例中, 由于对正态分布 $N(\mu, \sigma^2)$, 可以直接得到其数学期望 (一阶原点矩) 与方差 (二阶中心距) 如下

$$\begin{cases} E(X) = \mu \\ D(X) = \sigma^2 \end{cases}$$

按照矩估计法的思想, 分别用样本的一阶原点矩 $\overline{X}$ 和二阶中心矩 $S_n^2 = \frac{1}{n}\sum_{i=1}^{n}(X_i - \overline{X})^2$ 替代 $E(X)$ 和 $D(X)$, 得到 μ 和 σ^2 的矩估计量分别为:

$$\begin{cases} \hat{\mu} = \overline{X} \\ \hat{\sigma^2} = S_n^2 \end{cases}$$

而
$$\frac{1}{n}\sum_{i=1}^{n}(X_i-\overline{X})^2 = \frac{1}{n}\sum_{i=1}^{n}\left(X_i^2-2X_i\overline{X}+\overline{X}^2\right)$$
$$= \frac{1}{n}\left(\sum_{i=1}^{n}X_i^2-n\overline{X}^2\right)$$
$$= \overline{X^2}-\overline{X}^2$$

因此, 对本例而言, 用中心矩和原点矩所得到的估计量是一致的, 可根据实际问题灵活选用. 特别的, 将本例的结果推广至一般情况.

设总体 X 的数学期望 μ 及方差 $\sigma^2(>0)$ 都存在, 但 μ 和 σ^2 均未知. X_1, $X_2,\cdots,X_n$ 是来自该总体的一个简单随机样本, 则 μ 和 σ^2 的矩估计量分别为 $\hat{\mu} = \overline{X}$, $\hat{\sigma^2} = S_n^2$. 说明总体期望与方差的矩估计量的表达式与总体的具体分布无关.

进一步, 还可以得到总体标准差 σ 的矩估计量
$$\hat{\sigma} = S_n = \sqrt{S_n^2}$$

例 6.1.3 设总体 X 服从泊松分布 $\pi(\lambda)$, 其中 $\lambda > 0$ 是未知参数. $X_1,X_2,\cdots,X_n$ 是来自该总体的一个简单随机样本, 试求参数 λ 的矩估计量.

解 已知 $X \sim \pi(\lambda)$, 则有
$$E(X) = \lambda, \quad D(X) = \lambda,$$
根据上述结论, 分别令 $E(X) = \overline{X}$, $D(X) = S_n^2$, 可以得到 λ 的两个矩估计量为
$$\hat{\lambda}_1 = \overline{X}, \quad \hat{\lambda}_2 = S_n^2$$

一般情况下, 得到一组具体的样本观测值之后, 其样本均值和样本二阶中心矩的观测值是不同的. 例如, 对于样本观测值 $1,1,3,2,1$, $\overline{x} = \frac{8}{5}$, $s_n^2 = \frac{16}{5} - \left(\frac{8}{5}\right)^2 = \frac{16}{25}$. 这就意味着, 对于未知参数, 矩估计并不是唯一的.

例 6.1.4 设总体 X 的概率密度为
$$f(x;\theta) = \frac{1}{2\theta}e^{\frac{-|x|}{\theta}}, \quad -\infty < x < +\infty, \theta > 0$$
$X_1,X_2,\cdots,X_n$ 是来自该总体的一个简单随机样本, 试求参数 θ 的矩估计量.

解 总体 X 的一阶原点矩
$$E(X) = \int_{-\infty}^{+\infty}xf(x;\theta)\mathrm{d}x = \int_{-\infty}^{+\infty}x\frac{1}{2\theta}e^{\frac{-|x|}{\theta}}\mathrm{d}x = 0$$

不含未知参数 θ, 无法利用样本均值计算 θ 的矩估计. 所以, 计算
$$E(X^2) = \int_{-\infty}^{+\infty}x^2 f(x;\theta)\mathrm{d}x = \int_{-\infty}^{+\infty}x^2\frac{1}{2\theta}e^{\frac{-|x|}{\theta}}\mathrm{d}x = 2\theta^2$$

令其等于样本的二阶原点矩，即 $2\theta^2 \triangleq \overline{X^2}$，可以解得 θ 的矩估计

$$\hat{\theta}_1 = \sqrt{\frac{1}{2}\overline{X^2}} = \sqrt{\frac{1}{2n}\sum_{i=1}^{n}X_i^2}$$

对于本例，还可以考虑 $|X|$ 的数学期望，即由

$$E(|X|) = \int_{-\infty}^{+\infty} |x| \frac{1}{2\theta} e^{\frac{-|x|}{\theta}} dx = \int_{0}^{+\infty} x \frac{1}{\theta} e^{\frac{-x}{\theta}} dx \triangleq \theta$$

可以得到 θ 的另一矩估计量为 $\hat{\theta}_2 = \dfrac{1}{n}\sum\limits_{i=1}^{n}|X_i|$.

通过以上例子可以看到，矩估计法的基本思想就是替换原理，其处理思路和过程直观清晰，易于掌握. 但正如前面所提，总体矩的存在是使用矩估计法的基本前提. 而且，对于同一参数，其矩估计量并不是一定唯一的. 一般情况下，通常采用以下原则：优先选择使用低阶矩！

6.2 最大似然估计法

最大似然估计 (Maximum Likelihood Estimation, 简记为 MLE) 的思想始于高斯的误差理论，由费歇尔 (R. A. Fisher) 于 20 世纪 20 年代将其作为一个一般的估计方法提出来.

最大似然估计是建立在最大似然原理的基础之上的，下面通过例子来认识其直观想法.

引例 设有两个外观完全相同的箱子，其中一个箱子中有 99 个白球 1 个黑球 (不妨记为甲箱)，另一个箱子中有 1 个白球 99 个黑球 (记为乙箱). 现随机地选取一个箱子并从中任取 1 个球，结果取出的是白球. 这个球是从哪个箱子中取出的？

分析 记取出的是白球为事件 A，如果是从甲箱取的，则 $P(A|甲) = 0.99$；如果是从乙箱取的，则 $P(A|乙) = 0.01$. 可以看到

$$P(A|甲) > P(A|乙)$$

所以我们会认为用"选取的甲箱"来解释"取出的是白球"更有说服力一些. 我们做出这个判断的依据就是"看起来最像"，这也正是 Maximum Likelihood 的直观解释.

下面用一个更一般的例子来阐述最大似然估计的数学思想和实现.

例 6.2.1 设一批产品中有合格品和不合格品，不合格品率记为 p. 从中任取一个产品，用随机变量 X 表示其合格与否，$X = 0$ 表示该产品是合格品，$X = 1$ 表示该

产品是不合格品, 则 X 服从两点分布 $B(1, p)$. 现随机选取 n 个产品 $X_1, X_2, \cdots, X_n$ 检查其是否合格, 得到样本观测值 $x_1, x_2, \cdots, x_n$, 其概率为

$$P\{X_1 = x_1, X_2 = x_2, \cdots X_n = x_n\} = \prod_{i=1}^{n} p^{x_i}(1-p)^{1-x_i} = p^{\sum_{i=1}^{n} x_i}(1-p)^{n-\sum_{i=1}^{n} x_i}$$

可以看到, 如果 $x_1, x_2, \cdots, x_n$ 已经给定, 那么这一组观测值出现的概率仅仅依赖于未知参数 p, p 值不同相应的概率也会有变化. 最大似然估计就是要在参数的可选范围内选择 p 使得这个概率达到最大.

因此, 最大似然估计的首要任务就是将样本观测值 $x_1, x_2, \cdots, x_n$ 出现的概率表示为待估参数的函数, 即似然函数, 以下分离散型和连续型两种情况来讨论.

1. 离散型总体

设总体 X 是离散型的, 其分布律为

$$P\{X = x\} = p(x; \theta_1, \cdots, \theta_k), \quad (\theta_1, \cdots, \theta_k) \in \Theta$$

其中 $\theta_1, \cdots, \theta_k$ 为未知参数, Θ 是 $(\theta_1, \cdots, \theta_k)$ 可能取值的范围, 也称为参数空间. 设 $X_1, X_2, \cdots, X_n$ 是来自总体 X 的样本, $x_1, x_2, \cdots, x_n$ 是相应的样本观测值, 则简单随机样本 $X_1, X_2, \cdots, X_n$ 取到观测值 $x_1, x_2, \cdots, x_n$ 的概率, 即随机事件 $\{X_1 = x_1, X_2 = x_2, \cdots, X_n = x_n\}$ 发生的概率为

$$\begin{aligned} L(\theta_1, \cdots, \theta_k) &= P\{X_1 = x_1, X_2 = x_2, \cdots, X_n = x_n; \theta_1, \cdots, \theta_k\} \\ &= \prod_{i=1}^{n} P\{X_i = x_i; \theta_1, \cdots, \theta_k\} \\ &= \prod_{i=1}^{n} p(x_i; \theta_1, \cdots, \theta_k), \quad (\theta_1, \cdots, \theta_k) \in \Theta \end{aligned} \quad (6.2.1)$$

注意到此处 $x_1, x_2, \cdots, x_n$ 是已知的样本值, 即将其视为常数. 所以上式所表示的概率是参数 $\theta_1, \cdots, \theta_k$ 的函数, 称之为**似然函数**(Likelihood function), 简记为 $L(\theta_1, \cdots, \theta_k)$.

例如, 上例中, 总体 X 服从两点分布 $B(1, p)$, 样本的似然函数为

$$L(p) = p^{\sum_{i=1}^{n} x_i}(1-p)^{n-\sum_{i=1}^{n} x_i}$$

2. 连续型总体

如果总体 X 是连续型的, 其概率密度为

$$f(x; \theta_1, \cdots, \theta_k), \quad (\theta_1, \cdots, \theta_k) \in \Theta$$

其中 $\theta_1, \cdots, \theta_k$ 为未知参数, Θ 是参数空间. 设 $X_1, X_2, \cdots, X_n$ 是来自总体 X 的样本, $x_1, x_2, \cdots, x_n$ 是相应的样本观测值, 则随机点 $(X_1, X_2, \cdots, X_n)$ 落在点

$(x_1, x_2, \cdots, x_n)$ 的邻域 (边长分别为 $\mathrm{d}x_1, \mathrm{d}x_2, \cdots, \mathrm{d}x_n$ 的 n 维矩形) 内的概率可以近似表示为

$$\prod_{i=1}^{n} f(x_i; \theta_1, \cdots, \theta_k) \mathrm{d}x_i$$

显然, 当样本观测值 $x_1, x_2, \cdots, x_n$ 已知时, 该概率是参数 $\theta_1, \cdots, \theta_k$ 的函数, 而其中的乘积因子 $\prod_{i=1}^{n} \mathrm{d}x_i$ 不受参数 $\theta_1, \cdots, \theta_k$ 的影响. 因此对于连续型总体, 定义其样本的**似然函数**为

$$L(\theta_1, \cdots, \theta_k) = \prod_{i=1}^{n} f(x_i; \theta_1, \cdots, \theta_k), \quad (\theta_1, \cdots, \theta_k) \in \Theta \tag{6.2.2}$$

由此可见, 似然函数 $L(\theta_1, \cdots, \theta_k)$ 就是样本 $X_1, X_2, \cdots, X_n$ 的联合分布律或联合概率密度. 这个函数反映了在参数为 $\theta_1, \theta_2, \cdots, \theta_k$, 样本观察值 $X_1, X_2, \cdots, X_n$ 落入以 $x_1, x_2 \cdots, x_n$ 为中心的单位度量中的概率. 按照最大似然估计法的思想, 参数 $\theta_1, \cdots, \theta_k$ 的取值应当使似然函数达到最大值.

根据上述讨论, 对最大似然估计定义如下:

定义 6.2.1 设 $X_1, X_2, \cdots, X_n$ 是来自总体 X 的样本, $x_1, x_2, \cdots, x_n$ 是相应的样本观测值, 样本的似然函数为 $L(\theta)$, $\theta = (\theta_1, \cdots, \theta_k)$ 为未知参数, Θ 是参数空间. 若存在 $\left(\hat{\theta}_1, \cdots, \hat{\theta}_k\right) \in \Theta$, 使得

$$L\left(\hat{\theta}_1, \cdots, \hat{\theta}_k\right) = \max_{\theta_1, \cdots, \theta_k} L(\theta_1, \cdots, \theta_k)$$

则称 $\hat{\theta}_r = \hat{\theta}_r(x_1, x_2, \cdots, x_n)(r = 1, 2, \cdots, k)$ 为参数 $\theta_1, \cdots, \theta_k$ 的**最大似然估计值**, 而称 $\hat{\theta}_r = \hat{\theta}_r(X_1, X_2, \cdots, X_n)(r = 1, 2, \cdots, k)$ 为参数 $\theta_1, \cdots, \theta_k$ 的**最大似然估计量**.

至此, 构造参数 $\theta_1, \cdots, \theta_k$ 最大似然估计量的问题, 就转化为微分学中确定似然函数 $L(\theta_1, \cdots, \theta_k)$ 极大值点的问题.

多数情况下, 可以通过求偏导确定似然函数 $L(\theta_1, \cdots, \theta_k)$ 的极大值点. 此时参数 $\theta_1, \cdots, \theta_k$ 的最大似然估计 $\hat{\theta}_1, \cdots, \hat{\theta}_k$ 可以从**似然方程组**

$$\frac{\partial L(\theta)}{\partial \theta_i} = 0, \quad i = 1, 2, \cdots, k \tag{6.2.3}$$

解得.

注意到似然函数是乘积结构, 一般而言直接求导非常麻烦. 由于对数函数 $\ln x$ 关于 x 是单调递增的, 即**对数似然函数** $\ln L$ 与 L 有相同的极大值点, 故考虑对似然

函数取对数, 将其转化为和函数的结构, 便于求导计算. 因此, $\theta_1, \cdots, \theta_k$ 的最大似然估计 $\hat{\theta}_1, \cdots, \hat{\theta}_k$ 也可以从**对数似然方程组**

$$\frac{\partial \ln L(\theta)}{\partial \theta_i} = 0, \quad i = 1, 2, \cdots, k \tag{6.2.4}$$

解得. 而且多数情况下对数似然方程的求解更容易些.

综上所述, 最大似然估计法的基本步骤如下:

(1) 根据总体 X 的分布, 建立似然函数 $L(\theta_1, \cdots, \theta_k)$:

- 总体 X 是离散型

$$L(\theta_1, \cdots, \theta_k) = \prod_{i=1}^{n} p(x_i; \theta_1, \cdots, \theta_k), \quad (\theta_1, \cdots, \theta_k) \in \Theta$$

- 总体 X 是连续型

$$L(\theta_1, \cdots, \theta_k) = \prod_{i=1}^{n} f(x_i; \theta_1, \cdots, \theta_k), \quad (\theta_1, \cdots, \theta_k) \in \Theta$$

(2) 给出对数似然函数 $\ln L(\theta_1, \cdots, \theta_k)$:

- 总体 X 是离散型

$$\ln L(\theta_1, \cdots, \theta_k) = \sum_{i=1}^{n} \ln p(x_i; \theta_1, \cdots, \theta_k)$$

- 总体 X 是连续型

$$\ln L(\theta_1, \cdots, \theta_k) = \sum_{i=1}^{n} \ln f(x_i; \theta_1, \cdots, \theta_k)$$

(3) 建立似然方程组:

$$\frac{\partial L(\theta)}{\partial \theta_i} = 0, \quad i = 1, 2, \cdots, k$$

或对数似然方程组:

$$\frac{\partial \ln L(\theta)}{\partial \theta_i} = 0, \quad i = 1, 2, \cdots, k$$

(4) 从似然方程组或对数似然方程组, 解得参数 $\theta_r (r = 1, \cdots, k)$ 的最大似然估计值 $\hat{\theta}_r = \hat{\theta}_r(x_1, x_2, \cdots, x_n)$, 相应的统计量 $\hat{\theta}_r = \hat{\theta}_r(X_1, X_2, \cdots, X_n)$ 即为最大似然估计量.

例 6.2.2 设总体 X 服从指数分布 $Exp(\alpha)$, 其中 $\alpha > 0$ 是未知参数. $X_1, X_2, \cdots, X_n$ 是来自该总体的一个简单随机样本, 试求参数 α 的最大似然估计量.

解 已知 $X \sim Exp(\alpha)$, 其密度函数为

$$f(x;\alpha) = \begin{cases} \alpha e^{-\alpha x}, & x \geqslant 0 \\ 0, & x < 0 \end{cases}$$

(1) 建立似然函数:

$$L(\alpha) = \prod_{i=1}^{n} \alpha e^{-\alpha x_i}$$
$$= \alpha^n e^{-\alpha \sum_{i=1}^{n} x_i}, \quad \forall x_i > 0$$

(2) 取对数, 得到对数似然函数:

$$\ln L(\alpha) = n \ln \alpha - \alpha \sum_{i=1}^{n} x_i$$

(3) 两边对 α 求导, 建立对数似然方程:

$$\frac{d \ln L(\alpha)}{d\alpha} = \frac{n}{\alpha} - \sum_{i=1}^{n} x_i = 0$$

(4) 求解对数似然方程, 得到 α 的最大似然估计值为

$$\hat{\alpha} = \frac{n}{\sum_{i=1}^{n} x_i} = \frac{1}{\bar{x}}$$

故其最大似然估计量为 $\hat{\alpha} = \dfrac{1}{\bar{X}}$.

例 6.2.3 设总体 X 服从泊松分布 $\pi(\lambda)$, 其中 $\lambda > 0$ 是未知参数. $X_1, X_2, \cdots, X_n$ 是来自该总体的一个简单随机样本, 试求参数 λ 的最大似然估计量.

解 已知 $X \sim \pi(\lambda)$, 其分布律为

$$P\{X = x; \lambda\} = \frac{\lambda^x}{x!} e^{-\lambda}, \quad x = 0, 1, 2, \cdots$$

(1) 建立似然函数:

$$L(\lambda) = \prod_{i=1}^{n} \frac{\lambda^{x_i}}{x_i!} e^{-\lambda}$$
$$= \frac{\lambda^{\sum_{i=1}^{n} x_i}}{\prod_{i=1}^{n} (x_i!)} e^{-n\lambda}$$

(2) 取对数, 得到对数似然函数:

$$\ln L(\lambda) = \sum_{i=1}^{n} x_i \cdot \ln \lambda - n\lambda - \sum_{i=1}^{n} \ln(x_i!)$$

(3) 两边对 λ 求导, 建立对数似然方程:

$$\frac{\mathrm{d}\ln L(\lambda)}{\mathrm{d}\lambda} = \frac{1}{\lambda}\sum_{i=1}^{n} x_i - n = 0$$

(4) 求解对数似然方程, 得到 λ 的最大似然估计值为

$$\hat{\lambda} = \frac{1}{n}\sum_{i=1}^{n} x_i = \overline{x}$$

故其最大似然估计量为 $\hat{\lambda} = \overline{X}$.

例 6.2.4 设总体 X 服从正态分布 $N(\mu, \sigma^2)$, 其中 μ 和 σ^2 是未知参数. 已知 $X_1, X_2, \cdots, X_n$ 是来自该总体的一个简单随机样本, 试给出 μ 和 σ^2 的最大似然估计量.

解 已知 $X \sim N(\mu, \sigma^2)$, 其密度函数为

$$f(x; \mu, \sigma^2) = \frac{1}{\sqrt{2\pi}\sigma}\mathrm{e}^{-\frac{(x-\mu)^2}{2\sigma^2}}, \quad x \in R$$

(1) 建立似然函数:

$$\begin{aligned} L(\mu, \sigma^2) &= f(x_1, x_2, \cdots, x_n; \mu, \sigma^2) \\ &= \prod_{i=1}^{n} \frac{1}{\sqrt{2\pi}\sigma}\mathrm{e}^{-\frac{(x_i-\mu)^2}{2\sigma^2}} \\ &= (2\pi\sigma^2)^{-\frac{n}{2}} \exp\left\{-\frac{1}{2\sigma^2}\sum_{i=1}^{n}(x_i-\mu)^2\right\} \end{aligned}$$

(2) 取对数, 得到对数似然函数:

$$\ln L(\mu, \sigma^2) = -\frac{n}{2}\ln(2\pi) - \frac{n}{2}\ln(\sigma^2) - \frac{1}{2\sigma^2}\sum_{i=1}^{n}(x_i-\mu)^2$$

(3) 两边分别对 μ 和 σ^2 求偏导, 建立对数似然方程组:

$$\begin{cases} \dfrac{\partial \ln L(\mu, \sigma^2)}{\partial \mu} = \dfrac{1}{\sigma^2}\sum_{i=1}^{n}(x_i-\mu) = 0 \\ \dfrac{\partial \ln L(\mu, \sigma^2)}{\partial \sigma^2} = -\dfrac{n}{2\sigma^2} + \dfrac{1}{2(\sigma^2)^2}\sum_{i=1}^{n}(x_i-\mu)^2 = 0 \end{cases}$$

(4) 求解对数似然方程组, 得到 μ 和 σ^2 的最大似然估计值为

$$\begin{cases} \hat{\mu} = \dfrac{1}{n} \sum_{i=1}^{n} x_i = \overline{x} \\ \hat{\sigma^2} = \dfrac{1}{n} \sum_{i=1}^{n} (x_i - \overline{x})^2 = s_n^2 \end{cases}$$

故最大似然估计量为

$$\hat{\mu} = \frac{1}{n} \sum_{i=1}^{n} X_i = \overline{X}, \quad \hat{\sigma^2} = \frac{1}{n} \sum_{i=1}^{n} (X_i - \overline{X})^2 = S_n^2$$

它们与矩估计量是相同的.

例 6.2.5 (接上例) 若 μ 是已知的, 而 σ^2 是未知参数. 已知 $X_1, X_2, \cdots, X_n$ 是来自该总体的一个简单随机样本, 试给出 σ^2 的最大似然估计量.

解 由上例可直接给出对数似然函数:

$$\ln L(\sigma^2) = -\frac{n}{2} \ln(2\pi) - \frac{n}{2} \ln(\sigma^2) - \frac{1}{2\sigma^2} \sum_{i=1}^{n} (x_i - \mu)^2$$

两边对 σ^2 求导, 建立对数似然方程:

$$\frac{\mathrm{d} \ln L(\sigma^2)}{\mathrm{d} \sigma^2} = -\frac{n}{2\sigma^2} + \frac{1}{2(\sigma^2)^2} \sum_{i=1}^{n} (x_i - \mu)^2 = 0$$

求解对数似然方程, 得到 σ^2 的最大似然估计值为

$$\hat{\sigma^2} = \frac{1}{n} \sum_{i=1}^{n} (x_i - \mu)^2$$

故其最大似然估计量为 $\hat{\sigma^2} = \dfrac{1}{n} \sum_{i=1}^{n} (X_i - \mu)^2$.

对比之前所给出 σ^2 的矩估计量 $\hat{\sigma^2} = S_n^2 = \dfrac{1}{n} \sum_{i=1}^{n} (X_i - \overline{X})^2$, 两者之间的差异就在于最大似然估计量中减去的是总体均值 μ, 而矩估计量中减去的是样本均值 $\overline{X}$. 由于总体均值 μ 是已知的, 而数理统计的主要目的就是利用样本信息对总体特征进行推断, 因此在处理过程中自然希望能充分利用已有的总体信息. 从这个意义上来讲, 对于该问题, 最大似然估计量要优于矩估计量. 所以在实际应用中, 在可能的情况下人们更倾向于使用最大似然估计法.

由以上例子可以看到, 通过找驻点可以确定似然函数 (或对数似然函数) 的极值点, 当驻点不存在时也可以利用其他方法确定极值点. 以下结合具体问题进行说明.

例 6.2.6 设总体 X 在 $[a,b]$ 上服从均匀分布,a、b 未知. 已知 $X_1,X_2,\cdots,X_n$ 是来自该总体的一个简单随机样本,试给出 a 和 b 的最大似然估计量.

解 由已知条件可知总体 X 的密度函数为

$$f(x;a,b) = \begin{cases} \dfrac{1}{b-a}, & a \leqslant x \leqslant b \\ 0, & \text{其他} \end{cases}$$

设 $x_1, x_2, \cdots, x_n$ 是一组样本观测值,所以每一个 x_i 都满足 $a \leqslant x_i \leqslant b$,记

$$x_{(1)} = \min\{x_1, x_2, \cdots, x_n\}, \quad x_{(n)} = \max\{x_1, x_2, \cdots, x_n\}$$

似然函数为

$$L(a,b) = f(x_1, x_2, \cdots, x_n; a, b) = \frac{1}{(b-a)^n}, \quad a \leqslant x_{(1)},\ b \geqslant x_{(n)}$$

将似然函数 $L(a,b)$ 关于参数 a 和 b 分别求偏导,即

$$\begin{cases} \dfrac{\partial L(a,b)}{\partial a} = \dfrac{n}{(b-a)^{n+1}} > 0 \\ \dfrac{\partial L(a,b)}{\partial b} = \dfrac{-n}{(b-a)^{n+1}} < 0 \end{cases}$$

这说明似然函数 $L(a,b)$ 关于参数 a 单调递增,关于参数 b 则是单调递减,所以要使 $L(a,b)$ 达到最大值,只需参数 a 尽可能取大,而参数 b 尽可能取小. 由于 $a \leqslant x_{(1)},\ b \geqslant x_{(n)}$,故 a 和 b 的最大似然估计量为

$$\hat{a} = X_{(1)}, \qquad \hat{b} = X_{(n)}$$

例 6.2.7 设总体 X 的密度函数为

$$f(x;\mu,\lambda) = \begin{cases} \lambda e^{-\lambda(x-\mu)}, & x \geqslant \mu \\ 0, & x < \mu \end{cases}$$

参数 $\lambda > 0$. 已知 $X_1, X_2, \cdots, X_n$ 是来自该总体的一个简单随机样本,求参数 λ 和 μ 的最大似然估计量.

解 记 $x_{(1)} = \min\{x_1, x_2, \cdots, x_n\}$,似然函数为

$$\begin{aligned} L(\mu,\lambda) &= \prod_{i=1}^{n} \lambda e^{-\lambda(x_i-\mu)} \\ &= \lambda^n \exp\left\{-\lambda \sum_{i=1}^{n}(x_i-\mu)\right\}, \quad x_{(1)} \geqslant \mu \end{aligned}$$

进一步,可以得到对数似然函数

$$\ln L(\mu,\lambda) = n\ln\lambda - \lambda \sum_{i=1}^{n}(x_i - \mu), \quad x_{(1)} \geq \mu$$

对 μ 求偏导,有

$$\frac{\partial \ln L(\mu,\lambda)}{\partial \mu} = n\lambda > 0$$

也就是说,$\ln L(\mu,\lambda)$ 关于 μ 是严格单增的,而参数 μ 的取值范围是 $\mu \leq x_{(1)}$,为使得对数似然函数 $\ln L(\mu,\lambda)$ 取到最大值,参数 μ 的最大似然估计量为

$$\hat{\mu} = X_{(1)}$$

对 λ 求偏导,令其为 0,则有

$$\frac{\partial \ln L(\mu,\lambda)}{\partial \lambda} = \frac{n}{\lambda} - \sum_{i=1}^{n}(x_i - \mu) = 0$$

解得 λ 的最大似然估计量为

$$\hat{\lambda} = \frac{1}{\overline{X} - \hat{\mu}} = \frac{1}{\overline{X} - X_{(1)}}$$

例 6.2.8 设总体 X 是离散型的,其分布律为

X	1	2	3
p_k	θ^2	$2\theta(1-\theta)$	$(1-\theta)^2$

其中 $\theta(0 < \theta < 1)$ 是未知参数. $X_1, X_2, \cdots, X_n$ 是来自该总体的简单随机样本,样本观测值为 $x_1, x_2, \cdots, x_n$,试求参数 θ 的最大似然估计.

解 由于总体 X 只有 3 个可能取值,可以先对样本观测值 $x_1, x_2, \cdots, x_n$ 进行统计,分别用 n_1、n_2、n_3 表示样本中取值为 1、2、3 的个数,显然 $n_1 + n_2 + n_3 = n$,构建似然函数为

$$L(\theta) = (\theta^2)^{n_1} \cdot [2\theta(1-\theta)]^{n_2} \cdot [(1-\theta)^2]^{n_3}$$

$$= 2^{n_2} \theta^{2n_1+n_2}(1-\theta)^{n_2+2n_3}$$

取对数,得到对数似然函数

$$\ln L(\theta) = n_2 \ln 2 + (2n_1 + n_2)\ln\theta + (n_2 + 2n_3)\ln(1-\theta)$$

对 θ 求导,建立对数似然方程:

$$\frac{\mathrm{d}\ln L(\theta)}{\mathrm{d}\theta} = \frac{2n_1 + n_2}{\theta} - \frac{n_2 + 2n_3}{1 - \theta} = 0$$

求解对数似然方程,得到参数 θ 的最大似然估计为

$$\hat{\theta} = \frac{2n_1 + n_2}{2n}$$

综合以上情况,在使用最大似然估计法的过程中,需要注意以下几点:

(1) 似然函数的给出是使用最大似然估计法的基本前提,因此要求总体 X 的分布律或密度函数的表达式是已知的;

(2) 多数情况下,可以通过求导或求偏导,建立方程或方程组来求解最大似然估计量.

(3) 当待估参数是似然函数的分段点时,通常可以利用顺序统计量确定最大似然估计量.

定理 6.2.1 设 θ 是总体 X 的分布的未知参数,$u = u(\theta)(\theta \in \Theta)$ 是 θ 的函数,具有单值反函数 $\theta = \theta(u)$,且设 $\hat{\theta}$ 是 θ 的最大似然估计,则 $\hat{u} = u\left(\hat{\theta}\right)$ 是 $u(\theta)$ 的最大似然估计.

上述性质也称为最大似然估计的不变性,在一定情况下可以用来估计参数的函数.

6.3 估计量的评选标准

根据前面的内容可以看到:对同一个参数,用不同的估计法可能得到不同的点估计量;有时甚至使用同一个方法,也有可能会得到不同的点估计量. 而在实际问题中,犹如一个问题的解决最终只能选择一个方案,对于不同的点估计量只能从中选择一个作为参数的估计. 这就必然涉及到一个问题:如何评价估计量的优劣?[①]

设 $\hat{\theta}_1$ 和 $\hat{\theta}_2$ 两个估计量都是未知参数 θ 的点估计量. 由于 $\hat{\theta}_1$ 和 $\hat{\theta}_2$ 的取值都与样本有关,因此会出现以下情况:对于一组给定的样本值,$\hat{\theta}_1$ 的误差小于 $\hat{\theta}_2$ 的误差,而对另一组样本值则反之. 所以,在考虑估计量的优劣时,应当从整体上来评价,而不能仅限于个别情况的讨论.

作为未知参数 θ 的估计量,$\hat{\theta} = \hat{\theta}(X_1, X_2, \cdots, X_n)$ 是样本 $X_1, X_2, \cdots, X_n$ 的函数,它与参数 θ 的差 $\hat{\theta} - \theta$ 是随机变量. 对于所有可能出现的样本观测值,该随机变量取值有正有负. 为了消除符号的影响,将其先平方之后再取数学期望,称之为**均方误差**,记为 $MSE\left(\hat{\theta}\right)$,即取

$$MSE\left(\hat{\theta}\right) = E\left[\left(\hat{\theta} - \theta\right)^2\right] \tag{6.3.1}$$

[①] 评判哪一个是好的估计量,费歇尔提出了本节所要介绍的三个准则:相合性、无偏性、有效性.

从整体角度衡量 $\hat{\theta}$ 的误差大小. 其取值越小, 就表示该估计量越好. 经过简单推导可以得到

$$\begin{aligned} MSE\left(\hat{\theta}\right) &= E\left[\left(\hat{\theta}-\theta\right)^2\right] \\ &= E\left[\left(\left(\hat{\theta}-E\left(\hat{\theta}\right)\right)+\left(E\left(\hat{\theta}\right)-\theta\right)\right)^2\right] \\ &= E\left[\left(\hat{\theta}-E\left(\hat{\theta}\right)\right)^2\right]+\left(E\left(\hat{\theta}\right)-\theta\right)^2 \\ &= D\left(\hat{\theta}\right)+\left(E\left(\hat{\theta}\right)-\theta\right)^2 \end{aligned}$$

显然, $\left(E\left(\hat{\theta}\right)-\theta\right)^2$ 和 $D\left(\hat{\theta}\right)$ 的取值都是非负的, 因此, 一个比较自然的想法就是将这两项分别达到最小. 这也就是接下来所要介绍的无偏性和有效性两个准则.

6.3.1 无偏性

首先考察 $\left(E\left(\hat{\theta}\right)-\theta\right)^2$, 其最小值为 0, 即 $E\left(\hat{\theta}\right)-\theta=0$, 这就意味着对于所有可能的样本观测值, 估计量 $\hat{\theta}$ 的取值与参数 θ 之间一般都会存在偏差, 但是将这些偏差从概率上平均来看, 其值为 0. 也就是说, 随机变量 $\hat{\theta}$ 的取值是以参数 θ 为中心上下波动的.

定义 6.3.1 设 $\hat{\theta}=\hat{\theta}(X_1,X_2,\cdots,X_n)$ 是未知参数 θ 的一个估计量, 若 $E\left(\hat{\theta}\right)$ 存在, 且 $\forall \theta \in \Theta$, 都有

$$E\left(\hat{\theta}\right) = \theta \tag{6.3.2}$$

则称 $\hat{\theta}=\hat{\theta}(X_1,X_2,\cdots,X_n)$ 是 θ 的**无偏估计量**. 如果 $\hat{\theta}$ 不是无偏的, 其差

$$b_n = E\left(\hat{\theta}\right) - \theta \tag{6.3.3}$$

称为 $\hat{\theta}$ 的偏差.

特别, 若 $\lim_{n\to\infty} b_n = 0$, 则称 $\hat{\theta}$ 是 θ 的渐近无偏估计量[①].

例 6.3.1 设 $X_1,X_2,\cdots,X_n$ 是来自总体 X 的样本, 若总体 X 的方差 $D(X)=\sigma^2$ 是有限的. 试证: 样本二阶中心矩 S_n^2 是 σ^2 的有偏估计量.

证明 由于 $X_1,X_2,\cdots,X_n$ 独立同分布于 X, 故有

$$E\left(\overline{X}\right) = E(X_i) = E(X)$$

$$D\left(\overline{X}\right) = \frac{1}{n} D(X_i) = \frac{1}{n} D(X)$$

[①] 在某些情况下, 有偏估计量也有可能更优于无偏估计量.

根据数学期望与方差的性质, 且 $E(X^2) = [E(X)]^2 + D(X)$, 可得

$$\begin{aligned}
E(S_n^2) &= E\left[\frac{1}{n}\sum_{i=1}^n (X_i - \overline{X})^2\right] \\
&= \frac{1}{n}E\left(\sum_{i=1}^n X_i^2 - n\overline{X}^2\right) \\
&= E(X_i^2) - E(\overline{X}^2) \\
&= D(X_i) - D(\overline{X}) \\
&= \frac{n-1}{n}\sigma^2 \neq \sigma^2
\end{aligned}$$

所以 S_n^2 是 σ^2 的有偏估计量. 由于

$$\lim_{n\to\infty} \frac{n-1}{n}\sigma^2 = \sigma^2$$

即样本量趋于无穷时, S_n^2 是 σ^2 的渐进无偏估计量.

若对 S_n^2 进行修正, 有

$$E\left(\frac{n}{n-1}S_n^2\right) = \sigma^2$$

而

$$\frac{n}{n-1}S_n^2 = \frac{1}{n-1}\sum_{i=1}^n (X_i - \overline{X})^2 = S^2$$

因此, 样本方差 S^2 是总体方差 σ^2 的无偏估计量. 这就解释了为什么样本方差的系数是 $\frac{1}{n-1}$ 而不是 $\frac{1}{n}$. 由此也可以看到, 在许多情况下可以将有偏估计量进行修正, 从而得到无偏估计量.

例 6.3.2 设 $X_1, X_2, \cdots, X_n$ 是来自总体 X 的样本, 若总体 X 的 k 阶原点矩 $\mu_k = E(X^k)(k \geqslant 1)$ 存在. 试证: 无论总体 X 服从什么分布, 样本原点矩 $\overline{X^k} = \frac{1}{n}\sum_{i=1}^n X_i^k$ 都是相应总体原点矩 μ_k 的无偏估计量.

证明 由于 $X_1, X_2, \cdots, X_n$ 独立同分布于 X, 故有

$$E(X_i^k) = E(X^k) = \mu_k, \quad i = 1, 2, \cdots, n$$

所以

$$E(\overline{X^k}) = E\left(\frac{1}{n}\sum_{i=1}^n X_i^k\right) = \frac{1}{n}\sum_{i=1}^n E(X_i^k) = E(X^k)$$

结论得证.

特别地,当 $k=1$ 时,$E(\overline{X})=E(X)$,即样本均值 $\overline{X}$ 为总体均值 $E(X)$ 的无偏估计量. 综上所述,可以给出以下命题.

命题 6.3.1 设 $X_1,X_2,\cdots,X_n$ 是来自总体 X 的简单随机样本. 无论总体 X 服从什么分布,只要其数学期望 μ 和方差 σ^2 存在且有限,则

$$\overline{X}=\frac{1}{n}\sum_{i=1}^{n}X_i, \quad S^2=\frac{1}{n-1}\sum_{i=1}^{n}(X_i-\overline{X})^2$$

分别是 μ 和 σ^2 的无偏估计量.

需要注意的是,当 $\hat{\theta}$ 是 θ 的无偏估计量时,$\hat{\theta}$ 的函数 $g(\hat{\theta})$ 并不一定是 $g(\theta)$ 的无偏估计量.

例 6.3.3 设总体 X 服从指数分布 $Exp\left(\frac{1}{\theta}\right)$,其密度函数为

$$f(x;\theta)=\begin{cases}\frac{1}{\theta}e^{-\frac{x}{\theta}}, & x\geqslant 0\\ 0, & x<0\end{cases}$$

其中 θ 是未知参数. $X_1,X_2,\cdots,X_n$ 是来自该总体的简单随机样本,$X_{(1)}\leqslant X_{(2)}\leqslant \cdots \leqslant X_{(n)}$ 是相应的顺序统计量. 试证明 $\overline{X}$ 和 $nX_{(1)}$ 都是 θ 的无偏估计量.

证明 由于 $X\sim Exp\left(\frac{1}{\theta}\right)$,即 $E(\overline{X})=E(X)=\theta$,故 $\overline{X}$ 是 θ 的无偏估计量. 根据概率论的知识可知,$X_{(1)}$ 的分布函数为

$$F_{X_{(1)}}(x)=1-[1-F_X(x)]^n=\begin{cases}1-e^{-\frac{n}{\theta}x}, & x\geqslant 0\\ 0, & x<0\end{cases}$$

即 $X_{(1)}\sim Exp\left(\frac{n}{\theta}\right)$,所以

$$E(X_{(1)})=\frac{\theta}{n}$$

故 $E(nX_{(1)})=\theta$,说明 $nX_{(1)}$ 也是 θ 的无偏估计量.

事实上,若 $\hat{\theta}_1$ 和 $\hat{\theta}_2$ 是 θ 的两个不同的无偏估计量,则 $c\hat{\theta}_1+(1-c)\hat{\theta}_2$ 也是 θ 的无偏估计量,其中 $0<c<1$. 这也就意味着,一个未知参数可以有不同的无偏估计量. 那么对于这些无偏估计量,还需要其他的评价标准来进一步评判.

6.3.2 有效性

根据前面对均方误差的分解可知,所谓无偏估计量就是使得均方误差中的偏差项 $E(\hat{\theta})-\theta=0$. 因此从均方误差越小越好这一准则来看,若要对不同的无偏估计量进行评价,只需要比较其方差即可. 显然,方差较小的无偏估计量更优.

定义 6.3.2 设 $\hat{\theta}_1 = \hat{\theta}_1(X_1, X_2, \cdots, X_n)$ 和 $\hat{\theta}_2 = \hat{\theta}_2(X_1, X_2, \cdots, X_n)$ 都是未知参数 θ 的无偏估计量,若对任意的 $\theta \in \Theta$,都有

$$D\left(\hat{\theta}_1\right) \leqslant D\left(\hat{\theta}_2\right) \tag{6.3.4}$$

且至少有某个 θ_0 是上式取 "<",则称 $\hat{\theta}_1$ 比 $\hat{\theta}_2$ 有效.

例 6.3.4 设总体 X 在 $[0, \theta]$ 上服从均匀分布,$\theta > 0$ 是未知参数. 已知 $X_1, X_2, \cdots, X_n$ 是来自该总体的一个简单随机样本,$X_{(1)} \leqslant X_{(2)} \leqslant \cdots \leqslant X_{(n)}$ 是相应的顺序统计量. 试证明 $\hat{\theta}_1 = 2\overline{X}$ 和 $\hat{\theta}_2 = \dfrac{n+1}{n}X_{(n)}$ 都是 θ 的无偏估计量. 并说明 $\hat{\theta}_1$ 和 $\hat{\theta}_2$ 哪一个更有效?

证明 由于 $X \sim U(0, \theta)$,其数学期望和方差分别为

$$E(X) = \frac{\theta}{2}, \quad D(X) = \frac{\theta^2}{12}$$

故 $E(2\overline{X}) = 2E(\overline{X}) = 2E(X) = \theta$,即 $\hat{\theta}_1 = 2\overline{X}$ 是 θ 的无偏估计量. 而 $D(\overline{X}) = \dfrac{1}{n}D(X) = \dfrac{\theta^2}{12n}$,故

$$D\left(\hat{\theta}_1\right) = D(2\overline{X}) = 4D(\overline{X}) = \frac{\theta^2}{3n}$$

由概率论的知识可得,$X_{(n)} = \max\{X_1, X_2, \cdots, X_n\}$ 的分布函数为

$$F_{X_{(n)}}(x) = [F_X(x)]^n = \begin{cases} 0, & x < 0 \\ \left(\dfrac{x}{\theta}\right)^n, & 0 \leqslant x \leqslant \theta \\ 1, & x > \theta \end{cases}$$

所以其密度函数为

$$f_{X_{(n)}}(x) = \left[F_{X_{(n)}}(x)\right]' = \begin{cases} \dfrac{nx^{n-1}}{\theta^n}, & 0 \leqslant x \leqslant \theta \\ 0, & \text{其他} \end{cases}$$

$X_{(n)}$ 的数学期望为

$$E(X_{(n)}) = \int_0^\theta x \cdot \frac{nx^{n-1}}{\theta^n} dx = \frac{n}{\theta^n} \int_0^\theta x^n dx = \frac{n}{n+1}\theta$$

故有 $E\left(\dfrac{n+1}{n}X_{(n)}\right) = \theta$,即 $\hat{\theta}_2 = \dfrac{n+1}{n}X_{(n)}$ 也是 θ 的无偏估计量.

又

$$E\left(X_{(n)}^2\right) = \int_0^\theta x^2 \cdot \frac{nx^{n-1}}{\theta^n} dx = \frac{n}{\theta^n} \int_0^\theta x^{n+1} dx = \frac{n}{n+2}\theta^2$$

所以
$$D\left(\hat{\theta}_2\right) = \left(\frac{n+1}{n}\right)^2 D\left(X_{(n)}\right)$$
$$= \left(\frac{n+1}{n}\right)^2 \left[E\left(X_{(n)}^2\right) - \left(E\left(X_{(n)}\right)\right)^2\right]$$
$$= \left(\frac{n+1}{n}\right)^2 \left[\frac{n}{n+2}\theta^2 - \left(\frac{n}{n+1}\theta\right)^2\right]$$
$$= \frac{1}{n(n+2)}\theta^2$$

因此, 当 $n \geqslant 2$ 时, 总有
$$D\left(\hat{\theta}_2\right) < D\left(\hat{\theta}_1\right)$$

即 $\hat{\theta}_2$ 比 $\hat{\theta}_1$ 更有效.

事实上, 若 $\hat{\theta}_1$ 和 $\hat{\theta}_2$ 都是未知参数 θ 的无偏估计量, 采用均方误差衡量这两个估计量的优劣, 其实质就是对无偏估计量的方差进行比较, 但某些情况下有偏估计量的均方误差比无偏估计量的均方误差还要小.

例 6.3.5 设总体 X 在 $[0, \theta]$ 上服从均匀分布, $\theta > 0$ 是未知参数. 前面已经证明
$$\hat{\theta} = \frac{n+1}{n} X_{(n)}$$
是 θ 的无偏估计, 其均方误差
$$MSE(\hat{\theta}) = D(\hat{\theta}) = \frac{\theta^2}{n(n+2)}$$

考虑 θ 的估计量
$$\hat{\theta}_\alpha = \alpha X_{(n)}$$

其均方误差为
$$MSE(\hat{\theta}_\alpha) = \left[E\left(\alpha X_{(n)}\right) - \theta\right]^2 + D(\alpha X_{(n)})$$
$$= \left(\alpha \frac{n}{n+1}\theta - \theta\right)^2 + \alpha^2 D(X_{(n)})$$
$$= \left(\frac{n\alpha}{n+1} - 1\right)^2 \theta^2 + \alpha^2 \frac{n}{(n+1)^2(n+2)} \theta^2$$

将 $MSE(\hat{\theta}_\alpha)$ 对 α 求导, 可以得到 $\hat{\theta}_\alpha$ 的均方误差 $MSE(\hat{\theta}_\alpha)$ 有最小值, 最小值点 $\alpha_0 = \frac{n+2}{n+1}$, 即
$$\hat{\theta}_{\alpha_0} = \frac{n+2}{n+1} X_{(n)}$$

且
$$MSE\left(\frac{n+2}{n+1}X_{(n)}\right) = \frac{\theta^2}{(n+1)^2}$$

对比 $\hat{\theta} = \frac{n+1}{n}X_{(n)}$，当 $n \geqslant 2$ 时，有

$$MSE\left(\hat{\theta}_{\alpha_0}\right) = \frac{\theta^2}{(n+1)^2} < \frac{\theta^2}{n(n+2)} = MSE(\hat{\theta})$$

说明 $\hat{\theta}_{\alpha_0} = \frac{n+2}{n+1}X_{(n)}$ 虽然是 θ 的有偏估计，当 $n \geqslant 2$ 时，在均方误差的标准下，有偏估计 $\hat{\theta}_0$ 优于无偏估计 $\hat{\theta}$.

6.3.3 相合性

统计分析的一个主要目的就是根据部分个体的信息 (即样本的观测值) 对总体进行推断和描述. 因此，一个自然的想法就是：得到的样本数据越多，就意味着对总体中的个体信息了解的更多，相应估计量 $\hat{\theta} = \hat{\theta}(X_1, X_2, \cdots, X_n)$ 的观测值 (即估计值) 接近参数真值 θ 的概率应该越大. 换句话说，对于任意给定的 $\varepsilon > 0$，随着样本容量 n 的无限增大，估计量 $\hat{\theta}$ 与 θ 之间的偏离小于 ε 的概率都将收敛到 1. 这就是相合性 (也称为一致性) 的基本思想.

定义 6.3.3 设 $\hat{\theta} = \hat{\theta}(X_1, X_2, \cdots, X_n)$ 是未知参数 θ 的估计量，若对于任意的 $\theta \in \Theta$，当 $n \to \infty$ 时，$\hat{\theta}$ 依概率收敛于 θ，则称 $\hat{\theta}$ 是 θ 的**相合估计量**，或一致估计量. 即 $\forall \varepsilon > 0$，有

$$\lim_{n \to \infty} P\left\{|\hat{\theta} - \theta| < \varepsilon\right\} = 1 \tag{6.3.5}$$

记为 $\hat{\theta} \xrightarrow{P} \theta$.

相合性是评价估计量优劣的一个重要标准，也是对估计量的一个基本要求. 如果一个估计量不具有相合性，那么随着样本容量 n 的增大，对未知参数估计的精度并不一定能提高，估计量甚至会明显偏离被估参数.

可以证明，在一定条件下，样本 $k(k \geqslant 1)$ 阶原点矩 $\overline{X^k}$ 是总体 k 阶原点矩 $\mu_k = E(X^k)$ 的相合估计量. 进一步，若 g 为连续函数，则未知参数 $\theta = g(\mu_1, \mu_2, \cdots, \mu_k)$ 的矩法估计量

$$\hat{\theta} = g(\hat{\mu}_1, \hat{\mu}_2, \cdots, \hat{\mu}_k) = g\left(\overline{X}, \overline{X^2}, \cdots, \overline{X^k}\right)$$

是 θ 的相合估计量.

最大似然估计在一定条件下也具有相合性. 其详细证明已超出本书范围，此处不再讨论.

估计量的相合性是对样本容量 $n \to \infty$ 而言的，也称为估计量的大样本性质；而估计量的无偏性和有效性则是在样本容量给定情况下的讨论.

练习题 6

1. 设总体 X 的概率密度为
$$f(x;\theta) = \begin{cases} \theta x^{\theta-1}, & 0 < x < 1 \\ 0, & \text{其他} \end{cases}$$
其中 θ 为大于 0 的常数, 求未知参数 θ 的矩估计量.

2. 设 X 的可能取值为 $1,2,\cdots,\theta$, 且取每一个可能数值的概率都为 $\dfrac{1}{\theta}$, 求未知参数 θ 的矩估计量.

3. 设总体 X 的概率密度函数为
$$f(x;\theta) = \begin{cases} c^{\frac{1}{\theta}} \dfrac{1}{\theta} x^{-\left(1+\frac{1}{\theta}\right)}, & x \geqslant c \\ 0, & x < c \end{cases}$$
其中参数 $0 < \theta < 1$, c 为已知常数, 且 $c > 0$, $X_1, X_2, \cdots, X_n$ 是来自于总体 X 的一个样本, 试求 θ 的最大似然估计量.

4. 设总体 X 的概率密度函数为
$$f(x;\theta) = \begin{cases} (\theta+1) x^{\theta}, & 0 < x < 1 \\ 0, & \text{其他} \end{cases}$$
$X_1, X_2, \cdots, X_n$ 是来自于总体 X 的一个样本, 0.1, 0.2, 0.9, 0.8, 0.7, 0.7 是一个样本观测值, 试求 θ 的矩估计值和最大似然估计值.

5. 设总体 X 的概率密度函数为
$$f(x;\theta) = \begin{cases} 1, & \theta - \dfrac{1}{2} \leqslant x \leqslant \theta + \dfrac{1}{2} \\ 0, & \text{其他} \end{cases}$$
$X_1, X_2, \cdots, X_n$ 是来自于总体 X 的一个样本, 试求 θ 的最大似然估计量.

6. 设 X 服从 $\left[\theta - \dfrac{1}{2}, \theta + \dfrac{1}{2}\right]$ 上的均匀分布, $X_1, X_2, \cdots, X_n$ 是来自于总体 X 的简单随机样本, 试求 θ 的矩估计量.

7. 设总体 X 的概率密度为
$$f(x;\lambda) = \begin{cases} \lambda \alpha x^{\alpha-1} \mathrm{e}^{-\lambda x^{\alpha}}, & x \geqslant 0 \\ 0, & x < 0 \end{cases}$$
其中 α 是已知常数, λ 是未知参数, $X_1, X_2, \cdots, X_n$ 是来自于总体 X 的一个样本, 试求 λ 的最大似然估计量.

8. 设总体 X 的概率密度函数为
$$f(x;\theta) = \begin{cases} \dfrac{1}{\theta} \mathrm{e}^{-\frac{x-\mu}{\theta}}, & x \geqslant \mu \\ 0, & \text{其他} \end{cases}$$

$X_1, X_2, \cdots, X_n$ 是来自于总体 X 的一个样本,试求 θ 和 μ 的最大似然估计量.

9. 罐中有 N 个硬币,其中有 θ 个是普通硬币 (掷出正面与反面的概率各为 0.5),其余 $N-\theta$ 个硬币两面都是正面,从罐中随机取出一个硬币,把它连掷两次,记下结果,但不去查看它属于哪种硬币,如此重复 n 次,若掷出 0 次、1 次、2 次正面的次数分别为 n_0、n_1、n_2. 试分别利用矩法和最大似然法对参数 θ 进行估计.

10. 设总体 X 具有分布律

X	1	2	3
p_k	θ^2	$2\theta(1-\theta)$	$(1-\theta)^2$

其中 $\theta(0<\theta<1)$ 是未知参数. 已知取得了样本值 $x_1=1$, $x_2=2$, $x_3=1$, $x_4=3$,试求参数 θ 的矩估计值和最大似然估计值.

11. 设总体 X 的概率密度函数为

$$f(x;\theta) = \begin{cases} \theta e^{-\theta x}, & x \geqslant 0 \\ 0, & x < 0 \end{cases}$$

今从 X 中抽取容量为 10 的样本,得到数据如下:

$$1050,\ 1100,\ 1080,\ 1200,\ 1300,\ 1250,\ 1340,\ 1060,\ 1150,\ 1150$$

试求 θ 的最大似然估计值.

12. 已知在文学家萧伯纳的 "An Intelligent Woman's Guide To Socialism" 一书中,一个句子的单词数 X 近似服从对数正态分布,即 $Z = \ln X \sim N(\mu, \sigma^2)$. 现从该书中任意选取 20 个句子,这些句子中的单词数分别为

$$52\quad 24\quad 15\quad 67\quad 15\quad 22\quad 63\quad 26\quad 16\quad 32$$
$$7\quad 33\quad 28\quad 14\quad 7\quad 29\quad 10\quad 6\quad 59\quad 30$$

试求该书中一个句子单词数 X 的数学期望 $E(X) = e^{\mu+\sigma^2/2}$ 的最大似然估计.

13. 设 $X_1, X_2, \cdots, X_5$ 是来自于总体 X 的简单随机样本,下列统计量是否为总体数学期望的无偏估计量?

(1) $X_1 + X_2 - X_3$;

(2) $2X_2 - X_3$;

(3) $\dfrac{2}{3}X_1 + \dfrac{1}{3}\overline{X}$;

(4) $\dfrac{3}{2}\overline{X} - \dfrac{1}{2}X_5$.

14. 试证:样本原点矩是相应总体原点矩的无偏估计量.

15. 设 $X_1, X_2, \cdots, X_n$ 是来自于参数为 λ 的泊松分布的一个样本,试证明样本均值 $\overline{X}$ 和样本方差 S^2 都是参数 λ 的无偏估计,并对任意 $\alpha(0<\alpha<1)$ 值证明 $\alpha\overline{X} + (1-\alpha)S^2$ 也是参数 λ 的无偏估计.

16. 设总体 X 的概率密度函数为

$$f(x;\theta) = \begin{cases} \dfrac{1}{\theta}, & 0 \leqslant x \leqslant \theta \\ 0, & \text{其他} \end{cases}$$

试证明未知参数 θ 的最大似然估计量是有偏的,能否通过校正得到一个无偏估计量?

17. 设 $\hat{\theta}$ 是参数 θ 的无偏估计量,且有 $D(\hat{\theta}) > 0$,试证明 $\hat{\theta}^2$ 不是 θ^2 的无偏估计量.

18. 设总体 X 服从正态分布 $N(\mu, \sigma^2)$,$X_1, X_2, \cdots, X_n$ 是来自于总体 X 的一个样本.

(1) 试求 c,使得 $\hat{\sigma}^2 = c\sum_{i=1}^{n-1}(X_{i+1} - X_i)^2$ 是 σ^2 的无偏估计量;

(2) 试求 k,使得 $\hat{\sigma} = k\sum_{i=1}^{n}|X_i - \overline{X}|$ 是 σ 的无偏估计量.

19. 已知 X_1, X_2 是总体 X 的一个样本,$2X_1 - X_2$ 与 $\dfrac{2}{3}X_1 + \dfrac{1}{3}X_2$ 都是总体数学期望的无偏估计量,评价它们中哪一个更有效?

20. 试证:若总体 X 的数学期望 $E(X)$ 和方差 $D(X)$ 存在,则样本均值 $\overline{X}$ 是总体均值 $E(X)$ 的相合估计.

21. 设 $X_1, X_2, \cdots, X_n$ 是来自于总体 X 的一个样本,已知总体 $X \sim U(0, \theta)$. 试证:$X_{(n)} = \max\{X_1, X_2, \cdots, X_n\}$ 是 θ 的相合估计.

第7章 单个总体的区间估计与假设检验

对于一个总体 X, 如果已知其分布类型 $F(x;\theta)$, 其中 θ 是未知参数, 那么一般情况下都会关心以下问题:

(1) 未知参数 θ 究竟为多少?

(2) 如果根据样本信息对总体参数做出推断 —— $\theta = \theta_0$, 那么这个判断出现误判的可能性又有多大呢?

对于前一个问题, 根据点估计法所得到的估计值本身不能直接反映出可能存在的误差. 因此通常考虑把未知参数估计在某个范围之内, 即区间估计. 而后一个问题则是统计推断的另一类主要问题 —— 假设检验. 本章将以单个总体为研究对象, 讨论相关的区间估计和假设检验问题[①].

7.1 区间估计的基本概念

与参数的真值相比, 点估计所得到的估计值一般情况下都会存在误差. 为了反映出估计值的精确程度, 通常会对这个点估计给出一个浮动范围, 如估计在校大学生月生活费支出在 800 ~ 900 元. 人们会相信你在作出这估计时, 已经把可能出现的误差考虑到了. 也就是说, 不再是用一个点 (即一个数) 去估计未知参数, 而是把参数估计在一个区间内, 那么这个区间是如何给出的呢? —— 这就是区间估计所解决的问题.

假设 θ 是总体 X 的一个待估参数, $X_1, X_2, \cdots, X_n$ 是从该总体中抽取的简单随机样本. 所谓 θ 的区间估计, 就是要找两个统计量 $\hat{\theta}_1 = \hat{\theta}_1(X_1, X_2, \cdots, X_n)$ 和 $\hat{\theta}_2 = \hat{\theta}_2(X_1, X_2, \cdots, X_n)$, 并对任意样本观测值总是满足条件 $\hat{\theta}_1 \leqslant \hat{\theta}_2$. 一旦有了样本观测值 $x_1, x_2, \cdots, x_n$, 就把 θ 估计在 $[\hat{\theta}_1, \hat{\theta}_2]$ 之内.

需要注意的是: $\hat{\theta}_1$ 和 $\hat{\theta}_2$ 都是随机变量, 而参数 θ 则是一个已经存在但未知的常量. 对 θ 作区间估计实质上是用一个随机区间去覆盖参数 θ. 显然, 这就要满足两个要求:

(1) 首先, 随机区间 $[\hat{\theta}_1, \hat{\theta}_2]$ 能把参数 θ 包含在内的概率越大越好, 即

$$P\left\{\hat{\theta}_1 \leqslant \theta \leqslant \hat{\theta}_2\right\}$$

[①] 如果分布类型 $F(x;\theta)$ 未知, 相关问题的讨论则是非参数统计的研究范畴.

要尽可能大;

(2) 估计的精度应该尽可能高, 如区间长度 $\hat{\theta}_2 - \hat{\theta}_1$ 尽可能小[1].

例如, 估计在校大学生的月生活费支出情况, 若给出区间为 200 ~ 2000 元, 其可信程度虽然很高, 但精度太差; 若给出的区间为 1810 ~ 1815 元之间, 虽然从区间长度来看精度很高, 但其可信度又太低, 用处不大.

区间估计理论和方法的基本问题可以归结为, 在已有样本资源的限制下, 如何找出更好的区间估计, 以尽可能提高可信度和精度. 而在样本容量给定的前提下, 这两个要求是相互矛盾的! 统计学家奈曼 (Neyman) 在 20 世纪 30 年代提出了如下原则: 首先应该保证的是可信度, 在这个前提下再尽可能使精度提高. 由此可以给出置信区间的定义.

定义 7.1.1 设 $X_1, X_2, \cdots, X_n$ 是来自总体 X 的样本, 总体 X 的分布函数 $F(x; \theta)$ 含有未知参数 $\theta, \theta \in \Theta$. 对于给定的 $\alpha(0 < \alpha < 1)$, 若有两个统计量 $\hat{\theta}_L = \hat{\theta}_L(X_1, X_2, \cdots, X_n)$ 和 $\hat{\theta}_U = \hat{\theta}_U(X_1, X_2, \cdots, X_n)$, 使得对任意的 $\theta \in \Theta$, 都有

$$P\left\{\hat{\theta}_L \leqslant \theta \leqslant \hat{\theta}_U\right\} \geqslant 1 - \alpha \tag{7.1.1}$$

则称随机区间 $\left[\hat{\theta}_L, \hat{\theta}_U\right]$ 是 θ 的**置信水平为 $1 - \alpha$ 的置信区间**, 或简称 θ 的 $1 - \alpha$ **置信区间**, $\hat{\theta}_L$ 和 $\hat{\theta}_U$ 分别称为 θ 的 (双侧) 置信区间的**置信下限**和**置信上限**.

定义中是使用不等式给出了区间估计, 实际中常用的是等式, 即

$$P\left\{\hat{\theta}_L \leqslant \theta \leqslant \hat{\theta}_U\right\} = 1 - \alpha \tag{7.1.2}$$

需要注意的是, 在样本容量不变的条件下, 对于不同的样本观测值 $x_1, x_2, \cdots, x_n$, 随机变量 $\hat{\theta}_L$ 和 $\hat{\theta}_U$ 的取值也是不同的. 给定一组具体的观测值, 就可以得到一个具体的区间 $\left[\hat{\theta}_L, \hat{\theta}_U\right]$, θ 要么在这个区间内, 要么不在, 二者必居其一. 因此, 若置信水平 $1 - \alpha = 0.95$, 是指如果重复抽样 1000 次, 则得到的 1000 个区间中不包含 θ 真值的大约只有 $1000 \times \alpha = 1000 \times (1 - 0.95) = 50$ 个. 可见, 置信水平 $1 - \alpha$ 是针对方法而言的, 一旦根据观测值算出具体区间, 就不能再说它有 95% 的可能包含要估计的参数真值了. 关于置信水平的理解可以参照图 7-1, 置信水平 $1 - \alpha$ 一般取 0.95、0.9 的较多, 也可取其他值, 并无特殊要求, 根据具体问题的需要而选用.

例 7.1.1 设 $X_1, X_2, \cdots, X_n$ 是来自正态总体 $N(\mu, \sigma^2)$ 的简单随机样本, 其中 σ^2 已知. 试求未知参数 μ 的置信水平为 $1 - \alpha$ 的置信区间.

【问题分析】 以考完试估分为例, 通常都是先估计一个具体的分数, 然后以此为中心左右浮动一些给出一个范围. 所以, 首先找一个参数 μ 的点估计. 由第 6 章内容可知, 作为 μ 的无偏估计, $\overline{X}$ 是一个不错的选择.

---

[1] 关于精度的刻画指标并不唯一, 具体可参见区间估计的相关论文和专著.

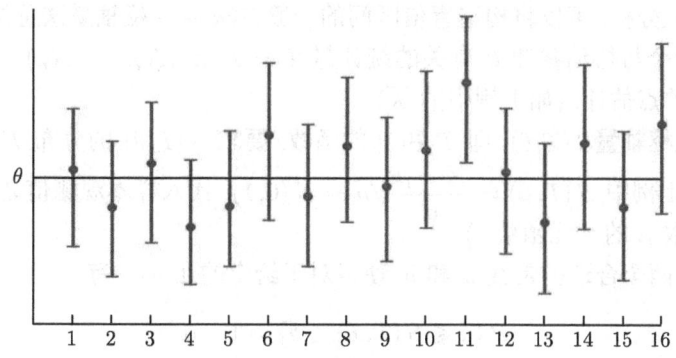

图 7-1: 置信区间示意图

由于总体 $X \sim N(\mu, \sigma^2)$, 故 $\overline{X} \sim N\left(\mu, \dfrac{\sigma^2}{n}\right)$, 即

$$\frac{\overline{X}-\mu}{\sigma}\sqrt{n} \sim N(0,1) \tag{7.1.3}$$

分布已知, 所以随机变量 $\dfrac{\overline{X}-\mu}{\sigma}\sqrt{n}$ 在任一区间 $[a,b]$ 内取值的概率都可以得到, 即

$$P\left\{a \leqslant \frac{\overline{X}-\mu}{\sigma}\sqrt{n} \leqslant b\right\} = \varPhi(b) - \varPhi(a)$$

如果我们令这个概率为 $1-\alpha$, 即

$$P\left\{a \leqslant \frac{\overline{X}-\mu}{\sigma}\sqrt{n} \leqslant b\right\} = 1-\alpha$$

则区间端点 a、b 有无穷多的选择. 由于标准正态分布的密度函数是关于 Y 轴对称的, 若要使区间长度 $b-a$ 最短, 只有取关于原点对称的区间, 即 $a = -z_{\alpha/2} = z_{1-\alpha/2}$, $b = z_{\alpha/2}$, 此时

$$P\left\{-z_{\alpha/2} \leqslant \frac{\overline{X}-\mu}{\sigma}\sqrt{n} \leqslant z_{\alpha/2}\right\} = 1-\alpha$$

将上式中的不等式整理得到关于 μ 的不等式, 即

$$P\left\{\overline{X} - z_{\alpha/2}\cdot\frac{\sigma}{\sqrt{n}} \leqslant \mu \leqslant \overline{X} + z_{\alpha/2}\cdot\frac{\sigma}{\sqrt{n}}\right\} = 1-\alpha$$

由此就得到了 μ 的一个置信水平为 $1-\alpha$ 的双侧置信区间

$$\left[\overline{X} - z_{\alpha/2}\cdot\frac{\sigma}{\sqrt{n}},\ \overline{X} + z_{\alpha/2}\cdot\frac{\sigma}{\sqrt{n}}\right] \tag{7.1.4}$$

可以看到, 我们选 $b-a$ 最短相当于要求置信区间的区间长度最短.

根据以上分析, 可以将构造置信区间的一般方法 —— **枢轴量法**总结如下:

(1) 找一个与待估参数 θ 有关的统计量 $T = T(X_1, X_2, \cdots, X_n)$, 一般是 θ 的一良好性质的点估计. (如上例中的 $\overline{X}$)

(2) 构造**枢轴量**$S(T, \theta)$, 即 T 和 θ 的函数, 要求 $S(T, \theta)$ 的分布 F 已知, 且 F 与 θ 无关. (上例中 $S(T, \mu) = \dfrac{\overline{X} - \mu}{\sigma}\sqrt{n} \sim N(0, 1)$, 代入样本观测值之后, $S(T, \mu)$ 就是待估参数 μ 的一元函数.)

(3) 选取两个合适的常数 a 和 b, 使得对于给定的 $1 - \alpha$, 有

$$P\{a \leqslant S(T, \theta) \leqslant b\} = 1 - \alpha$$

(4) 对不等式

$$a \leqslant S(T, \theta) \leqslant b$$

做等价变形, 得到关于 θ 的不等式

$$\hat{\theta}_L \leqslant \theta \leqslant \hat{\theta}_U$$

其中 $\hat{\theta}_L$ 和 $\hat{\theta}_U$ 只与 a、b 和 T 有关, 与待估参数 θ 无关.

显然

$$P\left\{\hat{\theta}_L \leqslant \theta \leqslant \hat{\theta}_U\right\} = 1 - \alpha$$

由此即可得到 θ 的置信水平为 $1 - \alpha$ 的双侧置信区间是 $\left[\hat{\theta}_L, \hat{\theta}_U\right]$.

一般地, 常数 a 和 b 的选择会依据等尾原则, 即

$$P\{S(T, \theta) < a\} = P\{S(T, \theta) > b\} = \alpha/2$$

也就是说, 两个尾部概率都为 $\alpha/2$, 用 $S(T, \theta)$ 的分布的上分位数 $\omega_{1-\alpha/2}$、$\omega_{\alpha/2}$ 表示, 则是

$$P\{\omega_{1-\alpha/2} \leqslant S(T, \theta) \leqslant \omega_{\alpha/2}\} = 1 - \alpha \tag{7.1.5}$$

这样得到的置信区间也称为**等尾置信区间**.

在一些实际问题中, 更关注的是待估参数的一个下限或上限. 例如, 对于某种产品使用寿命来说, 自然希望平均寿命越长越好, 对于这种情况, 理论上可以不用考虑寿命上限, 只需关注平均寿命的下限; 又如对于产品的次品率, 则希望其值越小越好, 此时关注的则是其置信上限. 也就是说, 需要估计的只是区间的左端点或右端点, 这类问题也称为单侧区间估计.

定义 7.1.2 设 $X_1, X_2, \cdots, X_n$ 是来自总体 X 的样本, 总体 X 的分布函数 $F(x; \theta)$ 含有未知参数 $\theta, \theta \in \Theta$. 对于给定的 $\alpha(0 < \alpha < 1)$, 若有统计量 $\hat{\theta}_L = \hat{\theta}_L(X_1, X_2, \cdots, X_n)$, 使得对任意的 $\theta \in \Theta$, 都有

$$P\left\{\theta \geqslant \hat{\theta}_L\right\} \geqslant 1 - \alpha \tag{7.1.6}$$

7.1 区间估计的基本概念

则称 $\hat{\theta}_L$ 为 θ 的**置信水平为** $1-\alpha$ **的单侧置信下限**. 对于给定的 $\alpha(0<\alpha<1)$, 若有统计量 $\hat{\theta}_U = \hat{\theta}_U(X_1, X_2, \cdots, X_n)$, 使得对任意的 $\theta \in \Theta$, 都有

$$P\left\{\theta \leqslant \hat{\theta}_U\right\} \geqslant 1-\alpha \tag{7.1.7}$$

则称 $\hat{\theta}_U$ 称为 θ 的**置信水平为** $1-\alpha$ **的单侧置信上限**.

与双侧置信区间的处理思路一样, 一般情况下也是通过取等号确定单侧置信下限或上限. 或者将单侧置信区间视为双侧置信区间的特殊情况, 其一侧的端点为 $+\infty$ 或 $-\infty$. 之前用于求区间估计的方法都可以很容易地使用过来, 如上例中, 令

$$P\left\{\frac{\overline{X}-\mu}{\sigma}\sqrt{n} \leqslant z_\alpha\right\} = 1-\alpha \tag{7.1.8}$$

即

$$P\left\{\mu \geqslant \overline{X} - z_\alpha \cdot \frac{\sigma}{\sqrt{n}}\right\} = 1-\alpha \tag{7.1.9}$$

故 $\overline{X} - z_\alpha \cdot \frac{\sigma}{\sqrt{n}}$ 为未知参数 μ 的置信水平为 $1-\alpha$ 的单侧置信下限, 相应的单侧置信区间为 $\left[\overline{X} - z_\alpha \cdot \frac{\sigma}{\sqrt{n}}, +\infty\right)$. 类似地可以由

$$P\left\{\frac{\overline{X}-\mu}{\sigma}\sqrt{n} \geqslant -z_\alpha\right\} = 1-\alpha \tag{7.1.10}$$

得到未知参数 μ 另一个水平为 $1-\alpha$ 的单侧置信区间是 $\left(-\infty, \overline{X} + z_\alpha \cdot \frac{\sigma}{\sqrt{n}}\right]$.

至此我们所得到的三个区间都是未知参数 μ 的置信水平为 $1-\alpha$ 的置信区间, 都满足

$$P\left\{a \leqslant \frac{\overline{X}-\mu}{\sigma}\sqrt{n} \leqslant b\right\} = 1-\alpha \tag{7.1.11}$$

其差异就在于 a、b 的取值不同, 列表如下.

表 7-1: 三种情况下的置信区间

置信区间	a	b
$\left[\overline{X} - z_{\alpha/2} \cdot \frac{\sigma}{\sqrt{n}}, \overline{X} + z_{\alpha/2} \cdot \frac{\sigma}{\sqrt{n}}\right]$	$-z_{\alpha/2}$	$z_{\alpha/2}$
$\left[\overline{X} - z_\alpha \cdot \frac{\sigma}{\sqrt{n}}, +\infty\right)$	$-\infty$	z_α
$\left(-\infty, \overline{X} + z_\alpha \cdot \frac{\sigma}{\sqrt{n}}\right]$	$-z_\alpha$	$+\infty$

7.2 单个正态总体参数的区间估计

设总体 X 服从正态分布 $N(\mu, \sigma^2)$, $X_1, X_2, \cdots, X_n$ 是来自该总体的简单随机样本. 本节将分别讨论其参数的置信区间.

7.2.1 标准差 σ 已知时 μ 的置信区间

由上一节的例子可知, 当 σ 已知时 μ 的置信水平为 $1-\alpha$ 的双侧置信区间为

$$\left[\overline{X} - z_{\alpha/2} \cdot \frac{\sigma}{\sqrt{n}}, \overline{X} + z_{\alpha/2} \cdot \frac{\sigma}{\sqrt{n}}\right] \tag{7.2.1}$$

例 7.2.1 一流水线加工生产零件, 其长度 X 服从正态分布 $N(\mu, 0.5^2)$. 任意抽取 8 个零件, 测得其长度 (单位: mm) 如下:

$$15.1 \quad 14.8 \quad 14.9 \quad 15.3 \quad 14.8 \quad 15.2 \quad 14.7 \quad 15$$

试确定总体均值 μ 的置信水平为 90% 的置信区间.

解 已知 $X \sim N(\mu, 0.5^2)$, 且标准差 $\sigma = 0.5$, 故 μ 的置信水平为 $1-\alpha$ 的置信区间为

$$\left[\overline{X} - z_{\alpha/2} \cdot \frac{\sigma}{\sqrt{n}}, \overline{X} + z_{\alpha/2} \cdot \frac{\sigma}{\sqrt{n}}\right]$$

根据样本数据有 $n=8$, $\overline{x}=14.975$, 由于 $\alpha = 0.10$, 查表可得 $z_{0.05} = 1.645$, 代入上式即可得到 μ 的一个置信水平为 90% 的置信区间为

$$\left[14.975 - 1.645 \times \frac{0.5}{\sqrt{8}}, 14.975 + 1.645 \times \frac{0.5}{\sqrt{8}}\right]$$

即 $[14.684, 15.266]$.

例 7.2.2 已知总体 X 服从正态分布 $N(\mu, 1)$, 若要求 μ 的置信水平为 95% 的置信区间长度不超过 1, 样本容量至少取多少?

解 根据已知条件, 标准差 $\sigma = 1$, μ 的置信水平为 $1-\alpha$ 的置信区间为

$$[\overline{X} - z_{\alpha/2}/\sqrt{n}, \overline{X} + z_{\alpha/2}/\sqrt{n}]$$

区间长度

$$l = 2z_{\alpha/2}/\sqrt{n}$$

可以看到, l 只依赖于 α 和样本容量 n, 根据要求

$$l = 2z_{\alpha/2}/\sqrt{n} \leqslant 1$$

即 $n \geqslant 4z_{\alpha/2}^2$. 而当 $\alpha = 0.05$ 时, $z_{0.025} = 1.96$, 所以

$$n \geqslant 4 \times 1.96^2 \approx 15.37$$

即样本容量至少为 16 才能保证 μ 的置信水平为 95% 的置信区间长度不超过 1.

7.2.2 标准差 σ 未知时 μ 的置信区间

如果标准差 σ 未知, 按照枢轴量法的基本步骤, μ 的置信区间构造过程如下:

(1) 选取参数 μ 的点估计量 ——$\overline{X}$.

(2) 构造**枢轴量**. 由于标准差 σ 是未知的, $\dfrac{\overline{X}-\mu}{\sigma}\sqrt{n}$ 无法再作为枢轴量. 回忆关于单正态总体的抽样分布, 将未知参数 σ 用样本标准差 $S = \sqrt{\dfrac{1}{n-1}\sum_{i=1}^{n}(X_i-\overline{X})^2}$ 替代, 可以得到枢轴量

$$\frac{\overline{X}-\mu}{S}\sqrt{n} \sim t(n-1) \tag{7.2.2}$$

(3) 由于 t 分布具有对称性, 取其上 $\alpha/2$ 分位数 $t_{\alpha/2}(n-1)$, 有

$$P\left\{-t_{\alpha/2}(n-1) \leqslant \frac{\overline{X}-\mu}{S}\sqrt{n} \leqslant t_{\alpha/2}(n-1)\right\} = 1-\alpha$$

(4) 对不等式

$$-t_{\alpha/2}(n-1) \leqslant \frac{\overline{X}-\mu}{S}\sqrt{n} \leqslant t_{\alpha/2}(n-1)$$

做等价变形, 即可得到

$$\overline{X} - t_{\alpha/2}(n-1) \cdot \frac{S}{\sqrt{n}} \leqslant \mu \leqslant \overline{X} + t_{\alpha/2}(n-1) \cdot \frac{S}{\sqrt{n}}$$

故标准差 σ 未知时 μ 的 $1-\alpha$ 双侧置信区间为

$$\left[\overline{X} - t_{\alpha/2}(n-1) \cdot \frac{S}{\sqrt{n}}, \overline{X} + t_{\alpha/2}(n-1) \cdot \frac{S}{\sqrt{n}}\right] \tag{7.2.3}$$

例 7.2.3 从某工厂生产的一批零件中随机抽取 10 个, 测得其尺寸与规定尺寸的偏差 (单位: 微米) 分别为

$$2 \quad 1 \quad -2 \quad 3 \quad 2 \quad 4 \quad -2 \quad 5 \quad 3 \quad 4$$

若零件尺寸的偏差 X 服从正态分布 $N(\mu, \sigma^2)$, 其中方差 σ^2 未知. 试给出 μ 置信水平为 95% 的区间估计.

解 此处 $X \sim N(\mu, \sigma^2)$, 标准差 σ 未知, 故 μ 的 $1-\alpha$ 双侧置信区间为

$$\left[\overline{X} - t_{\alpha/2}(n-1) \cdot \frac{S}{\sqrt{n}}, \overline{X} + t_{\alpha/2}(n-1) \cdot \frac{S}{\sqrt{n}}\right]$$

由已知条件可得, $n = 10, \overline{x} = 2, s = \sqrt{\dfrac{1}{n-1}\sum_{i=1}^{n}(x_i - \overline{x})^2} = \sqrt{\dfrac{52}{9}} \approx 2.4$

由于 $\alpha = 0.05$, 查表可得 $t_{\alpha/2}(n-1) = t_{0.025}(9) = 2.2622$, 代入上式即可得到 μ 的一个置信水平为 95% 的双侧置信区间为

$$\left[2 - 2.2622 \times \frac{2.4}{\sqrt{10}}, 2 + 2.2622 \times \frac{2.4}{\sqrt{10}}\right]$$

即 $[0.2831, 3.717]$ 为所求的区间估计.

例 7.2.4 为估计制造某种产品所需的单位平均工时 (单位: 小时), 现制造 5 件, 记录每件所需工时为

$$10.5 \quad 11 \quad 11.2 \quad 12.5 \quad 12.8$$

设制造单件产品所需工时 X 服从正态分布, 若给定置信水平为 95%, 试求平均工时的单侧置信上限.

解 根据样本数据可得 $n = 5, \overline{x} = 11.6, s^2 = 0.995$, 而 σ 未知, 需要确定是单侧置信上限, 故 μ 的 $1-\alpha$ 单侧置信区间为

$$\left(-\infty, \overline{X} + t_\alpha(n-1) \cdot \frac{S}{\sqrt{n}}\right]$$

由于 $\alpha = 0.05$, 查表可得 $t_\alpha(n-1) = t_{0.05}(4) = 2.1318$, 代入上式即可得到 μ 的单侧置信上限为

$$\overline{x} + t_\alpha(n-1) \cdot \frac{s}{\sqrt{n}} = 11.6 + 2.1318 \times \sqrt{\frac{0.995}{5}} \approx 12.55$$

7.2.3 σ^2 的置信区间

不考虑参数 μ 是否已知, 按照枢轴量法的基本步骤, σ^2 的置信区间构造过程如下:

(1) 选取参数 σ^2 的无偏估计量 —— 样本方差 $S^2 = \dfrac{1}{n-1}\sum_{i=1}^{n}(X_i - \overline{X})^2$.

(2) 构造**枢轴量**. 仍然是在单正态总体的抽样分布中, 可以找到

$$\frac{(n-1)S^2}{\sigma^2} \sim \chi^2(n-1) \tag{7.2.4}$$

满足枢轴量的要求.

7.2 单个正态总体参数的区间估计

(3) 取 χ^2 分布的上分位数 $\chi^2_{1-\alpha/2}(n-1)$、$\chi^2_{\alpha/2}(n-1)$，有

$$P\left\{\chi^2_{1-\alpha/2}(n-1) \leqslant \frac{(n-1)S^2}{\sigma^2} \leqslant \chi^2_{\alpha/2}(n-1)\right\} = 1-\alpha$$

(4) 对不等式

$$\chi^2_{1-\alpha/2}(n-1) \leqslant \frac{(n-1)S^2}{\sigma^2} \leqslant \chi^2_{\alpha/2}(n-1)$$

做等价变形，即可得到

$$\frac{(n-1)S^2}{\chi^2_{\alpha/2}(n-1)} \leqslant \sigma^2 \leqslant \frac{(n-1)S^2}{\chi^2_{1-\alpha/2}(n-1)}$$

故 σ^2 的 $1-\alpha$ 双侧置信区间为

$$\left[\frac{(n-1)S^2}{\chi^2_{\alpha/2}(n-1)}, \frac{(n-1)S^2}{\chi^2_{1-\alpha/2}(n-1)}\right] \tag{7.2.5}$$

进一步，还可以得到 σ 的 $1-\alpha$ 双侧置信区间为

$$\left[\frac{\sqrt{n-1}\,S}{\sqrt{\chi^2_{\alpha/2}(n-1)}}, \frac{\sqrt{n-1}\,S}{\sqrt{\chi^2_{1-\alpha/2}(n-1)}}\right] \tag{7.2.6}$$

例 7.2.5 (接例 7.2.3) 试求 σ^2 和 σ 的置信水平为 90% 的双侧置信区间.

解 σ^2 的置信水平为 $1-\alpha$ 的双侧置信区间为

$$\left[\frac{(n-1)S^2}{\chi^2_{\alpha/2}(n-1)}, \frac{(n-1)S^2}{\chi^2_{1-\alpha/2}(n-1)}\right]$$

由于 $\alpha = 0.10$，查表可得，

$$\chi^2_{\alpha/2}(n-1) = \chi^2_{0.05}(9) = 16.919$$

$$\chi^2_{1-\alpha/2}(n-1) = \chi^2_{0.95}(9) = 3.325$$

且 $s^2 = \dfrac{52}{9}$，代入即可得到 σ^2 的一个 90% 双侧置信区间为

$$\left[\frac{52}{16.919}, \frac{52}{3.325}\right]$$

即

$$[3.074, 15.639]$$

而标准差 σ 的 90% 双侧置信区间为

$$\left[\frac{\sqrt{n-1}S}{\sqrt{\chi^2_{\alpha/2}(n-1)}}, \frac{\sqrt{n-1}S}{\sqrt{\chi^2_{1-\alpha/2}(n-1)}}\right]$$

即

$$\left[\sqrt{3.074}, \sqrt{15.639}\right] \approx [1.753, 3.955]$$

例 7.2.6 从一批液晶显示器中随机抽取 10 个测试其使用寿命 (单位: 千小时), 得到样本观测值为

16.5, 15.8 15.6, 14.9, 16, 14.8, 15.3, 16.9, 15.5, 15.9

设液晶显示器使用寿命 X 服从正态分布 $N(\mu, \sigma^2)$, 其中 μ 和 σ^2 都是未知参数, 试求:

(1) 使用寿命均值 μ 的置信水平为 95% 的单侧置信下限;

(2) 使用寿命方差 σ^2 的置信水平为 90% 的单侧置信上限.

解 根据样本观测值, 计算得到

$$\bar{x} = 15.72, \ s^2 = 0.431$$

(1) 置信水平 $1-\alpha = 0.95$, 即 $\alpha = 0.05$, 样本容量 $n = 10$, 查表可得 $t_{0.05}(9) = 1.8331$, 故 μ 的单侧置信下限为

$$\hat{\mu}_L = \bar{x} - t_{0.05}(9) \cdot \frac{s}{\sqrt{n}} = 15.72 - 1.8331 \times \frac{\sqrt{0.431}}{\sqrt{10}} \approx 15.34$$

(2) 置信水平 $1-\alpha = 0.90$, 查表可得 $\chi^2_{1-\alpha}(n-1) = \chi^2_{0.90}(9) = 4.168$, 故 σ^2 的置信水平为 90% 的单侧置信上限为

$$\hat{\sigma^2}_U = \frac{(n-1)s^2}{\chi^2_{1-\alpha}(n-1)} = \frac{9 \times 0.431}{4.168} \approx 0.93$$

综合以上讨论, 关于单个正态总体参数的双侧置信区间可以总结为下表.

表 7-2: 单个正态总体参数的双侧置信区间

待估参数	其他参数	枢轴量及其分布	双侧置信区间
μ	σ 已知	$\dfrac{\overline{X}-\mu}{\sigma}\sqrt{n} \sim N(0,1)$	$\left[\overline{X} \pm z_{\alpha/2} \cdot \dfrac{\sigma}{\sqrt{n}}\right]$
μ	σ 未知	$\dfrac{\overline{X}-\mu}{S}\sqrt{n} \sim t(n-1)$	$\left[\overline{X} \pm t_{\alpha/2}(n-1) \cdot \dfrac{S}{\sqrt{n}}\right]$
σ^2		$\dfrac{(n-1)S^2}{\sigma^2} \sim \chi^2(n-1)$	$\left[\dfrac{(n-1)S^2}{\chi^2_{\alpha/2}(n-1)}, \dfrac{(n-1)S^2}{\chi^2_{1-\alpha/2}(n-1)}\right]$

7.3 大样本置信区间

上一节中关于置信区间的讨论都是基于总体 X 服从正态分布的假设, 而实际问题中不可能遇到的都是正态总体. 本节所要介绍的是大样本置信区间, 不再要求总体必须服从正态分布. 所谓大样本置信区间, 是指当样本容量 n 充分大时, 根据极限分布构造的近似置信区间.

7.3.1 总体均值的置信区间

总体均值 μ 是总体 X 的一个重要特征, 多数情况下抽样调查的主要目的之一就是为了对总体均值进行估计. 如调查 2016 年成都市居民月生活费平均支出情况, 北京市中学生平均每天参加体育锻炼的时间等等.

根据矩估计的思想, 总体 X 的均值 μ 总可以用样本均值 $\overline{X}$ 作为其估计量. 如果知道总体 X 是正态分布, 进一步还能够给出 μ 的区间估计. 那么放宽要求, 总体 X 的分布情况是未知的, 又该如何得到 μ 的区间估计呢?

假设 $X_1, X_2, \cdots, X_n$ 是来自总体 X 的简单随机样本, 且 $E(X) = \mu$, $D(X) = \sigma^2$, 即 $X_1, X_2, \cdots, X_n$ 独立同分布于随机变量 X, 根据中心极限定理, 当样本容量 n 充分大时, 样本均值 $\overline{X}$ 近似服从正态分布 $N\left(\mu, \dfrac{\sigma^2}{n}\right)$.

根据上一节的内容可知, 如果总体的标准差 σ 已知, 则有

$$P\left\{-z_{\alpha/2} \leqslant \frac{\overline{X} - \mu}{\sigma}\sqrt{n} \leqslant z_{\alpha/2}\right\} \approx 1 - \alpha$$

由此可以近似得到 μ 的一个置信水平为 $1 - \alpha$ 的双侧置信区间

$$\left[\overline{X} - z_{\alpha/2} \cdot \frac{\sigma}{\sqrt{n}}, \overline{X} + z_{\alpha/2} \cdot \frac{\sigma}{\sqrt{n}}\right] \tag{7.3.1}$$

在实际问题中, 总体的标准差 σ 往往也是未知的. 当样本容量 n 充分大时, 样本标准差 $S = \sqrt{\dfrac{1}{n-1}\sum\limits_{i=1}^{n}(X_i - \overline{X})^2}$ 是总体标准差 σ 的相合估计, 可以近似地用 S 替代 σ, 得到

$$Z = \frac{\overline{X} - \mu}{S}\sqrt{n}$$

近似服从标准正态分布 $N(0,1)$. 将其作为枢轴量即可得到总体均值 μ 的近似置信区间.

命题 7.3.1 当样本容量 n 充分大时 (一般要求 $n > 40$), 标准化随机变量

$$Z = \frac{\overline{X} - \mu}{S}\sqrt{n}$$

近似服从标准正态分布 $N(0,1)$, 由此可以得到

$$\left[\overline{X} - z_{\alpha/2} \cdot \frac{S}{\sqrt{n}}, \overline{X} + z_{\alpha/2} \cdot \frac{S}{\sqrt{n}}\right] \tag{7.3.2}$$

是总体均值 μ 的置信水平近似为 $1-\alpha$ 的大样本置信区间.

该命题也是抽样调查中关于总体均值区间估计的主要理论依据.

例 7.3.1 为了解某大学在校学生平均每天参加体育锻炼的时间, 从该校学生中随机抽取 100 人, 经调查得知他们平均每天参加体育锻炼的时间为 26 分钟, 且样本方差 $s^2 = 34$. 试给出全校学生平均每天参加体育锻炼时间的 95% 双侧置信区间.

解 总体 X 的分布形式未知, 但由于样本容量 $n = 100$, 可以利用命题 7.3.1 近似给出所需要的区间估计, 即

$$\left[\overline{x} - z_{\alpha/2} \cdot \frac{s}{\sqrt{n}}, \overline{x} + z_{\alpha/2} \cdot \frac{s}{\sqrt{n}}\right]$$

根据调查结果可知, $\overline{x} = 26$, $s^2 = 34$, 由于 $\alpha = 0.05$, 查表可得 $z_{\alpha/2} = z_{0.025} = 1.96$, 故全校学生平均每天参加体育锻炼时间的 95% 双侧置信区间为

$$\left[26 - 1.96 \times \sqrt{\frac{34}{100}}, 26 + 1.96 \times \sqrt{\frac{34}{100}}\right]$$

即 $[24.86, 27.14]$.

7.3.2 总体比例的置信区间

在许多实际问题中, 经常需要估计总体中具有某种特征的个体在总体中所占的比例, 称之为总体比例, 记为 p. 例如在校大学生中曾经做过兼职工作的比例, 大学生在读期间参加过 TOEFL 考试的比例等等. 显然, 总体中每一个个体要么具有该特征, 要么不具有. 因此, 总体 X 服从 Bernoulli 分布, 其分布律为

$$P(X = k) = p^k (1-p)^{1-k}, \quad k = 0, 1$$

其中 $p(0 < p < 1)$ 是未知参数.

设 $X_1, X_2, \cdots, X_n$ 是来自总体 X 的简单随机样本, 由于 $E(X) = p$, $D(X) = p(1-p)$, 根据中心极限定理可知, 当样本容量 n 充分大时, 样本均值 $\overline{X}$ 近似服从

正态分布 $N\left(p, \dfrac{p(1-p)}{n}\right)$, 即

$$\frac{\overline{X}-p}{\sqrt{p(1-p)/n}}$$

的极限分布是标准正态分布 $N(0,1)$, 故

$$P\left\{-z_{\alpha/2} \leqslant \frac{\overline{X}-p}{\sqrt{p(1-p)/n}} \leqslant z_{\alpha/2}\right\} \approx 1-\alpha$$

整理不等式

$$-z_{\alpha/2} \leqslant \frac{\overline{X}-p}{\sqrt{p(1-p)/n}} \leqslant z_{\alpha/2}$$

即

$$\left(n+z_{\alpha/2}^2\right)p^2 - \left(2n\overline{X}+z_{\alpha/2}^2\right)p + n\overline{X}^2 < 0$$

记这个不等式为

$$ap^2 + bp + c < 0$$

其中 $a = n + z_{\alpha/2}^2$, $b = -\left(2n\overline{X}+z_{\alpha/2}^2\right)$, $c = n\overline{X}^2$. 因为 X_i 的取值是 0 或 1, 故 $0 \leqslant \overline{X} \leqslant 1$, 所以有

$$b^2 - 4ac = 4n\overline{X}\left(1-\overline{X}\right)z_{\alpha/2}^2 + z_{\alpha/2}^4 > 0$$

记二次三项式 $ap^2 + bp + c < 0$ 的两个实根分别为

$$\hat{p}_L = \frac{1}{2a}\left(-b - \sqrt{b^2-4ac}\right) \tag{7.3.3}$$

$$\hat{p}_U = \frac{1}{2a}\left(-b + \sqrt{b^2-4ac}\right) \tag{7.3.4}$$

可以得到总体比例 p 的置信水平近似为 $1-\alpha$ 的大样本置信区间为 $[\hat{p}_L, \hat{p}_U]$.

可以看到, 上式的计算相对比较复杂. 实际上, 对于 Bernoulli 分布, 由于总体比例 p 的点估计 $\hat{p} = \overline{X}$, 样本容量足够大时, 一般要求 $n\hat{p} > 5$, $n(1-\hat{p}) > 5$, 通常可以用

$$\left[\hat{p} - z_{\alpha/2} \cdot \sqrt{\frac{\hat{p}(1-\hat{p})}{n}}, \hat{p} + z_{\alpha/2} \cdot \sqrt{\frac{\hat{p}(1-\hat{p})}{n}}\right] \tag{7.3.5}$$

作为总体比例 p 的置信水平近似为 $1-\alpha$ 的大样本置信区间.

例 7.3.2 从 5000 个电子元件中随机抽取 100 个进行检验, 结果合格品有 91 个. 试对这批电子元件的合格率进行区间估计, 置信水平取 $1-\alpha = 95\%$.

解 已知样本容量 $n = 100, \hat{p} = 0.91, n\hat{p} = 91 > 5, n(1-\hat{p}) = 9 > 5$, 当 $\alpha = 0.05$, 查表可得 $z_{0.025} = 1.96$, 合格率 p 的 95% 双侧置信区间

$$\left[\hat{p} - z_{\alpha/2} \cdot \sqrt{\frac{\hat{p}(1-\hat{p})}{n}}, \hat{p} + z_{\alpha/2} \cdot \sqrt{\frac{\hat{p}(1-\hat{p})}{n}}\right]$$
$$= \left[0.91 - 1.96 \times \sqrt{\frac{0.91 \times 0.09}{100}}, 0.91 + 1.96 \times \sqrt{\frac{0.91 \times 0.09}{100}}\right]$$
$$\approx [0.854, 0.966]$$

例 7.3.3 某传媒公司需要调查某电视节目收视率 p, 若要求 p 的 $1-\alpha$ 置信区间长度不超过 $2d_0$, 至少应调查多少人？

这是典型的抽样调查问题, 置信水平 $1-\alpha$ 也称为保证概率, d_0 也称为绝对误差.

解 这是关于两点分布 p 的置信区间问题, 由于 $1-\alpha$ 的近似置信区间的区间长为

$$2z_{\alpha/2}\sqrt{\frac{\hat{p}(1-\hat{p})}{n}}$$

由于 $0 \leqslant \bar{x} \leqslant 1$, 所以 $\bar{x}(1-\bar{x}) \leqslant 0.5^2 = 0.25$, 也就是说

$$z_{\alpha/2}\sqrt{\frac{\hat{p}(1-\hat{p})}{n}} \leqslant z_{\alpha/2}\sqrt{\frac{0.25}{n}} = \frac{z_{\alpha/2}}{2\sqrt{n}}$$

若要求置信区间长度不超过 $2d_0$, 只需 $\frac{z_{\alpha/2}}{2\sqrt{n}} \leqslant d_0$ 即可, 所以

$$n \geqslant \left(\frac{z_{\alpha/2}}{2d_0}\right)^2 \tag{7.3.6}$$

若取 $d_0 = 0.01, 1-\alpha = 0.95$, 则有

$$n \geqslant \left(\frac{z_{0.025}}{0.02}\right)^2 = \left(\frac{1.96}{0.02}\right)^2 = 9604$$

这个结果表明, 至少要调查 9604 个用户, 才能以 95% 的概率保证所得到的比例估计值 $\hat{p}$ 与真实值 p 的偏差不超过 0.01.

7.4 假设检验的基本概念

以正态总体均值 μ 的区间估计为例, 所有推导和结论都是基于总体 X 服从正态分布这一假设前提. 也就是说, 如果正态总体的假设不成立, 相关的统计推断就

失去了理论基础, 没有任何意义. 实际问题中, 所谓样本信息就是我们所收集到的样本观测值, 那么如何根据这些样本数据来判断正态总体的假设是否成立呢? 同时, 这种推断不可避免的存在着误判的风险, 那么判断错误的可能性又有多大呢? 数理统计中假设检验所要解决的就是这一类问题.

所谓假设检验, 就是事先对总体的参数或总体分布形式给出一个假设 (即原假设), 然后利用抽取的样本信息来判断原假设是否合理, 即判断总体的真实情况与原假设是否存在显著的系统性差异. 为了更直观地认识和了解假设检验所要解决的问题以及处理问题的基本思想, 我们先从一个具体的例子开始.

例 7.4.1 某自动流水线灌装饮料, 每一瓶的标准容量是 350ml. 当流水线工作时, 每一瓶的灌装容量 X 服从正态分布 $N(\mu, \sigma^2)$, 标准差 $\sigma = 1.5$ml. 为了检验流水线是否正常工作, 随机抽取了已经灌装的 8 瓶饮料, 测得其容量分别为 (单位: ml):

$$349 \quad 352 \quad 346 \quad 347 \quad 351 \quad 348 \quad 353 \quad 348$$

试推断该流水线是否正常工作?

这个问题关注的是在给定总体分布与样本的条件下, 对命题 "该流水线正常工作" 作出判断: "是" 或 "否"? 问题的具体分析可以分为以下几个步骤:

1. 明确问题

由于流水线灌装的饮料容量 $X \sim N(\mu, 1.5^2)$, 如果流水线在正常工作, 那么 X 的数学期望 μ 应当是 350. 因此该流水线正常工作与否, 可以转化为两个相互对立的命题:

$$H_0: \mu = 350$$

和

$$H_1: \mu \neq 350$$

其中称 H_0 为**原假设**, H_1 为**备择假设**. **假设检验要解决的问题就是根据所抽取的样本数据来判断** —— 应该接受原假设 H_0, 还是拒绝 H_0(即认为备择假设 H_1 成立)?

简单的讲, 我们的目的就是找出一个合理的判断准则, 根据这一准则对上述问题做出二选一的判断.

由于要检验的是总体均值 μ, 考虑利用其无偏估计量 $\overline{X}$ 来进行判断. 如果原假设 H_0 为真, 即流水线在正常工作, 那么样本均值 $\overline{X}$ 的观测值 $\overline{x}$ 与 350 的偏差 $|\overline{x} - 350|$ 不应该太大. 也就是说, 如果偏差值很小 (比如 0.2), 那么就有理由认为原假设 "$\mu = 350$" 是可信的; 如果偏差值很大 (比如 10), 那么会更倾向于相信备择假设 "$\mu \neq 350$".

因此, 做出判断的关键就在于如何给出偏差值的界 (不妨记为 c). 当 $|\overline{x} - 350| < c$ 时, 就接受原假设 H_0; 反之, 若 $|\overline{x} - 350| \geqslant c$ 就拒绝原假设 H_0. 使原假设 H_0 被

拒绝的那些样本观测值所属的区域称为**拒绝域**(Critical region), 记为 **W**. 拒绝域的补集称为接收域 (Acceptance region).

2. 可能出现的两类错误

需要注意, 由于是根据样本提供的信息对总体进行推断, 而样本是随机的, 我们有可能做出正确的判断, 也有可能做出错误的判断. 这就意味着出现误判是无法避免的. 可能出现的误判有以下两种:

(1) 当原假设 H_0 为真时, 做出的判断是 —— 拒绝原假设 H_0, 这种错误称为**第一类错误**(也称为**拒真**), 其出现的概率可以表示为

$$P(\text{拒绝}H_0|H_0\text{为真}) = P_{H_0}(\text{拒绝}H_0) \tag{7.4.1}$$

(2) 当原假设 H_0 为假时 (即备择假设 H_1 为真), 做出的判断是 —— 接受原假设 H_0, 这种错误称为**第二类错误**(也称为**采伪**), 其出现的概率可以表示为

$$P(\text{接受}H_0|H_0\text{为假}) = P_{H_1}(\text{接受}H_0) \tag{7.4.2}$$

可见, 这两类错误出现的概率就是相应的两个条件概率. 关于假设检验的两类误判可以归纳为表 7-3.

表 7-3: 假设检验的两类错误

做出的判断	总体的真实情况	
	H_0 为真	H_1 为真
接受 H_0	判断正确	误判 (采伪)
拒绝 H_1	误判 (拒真)	判断正确

3. 解决的方法 —— 显著性检验

自然, 我们希望犯这两类错误的概率越小越好. 但在样本容量 n 给定的前提下, 两类错误出现的概率是此消彼长的关系. 如果减小犯第一类错误的概率, 就会增大犯第二类错误的概率; 反之亦然. 这和在区间估计中可信程度与精度两个要求的关系非常类似.

在假设检验中, 所遵循的原则是控制犯第一类错误的概率. 即给定一个较小的数 $\alpha(0 < \alpha < 1)$, 使得犯第一类错误的概率不超过 α, 即

$$P(\text{拒绝}H_0|H_0\text{为真}) = P_{H_0}(\text{拒绝}H_0) \leqslant \alpha \tag{7.4.3}$$

这里 α 称为**显著性水平**(Significance level), 相应的假设检验也称为**显著性检验**. 在实际操作中, 通常只考虑允许犯第一类错误的概率最大为 α, 令上式的右端取等号即可.

结合本例, 犯第一类错误的概率可以表示为

$$P_{H_0}\{|\overline{X} - 350| \geqslant c\} = \alpha \tag{7.4.4}$$

根据概率论的知识可知, 如果在 H_0 为真时, 样本均值 $\overline{X}$ 的分布已知, 那么给定显著性水平 (如 $\alpha = 0.05$), 即可利用已知分布确定临界值 c.

由于当原假设 H_0 为真, 即流水线工作正常时, 样本均值 $\overline{X}$ 服从正态分布 $N\left(\mu_0, \frac{\sigma^2}{n}\right)$, 即

$$\frac{\overline{X} - \mu_0}{\sigma/\sqrt{n}} = \frac{\overline{X} - 350}{1.5/\sqrt{8}} \sim N(0, 1)$$

式 (7.4.4) 等价于

$$P_{H_0}\left\{\frac{|\overline{X} - 350|}{1.5/\sqrt{8}} \geqslant \frac{c}{1.5/\sqrt{8}} = c_0\right\} = \alpha$$

根据标准正态分布上分位数的定义可知, $c_0 = z_{\alpha/2}$. 也就是说, 可以直接将 $\dfrac{|\overline{x} - 350|}{1.5/\sqrt{8}}$ 与 c_0 比较做出判断. 若样本均值 $\overline{X}$ 的观测值满足

$$\frac{|\overline{x} - 350|}{1.5/\sqrt{8}} < c_0 = z_{\alpha/2}$$

时, 接受原假设 H_0; 反之, 若

$$\frac{|\overline{x} - 350|}{1.5/\sqrt{8}} \geqslant c_0 = z_{\alpha/2}$$

则拒绝原假设 H_0.

本例中, 显著性水平 $\alpha = 0.05$, $z_{0.025} = 1.96$, $\overline{x} = 349.25$, 即

$$\frac{|\overline{x} - 350|}{1.5/\sqrt{8}} \approx 1.41 < 1.96$$

故接受原假设 H_0, 认为流水线工作正常.

由此可见, 假设检验所采用的判断准则就是实际推断原理, 即小概率事件在一次试验中几乎不可能发生, 如果任做一次试验此事件就发生, 则有理由怀疑该事件的发生不是小概率的. 因为 α 取值很小, 通常取 0.01、0.05 等, 若 H_0 为真, 即 $\mu = 350$ 时, 显然

$$\left\{\frac{|\overline{X} - 350|}{1.5/\sqrt{8}} \geqslant z_{\alpha/2}\right\}$$

是一个小概率事件, 由实际推断原理, 可以认为在一次试验中这个小概率事件几乎不会发生. 假如一次观察中所采集到的样本数据竟然满足不等式

$$\frac{|\overline{X} - 350|}{1.5/\sqrt{8}} \geqslant z_{\alpha/2}$$

则有理由怀疑

$$\left\{\frac{|\overline{x} - 350|}{1.5/\sqrt{8}} \geqslant z_{\alpha/2}\right\}$$

不是小概率的, 从而怀疑原假设 H_0 的正确性, 因此应当拒绝 H_0; 反之, 则没有理由怀疑原假设 H_0 的正确性, 应接受 H_0.

总结以上过程, 假设检验的基本步骤可以分为以下四步:

1. **提出原假设与备择假设**

由于假设检验要解决的就是如何根据样本信息做出一个二选一的判断, 因此首先应该明确备选项, 即原假设 H_0 和备择假设 H_1. 例如,

$$H_0: \mu = \mu_0 \longleftrightarrow H_1: \mu \neq \mu_0 \tag{7.4.5}$$

$$H_0: \mu \leqslant \mu_0 \longleftrightarrow H_1: \mu > \mu_0 \tag{7.4.6}$$

$$H_0: \mu \geqslant \mu_0 \longleftrightarrow H_1: \mu < \mu_0 \tag{7.4.7}$$

其中形如 (7.4.5) 的称为**双边假设**, 形如 (7.4.6) 和 (7.4.7) 的则称为**单边假设**. 相应的假设检验也分别称为**双边检验和单边检验**.

2. **构造检验统计量, 明确其分布**

样本数据是我们做出判断的基本依据. 如同在参数估计中一样, 需要借助于样本构造的统计量进行统计推断. 假设检验中所使用的统计量称为**检验统计量**. 关于检验统计量的选择, 与区间估计中选取枢轴量所考虑的因素一致, 并且要求在原假设 H_0 为真的前提下检验统计量的分布是已知的 (不含有任何未知参数). 如引例中当 H_0 为真, 即 $\mu = 350$ 时, 检验统计量

$$\frac{\overline{X} - \mu_0}{\sigma/\sqrt{n}} = \frac{\overline{X} - 350}{1.5/\sqrt{8}} \sim N(0, 1)$$

3. **确定拒绝域**

对于给定的显著性水平 α, 根据检验统计量的分布可以确定拒绝域的临界值. 如引例中的拒绝域可表示为

$$W = \left\{(x_1, x_2, \cdots, x_n): \frac{|\overline{x} - 350|}{1.5/\sqrt{8}} \geqslant z_{0.05/2} = 1.96\right\}$$

其中 $z_{0.025} = 1.96$ 即为临界值.

4. 做出判断

计算检验统计量的样本观测值,检查其是否落入拒绝域,并以此做出判断——接受原假设或拒绝原假设.

关于假设检验,在实际应用中就是要制定一个具体可行的判断法则,其统计思想的体现则是对于这个法则的风险预判. 例如, 一枚硬币是否均匀是未知的, 已知的是, 如果硬币是均匀的, 抛掷后其正面朝上的概率为 $\frac{1}{2}$; 如果硬币不均匀, 则正面朝上的概率为 $\frac{3}{4}$. 若记抛掷后正面朝上的概率为 θ, 那么我们要判断的问题就是

$$H_0: \theta = \frac{1}{2} \leftrightarrow H_1: \theta = \frac{3}{4}$$

检验规则制定为: 将该硬币抛掷 5 次, 若正面向上的次数多于 3 次, 就拒绝 H_0, 即认为硬币不均匀.

这个判断法则简单可行, 易于操作, 实际操作的人可以不需要任何统计知识! 统计学用来做什么呢?

统计学的作用就是 —— 揭示运用这个检验规则可能出现的误判风险. 具体计算如下:

(1) 如果硬币是均匀的, 但抛掷 5 次正面出现了 4 次甚至 5 次这种极端情况, 结果就会导致我们误判为硬币是不均匀的, 即出现第一类错误, 其概率为

$$\alpha = P_{H_0}\{Y > 3\} = \sum_{k=4}^{5} \binom{5}{k} \left(\frac{1}{2}\right)^k \left(\frac{1}{2}\right)^{5-k} = \frac{3}{16}$$

其中随机变量 Y 表示正面朝上的次数, $Y \sim B(5, \theta)$. 在硬币均匀的条件下, 有 $Y \sim B\left(5, \frac{1}{2}\right)$;

(2) 如果硬币不均匀, 但抛掷 5 次中正面出现次数没有超过 3 次, 结果也会导致我们误判为硬币是均匀的, 即出现第二类错误, 其概率为

$$\beta = P_{H_1}\{Y \leqslant 3\} = \sum_{k=0}^{3} \binom{5}{k} \left(\frac{3}{4}\right)^k \left(\frac{1}{4}\right)^{5-k} = \frac{81}{128} \approx 0.633$$

在硬币不均匀的条件下, $Y \sim B\left(5, \frac{3}{4}\right)$.

7.5 单个正态总体参数的假设检验

设总体 X 服从正态分布 $N(\mu, \sigma^2)$, $X_1, X_2, \cdots, X_n$ 是来自该总体的简单随机样本. 与区间估计类似, 本节将分情况讨论其参数的假设检验问题.

7.5.1 标准差 σ 已知时 μ 的检验

上一节中的例子就是正态总体当标准差 σ 已知时, 关于总体均值 μ 的双边假设检验问题, 其基本步骤可归纳如下:

1. 提出原假设与备择假设

$$H_0: \mu = \mu_0 \longleftrightarrow H_1: \mu \neq \mu_0 \tag{7.5.1}$$

2. 构造检验统计量, 明确其分布

当原假设 $H_0: \mu = \mu_0$ 为真时, 检验统计量

$$Z = \frac{\overline{X} - \mu_0}{\sigma/\sqrt{n}} \sim N(0,1) \tag{7.5.2}$$

3. 确定拒绝域

给定显著性水平 α, 由

$$P_{H_0}(\text{拒绝} H_0) = P_{H_0}\{|Z| \geqslant z_{\alpha/2}\} = \alpha$$

可确定临界值为 $z_{\alpha/2}$, 即拒绝域为

$$W = \{|z| \geqslant z_{\alpha/2}\}$$

4. 做出判断

计算检验统计量 Z 的观测值 z, 根据其是否落入拒绝域, 做出如下判断:
(1) 若 $|z| < z_{\alpha/2}$, 则接受原假设 H_0;
(2) 若 $|z| \geqslant z_{\alpha/2}$, 则拒绝原假设 H_0.

进一步, 考虑单边假设

$$H_0: \mu \leqslant \mu_0 \longleftrightarrow H_1: \mu > \mu_0 \tag{7.5.3}$$

若原假设 H_0 为真, 与 μ_0 相比, 样本均值的观测值 $\overline{x}$ 不应该太大. 因此, 如果观测到的 $\overline{x}$ 太大, 就有理由认为 $\mu \leqslant \mu_0$ 是不可信的. 与双边假设检验的处理思想类似, 可以确定其拒绝域 W 的形式为

$$W = \{(x_1, x_2, \cdots, x_n): \overline{x} \geqslant c\}$$
$$= \left\{(x_1, x_2, \cdots, x_n): \frac{\overline{x} - \mu_0}{\sigma/\sqrt{n}} \geqslant z_\alpha\right\}$$

7.5 单个正态总体参数的假设检验

记
$$z = \frac{\overline{x} - \mu_0}{\frac{\sigma}{\sqrt{n}}},$$

则拒绝域也可表示为 $W = \{z : z \geqslant z_\alpha\}$.

类似的, 单边假设
$$H_0 : \mu \geqslant \mu_0 \longleftrightarrow H_1 : \mu < \mu_0 \tag{7.5.4}$$

的拒绝域 W 可表示为 $W = \{z : z \leqslant -z_\alpha\}$.

可以将标准差 σ 已知时三类关于正态总体均值 μ 的假设检验总结如表 7-4, 其拒绝域如图 7-2 所示.

表 7-4: 标准差 σ 已知时 μ 的假设检验

检验统计量:	$Z = \frac{\overline{X} - \mu_0}{\sigma}\sqrt{n}$	
原假设	备择假设	拒绝域
$H_0 : \mu = \mu_0$	$H_1 : \mu \neq \mu_0$	$z \geqslant z_{\alpha/2}$ 或 $z \leqslant -z_{\alpha/2}$
$H_0 : \mu \leqslant \mu_0$	$H_1 : \mu > \mu_0$	$z \geqslant z_\alpha$
$H_0 : \mu \geqslant \mu_0$	$H_1 : \mu < \mu_0$	$z \leqslant -z_\alpha$

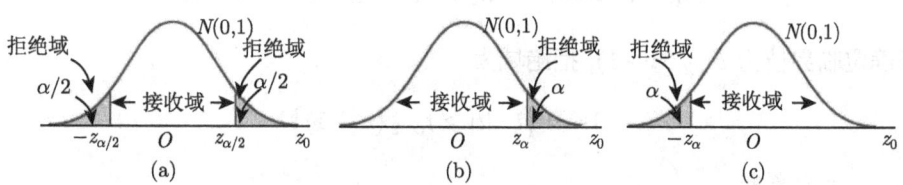

图 7-2: 标准差 σ 已知时拒绝域示意图

例 7.5.1 公司从生产商购买牛奶, 需要判断生产商是否在牛奶中掺水. 对于牛奶中是否掺水可以通过测定牛奶的冰点检验出来. 天然牛奶的冰点温度近似服从正态分布, 均值 $\mu_0 = -0.545$°C, 标准差 $\sigma = 0.008$°C. 牛奶掺水可使冰点温度升高而接近于水的冰点温度 (0°C). 测得生产商的任意 5 批次牛奶的冰点温度, 其均值为 $\overline{x} = -0.540$°C, 问是否可以认为生产商在牛奶中掺水? (取显著性水平 $\alpha = 0.05$)

解 根据题意, 这是一个关于均值 μ 单边假设检验问题.

相应的原假设和备择假设:
$$H_0 : \mu \leqslant \mu_0 = -0.545 \longleftrightarrow H_1 : \mu > \mu_0$$

其拒绝域的形式为 $W = \{z : z \geqslant z_\alpha\}$. 由于 $z_\alpha = z_{0.05} = 1.645$, 根据样本数据计算, 有
$$z = \frac{-0.540 - (-0.545)}{0.006/\sqrt{5}} \approx 1.398 < 1.645$$

也就是说 z 的样本观测值没有落入拒绝域中, 所以我们接受原假设 H_0, 可以认为生产商没有在牛奶中掺水.

7.5.2 标准差 σ 未知时 μ 的检验

如果标准差 σ 未知, 关于总体均值 μ 的双边假设检验问题, 可归纳如下:

1. 提出原假设与备择假设

$$H_0: \mu = \mu_0 \longleftrightarrow H_1: \mu \neq \mu_0 \tag{7.5.5}$$

2. 构造检验统计量, 明确其分布

当原假设 $H_0: \mu = \mu_0$ 为真时, 检验统计量

$$T = \frac{\overline{X} - \mu_0}{S}\sqrt{n} \sim t(n-1) \tag{7.5.6}$$

3. 确定拒绝域

给定显著性水平 α, 由

$$P_{H_0}(\text{拒绝}H_0) = P_{H_0}\left\{|T| \geqslant t_{\alpha/2}(n-1)\right\} = \alpha$$

可确定临界值为 $t_{\alpha/2}(n-1)$, 拒绝域为

$$W = \left\{t: |t| \geqslant t_{\alpha/2}(n-1)\right\}$$

4. 做出判断

计算检验统计量 T 的样本观测值 t, 根据其是否落入拒绝域做出如下判断:

(1) 若 $|t| < t_{\alpha/2}(n-1)$, 则接受原假设 H_0;

(2) 若 $|t| \geqslant t_{\alpha/2}(n-1)$, 则拒绝原假设 H_0.

上述利用 t 统计量给出的检验法称为 t 检验. 可以将标准差 σ 未知时三类关于正态总体均值 μ 的假设检验总结如下表, 其拒绝域如图 7-3 所示.

表 7-5: 标准差 σ 未知时 μ 的假设检验

检验统计量 $T = \dfrac{\overline{X} - \mu_0}{S}\sqrt{n}$		
原假设	备择假设	拒绝域
$H_0: \mu = \mu_0$	$H_1: \mu \neq \mu_0$	$t \geqslant t_{\alpha/2}(n-1)$ 或 $t \leqslant -t_{\alpha/2}(n-1)$
$H_0: \mu \leqslant \mu_0$	$H_1: \mu > \mu_0$	$t \geqslant t_\alpha(n-1)$
$H_0: \mu \geqslant \mu_0$	$H_1: \mu < \mu_0$	$t \leqslant -t_\alpha(n-1)$

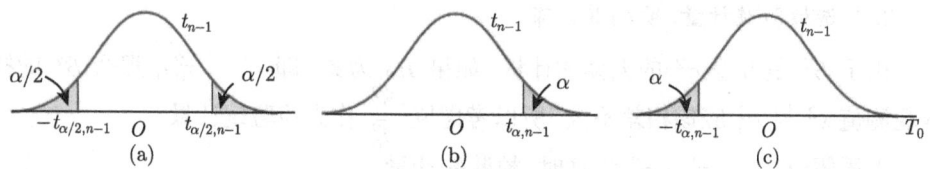

图 7-3: 标准差 σ 未知时拒绝域示意图

例 7.5.2 某工厂生产一批钢材, 已知这种钢材强度 X 服从正态分布 $N(\mu, \sigma^2)$, 今从中抽取 9 件, 测得数据 (单位: kg/cm) 如下:

$$48.5 \quad 49.0 \quad 52.7 \quad 49.5 \quad 53.1 \quad 52.2 \quad 51.5 \quad 49.9 \quad 50.8$$

试问能否认为这批钢材的平均强度为 52 kg/cm? (取显著性水平 $\alpha = 0.10$)

解 这是标准差 σ 未知时总体均值 μ 的假设检验问题.

(1) 建立原假设和备择假设:

$$H_0 : \mu = 52 \longleftrightarrow H_1 : \mu \neq 52$$

(2) 选择检验统计量. 当原假设 H_0 为真时, 检验统计量

$$T = \frac{\overline{X} - 52}{S/\sqrt{n}} \sim t(n-1) = t(8)$$

(3) 确定拒绝域. 给定 $\alpha = 0.10$, 查表可得 $t_{\alpha/2}(8) = t_{0.05}(8) = 1.8595$, 拒绝域为

$$W = \{|t| \geq t_{\alpha/2}(n-1) = t_{0.05}(8) = 1.8595\}$$

(4) 根据样本数据有 $n = 9$, $\overline{x} = 50.8$, $s^2 = 2.7595$, 代入可得检验统计量的观测值

$$t = \frac{\overline{x} - 52}{s/\sqrt{n}} = \frac{50.8 - 52}{\sqrt{2.7975/9}} \approx -2.1524$$

由于 $|t| = 2.1524 > 1.8595 \approx t_{0.05}(8)$, 即样本观测值落入拒绝域, 故拒绝原假设 H_0, 认为这批钢材的平均强度不是 52 kg/cm.

在实际使用中, 对于正态总体均值 μ 的检验, 当标准差 σ 已知时, 选择的检验方法通常称为 U 检验法; 当标准差 σ 未知时, 选择的检验方法称为 t 检验法.

7.5.3 总体方差 σ^2 的检验

关于总体方差 σ^2 的双边假设检验问题, 可归纳如下:

1. 提出原假设与备择假设

$$H_0 : \sigma^2 = \sigma_0^2 \longleftrightarrow H_1 : \sigma^2 \neq \sigma_0^2 \tag{7.5.7}$$

2. 构造检验统计量,明确其分布

由于 S^2 是方差 σ^2 的无偏估计量,如果 H_0 为真 (即 $\sigma^2 = \sigma_0^2$),那么 S^2 的样本观测值 s^2 与 σ_0^2 应该相差不大,所以考虑取 $\dfrac{S^2}{\sigma_0^2}$ 作为检验统计量.

当原假设 $H_0 : \sigma^2 = \sigma_0^2$ 为真时,检验统计量

$$\chi^2 = \frac{(n-1)S^2}{\sigma_0^2} \sim \chi^2(n-1) \tag{7.5.8}$$

3. 确定拒绝域

给定显著性水平 α,由

$$P_{H_0}(\text{拒绝}H_0) = P_{H_0}\left\{\chi^2 \geqslant \chi_{\alpha/2}^2(n-1) \text{ 或 } \chi^2 \leqslant \chi_{1-\alpha/2}^2(n-1)\right\} = \alpha$$

可确定临界值为 $\chi_{1-\alpha/2}^2(n-1)$ 和 $\chi_{\alpha/2}^2(n-1)$,相应的拒绝域为

$$W = \left\{\chi^2 \geqslant \chi_{\alpha/2}^2(n-1) \text{ 或 } \chi^2 \leqslant \chi_{1-\alpha/2}^2(n-1)\right\}$$

4. 做出判断

计算检验统计量的观测值 χ^2,与临界值 $\chi_{1-\alpha/2}^2(n-1)$ 和 $\chi_{\alpha/2}^2(n-1)$ 进行比较,做出如下判断:

(1) 若 $\chi_{1-\alpha/2}^2(n-1) < \chi^2 < \chi_{\alpha/2}^2(n-1)$,则接受原假设 H_0;

(2) 若 $\chi^2 \geqslant \chi_{\alpha/2}^2(n-1)$ 或 $\chi^2 \leqslant \chi_{1-\alpha/2}^2(n-1)$,则拒绝原假设 H_0.

上述检验方法称为 χ^2 检验. 可以将关于正态总体方差 σ^2 的三类假设检验总结如下表,其拒绝域如图 7-4 所示.

表 7-6: 总体方差 σ^2 的假设检验

	检验统计量 $\chi^2 = \dfrac{(n-1)S^2}{\sigma_0^2}$	
原假设	备择假设	拒绝域
$H_0 : \sigma^2 = \sigma_0^2$	$H_1 : \sigma^2 \neq \sigma_0^2$	$\chi^2 \geqslant \chi_{\alpha/2}^2(n-1)$ 或 $\chi^2 \leqslant \chi_{1-\alpha/2}^2(n-1)$
$H_0 : \sigma^2 \leqslant \sigma_0^2$	$H_1 : \sigma^2 > \sigma_0^2$	$\chi^2 \geqslant \chi_\alpha^2(n-1)$
$H_0 : \sigma^2 \geqslant \sigma_0^2$	$H_1 : \sigma^2 < \sigma_0^2$	$\chi^2 \leqslant \chi_{1-\alpha}^2(n-1)$

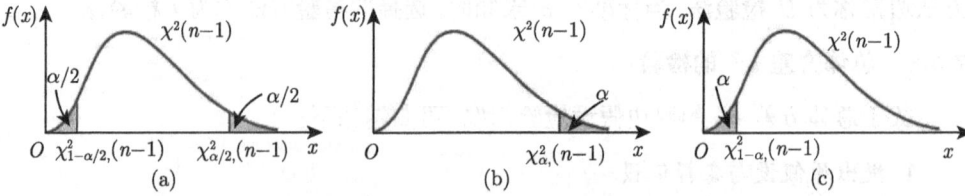

图 7-4: 关于 σ^2 的拒绝域示意图

例 7.5.3 已知某厂生产了一批同种型号的汽车蓄电池,由以往经验知道其寿命 X 近似服从正态分布,标准差 $\sigma = 0.8$(年). 现从中任意抽取 13 个蓄电池,样本标准差 $s = 0.92$(年). 若取显著性水平 $\alpha = 0.10$,能否认为这批蓄电池寿命的方差发生了明显改变?

解 这是关于正态总体其方差 σ^2 的假设检验问题.

(1) 建立原假设和备择假设:

$$H_0: \sigma^2 = 0.8^2 \longleftrightarrow H_1: \sigma^2 \neq 0.8^2$$

(2) 选择检验统计量. 当原假设 H_0 为真时,检验统计量

$$\chi^2 = \frac{(n-1)S^2}{0.8^2} \sim \chi^2(n-1) = \chi^2(12)$$

(3) 确定拒绝域. 给定 $\alpha = 0.10$,查表可得 $\chi^2_{1-\alpha/2}(n-1) = \chi^2_{0.95}(12) = 5.226$, $\chi^2_{\alpha/2}(n-1) = \chi^2_{0.05}(12) = 21.026$,相应的拒绝域为

$$W = \{\chi^2 \leqslant 5.226 \text{ 或 } \chi^2 \geqslant 21.026\}$$

(4) 根据样本数据有 $n = 13$, , $s = 0.92$,代入可得检验统计量的观测值

$$\chi^2 = \frac{(n-1)S^2}{0.8^2} = \frac{12 \times 0.92^2}{0.8^2} = 15.87$$

由于

$$\chi^2_{0.95}(12) = 5.226 < 15.87 < 21.026 = \chi^2_{0.05}(12)$$

故接受原假设 H_0,可以认为这批蓄电池寿命的方差没有发生明显改变.

7.5.4 假设检验中的 p 值

对于实际问题,数据分析的具体计算几乎都是利用计算机实现的. 凡是涉及数据的统计分析,必然会遇到 p 值. p 值的给出使得我们不必再通过查找具体分布的上分位数表来确定拒绝域的边界,即临界值.

所谓 p 值,就是在原假设 H_0 为真的前提下,如果以当前样本观测值拒绝原假设,犯第一类错误的概率. 以下结合例子进行说明.

回顾上一节中的引例 7.4.1,原假设与备择假设是

$$H_0: \mu = 350 \longleftrightarrow H_1: \mu \neq 350$$

已知随机抽取的 8 个样本其均值 $\bar{x} = 349.25$,然后计算检验统计量的样本观测值为

$$z = \frac{|\bar{x} - 350|}{1.5/\sqrt{8}} \approx 1.41$$

由于 $|z| < 1.96 = z_{0.05/2}$，所以在显著性水平 $\alpha = 0.05$ 下，接受原假设 H_0.

根据已经抽取的样本换一个角度考虑，假如总体均值 $\mu = 350$，那么检验统计量的取值落在拒绝域内，即

$$|Z| = \frac{|\overline{X} - 350|}{1.5/\sqrt{8}} \geqslant 1.41$$

$$\Leftrightarrow \overline{X} \geqslant 350.7478 \text{ 或 } \overline{X} \leqslant 349.2522$$

的可能性又有多大呢？容易得到，

$$P_{H_0}\left\{\frac{|\overline{X} - 350|}{1.5/\sqrt{8}} \geqslant 1.41\right\} = 1 - [\Phi(1.41) - \Phi(-1.41)] = 0.1586$$

也就是说，即使 $\mu = 350$，$X \sim N(350, 1.5^2)$，我们抽取样本时恰好抽取到的是那些坏样本 (使得样本均值 $\overline{x}$ 太大 $\overline{x} \geqslant 350.7478$ 或太小 $\overline{x} \leqslant 349.2522$) 的可能性约有 16%. 这就是 p 值. 需要注意的是，这里的"坏"样本判断的依据是由当前样本观测值给出的.

因此，对于给定的显著性水平 α，可以根据 p 值按照以下原则进行判断：
(1) p 值 $\leqslant \alpha$ —— 拒绝原假设 H_0；
(2) p 值 $> \alpha$ —— 接受原假设 H_0.

假设检验的可能结论只有两个：接受或拒绝原假设 H_0. 而 p 值不仅可以直接进行检验判断，而且也显示了样本值在一定范围内出现的概率，为进一步的统计分析提供了更多的信息.

7.6 非正态总体的统计推断

以上关于总体参数的统计推断都是基于一个基本假定：总体 X 的分布 (或极限分布) 是正态分布. 因此，在实际问题的分析过程中，首先就要考察这个基本假定是否成立？如果这个条件不满足，即总体 X 的分布不是正态分布，而是其他类型的分布，那么又该如何对其进行统计推断呢？

对于第一个问题，通常可以采用分布拟合检验来解决. 而对于第二个问题，以下将结合均匀总体和指数总体两种常见情况，讨论其相关的统计推断问题.

7.6.1 分布拟合检验

在对样本数据进行统计分析之前，往往需要对总体进行一定的假设，如假设总体 X 服从正态分布等等. 如果这个假设是错误的，那么以此为前提进行的所有统计分析都是没有任何意义的. 一个自然的问题就是：如何根据所采集到的样本数

据，判断总体 X 的分布是否是正态分布 (或其他指定分布) 呢？显然，这是一个关于假设是否成立的判断问题，也就是假设检验所解决的问题.

总体 X 的分布 $F(x)$ 未知，要判断其是否是某指定分布 $F_0(x)$，就相当于检验以下假设：

$$H_0: F(x) = F_0(x) \longleftrightarrow H_1: F(x) \neq F_0(x) \tag{7.6.1}$$

若总体 X 是离散型的，原假设 H_0 也可以表示为

$$H_0: \text{总体} X \text{的分布律为} P\{X = x_k\} = p_k, \quad k = 1, 2, \cdots \tag{7.6.2}$$

若总体 X 是连续型的，原假设 H_0 也可以表示为

$$H_0: \text{总体} X \text{的概率密度} f(x) = f_0(x) \tag{7.6.3}$$

明确了原假设与备择假设，接下来就是要构造检验统计量，并明确其分布. 假定 $F_0(x)$ 中不含未知参数，在原假设 H_0 为真的条件下，将总体 X 的所有可能取值的全体 S 分成 m 个两两不相交的子集 $A_1, A_2, \cdots, A_m$. 从总体 X 中抽取容量为 n 的简单随机样本 $X_1, X_2, \cdots, X_n$, $x_1, x_2, \cdots, x_n$ 为相应的样本观测值. n_i 表示样本观测值 $x_1, x_2, \cdots, x_n$ 中落在 A_i 内的个数，即对总体进行 n 次独立观测中随机事件 $\{X \in A_i\}$ 出现的频数. 而事件 $\{X \in A_i\}$ 出现的理论频数为 np_i, 其中 $p_i = P\{X \in A_i\}$ 即为随机事件 $\{X \in A_i\}$ 发生的概率. 如果原假设 H_0 为真，而且样本容量 n 足够大，那么随机事件 $\{X \in A_i\}$ 出现的理论频数 np_i 和实际频数 n_i 应该相差不大，即频率 $f_i = \frac{n_i}{n}$ 与概率 p_i 非常接近，因此 $(f_i - p_i)^2$ 也不应该太大.

基于以上分析，采用

$$\chi^2 = \sum_{i=1}^{m} \frac{n}{p_i}(f_i - p_i)^2 = \sum_{i=1}^{m} \frac{(n_i - np_i)^2}{np_i} \tag{7.6.4}$$

作为检验统计量. 如果该统计量的观测值偏大，表明理论频数与实际频数相差较大，我们就有理由认为样本并非来自 $F_0(x)$ 所对应的总体，从而拒绝原假设 H_0.

如果原假设中指定的分布 $F_0(x)$ 中含有未知参数，通常是先在 H_0 为真的条件下利用样本找出未知参数的最大似然估计，并将估计值代入作为参数值. 然后再根据 $F_0(x)$ 求出概率 p_i 的估计值 $\hat{p}_i = \hat{P}\{X \in A_i\}$，相应的检验统计量为

$$\chi^2 = \sum_{i=1}^{m} \frac{(n_i - n\hat{p}_i)^2}{n\hat{p}_i} \tag{7.6.5}$$

根据假设检验的基本思想，明确了检验统计量的形式之后，关键在于确定其分布. 对于以上给出的两个检验统计量，一般情况下无法确定其真实分布，下述定理给出了其近似分布.

定理 7.6.1 若样本容量 n 充分大 $(n \geqslant 50)$, 则当 H_0 为真时, F_0 不含有未知参数时, 统计量

$$\chi^2 = \sum_{i=1}^{m} \frac{(n_i - np_i)^2}{np_i} \to \chi^2(m-1) \tag{7.6.6}$$

F_0 不含有未知参数时, 统计量

$$\chi^2 = \sum_{i=1}^{m} \frac{(n_i - n\hat{p}_i)^2}{n\hat{p}_i} \to \chi^2(m-r-1) \tag{7.6.7}$$

其中 r 是被估计的参数的个数.

按照上述分析, 当原假设 H_0 为真时, 统计量 (7.6.4) 或 (7.6.5) 的样本观测值不应该太大. 因此, 给定显著性水平 α, 由

$$P_{H_0}(拒绝 H_0) = P_{H_0}(\chi^2 \geqslant c) = \alpha$$

可以确定拒绝域的临界值 $c = \chi_\alpha^2(m-r-1)$, 其中统计量 (7.6.4) 可以视为 $r=0$ 时 (7.6.5) 的特殊情况. 所以, 判断的依据如下:

(1) 若 $\chi^2 < \chi_\alpha^2(m-r-1)$, 则接受原假设 H_0;
(2) 若 $\chi^2 \geqslant \chi_\alpha^2(m-r-1)$, 则拒绝原假设 H_0.

以上就是由皮尔逊提出的 χ^2 拟合检验法. 相应的, 也可以直接利用 p 值进行判断判断. 该检验法的理论依据是上述定理, 所以在使用时必须要满足样本容量足够大, 通常应取 $n \geqslant 50$, 且每个 np_i 或 $n\hat{p}_i$ 也不应小于 5, 否则应适当合并子集 A_i, 使每个合并后的 np_i 或 $n\hat{p}_i$ 满足不小于 5 的要求.

例 7.6.1 在一实验中, 每隔一定时间观察一次由某种铀所放射的到达计数器上的某粒子数 X, 共观察了 100 次, 得到结果如下表所示:

i	0	1	2	3	4	5	6	7	8	9	10	11	$\geqslant 12$
n_i	1	5	16	17	26	11	9	9	2	1	2	1	0

其中 n_i 是观察到有 i 个该粒子的次数. 从理论上考虑 X 应该服从泊松分布, 即

$$P\{X = i\} = \frac{\lambda^i}{i!} e^{-\lambda}, \quad i = 0, 1, 2, \cdots$$

试问该理论假定是否符合实际 (取 $\alpha = 0.05$)? 即在显著性水平 $\alpha = 0.05$ 下检验假设

$$H_0: 总体 X 服从泊松分布, P\{X = i\} = \frac{\lambda^i}{i!} e^{-\lambda}, \quad i = 0, 1, 2, \cdots$$

解 由于原假设 H_0 中的分布含有未知参数 λ, 其最大似然估计值为

$$\hat{\lambda} = \bar{x} = \frac{1}{100} \sum_i i \cdot n_i = 4.2$$

7.6 非正态总体的统计推断

若 H_0 为真, 总体 X 其分布律的估计形式为

$$\hat{p}_i = \hat{P}\{X = i\} = \frac{4.2^i}{i!}\mathrm{e}^{-4.2}, \quad i = 0, 1, 2, \cdots$$

将 X 的所有可能取值 $\{0,1,2,\cdots\}$ 划分为如下表所示的两两不相交的子集 A_0, $A_1, \cdots, A_{12}$, 根据观察到的样本数据, 可以得到下表:

A_i	n_i	$\hat{p}_i$	$n\hat{p}_i$	合并后 $n\hat{p}_i$	$n_i - n\hat{p}_i$	$(n_i - n\hat{p}_i)^2/n\hat{p}_i$
A_0	1	0.015	1.5	7.8	−1.8	0.415
A_1	5	0.063	6.3			
A_2	16	0.132	13.2	13.2	2.8	0.594
A_3	17	0.185	18.5	18.5	−1.5	0.122
A_4	26	0.194	19.4	19.4	6.6	2.245
A_5	11	0.163	16.3	16.3	−5.3	1.723
A_6	9	0.114	11.4	11.4	−2.4	0.505
A_7	8	0.069	6.9	6.9	2.1	0.639
A_8	2	0.036	3.6			
A_9	1	0.017	1.7			
A_{10}	2	0.007	0.7	6.5	0.5	0.038
A_{11}	1	0.003	0.3			
A_{12}	0	0.002	0.2			
$\sum$	100	1				6.281

由上表可知, 并组后 $m = 8$, 检验统计量 χ^2 的观测值为 6.281, 原假设 H_0 指定的分布中有 1 个待估参数 λ, 故 χ^2 分布的自由度 $m - r - 1 = 8 - 1 - 1 = 6$, 对于给定的显著性水平 $\alpha = 0.05$, 查表可得 $\chi^2_{0.05}(6) = 12.592$, 拒绝域

$$W = \{\chi^2 \geqslant \chi^2_{0.05}(6) = 12.592\}$$

显然样本观测值没有落入拒绝域, 即

$$\chi^2 = 6.281 < 12.592 = \chi^2_{0.05}(6)$$

所以接受 H_0, 即在显著性水平 $\alpha = 0.05$ 下, 可以认为样本来自泊松分布总体.

例 7.6.2 下面给出了随机选取的某大学一年级学生 (250 个) 一次数学考试的成绩, 试检验数据是否来自正态总体 $N(65, 15^2)$. (取 $\alpha = 0.01$)

分数 x	$x \leqslant 30$	$30 < x \leqslant 40$	$40 < x \leqslant 50$	$50 < x \leqslant 60$
学生数	7	12	30	42

分数 x	$60 < x \leqslant 70$	$70 < x \leqslant 80$	$80 < x \leqslant 90$	$90 < x \leqslant 100$
学生数	64	53	31	11

解 以 X 表示考试成绩,根据题意相当于检验假设

$$H_0: X 服从正态分布 N(65, 15^2)$$

按照表中的成绩分段,可以将 X 的所有可能取值分为两两不相交的子集 $A_1, A_2, \cdots, A_8$,当原假设 H_0 为真时,X 落在每个子集的概率为:

$$\hat{p}_1 = \hat{P}(A_1) = P(X \leqslant 30) = \Phi\left(\frac{30-65}{15}\right) = 0.0099$$

$$\hat{p}_2 = \hat{P}(A_2) = P\{30 < X \leqslant 40\}$$
$$= \Phi\left(\frac{40-65}{15}\right) - \Phi\left(\frac{30-65}{15}\right) = 0.0376$$

所有计算结果如下表所示:

A_i	n_i	$\hat{p}_i$	$n\hat{p}_i$	合并后 $n\hat{p}_i$	$n_i - n\hat{p}_i$	$(n_i - n\hat{p}_i)^2 / n\hat{p}_i$
A_1	7	0.0099	2.475	11.875	7.125	4.275
A_2	12	0.0376	9.4			
A_3	30	0.1112	27.8	27.8	2.2	0.174
A_4	42	0.212	53	53	-11	2.283
A_5	64	0.2586	64.65	64.65	-0.65	0.007
A_6	53	0.212	53	53	0	0
A_7	31	0.1112	27.8	27.8	3.2	0.368
A_8	11	0.0475	11.875	11.875	-0.875	0.064
$\sum$	250	1	250	250		7.171

由上表可知,并组后 $m = 7$,检验统计量 χ^2 的观测值为 7.171,原假设 H_0 中没有未知参数,χ^2 分布的自由度 $m - 1 = 7 - 1 = 6$,对于给定的显著性水平 $\alpha = 0.01$,查表可得 $\chi^2_{0.01}(6) = 16.812$,拒绝域

$$W = \{\chi^2 \geqslant \chi^2_{0.01}(6) = 16.812\}$$

可以看到样本观测值没有落入拒绝域中,即

$$\chi^2 = 7.171 < 16.812 = \chi^2_{0.01}(6)$$

所以接受 H_0,即在显著性水平 $\alpha = 0.01$ 下,认为样本数据来自正态总体 $N(65, 15^2)$.

7.6.2 关于均匀总体的统计推断

假设总体 X 服从均匀分布 $U(0, \theta)$,概率密度函数为

$$f(x) = \begin{cases} \dfrac{1}{\theta}, & 0 \leqslant x \leqslant \theta \\ 0, & 其他 \end{cases}$$

其中, 参数 $\theta(\theta>0)$ 未知. $X_1, X_2, \cdots, X_n$ 是取自总体 X 的简单随机样本, $x_1, x_2, \cdots, x_n$ 是样本观测值. 考虑单边假设检验问题:

1. 提出原假设与备择假设

$$H_0: \theta \geqslant \theta_0 \longleftrightarrow H_1: \theta < \theta_0 \tag{7.6.8}$$

2. 构造检验统计量, 确定拒绝域

由于 $X_{(n)}$ 是 θ 的一个估计量, 所以在 H_0 成立时, $\dfrac{X_{(n)}}{\theta_0}$ 的观测值不应该太小, 当 $\dfrac{X_{(n)}}{\theta_0}$ 的观测值小到一定的程度就有理由拒绝 H_0, 于是取检验统计量 $T = \dfrac{X_{(n)}}{\theta_0}$, 取原假设 H_0 的拒绝域形如:

$$W = \left\{(x_1, x_2, \cdots, x_n): \dfrac{x_{(n)}}{\theta_0} \leqslant C\right\}$$

根据 $X_{(n)}$ 的分布, 可以得到 $T = \dfrac{X_{(n)}}{\theta}$ 的分布函数为

$$\begin{aligned} F_T(z) &= P\{T \leqslant z\} \\ &= P\left\{\dfrac{X_{(n)}}{\theta} \leqslant z\right\} \\ &= \begin{cases} 0, & z < 0 \\ z^n, & 0 \leqslant z < 1 \\ 1, & z \geqslant 1 \end{cases} \end{aligned}$$

$F_T(z)$ 与参数 θ 无关, 是一个完全已知的分布函数. 所以, 当 H_0 成立 (即 $\theta \geqslant \theta_0$) 时, 只要 $\dfrac{X_{(n)}}{\theta_0} \leqslant C$ 成立就一定有 $\dfrac{X_{(n)}}{\theta} \leqslant C$, 故

$$P_{H_0}\left\{\dfrac{X_{(n)}}{\theta_0} \leqslant C\right\} \leqslant P_{H_0}\left\{\dfrac{X_{(n)}}{\theta} \leqslant C\right\} = F(C) = C^n$$

为了控制犯第一类错误的概率不超过 α 且尽可能接近 α, 只需取 $C^n = \alpha$ 即 $C = \sqrt[n]{\alpha}$, 就可以得到显著性水平 α 下原假设 H_0 的拒绝域

$$W = \left\{(x_1, x_2, \cdots, x_n): \dfrac{x_{(n)}}{\theta_0} \leqslant \sqrt[n]{\alpha}\right\} \tag{7.6.9}$$

3. 做出判断

代入样本观测值 $x_1, x_2, \cdots, x_n$, 计算检验统计量 $T = \dfrac{X_{(n)}}{\theta}$ 的观测值 t, 做出如下判断:

(1) 若 $t > \sqrt[n]{\alpha}$, 则接受原假设 H_0;

(2) 若 $t \leqslant \sqrt[n]{\alpha}$, 则拒绝原假设 H_0.

类似地, 可以给出参数 θ 的置信水平为 $1-\alpha$ 的双侧置信区间

$$\left[\frac{X_{(n)}}{\sqrt[n]{1-\alpha/2}}, \frac{X_{(n)}}{\sqrt[n]{\alpha/2}}\right] \tag{7.6.10}$$

7.6.3 关于指数总体的统计推断

假设总体 X 服从指数分布 $Exp(\lambda)$, 概率密度函数为

$$f(x) = \begin{cases} \lambda e^{-\lambda x}, & x \geqslant 0 \\ 0, & x < 0 \end{cases}$$

其中, 参数 $\lambda(\lambda>0)$ 未知. $X_1, X_2, \cdots, X_n$ 是取自总体 X 的简单随机样本, $x_1, x_2, \cdots, x_n$ 是样本观测值. 考虑双边假设检验问题:

1. 提出原假设与备择假设

$$H_0: \lambda = \lambda_0 \longleftrightarrow H_1: \lambda \neq \lambda_0 \tag{7.6.11}$$

2. 构造检验统计量, 确定拒绝域

由于 $\dfrac{1}{\overline{X}}$ 是 λ 的一个估计量, 所以在 H_0 成立时, $\lambda\overline{X}$ 的观测值应该非常接近于 1, 于是取原假设 H_0 的拒绝域为以下形式:

$$W = \left\{(X_1, X_2, ..., X_n) : \lambda_0 \overline{X} \leqslant C_1 \text{ 或 } \lambda_0 \overline{X} \geqslant C_2\right\}$$

接下来的关键就是确定 C_1 和 C_2. 因为 $X \sim Exp(\lambda)$, 即 X 的分布函数为

$$F_X(x) = \begin{cases} 1 - e^{-\lambda x}, & x \geqslant 0 \\ 0, & x < 0 \end{cases}$$

所以 $T = 2\lambda X$ 的分布函数为

$$\begin{aligned} F_T(x) &= P\{T \leqslant x\} \\ &= P\{2\lambda X \leqslant x\} \\ &= P\left\{X \leqslant \frac{x}{2\lambda}\right\} \\ &= F_X\left(\frac{x}{2\lambda}\right) \\ &= 1 - e^{-\frac{x}{2}}, \ x \geqslant 0 \end{aligned}$$

可以得到 $T = 2\lambda X$ 的概率密度函数为

$$f_T(x) = \begin{cases} \dfrac{1}{2} e^{-\frac{x}{2}}, & x \geqslant 0 \\ 0, & x < 0 \end{cases}$$

即 $f_T(x)$ 就是 $\chi^2(2)$ 分布的概率密度函数, 且 $f_T(x)$ 与参数 λ 无关. 根据 χ^2 分布的可加性, 有

$$2\lambda n\overline{X} = 2\lambda(X_1 + ... + X_n) = 2\lambda X_1 + ... + 2\lambda X_n \sim \chi^2(2n)$$

所以当原假设 H_0 成立时, 有 $2n\lambda_0 \overline{X} \sim \chi^2(2n)$.

综上所述, 样本点落入拒绝域内的概率为

$$P_{H_0}\{\lambda_0\overline{X} \leqslant C_1 \text{ 或} \lambda_0\overline{X} \geqslant C_2\} = P_{H_0}\{2n\lambda_0\overline{X} \leqslant 2nC_1\} + P_{H_0}\{2n\lambda_0\overline{X} \geqslant 2nC_2\}$$

控制犯第一类错误的概率不超过 α 且尽可能接近 α, 即

$$P_{H_0}\{2n\lambda_0\overline{X} \leqslant 2nC_1\} = \frac{\alpha}{2} \Rightarrow C_1 = \frac{\chi^2_{1-\frac{\alpha}{2}}(2n)}{2n}$$

$$P_{H_0}\{2n\lambda_0\overline{X} \geqslant 2nC_2\} = \frac{\alpha}{2} \Rightarrow C_2 = \frac{\chi^2_{\frac{\alpha}{2}}(2n)}{2n}$$

由此得到, 显著性水平 α 下原假设 H_0 的拒绝域

$$W = \left\{(x_1, x_2, ..., x_n): \lambda_0\overline{x} \leqslant \frac{\chi^2_{1-\frac{\alpha}{2}}(2n)}{2n} \text{ 或} \lambda_0\overline{x} \geqslant \frac{\chi^2_{\frac{\alpha}{2}}(2n)}{2n}\right\} \tag{7.6.12}$$

3. 做出判断

代入样本观测值 $x_1, x_2, ..., x_n$, 计算检验统计量 $T = \lambda_0\overline{X}$ 的观测值 t, 做出如下判断:

(1) 若 $\dfrac{\chi^2_{1-\frac{\alpha}{2}}(2n)}{2n} < t < \dfrac{\chi^2_{\frac{\alpha}{2}}(2n)}{2n}$, 则接受原假设 H_0;

(2) 若 $t \leqslant \dfrac{\chi^2_{1-\frac{\alpha}{2}}(2n)}{2n}$ 或 $t \geqslant \dfrac{\chi^2_{\frac{\alpha}{2}}(2n)}{2n}$, 则拒绝原假设 H_0.

类似地, 可以给出参数 λ 的置信水平为 $1-\alpha$ 的双侧置信区间

$$\left[\frac{\chi^2_{1-\frac{\alpha}{2}}(2n)}{2n\overline{X}}, \frac{\chi^2_{\frac{\alpha}{2}}(2n)}{2n\overline{X}}\right] \tag{7.6.13}$$

练 习 题 7

1. 用天平称某物体的重量 9 次, 得平均重量为 15.4 克, 已知天平称量的结果为正态分布, 其标准差为 0.1 克. 试求该物体重量的置信水平为 95% 的置信区间.

2. 设轮胎的寿命服从正态分布,为估计某种轮胎的平均寿命,现随机的抽取 12 只轮胎试用,测得它们的寿命如下 (单位: 万公里):

$$4.68,\ 4.85,\ 4.32,\ 4.85,\ 4.61,\ 5.02,\ 5.20,\ 4.60,\ 4.58,\ 4.72,\ 4.38,\ 4.70$$

试求这种轮胎平均寿命的置信水平为 99% 的置信区间.

3. 某工厂生产一批零件,其长度 X 服从 $N(\mu, 0.05)$,现在从中任意抽取 6 个零件测得长度如下 (单位: cm):

$$15.1,\ 14.8,\ 15.2,\ 14.9,\ 14.6,\ 15.1$$

试求零件平均长度的置信水平为 95% 的置信区间.

4. 已知某种白炽灯的寿命 $X \sim N(\mu, \sigma^2)$,在一批该种灯泡中随机的抽取 10 只,测得其寿命如下 (单位: 小时):

$$1067,\ 919,\ 1196,\ 785,\ 1126,\ 936,\ 918,\ 1156,\ 920,\ 948$$

试求未知参数 μ、σ^2、σ 的置信水平为 95% 的置信区间.

5. 某灯具厂为了解某型号产品的质量情况,随机抽取了该型号产品 40 只,测得其平均使用寿命 4800 小时,样本标准差为 300 小时. 若该型号产品的使用寿命服从正态分布 $N(\mu, \sigma^2)$,试给出参数 μ 和标准差 σ 的置信水平为 90% 的置信区间.

6. 一批产品中随机抽取 100 件进行质量检验,其中有 4 件次品,试求这批产品次品率的置信水平为 95% 的置信区间.

7. 对某个事件 A 作 120 次观察,A 发生了 36 次,试给出事件 A 发生概率 p 的置信水平为 95% 的置信区间.

8. 从某小学六年级男生中随机抽取 400 名学生,测量他们的体重,计算得到平均值为 61.6 公斤,标准差为 14.4 公斤. 试给出六年级男生平均体重的置信水平为 90% 的置信区间.

9. 某品牌运营商欲调查某品牌手机的市场占有率 p,若取置信水平为 95%,要求其置信区间的长度不超过 0.04,试问至少应该调查多少用户?

10. 在一批货物中随机抽取了 80 件,发现有 11 件不合格品,试求不合格率的 90% 的置信区间.

11. 某微波炉生产厂家想要了解微波炉进入居民家庭生活的程度,从某地区已购买了微波炉的 2200 个居民户中随机抽取了 30 户进行调查. 这 30 户家庭在一个月中使用微波炉的时间 (单位: 分钟) 为

300	450	900	50	700	400
520	600	340	280	380	800
750	550	20	1100	440	460
580	650	430	460	450	400
360	370	560	610	710	200

试估计该地区已购买了微波炉的居民户平均一个月使用微波炉的时间; 并给出置信水平为 90% 的置信区间.

12. 设总体 X 服从参数为 λ 的指数分布，$\lambda > 0$ 未知，$X_1, X_2, \cdots, X_n$ 是取自总体 X 的样本.

(1) 证明 $2n\lambda\overline{X} \sim \chi^2(2n)$；

(2) 试求 λ 的置信水平为 90% 的单侧置信下限；

(3) 从上述总体抽取容量为 16 的样本，其均值为 $\overline{x} = 5010$，试求 λ 的置信水平为 95% 的单侧置信下限.

13. 某商场在进货时对商品的质量进行检验，如果次品率不超过 2%，则接受，否则就退货. 现有一批商品共 100 件，从中抽出 10 件进行检验，发现有两件次品，问是否退货？

14. 已知某灯泡厂生产的灯泡的寿命（单位：小时）服从正态分布 $N(\mu, 200^2)$，根据经验，灯泡的平均寿命不超过 1500 小时. 现在抽取采用新工艺生产的灯泡 25 只，测得寿命的平均值为 1575 小时，试问新工艺是否提高了灯泡的寿命？$(\alpha = 0.05)$

15. 已知某装袋机在正常状态下所装每袋奶粉的净重量 X（单位：克）服从正态分布 $N(450, 5^2)$，现在从一批袋装奶粉中随机的抽取了 15 袋，经过测量它们的平均净重量为 446 克，试推断该机器工作是否正常？$(\alpha = 0.05)$

16. 根据长期的经验和资料分析，某砖厂生产的地板砖的抗断强度 X 服从正态分布 $N(32.50, 1.21)$. 现在从一批产品中随机的抽取了 6 块，测得抗断强度如下（单位：kg/cm^2）：

$$32.56, \ 29.66, \ 31.64, \ 30.00, \ 31.87, \ 31.03$$

在显著性水平 $\alpha = 0.05$ 的标准下，检验这批产品的抗断强度是否大于 32.50？

17. 据历史资料，某市新生儿平均体重为 3250 克，现在从 2009 年该市的新生儿中随机抽取了 25 个，其平均体重为 3300 克，标准差为 300 克，是否可以认为 2009 年新生儿的体重与过去相比无明显差别？

18. 已知某厂排放的工业废水中某有害物质的千分比含量 X 服从正态分布. 环保条例规定排放的工业废水中该有害物质的含量不得超过千分之五，从该厂排放的工业废水中随机的抽取 5 份水样，测得该有害物质的含量分别为 (%)：

$$0.53, \ 0.54, \ 0.51, \ 0.49, \ 0.53$$

在显著性水平 $\alpha = 0.05$ 的标准下，检验该厂排放的工业废水中该有害物质的含量是否超过环保标准？

19. 某车间生产的铜丝质量一直比较稳定，其折断力服从正态分布 $N(\mu, 8^2)$. 现在从该产品中任意抽取 10 根检查折断力，测得数据如下（单位：N）：

$$578, \ 572, \ 570, \ 568, \ 572, \ 570, \ 572, \ 596, \ 584, \ 570$$

是否可以认为该车间生产的铜丝的折断力稳定性较好？$(\alpha = 0.05)$

20. 一支香烟中尼古丁的含量 X 服从正态分布 $N(\mu, 1)$，质量标准规定 μ 不能超过 1.5 毫克. 现在从该厂生产的香烟中随机的抽取 20 支进行治疗检测测得平均每支香烟的尼古丁的含量为 1.97 毫克，试问该厂生产的香烟尼古丁含量是否符合质量标准的规定？

21. 一台自动机床加工零件的直径 X 服从正态分布，加工要求为 $E(x)=5$cm. 现从一天的产品中随机抽取 50 个，分别测量其直径后算得样本均值 $\bar{x}=4.8$cm，样本标准差 $s=0.6$cm. 试在显著性水平 0.05 的要求下检验这天的产品直径平均值是否处于控制状态？

22. 据一个汽车制造厂家称，某种新型小汽车耗用每加仑汽油至少能行驶 25 公里，一个消费者研究小组对此感兴趣并进行检验. 检验时的前提条件是已知生产此种小汽车的单位燃料行驶里程技术性能指标服从正态分布，总体方差为 4. 试回答以下问题：

(1) 对于由 16 辆小汽车所组成的一个简单随机样本，取显著性水平为 0.01，则检验中根据 $\bar{X}$ 来确定是否拒绝制造厂家的宣称时，其依据是什么？

(2) 按照上述检验规则，当样本均值为每加仑 23、24、25.5 公里时，犯第一类错误的概率是多少？

23. 为募集社会福利基金，某地方政府发行了福利彩票，中奖者用转动大圆盘的方法确定最后的中奖金额，利用直径将大圆盘均匀分为 20 份，其中金额为 5 万、10 万、20 万、30 万、50 万、100 万的分别占 2、4、6、4、2、2 份. 假定大圆盘是均匀的，则指针指向每一个获奖区域都是等可能的，即摇出各类奖项的概率分别为 0.1, 0.2, 0.3, 0.2, 0.1, 0.1. 现在有 20 人参加摇奖，摇得 5 万、10 万、20 万、30 万、50 万、100 万的人数分别为 2、6、6、3、3、0. 由于没有一个人摇到 100 万，于是有人怀疑大转盘是不均匀的，这种怀疑是否成立呢？

24. 某电话交换台在 1 小时内每分钟接到电话用户的呼唤次数记录如下：

呼唤次数 k	0	1	2	3	4	5	6	$\geqslant 7$
实际频数 v_k	8	16	17	10	6	2	1	0

根据统计资料，是否可以认为每分钟的呼唤次数服从泊松分布？$(\alpha=0.05)$

25. 从一批电子元件中抽取 300 个做寿命试验，其结果如下（单位：小时）：

寿命	<100	$[100,200)$	$[200,300)$	$\geqslant 300$
元件个数	121	78	43	58

能否认为这批电子元件寿命服从指数分布 $Exp(0.005)$？$(\alpha=0.05)$

26. 设总体 X 服从均匀分布 $U(0,\theta)$，未知参数 $\theta>0$，$X_1,X_2,\cdots,X_n$ 是取自总体 X 的简单随机样本. 记 $X_{(n)}=\max(X_1,X_2,\cdots,X_n)$. 若对检验问题

$$H_0:\theta\geqslant 2 \longleftrightarrow H_1:\theta<2$$

取 H_0 的拒绝域为 $W=\{x_{(n)}\leqslant 1.5\}$，试求此检验犯第一类错误的概率的最大值.

第8章 多个正态总体的统计推断

统计推断包括两个基本问题: 参数估计和假设检验. 在实际问题中经常会遇到多个总体, 其中以多个正态总体的情况更为常见.

第 7 章中所讨论的区间估计和假设检验的关注对象都是单个总体, 本章则将讨论范围推广至两个正态总体, 并进一步关注多个正态总体的均值比较问题.

8.1 两个正态总体均值差的区间估计与假设检验

设总体 X 服从正态分布 $N(\mu_1, \sigma_1^2)$, 总体 Y 服从正态分布 $N(\mu_2, \sigma_2^2)$. $X_1, X_2, \cdots, X_m$ 是来自总体 X 的简单随机样本, $Y_1, Y_2, \cdots, Y_n$ 是来自总体 Y 的简单随机样本, 且这两组样本之间是相互独立的. 其样本均值和样本方差分别为

$$\overline{X} = \frac{1}{m} \sum_{i=1}^{m} X_i$$

$$S_1^2 = \frac{1}{m-1} \sum_{i=1}^{m} (X_i - \overline{X})^2$$

$$\overline{Y} = \frac{1}{n} \sum_{i=1}^{n} Y_i$$

$$S_2^2 = \frac{1}{n-1} \sum_{i=1}^{n} (Y_i - \overline{Y})^2$$

本节将关注于这两个总体均值之差 $\mu_1 - \mu_2$ 的区间估计与假设检验.

8.1.1 标准差 σ_1 和 σ_2 已知

由于 X 和 Y 都是正态总体, 而且两个简单随机样本之间相互独立, 所以样本均值之差 $\overline{X} - \overline{Y}$ 服从正态分布, 且

$$E(\overline{X} - \overline{Y}) = E(\overline{X}) - E(\overline{Y}) = \mu_1 - \mu_2$$

$$D(\overline{X} - \overline{Y}) = D(\overline{X}) + D(\overline{Y}) = \frac{\sigma_1^2}{m} + \frac{\sigma_2^2}{n}$$

即

$$\overline{X} - \overline{Y} \sim N\left(\mu_1 - \mu_2, \frac{\sigma_1^2}{m} + \frac{\sigma_2^2}{n}\right) \tag{8.1.1}$$

令 $\theta = \mu_1 - \mu_2$，根据单正态总体的相关结论可知，$\hat{\theta} = \overline{X} - \overline{Y}$ 是 θ 的无偏估计量. 关于参数 θ 的统计推断就可以直接利用上一章的处理思路和方法.

若标准差 σ_1 和 σ_2 已知，根据区间估计的基本思想，可选取枢轴量

$$\frac{\overline{X} - \overline{Y} - (\mu_1 - \mu_2)}{\sqrt{\frac{\sigma_1^2}{m} + \frac{\sigma_2^2}{n}}} \sim N(0,1) \tag{8.1.2}$$

总体均值之差 $\mu_1 - \mu_2$ 的置信水平为 $1 - \alpha$ 的置信区间为

$$\left[\overline{X} - \overline{Y} \pm z_{\alpha/2} \cdot \sqrt{\frac{\sigma_1^2}{m} + \frac{\sigma_2^2}{n}}\right] \tag{8.1.3}$$

考虑相应的假设检验问题，原假设是 $\mu_1 - \mu_2$ 取特定值 Δ_0. 按照假设检验的基本步骤则有：

1. 提出原假设与备择假设

$$H_0: \mu_1 - \mu_2 = \Delta_0 \longleftrightarrow H_1: \mu_1 - \mu_2 \neq \Delta_0 \tag{8.1.4}$$

若取 $\Delta_0 = 0$，原假设 H_0 等价于 $\mu_1 = \mu_2$，相应的假设检验就是判断两个正态总体其均值是否相等.

2. 构造检验统计量，明确其分布

当原假设 $H_0: \mu_1 - \mu_2 = \Delta_0$ 为真时，检验统计量

$$Z = \frac{\overline{X} - \overline{Y} - \Delta_0}{\sqrt{\frac{\sigma_1^2}{m} + \frac{\sigma_2^2}{n}}} \sim N(0,1) \tag{8.1.5}$$

3. 确定拒绝域

给定显著性水平 α，由

$$P_{H_0}(拒绝 H_0) = P_{H_0}\{|Z| \geqslant z_{\alpha/2}\} = \alpha$$

可确定临界值为 $z_{\alpha/2}$，拒绝域为

$$W = \{|z| \geqslant z_{\alpha/2}\}$$

4. 做出判断

计算检验统计量 Z 的样本观测值 z，根据其是否落入拒绝域，做出如下判断：
(1) 若 $|z| < z_{\alpha/2}$，则接受原假设 H_0；
(2) 若 $|z| \geqslant z_{\alpha/2}$，则拒绝原假设 H_0.

类似地还可以讨论单边假设检验，相关结果归纳如下表.

8.1 两个正态总体均值差的区间估计与假设检验

表 8-1: 标准差 σ_1 和 σ_2 已知时 $\mu_1 - \mu_2$ 的假设检验

检验统计量: $Z = \dfrac{\overline{X} - \overline{Y} - \Delta_0}{\sqrt{\dfrac{\sigma_1^2}{m} + \dfrac{\sigma_2^2}{n}}}$

原假设	备择假设	拒绝域
$H_0: \mu_1 - \mu_2 = \Delta_0$	$H_1: \mu_1 - \mu_2 \neq \Delta_0$	$z \geqslant z_{\alpha/2}$ 或 $z \leqslant -z_{\alpha/2}$
$H_0: \mu_1 - \mu_2 \leqslant \Delta_0$	$H_1: \mu_1 - \mu_2 > \Delta_0$	$z \geqslant z_\alpha$
$H_0: \mu_1 - \mu_2 \geqslant \Delta_0$	$H_1: \mu_1 - \mu_2 < \Delta_0$	$z \leqslant -z_\alpha$

例 8.1.1 设总体 $X \sim N(\mu_1, 5^2)$,总体 $Y \sim N(\mu_2, 6^2)$,现从两个总体中分别独立地抽出容量为 10 和 12 的样本,样本均值分别为 19.8 与 24,试求这两个总体均值差 $\mu_1 - \mu_2$ 的置信水平为 95% 的置信区间.

解 由题可知 $\sigma_1 = 5$,$\sigma_2 = 6$,故 $\mu_1 - \mu_2$ 的置信水平为 $1 - \alpha$ 的置信区间是

$$\left[\overline{X} - \overline{Y} \pm z_{\alpha/2} \cdot \sqrt{\dfrac{\sigma_1^2}{m} + \dfrac{\sigma_2^2}{n}}\right]$$

由于 $m = 10$,$n = 12$,$\bar{x} = 19.8$,$\bar{y} = 24$,且 $\alpha = 0.05$,查表可知 $z_{\alpha/2} = z_{0.025} = 1.96$,代入即得

$$\bar{x} - \bar{y} - z_{\alpha/2} \cdot \sqrt{\dfrac{\sigma_1^2}{m} + \dfrac{\sigma_2^2}{n}} \approx -8.797$$

$$\bar{x} - \bar{y} + z_{\alpha/2} \cdot \sqrt{\dfrac{\sigma_1^2}{m} + \dfrac{\sigma_2^2}{n}} \approx 0.397$$

所以均值差 $\mu_1 - \mu_2$ 的 95% 置信区间为 $[-8.797, 0.397]$.

例 8.1.2(接上例) 如果给定显著性水平 $\alpha = 0.05$,能否认为这两个正态总体的均值存在显著差异?

解 这是关于两个正态总体均值之差 $\mu_1 - \mu_2$ 的双边假设检验问题.
(1) 提出原假设和备择假设

$$H_0: \mu_1 - \mu_2 = 0 \leftrightarrow H_1: \mu_1 - \mu_2 \neq 0$$

(2) 构造检验统计量. 当原假设 H_0 为真时,检验统计量

$$Z = \dfrac{\overline{X} - \overline{Y}}{\sqrt{\dfrac{\sigma_1^2}{m} + \dfrac{\sigma_2^2}{n}}} \sim N(0, 1)$$

(3) 确定拒绝域. 给定 $\alpha = 0.05$,查表可得 $z_{\alpha/2} = z_{0.025} = 1.96$,拒绝域

$$W = \{|z| \geqslant z_{0.025} = 1.96\}$$

(4) 代入样本数据，计算检验统计量的观测值

$$z = \frac{\overline{x} - \overline{y}}{\sqrt{\dfrac{\sigma_1^2}{m} + \dfrac{\sigma_2^2}{n}}} = \frac{19.8 - 24}{\sqrt{\dfrac{25}{10} + \dfrac{36}{12}}} \approx -1.79$$

由于 $|z| = 1.79 < 1.96 = z_{0.025}$，故接受原假设 H_0，可以认为这两个正态总体的均值没有显著差异.

8.1.2 标准差 $\sigma_1 = \sigma_2 = \sigma$ 未知

若总体 X 和总体 Y 的标准差相等，即 $\sigma_1 = \sigma_2 = \sigma$，但 σ 为未知参数，则有

$$D\left(\overline{X} - \overline{Y}\right) = D\left(\overline{X}\right) + D\left(\overline{Y}\right) = \sigma^2 \left(\frac{1}{m} + \frac{1}{n}\right)$$

按照区间估计的基本思想，选取以下枢轴量

$$\frac{\overline{X} - \overline{Y} - (\mu_1 - \mu_2)}{s_W \sqrt{\dfrac{1}{m} + \dfrac{1}{n}}} \sim t(m+n-2) \tag{8.1.6}$$

其中 $s_W = \sqrt{\dfrac{(m-1)S_1^2 + (n-1)S_2^2}{m+n-2}}$. 从而得到总体均值之差 $\mu_1 - \mu_2$ 的置信水平为 $1-\alpha$ 的置信区间为

$$\left[\overline{X} - \overline{Y} \pm t_{\alpha/2}(m+n-2) \cdot s_W \sqrt{\frac{1}{m} + \frac{1}{n}}\right] \tag{8.1.7}$$

相应的假设检验基本步骤如下：

1. 提出原假设与备择假设

$$H_0: \mu_1 - \mu_2 = \Delta_0 \longleftrightarrow H_1: \mu_1 - \mu_2 \neq \Delta_0 \tag{8.1.8}$$

2. 构造检验统计量，明确其分布

当原假设 $H_0: \mu_1 - \mu_2 = \Delta_0$ 为真时，检验统计量

$$T = \frac{\overline{X} - \overline{Y} - \Delta_0}{s_W \sqrt{\dfrac{1}{m} + \dfrac{1}{n}}} \sim t(m+n-2) \tag{8.1.9}$$

3. 确定拒绝域

给定显著性水平 α，由

$$P_{H_0}(\text{拒绝} H_0) = P_{H_0}\left\{|T| \geqslant t_{\alpha/2}(m+n-2)\right\} = \alpha$$

可确定临界值为 $t_{\alpha/2}(m+n-2)$，拒绝域为

$$W = \left\{t: |t| \geqslant t_{\alpha/2}(m+n-2)\right\}$$

8.1 两个正态总体均值差的区间估计与假设检验

4. 做出判断

计算检验统计量 T 的观测值 t, 根据其是否落入拒绝域, 做出如下判断:

(1) 若 $|t| < t_{\alpha/2}(m+n-2)$, 则接受原假设 H_0;

(2) 若 $|t| \geqslant t_{\alpha/2}(m+n-2)$, 则拒绝原假设 H_0.

类似地还可以讨论单边假设检验, 相关结果归纳如下表.

表 8-2: 标准差 $\sigma_1 = \sigma_2 = \sigma$ 未知时 $\mu_1 - \mu_2$ 的假设检验

检验统计量: $T = \dfrac{\overline{X} - \overline{Y} - \Delta_0}{s_W \sqrt{\dfrac{1}{m} + \dfrac{1}{n}}}$

原假设	备择假设	拒绝域
$H_0: \mu_1 - \mu_2 = \Delta_0$	$H_1: \mu_1 - \mu_2 \neq \Delta_0$	$t \geqslant t_{\alpha/2}(m+n-2)$ 或 $t \leqslant -t_{\alpha/2}(m+n-2)$
$H_0: \mu_1 - \mu_2 \leqslant \Delta_0$	$H_1: \mu_1 - \mu_2 > \Delta_0$	$t \geqslant t_\alpha(m+n-2)$
$H_0: \mu_1 - \mu_2 \geqslant \Delta_0$	$H_1: \mu_1 - \mu_2 < \Delta_0$	$t \leqslant -t_\alpha(m+n-2)$

例 8.1.3 已知甲、乙两厂生产的导线其电阻分别服从正态分布 $N(\mu_1, \sigma^2)$、$N(\mu_2, \sigma^2)$. 为了对其产品进行比较, 从甲厂的产品中随机抽取 4 根导线, 从乙厂的产品中随机抽取 5 根导线, 测得其电阻 (单位: 欧姆) 分别为:

甲厂　0.143　0.142　0.143　0.137

乙厂　0.140　0.142　0.136　0.138　0.140

(1) 试给出 $\mu_1 - \mu_2$ 的置信水平为 95% 的置信区间;

(2) 给定显著性水平 $\alpha = 0.05$, 能否认为甲、乙两厂生产的导线存在显著差异?

解 (1) 由题可知 $\sigma_1 = \sigma_2 = \sigma$, 故 $\mu_1 - \mu_2$ 的置信水平为 $1-\alpha$ 的置信区间是

$$\left[\overline{X} - \overline{Y} \pm t_{\alpha/2}(m+n-2) \cdot s_W \sqrt{\frac{1}{m} + \frac{1}{n}}\right]$$

由样本数据可得

$$m = 4, \ \overline{x} = 0.14125, \ s_1^2 = 8.25 \times 10^{-6}$$

$$n = 5, \ \overline{y} = 0.1392, \ s_2^2 = 5.2 \times 10^{-6}$$

$$s_W = \sqrt{\frac{(m-1)S_1^2 + (n-1)S_2^2}{m+n-2}} \approx 2.55 \times 10^{-3}$$

又 $\alpha = 0.05$, 查表可知 $t_{\alpha/2}(m+n-2) = t_{0.025}(7) = 2.3646$, 代入即得

$$\bar{x} - \bar{y} - t_{\alpha/2}(m+n-2) \cdot s_W \sqrt{\frac{1}{m} + \frac{1}{n}} \approx -0.00199$$

$$\bar{x} - \bar{y} + t_{\alpha/2}(m+n-2) \cdot s_W \sqrt{\frac{1}{m} + \frac{1}{n}} \approx 0.00609$$

所以均值差 $\mu_1 - \mu_2$ 的 95% 置信区间为 $[-0.00199, 0.00609]$.

(2) 这是关于两个正态总体均值之差 $\mu_1 - \mu_2$ 的双边假设检验问题.

(a) 提出原假设和备择假设

$$H_0: \mu_1 - \mu_2 = 0 \leftrightarrow H_1: \mu_1 - \mu_2 \neq 0$$

(b) 构造检验统计量. 当原假设 H_0 为真时, 检验统计量

$$T = \frac{\overline{X} - \overline{Y}}{s_W \sqrt{\frac{1}{m} + \frac{1}{n}}} \sim t(m+n-2) = t(7)$$

(c) 确定拒绝域. 给定 $\alpha = 0.05$, 查表可得 $t_{\alpha/2}(m+n-2) = t_{0.025}(7) = 2.3646$, 拒绝域为

$$W = \{|t| \geq t_{0.025}(7) = 2.3646\}$$

(d) 代入样本数据, 计算检验统计量的观测值

$$t = \frac{\bar{x} - \bar{y}}{s_W \sqrt{\frac{1}{m} + \frac{1}{n}}} = \frac{0.14125 - 0.1392}{2.55 \times 10^{-3} \sqrt{\frac{1}{4} + \frac{1}{5}}} \approx 1.1984$$

由于 $|t| = 1.1984 < 2.3646 = t_{0.025}(7)$, 故接受原假设 H_0, 即可以认为甲乙两厂生产的导线其电阻没有显著差异.

8.2 两个正态总体方差比的区间估计与假设检验

方差的大小反映的是随机变量与其均值偏离程度. 因此, 对于两个正态总体关于其方差的比较也是较为常见的问题.

为了得到方差比 σ_1^2/σ_2^2 的置信区间, 选取枢轴量

$$\frac{S_1^2/\sigma_1^2}{S_2^2/\sigma_2^2} \sim F(m-1, n-1) \tag{8.2.1}$$

8.2 两个正态总体方差比的区间估计与假设检验

即有

$$P\left\{F_{1-\alpha/2}(m-1,n-1) \leqslant \frac{S_1^2/\sigma_1^2}{S_2^2/\sigma_2^2} \leqslant F_{\alpha/2}(m-1,n-1)\right\} = 1-\alpha$$

由此可得方差比 σ_1^2/σ_2^2 的置信水平为 $1-\alpha$ 的置信区间为

$$\left[\frac{S_1^2/S_2^2}{F_{\alpha/2}(m-1,n-1)}, \frac{S_1^2/S_2^2}{F_{1-\alpha/2}(m-1,n-1)}\right] \tag{8.2.2}$$

考虑相应的双边假设检验问题, 具体步骤如下:

1. 提出原假设与备择假设

$$H_0: \sigma_1^2 = \sigma_2^2 \longleftrightarrow H_1: \sigma_1^2 \neq \sigma_2^2 \tag{8.2.3}$$

2. 构造检验统计量, 明确其分布

当原假设 $H_0: \sigma_1^2 = \sigma_2^2$ 为真时, 检验统计量

$$F = \frac{S_1^2/\sigma_1^2}{S_2^2/\sigma_2^2} = \frac{S_1^2}{S_2^2} \sim F(m-1,n-1)$$

3. 确定拒绝域

给定显著性水平 α, 由

$$P_{H_0}\left\{F \geqslant F_{\alpha/2}(m-1,n-1) \text{ 或} F \leqslant F_{1-\alpha/2}(m-1,n-1)\right\} = \alpha$$

可确定临界值为 $F_{\alpha/2}(m-1,n-1)$ 和 $F_{1-\alpha/2}(m-1,n-1)$, 拒绝域为

$$W = \{f \geqslant F_{\alpha/2}(m-1,n-1) \text{ 或 } f \leqslant F_{1-\alpha/2}(m-1,n-1)\}$$

4. 做出判断

计算检验统计量 F 的观测值 f, 根据其是否落入拒绝域, 做出如下决策:
(1) 若 $F_{1-\alpha/2}(m-1,n-1) < f < F_{\alpha/2}(m-1,n-1)$, 则接受原假设 H_0;
(2) 若 $f \geqslant F_{\alpha/2}(m-1,n-1)$ 或 $f \leqslant F_{1-\alpha/2}(m-1,n-1)$, 则拒绝原假设 H_0.
类似地还可以讨论单边假设检验, 相关结果归纳如下表.

表 8-3: 两正态总体方差的假设检验

检验统计量: $F = \dfrac{S_1^2}{S_2^2}$

原假设	备择假设	拒绝域
$H_0: \sigma_1^2 = \sigma_2^2$	$H_1: \sigma_1^2 \neq \sigma_2^2$	$f \geqslant F_{\alpha/2}(m-1,n-1)$ 或 $f \leqslant F_{1-\alpha/2}(m-1,n-1)$
$H_0: \sigma_1^2 \leqslant \sigma_2^2$	$H_1: \sigma_1^2 > \sigma_2^2$	$f \geqslant F_{\alpha}(m-1,n-1)$
$H_0: \sigma_1^2 \geqslant \sigma_2^2$	$H_1: \sigma_1^2 < \sigma_2^2$	$f \leqslant F_{1-\alpha}(m-1,n-1)$

例 8.2.1 某自动车床加工同类型套筒,假设套筒的直径服从正态分布,现从两个不同批次的产品中各随机抽取 5 个套筒,测定其直径 (单位: cm) 分别为:

A 2.066 2.063 2.068 2.060 2.067
B 2.058 2.057 2.063 2.059 2.060

(1) 试给出两个批次的套筒直径的方差比 σ_1^2/σ_2^2 的置信水平为 90% 的置信区间;

(2) 给定显著性水平 $\alpha = 0.10$,能否认为两个批次套筒直径的方差存在显著差异?

解 (1) 方差比 σ_1^2/σ_2^2 的 $1-\alpha$ 置信区间是

$$\left[\frac{S_1^2/S_2^2}{F_{\alpha/2}(m-1,n-1)}, \frac{S_1^2/S_2^2}{F_{1-\alpha/2}(m-1,n-1)}\right]$$

由样本数据可得

$$m=5,\ \bar{x}=2.0648,\ s_1^2 \approx 1.07 \times 10^{-5}$$

$$n=5,\ \bar{y}=2.0594,\ s_2^2 \approx 5.3 \times 10^{-6}$$

又 $\alpha = 0.10$,查表可知

$$F_{\alpha/2}(m-1,n-1) = F_{0.05}(4,4) = 6.39$$

$$F_{1-\alpha/2}(m-1,n-1) = F_{0.95}(4,4) = \frac{1}{F_{0.05}(4,4)} = \frac{1}{6.39}$$

代入即得

$$\frac{s_1^2/s_2^2}{F_{\alpha/2}(m-1,n-1)} = \frac{1.07 \times 10^{-5}/5.3 \times 10^{-6}}{6.39} \approx 0.316$$

$$\frac{s_1^2/s_2^2}{F_{1-\alpha/2}(m-1,n-1)} = \frac{1.07 \times 10^{-5}/5.3 \times 10^{-6}}{1/6.39} \approx 12.901$$

所以方差比 σ_1^2/σ_2^2 的 90% 置信区间为 $[0.316, 12.901]$.

(2) 这是关于两个正态总体方差的双边假设检验问题.

(a) 提出原假设和备择假设

$$H_0: \sigma_1^2 = \sigma_2^2 \longleftrightarrow H_1: \sigma_1^2 \neq \sigma_2^2$$

(b) 选择检验统计量. 当原假设 H_0 为真时,检验统计量

$$F = \frac{S_1^2}{S_2^2} \sim F(m-1,n-1) = F(4,4)$$

(c) 给定 $\alpha = 0.10$, 拒绝域的临界值

$$F_{0.05}(4,4) = 6.39\,, \quad F_{0.95}(4,4) = \frac{1}{6.39} = 0.156$$

(d) 代入样本数据, 计算检验统计量的观测值

$$f = \frac{s_1^2}{s_2^2} = \frac{1.07 \times 10^{-5}}{5.3 \times 10^{-6}} \approx 2.019$$

由于 $F_{0.95}(4,4) = 0.156 < 2.019 < 6.39 = F_{0.05}(4,4)$, 故接受原假设 H_0, 即可以认为两个批次套筒直径的方差没有显著差异.

例 8.2.2 两种小麦品种从播种到抽穗所需的天数如下:

x	101	100	99	99	98	100	98	99	99	99
y	100	98	100	99	98	99	98	98	99	100

设两样本分别来自正态总体 $N(\mu_1, \sigma_1^2)$, $N(\mu_2, \sigma_2^2)$, μ_i 和 σ_i 均未知, 且两样本相互独立.

(1) 给定显著性水平 $\alpha = 0.05$, 试检验假设 $H_0: \sigma_1^2 = \sigma_2^2 \leftrightarrow H_1: \sigma_1^2 \neq \sigma_2^2$;

(2) 若能接受原假设 H_0, 继续检验假设 $H_0: \mu_1 = \mu_2 \leftrightarrow H_1: \mu_1 \neq \mu_2$? (显著性水平 $\alpha = 0.05$)

解 由样本数据, 计算可得

$$m = 10\,, \quad \overline{x} = 99.2\,, \quad s_1^2 = 0.84$$

$$n = 10\,, \quad \overline{y} = 98.9\,, \quad s_2^2 = 0.77$$

(1) 检验统计量

$$F = \frac{S_1^2}{S_2^2} \sim F(m-1, n-1) = F(9, 9)$$

给定 $\alpha = 0.05$, 拒绝域的临界值

$$F_{0.025}(9,9) = 4.03\,, \quad F_{0.975}(9,9) = \frac{1}{4.03} = 0.248,$$

相应的拒绝域为

$$W = \{f \geqslant F_{0.025}(9,9) = 4.03 \text{ 或 } f \leqslant F_{0.975}(9,9) = 0.248\}$$

计算检验统计量的观测值

$$f = \frac{s_1^2}{s_2^2} = \frac{0.84}{0.77} \approx 1.09$$

由于 $F_{0.975}(9,9) = 0.248 < 1.09 < 4.03 = F_{0.025}(9,9)$, 故接受原假设 H_0, 认为两个正态总体的方差相等.

(2) 检验统计量

$$T = \frac{\overline{X} - \overline{Y}}{s_W \sqrt{\frac{1}{m} + \frac{1}{n}}} \sim t(m+n-2) = t(18)$$

给定 $\alpha = 0.05$, 查表可得 $t_{\alpha/2}(m+n-2) = t_{0.025}(18) = 2.1009$, 拒绝域为

$$W = \{|t| \geqslant t_{0.025}(18) = 2.1009\}$$

由于

$$s_w^2 = \frac{9 \times 0.84 + 9 \times 0.77}{18} = 0.805$$

计算检验统计量的观测值

$$|t| = \frac{99.2 - 98.9}{\sqrt{0.805}\left(\sqrt{1/10 + 1/10}\right)} \approx 0.748 < t_{0.025}(18) = 2.1009$$

故接受原假设 H_0, 认为所需天数相同.

8.3 成对数据的统计分析

前两节中我们关注的是关于两个正态总体之间均值及方差的统计推断. 而在实际问题中, 特别是医学领域, 常常在相同的条件下进行对比试验, 得到成对的观测数据, 然后根据这些样本数据进行分析.

例 8.3.1 随机地选了 8 个人, 分别测量了他们在早晨起床时和晚上就寝时的身高 (单位: 厘米), 得到如下数据:

序号	1	2	3	4	5	6	7	8
早上	172	168	180	181	160	163	165	177
晚上	172	167	177	179	159	161	166	175

如取显著性水平 $\alpha = 0.05$, 能否认为早晨的身高与晚上的身高存在显著差异?

分析 此例中的数据是成对的, 即对同一个人测得一对数据. 如果记随机变量 X 和 Y 分别表示早晨和晚上的身高, 由于是对同一个人进行观测, 所以这 8 对数据不能看作是两个独立的随机变量的观测值. 因此不能用前面关于两个正态总体均值比较的检验法进行判断.

8.3 成对数据的统计分析

同一对中的两个数据之间的差异只是由于早、晚的时间差异所引起的, 所以对每对中的两个数据之差进行比较, 可以用来说明对同一个人而言早晨和晚上的身高是否存在显著差异.

更为一般的, 设有 n 个相互独立的简单随机样本 $(X_1, Y_1), (X_2, Y_2), \cdots, (X_n, Y_n)$, 且 $E(X_i) = \mu_1$, $E(Y_i) = \mu_2$. 我们所关注的问题仍然是差值 $\mu_1 - \mu_2$ 的假设检验. 通常情况下, X 和 Y 之间并不独立, 不能直接利用两总体的 t 检验. 令 $D_i = X_i - Y_i$, 则 $D_1, D_2, \cdots, D_n$ 相互独立, 且假定服从同一正态分布 $N(\mu_D, \sigma_D^2)$. 而

$$\mu_D = E(X_i - Y_i) = E(X_i) - E(Y_i) = \mu_1 - \mu_2$$

也就是说, 关于差值 $\mu_1 - \mu_2$ 的统计推断就可以借用单正态总体的处理思路和方法, 此处不再重复. 相关的三类假设检验总结如下表:

表 8-4: 基于成对数据的 t 检验

检验统计量: $T = \dfrac{\overline{D} - \Delta_0}{S_D/\sqrt{n}}$

原假设	备择假设	拒绝域
$H_0: \mu_D = \Delta_0$	$H_1: \mu_D \neq \Delta_0$	$t \geqslant t_{\alpha/2}(n-1)$ 或 $t \leqslant -t_{\alpha/2}(n-1)$
$H_0: \mu_D \leqslant \Delta_0$	$H_1: \mu_D > \Delta_0$	$t \geqslant t_\alpha(n-1)$
$H_0: \mu_D \geqslant \Delta_0$	$H_1: \mu_D < \Delta_0$	$t \leqslant -t_\alpha(n-1)$

考虑本例的检验问题, 具体步骤为:

1. 提出原假设与备择假设

$$H_0: \mu_D = 0 \longleftrightarrow H_1: \mu_D \neq 0 \tag{8.3.1}$$

2. 当原假设 $H_0: \mu_D = 0$ 为真时, 检验统计量

$$T = \frac{\overline{D}}{S_D/\sqrt{n}} \sim t(n-1) \tag{8.3.2}$$

3. 确定拒绝域

给定显著性水平 $\alpha = 0.05$, 临界值 $t_{0.025}(7) = 2.3646$, 相应的拒绝域为

$$W = \left\{ |t| = \left| \frac{\overline{d} - 0}{s_D/\sqrt{n}} \right| \geqslant t_{\alpha/2}(n-1) = t_{0.025}(7) = 2.3646 \right\}$$

4. 做出决策

本例中, $D_i = X_i - Y_i$ 的观测值如下表所示:

序号 i	1	2	3	4	5	6	7	8
d_i	0	1	3	2	1	2	-1	2

$n=8, \sum d_i = 10, \sum d_i^2 = 24$, 可得 $\bar{d} = 1.25$, $s_D = 1.282$, 检验统计量 T 的样本观测值为

$$t = \frac{\bar{d}}{s_D/\sqrt{n}} = \frac{1.25}{1.282/\sqrt{8}} \approx 2.7578 > 2.3646 = t_{0.025}(7)$$

所以拒绝原假设 H_0, 认为早晨的身高与晚上的身高存在显著差异.

进一步, 还可以给出 μ_D 的 $1-\alpha$ 置信区间为

$$[\overline{D} \pm t_{\alpha/2}(n-1) \cdot S_D/\sqrt{n}] \tag{8.3.3}$$

具体推导过程留作练习.

根据中心极限定理可知, 当样本容量 n 足够大时, 可以直接利用正态分布进行统计推断.

例 8.3.2 为了比较用来做鞋子后跟的两种材料的质量, 选取 15 名男子 (他们的生活条件各不相同), 每人穿一双新鞋, 其中一只是以材料 A 做后跟, 另一只以材料 B 做后跟, 其厚度均为 10mm. 过了一个月再测量厚度, 得到数据如下:

男子	1	2	3	4	5	6	7	8	9	10	11	12	13	14	15
材料 $A(x_i)$	6.6	7	8.3	8.2	5.2	9.3	7.9	8.5	7.8	7.5	6.1	8.9	6.1	9.4	9.1
材料 $B(y_i)$	7.4	5.4	8.8	8	6.8	9.1	6.3	7.5	7	6.5	4.4	7.7	4.2	9.4	9.1

设 $D_i = X_i - Y_i$, $(i=1,2,\cdots,n)$ 是来自正态总体 $N(\mu_D, \sigma_D^2)$ 的样本, μ_D 和 σ_D^2 均未知. 是否可以认为材料 A 做的后跟比材料 B 的耐穿 (取 $\alpha = 0.05$)?

解 由已知条件可知, 这是属于成对数据的假设检验问题. 首先提出原假设与备择假设

$$H_0: \mu_D \leqslant 0 \leftrightarrow H_1: \mu_D > 0$$

利用 t 检验, 取检验统计量

$$T = \frac{\overline{D}}{S_D/\sqrt{n}} \sim t(n-1)$$

给定显著性水平 $\alpha = 0.05$, 临界值 $t_{0.05}(14) = 1.7613$, 相应的拒绝域为

$$W = \left\{ t = \frac{\bar{d} - 0}{s_D/\sqrt{n}} \geqslant t_\alpha(n-1) = t_{0.05}(14) = 1.7613 \right\}$$

由于 $n = 15$, $d_i = x_i - y_i$, 即

序号	1	2	3	4	5	6	7	8	9	10	11	12	13	14	15
$d_i = x_i - y_i$	−0.8	1.6	−0.5	0.2	−1.6	0.2	1.6	1	0.8	1	1.7	1.2	1.9	0	0

计算可得, $\bar{d} = 0.5533$, $s_D = 1.0225$, 所以有

$$t = \frac{\bar{d} - 0}{s_D/\sqrt{n}} \approx 2.0958 > t_{0.05}(14) = 1.7613$$

所以在 $\alpha = 0.05$ 下拒绝原假设, 认为采用材料 A 做后跟比材料 B 更耐穿.

8.4 方差分析

以上讨论的是有关两个正态总体的统计分析问题. 而实际问题中, 还会经常遇到多个总体的情况. 如果需要对多个总体均值进行比较, 又该如何处理呢? 在总体满足一定条件的前提下, 可以用方差分析法来解决这类问题.

方差分析(Analysis of Variance) 是英国统计学家费歇尔 (R. A. Fisher) 于 20 世纪 20 年代初提出来的, 最早应用于生物和农业试验方面, 后来被广泛应用于其他研究领域. 以下结合实例来介绍方差分析的基本思想和处理过程.

例如, 任何一种茶叶都含有叶酸, 它是一种维生素. 现选取 4 个产地的绿茶, 产地 1 抽取了 7 个样品, 产地 2 抽取了 5 个样品, 产地 3 和产地 4 各抽取了 6 个样品, 测得其叶酸含量 (单位: mg) 数据如下:

产地 1	7.9	6.2	10.1	8.6	8.9	6.6	9.6
产地 2	9.8	6.1	5.7	7.5	8.4		
产地 3	7.9	4.5	5.0	6.4	4.0	7.1	
产地 4	6.1	7.5	6.8	7.4	5.3	5.0	

为了描述方便, 称产地为**因子**, 记为 **A**, 四个不同的产地称为因子 **A** 的四个水平, 记为 A_1, A_2, A_3, A_4. 此处只考虑了一个因子, 故称其为**单因子试验**. 研究对象的特征值称为指标变量, 如本例中用 y_{ij} 表示产地 A_i 的第 j 个样品的叶酸含量. 我们的研究目的是比较这四个产地茶叶的叶酸含量是否有显著差异? 也就是说, 判断因子 A 的不同水平对指标变量是否有显著影响.

8.4.1 单因子方差分析的统计模型

考虑单因子试验, 设因子 **A** 有 r 个水平, 记为 $A_1, A_2, \cdots, A_r$. 第 i 个水平下抽取容量为 m_i 的样本 $Y_{i1}, Y_{i2}, \cdots, Y_{im_i}$, 并假定:

(1) **正态性**: 在水平 A_i 下的样本 $Y_{i1}, Y_{i2}, \cdots, Y_{im_i}$ 来自于正态总体 $N(\mu_i, \sigma_i^2)$;

(2) **方差齐性**: 各总体的方差相等, 即

$$\sigma_1^2 = \sigma_2^2 = \cdots = \sigma_r^2 = \sigma^2$$

(3) **独立性**: 从每一总体中抽取的样本都是相互独立的, 即所有的 Y_{ij} 相互独立.

由于 $Y_{ij} \sim N(\mu_i, \sigma^2)$, 若记 $\varepsilon_{ij} = Y_{ij} - \mu_i$, 则有 $\varepsilon_{ij} \sim N(0, \sigma^2)$, 这里 ε_{ij} 称为随机误差. 相应的, 也可以将水平 A_i 下的第 j 个样本 Y_{ij} 表示为

$$Y_{ij} = \mu_i + \varepsilon_{ij}$$

结合上述三个基本假定, 即可写出单因子方差分析的统计模型:

$$\begin{cases} Y_{ij} = \mu_i + \varepsilon_{ij} \\ \varepsilon_{ij} \text{独立同分布于} N(0, \sigma^2) \\ i = 1, 2, \cdots, r; \ j = 1, 2, \cdots, m_i \end{cases} \quad (8.4.1)$$

可以看到, 统计模型分为两部分, 第一部分就是关于 Y_{ij} 的**数据结构式**, 第二部分则是基本假定.

8.4.2 单因子方差分析

简单说来, 方差分析所要解决的问题就是比较各正态总体均值 $\mu_1, \mu_2, \cdots, \mu_r$ 是否相等, 即检验假设

$$H_0: \mu_1 = \mu_2 = \cdots = \mu_r \longleftrightarrow H_1: \mu_1, \mu_2, \cdots, \mu_r \text{不全相等} \quad (8.4.2)$$

按照假设检验的基本思想, 解决该问题的关键在于检验统计量的构造以及其分布的确定. 接下来从平方和的分解入手, 逐步分析构造检验统计量的基本思想和过程.

1. 平方和分解

为了便于讨论, 引入以下记号:

$$\overline{Y} = \frac{1}{n} \sum_{i=1}^{r} \sum_{j=1}^{m_i} Y_{ij} = \frac{1}{n} \sum_{i=1}^{r} m_i \overline{Y}_{i\cdot} \quad (8.4.3)$$

其中 $n = \sum_{i=1}^{r} m_i$ 是各水平下样本容量的总和, $\overline{Y}_{i\cdot} = \frac{1}{m_i} \sum_{j=1}^{m_i} Y_{ij}$ 表示水平 A_i 下的样本均值, 而 $\overline{Y}$ 称为**总平均**. 由于

8.4 方差分析

$$\sum_{i=1}^{r}\sum_{j=1}^{m_i}(Y_{ij}-\overline{Y}_{i\cdot})(\overline{Y}_{i\cdot}-\overline{Y})$$

$$=\sum_{i=1}^{r}(\overline{Y}_{i\cdot}-\overline{Y})\left[\sum_{j=1}^{m_i}(Y_{ij}-\overline{Y}_{i\cdot})\right]$$

$$=\sum_{i=1}^{r}(\overline{Y}_{i\cdot}-\overline{Y})\left(\sum_{j=1}^{m_i}Y_{ij}-m_i\overline{Y}_{i\cdot}\right)=0$$

所以**偏差平方和**

$$S_T=\sum_{i=1}^{r}\sum_{j=1}^{m_i}(Y_{ij}-\overline{Y})^2$$

$$=\sum_{i=1}^{r}\sum_{j=1}^{m_i}\left[(Y_{ij}-\overline{Y}_{i\cdot})+(\overline{Y}_{i\cdot}-\overline{Y})\right]^2$$

$$=\sum_{i=1}^{r}\sum_{j=1}^{m_i}(Y_{ij}-\overline{Y}_{i\cdot})^2+\sum_{i=1}^{r}\sum_{j=1}^{m_i}(\overline{Y}_{i\cdot}-\overline{Y})^2$$

记

$$S_A=\sum_{i=1}^{r}\sum_{j=1}^{m_i}(\overline{Y}_{i\cdot}-\overline{Y})^2=\sum_{i=1}^{r}m_i(\overline{Y}_{i\cdot}-\overline{Y})^2 \tag{8.4.4}$$

$$S_E=\sum_{i=1}^{r}\sum_{j=1}^{m_i}(Y_{ij}-\overline{Y}_{i\cdot})^2 \tag{8.4.5}$$

则有

$$S_T=S_A+S_E \tag{8.4.6}$$

称之为**平方和分解式**. 注意到, S_A 的各项 $(\overline{Y}_{i\cdot}-\overline{Y})^2$ 表示水平 A_i 下的样本均值与总平均的差异, 反映的是不同水平的差异. 而 S_E 的各项 $(Y_{ij}-\overline{Y}_{i\cdot})^2$ 则表示的是在水平 A_i 下, 各样本与样本均值之间的差异, 是由随机误差所造成的. 因此, 称 S_A 为**组间平方和**(或因子平方和), S_E 为**组内平方和**, 也称为**误差平方和**.

进一步, $f_T=n-1$ 是总偏差平方和的自由度, $f_A=r-1$ 是因子 A 的自由度, 而 $f_E=n-r$ 是随机误差的自由度. 显然,

$$f_T=f_A+f_E \tag{8.4.7}$$

2. 检验统计量

定理 8.4.1 在单因子方差分析的三个基本假定下, 有

$$E(S_E)=(n-r)\sigma^2 \tag{8.4.8}$$

$$E(S_A) = (r-1)\sigma^2 + \sum_{i=1}^{r} m_i(\mu_i - \mu)^2 \qquad (8.4.9)$$

其中
$$\mu = \frac{1}{n}\sum_{i=1}^{r} m_i \mu_i \qquad (8.4.10)$$

证明 记 $Q_i = \sum_{j=1}^{m_i}(Y_{ij} - \overline{Y}_{i\cdot})^2$，则 $S_E = \sum_{i=1}^{r} Q_i$ 根据定理 5.2.5 可知，

$$\frac{Q_i}{\sigma^2} = \frac{1}{\sigma^2}\sum_{j=1}^{m_i}(Y_{ij} - \overline{Y}_{i\cdot})^2 \sim \chi^2(m_i - 1)$$

因为 $Q_1, Q_2, \cdots, Q_r$ 相互独立，且 $n = \sum_{i=1}^{r} m_i$，由 χ^2 分布的可加性容易得到

$$\frac{S_E}{\sigma^2} = \sum_{i=1}^{r} \frac{Q_i}{\sigma^2} \sim \chi^2(n-r)$$

所以
$$E(S_E) = \sigma^2 \cdot E\left(\frac{S_E}{\sigma^2}\right) = \sigma^2 \cdot (n-r) = (n-r)\sigma^2$$

而
$$S_A = \sum_{i=1}^{r}\sum_{j=1}^{m_i}(\overline{Y}_{i\cdot} - \overline{Y})^2 = \sum_{i=1}^{r} m_i \overline{Y}_{i\cdot}^2 - n\overline{Y}^2$$

注意到
$$\overline{Y}_{i\cdot} \sim N\left(\mu_i, \frac{\sigma^2}{m_i}\right), \ \overline{Y} \sim N\left(\mu, \frac{\sigma^2}{n}\right)$$

故有
$$E(S_A) = \sum_{i=1}^{r} m_i E\left(\overline{Y}_{i\cdot}^2\right) - nE\left(\overline{Y}^2\right)$$
$$= \sum_{i=1}^{r} m_i\left(\frac{\sigma^2}{m_i} + \mu_i^2\right) - n\left(\frac{\sigma^2}{n} + \mu^2\right)$$
$$= r\sigma^2 + \sum_{i=1}^{r} m_i \mu_i^2 - \sigma^2 - n\mu^2$$
$$= (r-1)\sigma^2 + \sum_{i=1}^{r} m_i(\mu_i - \mu)^2$$

8.4 方差分析

为了进一步讨论, 引入**均方和**的概念, 即平方和除以其自由度. 相应地, S_A 和 S_E 的均方和分别为

$$MS_A = \frac{S_A}{r-1}, \quad MS_E = \frac{S_E}{n-r}$$

显然

$$E(MS_A) = \sigma^2 + \frac{1}{r-1}\sum_{i=1}^{r} m_i(\mu_i - \mu)^2$$

$$E(MS_E) = \sigma^2$$

可以看到, 无论原假设 $H_0: \mu_1 = \mu_2 = \cdots = \mu_r$ 是否为真, MS_E 都是 σ^2 的无偏估计. 而当 H_0 不为真时, MS_A 是 σ^2 的有偏估计, 其偏差与各水平均值 $\mu_1, \mu_2, \cdots, \mu_r$ 间的差异有关, 差异越小, 偏差越小, 说明 MS_A 对 H_0 成立与否非常敏感. 通过分析发现, 当 H_0 为真时, MS_A 也是 σ^2 的无偏估计. 也就是说, 如果 H_0 是真, 那么 MS_A 与 MS_E 的样本观测值应该相差不多, 否则就有理由认为 MS_A 不是 σ^2 的无偏估计, 即认为 H_0 为假. 所以采用

$$F = \frac{MS_A}{MS_E} = \frac{S_A/(r-1)}{S_E/(n-r)}$$

作为检验统计量. 接下来, 只要在 H_0 为真的前提下, 能够确定 F 的分布即可.

前面已经证明了

$$\frac{S_E}{\sigma^2} \sim \chi^2(n-r)$$

进一步还可以证明 S_A 与 S_E 独立, 且当 H_0 为真时,

$$\frac{S_A}{\sigma^2} \sim \chi^2(r-1)$$

详细证明可参考相关专业书籍. 综上所述, 当 H_0 为真时, 有

$$\frac{\dfrac{S_A}{\sigma^2}\dfrac{1}{r-1}}{\dfrac{S_E}{\sigma^2}\dfrac{1}{n-r}} \sim F(r-1, n-r)$$

即

$$F = \frac{MS_A}{MS_E} = \frac{S_A/(r-1)}{S_E/(n-r)} \sim F(r-1, n-r) \tag{8.4.11}$$

所以, 给定显著性水平 α, 原假设 H_0 的拒绝域为

$$W = \{f \geqslant F_\alpha(r-1, n-r)\} \tag{8.4.12}$$

即临界点为 $F_\alpha(r-1, n-r)$. 计算检验统计量 F 的观测值 f^*, 判断准则如下:

(1) 若 $f^* < F_\alpha(r-1, n-r)$,则接受 H_0,认为因子 A 的各水平之间没有显著差异.

(2) 若 $f^* \geqslant F_\alpha(r-1, n-r)$,则拒绝 H_0,认为因子 A 的各水平之间有显著差异.

将上述分析结果以表格形式给出, 即**方差分析表**.

表 8-5: 单因子方差分析表

方差来源	平方和	自由度	均方和	F 比
因子 A	S_A	$f_A = r-1$	$MS_A = \dfrac{S_A}{r-1}$	$F = \dfrac{MS_A}{MS_E}$
误差	S_E	$f_E = n-r$	$MS_E = \dfrac{S_E}{n-r}$	
总和	S_T	$f_T = n-1$		

需要注意的是, 利用统计软件 (如 SPSS、R) 进行方差分析时, 其输出结果在上表的基础之上增加了 p 值, 可以直接利用 p 值进行判断.

例 8.4.1 设引例中的四组样本满足正态性、方差齐性和独立性, 试在显著性水平 $\alpha = 0.05$ 下, 检验四个产地的茶叶的叶酸含量是否存在显著性差异.

解 (1) 提出假设
$$H_0 : \mu_1 = \mu_2 = \mu_3 = \mu_4$$
$$H_1 : \mu_1, \mu_2, \mu_3, \mu_4 不全相等$$

(2) 根据样本数据, 计算 S_A 与 S_E, 列出方差分析表.
$$S_A = \sum_{i=1}^{4} m_i (\bar{y}_{i\cdot} - \bar{y})^2 = \sum_{i=1}^{4} m_i \bar{y}_{i\cdot}^2 - \bar{y}^2 \approx 23.496$$

$$S_E = \sum_{i=1}^{4} \sum_{j=1}^{m_i} (y_{ij} - \bar{y}_{i\cdot})^2 = \sum_{i=1}^{4} \sum_{j=1}^{m_i} y_{ij}^2 - \sum_{i=1}^{4} m_i \bar{y}_{i\cdot}^2 \approx 41.778$$

也可以直接利用统计软件计算, 得到方差分析表如下:

方差来源	平方和	自由度	均方和	F 比	p 值
因子 A	23.496	3	7.832	3.749	0.028
误差	41.778	20	2.089		
总和	65.274	23			

(3) 做出决策

对于给定的显著性水平 $\alpha = 0.05$, $F_{0.05}(3, 20) = 3.10 < 3.749 = f$, 即检验统计量的样本观测值落入拒绝域, 所以拒绝原假设 H_0, 认为四个产地茶叶的叶酸含量有显著差异.

8.4 方差分析

例 8.4.2 将抗生素注入人体会产生抗生素与血浆蛋白质结合的现象，以致减少了药效. 下表列出 5 种常用的抗生素注入牛的体内时，抗生素与血浆蛋白质结合的百分比.

青霉素	四环素	链霉素	红霉素	氯霉素
29.6	27.3	5.8	21.6	29.2
24.3	32.6	6.2	17.4	32.8
28.5	30.8	11	18.3	25
32	34.8	8.3	19	24.2

若上述样本满足方差分析的基本假定, 试分析这 5 种抗生素与血浆蛋白质的结合是否具有显著差异? (显著性水平 $\alpha = 0.05$)

解 分别用 μ_1、μ_2、μ_3、μ_4、μ_5 表示青霉素、四环素、链霉素、红霉素、氯霉素与血浆蛋白质结合的百分比的均值. 我们关心的问题就是检验以下假设

$$H_0 : \mu_1 = \mu_2 = \mu_3 = \mu_4 = \mu_5$$

$$H_1 : \mu_1, \mu_2, \mu_3, \mu_4, \mu_5 \text{不全相等}$$

根据样本数据, 有

$$S_T = \sum_{i=1}^{5}\sum_{j=1}^{4}(y_{ij} - \bar{y})^2$$
$$= \sum_{i=1}^{5}\sum_{j=1}^{4} y_{ij}^2 - 20\bar{y}^2$$
$$= 12136.93 - 10520.28 = 1616.65$$
$$S_A = \sum_{i=1}^{5}\sum_{j=1}^{4}(\bar{y}_{i\cdot} - \bar{y})^2$$
$$= \sum_{i=1}^{5} 4\bar{y}_{i\cdot}^2 - 20\bar{y}^2$$
$$= 12001.11 - 10520.28 = 1480.83$$
$$S_E = S_T - S_A = 1616.65 - 1480.83 = 135.82$$

相应的自由度分别为 $f_T = 19$, $f_A = 4$, $f_E = 15$, 进一步可以得到方差分析表如下:

方差来源	平方和	自由度	均方和	F 比
因子 A	1480.83	4	370.21	40.91
误差	135.82	15	9.05	
总和	1616.65	19		

对于给定的显著性水平 $\alpha = 0.05$, $F_{0.05}(4,15) = 3.06 < 40.91 = F$, 即检验统计量的样本观测值落入拒绝域, 所以拒绝原假设 H_0, 认为这 5 种抗生素与血浆蛋白质的结合存在显著性差异.

对于上述问题, 通过方差分析得到拒绝原假设的结论之后, 我们进一步就会关注这 5 种抗生素究竟是哪些存在差异? 换个说法就是, 如何根据与血浆蛋白质的结合百分比对这 5 种抗生素进行分组或分类呢? 这些问题的解决就要用到多重比较的方法, 此处不再深入讨论, 具体可以查阅相关的书籍和文献.

8.4.3 参数估计

对于所采集到的样本数据, 我们总是希望能够从中获取更多的总体信息. 如引例中, 利用方差分析解决了检验同方差的多个正态总体均值是否相等的问题. 进一步, 还可以求出各水平下总体均值 μ_i 以及方差 σ^2 的估计.

根据上述推导以及正态总体的相关结论, 容易得到

$$\hat{\mu}_i = \overline{Y}_{i\cdot}, \quad i = 1, 2, \cdots, r \tag{8.4.13}$$

$$\hat{\sigma}^2 = MS_E \tag{8.4.14}$$

分别是 μ_i 和 σ^2 的无偏估计.

进一步, 由于

$$\frac{\overline{Y}_{i\cdot} - \mu_i}{\sqrt{MS_E/m_i}} \sim t(n-r)$$

可以给出水平均值 μ_i 的 $1 - \alpha$ 置信区间为

$$\left[\overline{Y}_{i\cdot} \pm t_{\alpha/2}(n-r) \cdot \sqrt{MS_E/m_i}\right] \tag{8.4.15}$$

如引例中, 根据样本数据可得产地 3 茶叶的平均叶酸含量 μ_3 的估计值是

$$\hat{\mu}_3 = \overline{y}_{3\cdot} = 5.82$$

由方差分析表已知 $MS_E = 2.089$, 若给定置信水平 $1 - \alpha = 0.95$, 即 $\alpha = 0.05$, 查表可得 $t_{\alpha/2}(n-r) = t_{0.025}(20) = 2.0860$, 将样本数据代入可得

$$\overline{y}_{3\cdot} - t_{\alpha/2}(n-r) \cdot \sqrt{MS_E/m_i} = 5.82 - 2.086 \times \sqrt{2.089/6} \approx 4.589$$

$$\overline{y}_{3\cdot} + t_{\alpha/2}(n-r) \cdot \sqrt{MS_E/m_i} = 5.82 + 2.086 \times \sqrt{2.089/6} \approx 7.051$$

即产地 3 茶叶的平均叶酸含量的 95% 置信区间是 $[4.589, 7.051]$.

这一部分我们对方差分析的基本内容进行了分析和介绍, 以下几点需要特别注意:

(1) 方差分析的所有理论推导都是基于 3 个基本假定: 正态性, 方差齐性, 独立性. 因此, 在使用方差分析之前必须要考虑的问题就是这些假定条件是否满足? 具体的检验方法, 可以查阅有关方差分析的专业书籍和文献, 这里不再详细讨论.

(2) 如果基本假定不能满足, 直接应用方差分析得到的结果是没有理论支持的. 在实际问题的数据分析中, 这种情况一定会出现. 这个时候, 我们又该采用什么方法和手段对数据进行分析呢? 常用的有贡献率分析等方法, 具体的可以查阅方差分析的专业书籍和文献.

(3) 假如方差分析的结果是拒绝原假设 H_0, 认为各总体的均值不完全相等, 进一步我们就会关注新的问题: 是否两两之间都存在差异呢?

同时比较任意两个水平均值之间有无显著差异, 这就是多重比较所解决的问题. 关于多重比较, 统计软件 (如 SPSS) 在进行方差分析时也都有相应的功能模块和选项, 详细内容可以查阅相关的专业书籍.

(4) 引例中所考察的因子只有 "产地" 一个, 我们称之为单因子方差分析. 如果要同时考察的是两个因子 (如 "产地" 和 "湿度"), 则称之为双因子方差分析. 基本的分析思路和过程与单因子方差分析类似, 但其考虑的情况相对复杂, 数理统计和试验设计等相关专业书籍中均有详细介绍.

练习题 8

1. 随机的从甲种导线中抽取 4 根, 从乙种导线中抽取 5 根, 测得电阻如下 (单位: 欧姆):
甲种: 0.143, 0.140, 0.143, 0.137
乙种: 0.140, 0.142, 0.136, 0.138, 0.140
设甲乙两种导线的电阻分别服从 $N(\mu_1, \sigma^2)$ 与 $N(\mu_2, \sigma^2)$ 且相互独立, $\sigma = 0.0025$, 试求 $\mu_2 - \mu_1$ 的置信水平为 95% 的置信区间.

2. 为比较两个品种的小麦的产量, 选择 18 块条件相似的实验田, 采用相同的耕作方法做实验, 结果播种甲品种的 8 块实验田和播种乙品种的 10 块实验田的单位面积产量如下 (单位: kg):
甲品种: 628, 583, 510, 554, 612, 523, 530, 615
乙品种: 535, 433, 398, 470, 567, 480, 498, 560, 503, 426
假定每个品种的单位面积产量均服从正态分布且标准差相同, 试求这两个品种平均单位面积产量差的置信水平为 95% 的置信区间.

3. 在各有 50 名学生的两个班级举行一次考试, 得到第一个班级的平均成绩是 74 分, 第二个班级的平均成绩为 78 分. 假设两个班级的成绩分别服从正态分布 $N(\mu_1, 8^2)$ 和 $N(\mu_2, 7^2)$, 试问在显著性水平 $\alpha = 0.05$ 下, 两个班级的成绩有无显著性差异?

4. 在 10 块地上试种甲乙两种作物, 所得产量分别为 $(x_1, \cdots, x_{10})$、$(y_1, \cdots, y_{10})$. 假设作物产量服从正态分布, 并计算得到 $\bar{x} = 30.97$, $\bar{y} = 21.79$, $S_x = 26.7$, $S_y = 12.1$. 若取显著性水

平水平为 0.1, 是否可以认为这两种作物的产量无显著性差异?

5. 有两台车床 A 和机器 B 加工同一型号的钢管, 随机抽取车床 A 加工的钢管 18 只, 测量其内径, 得到样本方差 $s_1^2 = 0.34\,(mm^2)$; 随机抽取机器 B 加工的钢管 13 只, 测量其内径, 得到样本方差 $s_2^2 = 0.29\,(mm^2)$. 设两样本相互独立, 且内径分别服从正态分布 $N(\mu_1, \sigma_1^2)$ 与 $N(\mu_2, \sigma_2^2)$, $\mu_1, \sigma_1^2, \mu_2, \sigma_2^2$ 均未知, 试求方差比 $\dfrac{\sigma_1^2}{\sigma_2^2}$ 的置信水平为 90% 的置信区间.

6. 设从总体 $X \sim N(\mu_1, \sigma_1^2)$ 与 $Y \sim N(\mu_2, \sigma_2^2)$ 分别抽取容量为 10 和 15 的独立样本, 经过计算得到 $\bar{x} = 82, \bar{y} = 76, s_x^2 = 56.5, s_y^2 = 52.4$.

(1) 若 $\sigma_1^2 = \sigma_2^2 = 49$, 求 $\mu_2 - \mu_1$ 的置信水平为 95% 的置信区间;

(2) 若 $\sigma_1^2 = \sigma_2^2$, 求 $\mu_2 - \mu_1$ 的置信水平为 95% 的置信区间;

(3) 求 $\dfrac{\sigma_1^2}{\sigma_2^2}$ 的置信水平为 95% 的置信区间.

7. 某铸造车间为提高铸件的耐磨性而试制了一种镍合金铸件以取代铜合金铸件, 为此从两种铸件中各抽出容量分别为 8 和 9 的样本, 测得其硬度为:

镍合金: 76.43, 76.21, 73.58, 69.69.65.29, 70.83, 82, 75, 72.34

铜合金: 73.66, 64.27, 69.34, 71.37, 69.77, 68.12, 67.27, 68.07, 62.61

根据专业经验硬度服从正态分布, 且方差保持不变.

(1) 求两种铸件均值差的置信水平为 95% 的置信区间;

(2) 在显著性水平 $\alpha = 0.05$ 的标准下, 检验判断镍合金的硬度是否有提高?

8. 两台机床加工同一种零件, 零件的直径服从正态分布, 总体方差反映了加工精度. 为比较两台机床的加工精度有无差别, 现在从各自加工的零件中分别抽取 7 件和 8 件产品, 测得直径如下 (单位: cm):

X(机床甲): 16.2 16.4 15.8 15.5 16.7 15.6 15.8

Y(机床乙): 15.9 16.0 16.4 16.1 16.5 15.8 15.7 15.0

试在显著性水平 $\alpha = 0.05$ 的标准下, 检验着两台机床的加工精度有无明显差别?

9. 已知尼龙的纤度在正常条件下服从正态分布, 且标准差为 0.048. 从某天生产的产品中抽取 5 个样品, 测得其纤度为

$$1.32 \quad 1.55 \quad 1.36 \quad 1.40 \quad 1.44$$

是否可以认为这一天产品纤度的标准差仍处于正常? ($\alpha = 0.05$)

10. 两台机床生产同一批滚珠, 滚珠直径服从正态分布, 从中分别抽出 8 个和 9 个产品, 测得其直径为 (单位: mm):

甲机床: 15.0 14.5 15.2 15.5 14.8 15.1 15.2 14.8

乙机床: 15.2 15.0 14.8 15.2 15.0 15.0 14.8 15.1 14.8

比较两台机床生产的滚珠直径的方差有无明显差异. ($\alpha = 0.05$)

11. 有两台机器生产金属部件, 分别在两台机器生产的零件中各抽取一个容量为 14 和 12 的样本, 测得部件质量的样本方差分别为 15.46 和 9.66, 设两样本相互独立. 在显著性水平 $\alpha = 0.05$ 的标准下, 检验两总体的方差是否相同.

12. 测得两批电子器件的电阻为 (单位: 欧姆):

A 批 (X)：0.140 0.138 0.143 0.142 0.144 0.137

B 批 (Y)：0.135 0.140 0.142 0.136 0.138 0.140

假设量总体 $X \sim N(\mu_1, \sigma_1^2)$ 与 $Y \sim N(\mu_2, \sigma_2^2)$，且两样本独立.

(1) 检验两总体的方差是否相等 ($\alpha = 0.05$)；

(2) 检验两总体的均值是否相等 ($\alpha = 0.05$).

13. 在一个单因子实验中，因子 A 有 3 个水平，每一个水平各重复 4 次，具体数据如下：

水平 1	8	5	7	4
水平 2	6	10	12	9
水平 3	0	1	5	2

试计算误差平方和、因子 A 的平方和、总平方和，并指出它们的自由度.

14. 在单因子实验中，因子 A 有 4 个水平，每一个水平下各重复 3 次试验，现在已经求得每个水平下试验结果的样本标准差分别为：1.5、2.0、1.6、1.2，则其误差平方和为多少？误差的方差的估计值为多少？

15. 用 4 种安眠药 A_1、A_2、A_3、A_4 在兔子身上进行试验，将 24 只健康的兔子均匀的分成 4 组，每组各服用一种安眠药，睡眠时间如下 (单位：小时)：

A_1:	6.2	6.1	6.0	6.3	6.1	5.9
A_2:	6.3	6.5	6.6	7.1	6.7	6.4
A_3:	6.8	7.1	6.6	6.8	6.9	6.6
A_4:	5.4	6.4	6.2	6.3	6.0	5.9

假定数据满足方差分析的假定，在显著性水平 $\alpha = 0.05$ 下对其进行方差分析，可以得到什么结果？

16. 在入户推销上有 5 中方法，某公司想比较这 5 种方法有无显著的效果差异，设计了一项实验：从应聘且无实际推销经验的人中随机挑选了一部分人，将他们随机的分成 5 组，每组只培训其中一种方法，培训相同的时间后观察他们在一个月内的推销额，数据如下 (单位：千元)：

第一组：	20.0	16.8	17.9	21.2	23.9	26.8	22.4
第二组：	24.9	21.3	22.6	30.2	29.9	22.5	20.7
第三组：	16.0	20.1	17.3	20.9	22.0	26.8	20.8
第四组：	17.5	18.2	20.2	17.7	19.1	18.4	16.5
第五组：	25.2	26.2	26.9	29.3	30.4	29.7	28.2

(1) 假定数据满足方差分析的假定，在显著性水平 $\alpha = 0.05$ 下对其进行方差分析，从销售额上来看这五种方法有无显著的差异？

(2) 哪种推销方法的效果最好？试对该种方法一个月的平均推销额给出置信水平为 0.95 的置信区间.

17. 设有三台机器,用来生产规格相同的铝合金板. 从每台机器生产的产品中抽取容量为 5 的样本, 测量薄板的厚度精确至千分之一厘米, 得结果如下所示:

机器 1:   0.236   0.238   0.248   0.245   0.243

机器 2:   0.257   0.255   0.255   0.254   0.261

机器 3:   0.258   0.264   0.259   0.267   0.262

(1) 考察各台机器所生产的薄板的厚度有无显著的差异? ($\alpha = 0.05$)

(2) 试求未知参数 σ^2 和 μ_1 及 μ_2 的点估计及均值差的置信水平为 95% 的置信区间.

18. 在饲料养鸡增肥的实验中, 某研究所提出 3 种饲料配方 A_1、A_2、A_3. 为比较 3 中饲料的效果, 选 24 只相似的雏鸡随机分成 3 组, 每一组各喂养一种饲料, 60 天后观察它们的重量. 实验结果如下所示 (单位: kg):

A_1:   1.073   1.009   1.060   1.001   1.002   1.012   1.009   1.028

A_2:   1.107   1.092   0.990   1.109   1.090   1.074   1.122   1.001

A_3:   1.093   1.029   1.080   1.021   1.022   1.032   1.029   1.048

试比较三种饲料对鸡的增肥效果是否相同. 并求各水平均值的点估计值和 95% 的置信区间.

19. 一药厂生产一种新的止痛片, 厂方希望验证服用新药品后至开始起作用的时间间隔较原有止痛片至少缩短一半, 因此厂方提出检验假设

$$H_0 : \mu_1 \leqslant 2\mu_2 \longleftrightarrow H_1 : \mu_1 > 2\mu_2$$

此处 μ_1、μ_2 分别是服用原有止痛片和服用新止痛片后至起作用的时间间隔的总体均值. 设两总体均为正态且方差分别为 σ_1^2、σ_2^2. 现分别在两总体中取一样本 $X_1, X_2, \cdots, X_m$ 和 $Y_1, Y_2, \cdots, Y_n$, 设两样本独立. 试给出上述假设的拒绝域, 显著性水平 0.01.

20. 为了比较测定污水中氯气含量的两种方法, 特在各种场合收集到 8 个污水水样, 每个水样均用这两种方法测定氯气含量 (单位: mg/l), 具体数据如下:

水样号	1	2	3	4	5	6	7	8
方法 1	0.36	1.35	2.56	3.92	5.35	8.33	10.70	10.91
方法 2	0.39	0.84	1.76	3.35	4.69	7.70	10.52	10.92

试比较这两种测定方法是否有显著差异? ($\alpha = 0.05$)

第 9 章 回 归 分 析

19 世纪, 英国科学家弗朗西斯·高尔顿 (Francis Galton) 在伦敦成立了生物统计实验室, 在研究父与子身高的遗传问题时, 发现如果父亲很高, 其儿子往往要比父亲低一些; 如果父亲很矮, 儿子的身高往往要高一些. 也就是说, 在一定时期内人类的身高在平均意义上是相对稳定的. 高尔顿将这种现象称之为 "向平均回归"(Regression to the mean). 之后人们在许多问题研究中都发现了这种现象, 回归分析的应用也越来越广泛. 简单的讲, 回归分析 (Regression analysis) 就是研究变量之间相关关系的统计分析方法, 本章将介绍线性回归模型的统计思想和方法.

9.1 一元线性回归

如果用变量来描述客观现象的变化, 那么一般情况下变量间的关系可以分为两类: 一类是**确定性关系**, 另一类是**相关关系**.

所谓确定性关系, 指的是变量间的关系可以用确定的函数 $y = g(x)$ 表示, 即当变量 x(可以是向量) 的取值给定时, y 的取值就唯一确定了. 例如, 圆的面积 S 与半径 r 之间的关系可用 $S = \pi r^2$ 表示. 而所谓相关关系, 则是指变量之间存在一定的联系, 但不能用具体的函数描述出这种内在关系. 比如, 考察人的身高 x 和体重 y 之间的关系, 一般而言身高较高的人相对也会比较重, 但是同样身高的两个人其体重可能是不同的. 也就是说变量之间不是完全确定的, 即给定变量 x 的取值, 另一个变量 y 的取值是随机的. 通常把作为影响因素的变量称为**自变量**, 受其影响发生变化的变量称为**因变量**.

从统计意义上来讲, 虽然变量之间的相关关系不能直接利用函数作出准确描述, 但是在平均意义下却有一定的定量关系表达式, 也就是回归函数表达式. 回归分析的主要任务就是寻求这种回归函数表达式, 并利用它作出相应的预测与控制. 回归分析主要包括以下三方面的内容:

(1) 根据观测数据, 确定回归函数模型并估计模型中的未知参数;
(2) 判断回归函数是否有意义, 以及自变量对因变量的影响是否显著;
(3) 利用建立的回归分析模型进行控制与预测.

在回归分析中, 最简单的模型是只有一个因变量和一个自变量的线性回归模型, 即一元线性回归模型, 也称为简单线性回归模型.

9.1.1 一元线性回归模型

设自变量 x 和因变量 y 之间存在相关关系，对于 x 的每个取值，y 的取值是不确定的，可以将其视为随机变量，记为 Y. 特别地，如果 Y 和 x 之间的相关关系可以表示为

$$\begin{cases} Y = b_0 + b_1 x + \varepsilon \\ \varepsilon \sim N(0, \sigma^2) \end{cases} \tag{9.1.1}$$

其中 b_0、b_1、σ^2 为与 x 无关的未知参数，ε 是随机误差，则称 Y 与 x 之间存在线性相关关系，称 (9.1.1) 式为**一元线性回归模型**，简称一元线性模型. 通常，b_0 和 b_1 也称为**回归系数**. 从另外一个角度来看，因变量 Y 的取值可以分为两部分：由自变量 x 所影响的部分 $b_0 + b_1 x$，以及无法控制的随机干扰 ε.

例 9.1.1 测得某种物质在不同温度下吸附另一种物质的重量如下表所列：

温度 x_i(°C)	1.5	1.8	2.4	3.0	3.5	3.9	4.4	4.8	5.0
重量 y_i(mg)	4.8	5.7	7.0	8.3	10.9	12.4	13.1	13.6	15.3

为了研究两个变量之间的关系，我们将每一对数据 (x_i, y_i) 看作是直角坐标系中的一个点，即可画出这些数据点对应的散点图.

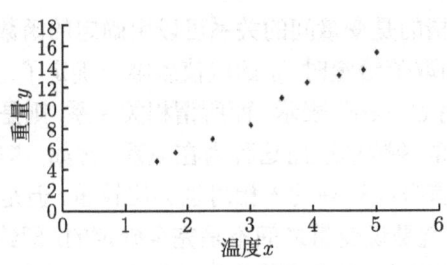

图 9-1: 散点图

可见散点图中 9 个点基本分布在一条直线附近，直观上可以认为温度 x 与吸附量 Y 之间存在线性相关关系. 基于以上判断，可以选择用一元线性回归模型 (9.1.1) 来描述这两个变量之间的关系. 因此，接下来的问题就是如何根据样本数据给出未知参数 b_0、b_1、σ^2 的估计.

9.1.2 模型参数的估计

1. b_0 和 b_1 的点估计——最小二乘法

对于已经得到的 n 对样本观测值

$$(x_1, y_1), (x_2, y_2), \cdots, (x_n, y_n)$$

9.1 一元线性回归

如果变量 x 和 y 之间存在线性趋势,直观来看可以给出不同的直线,那么如何从中找出最优的估计呢?一般而言,总是希望因变量 Y 的估计值 $\hat{y}_i = \hat{b}_0 + \hat{b}_1 x_i$ 从整体来看尽可能接近其实际观测值 y_i,也就是说**残差**$\varepsilon_i = y_i - \hat{y}_i$ 的总量越小越好. 由于残差 ε_i 的取值有正有负,为了消除正负的影响,通常采用**残差平方和** $\sum_{i=1}^{n} \varepsilon_i^2$ 来衡量总偏差. 而所谓的**最小二乘法**,就是通过使误差平方和 $\sum_{i=1}^{n} \varepsilon_i^2$ 达到最小来估计回归系数的方法,误差平方和的最小值即为残差平方和.

令

$$Q(b_0, b_1) = \sum_{i=1}^{n} [y_i - (b_0 + b_1 x_i)]^2 = \sum_{i=1}^{n} \varepsilon_i^2 \qquad (9.1.2)$$

则 b_0 和 b_1 的**最小二乘估计**$\hat{b}_0, \hat{b}_1$ 应该满足条件

$$Q(\hat{b}_0, \hat{b}_1) = \min_{b_0, b_1} Q(b_0, b_1)$$

如果将残差平方和 $Q(b_0, b_1)$ 视为关于 b_0 和 b_1 的二元函数,那么上述问题就可以转化为多元函数的极值问题. 对 $Q(b_0, b_1)$ 分别关于 b_0、b_1 求一阶偏导,并令其为零,得到

$$\begin{cases} \dfrac{\partial Q(b_0, b_1)}{\partial b_0} = \sum_{i=1}^{n} 2[y_i - (b_0 + b_1 x_i)](-1) = 0 \\ \dfrac{\partial Q(b_0, b_1)}{\partial b_1} = \sum_{i=1}^{n} 2[y_i - (b_0 + b_1 x_i)](-x_i) = 0 \end{cases}$$

整理即可得到关于未知参数 b_0 和 b_1 的线性方程组如下:

$$\begin{cases} nb_0 + \left(\sum_{i=1}^{n} x_i\right) b_1 = \sum_{i=1}^{n} y_i \\ \left(\sum_{i=1}^{n} x_i\right) b_0 + \left(\sum_{i=1}^{n} x_i^2\right) b_1 = \sum_{i=1}^{n} x_i y_i \end{cases} \qquad (9.1.3)$$

该方程组也称为**正规方程组**. 不失一般性,假定 $x_1, x_2, \cdots, x_n$ 不全相等,则正规方程组的系数行列式不为零,即

$$\begin{vmatrix} n & \sum_{i=1}^{n} x_i \\ \sum_{i=1}^{n} x_i & \sum_{i=1}^{n} x_i^2 \end{vmatrix} = n \sum_{i=1}^{n} x_i^2 - \left(\sum_{i=1}^{n} x_i\right)^2 = n \sum_{i=1}^{n} (x_i - \overline{x})^2 \neq 0$$

故方程组有唯一解, 解得 b_0 和 b_1 的最小二乘估计为

$$\begin{cases} \hat{b}_1 = \dfrac{\sum\limits_{i=1}^{n}(x_i-\overline{x})(y_i-\overline{y})}{\sum\limits_{i=1}^{n}(x_i-\overline{x})^2} \\ \hat{b}_0 = \overline{y} - \hat{b}_1 \overline{x} \end{cases} \quad (9.1.4)$$

为了计算方便, 引入以下记号:

$$S_{xx} = \sum_{i=1}^{n}(x_i-\overline{x})^2 = \sum_{i=1}^{n}x_i^2 - \frac{1}{n}\left(\sum_{i=1}^{n}x_i\right)^2$$

$$S_{yy} = \sum_{i=1}^{n}(y_i-\overline{y})^2 = \sum_{i=1}^{n}y_i^2 - \frac{1}{n}\left(\sum_{i=1}^{n}y_i\right)^2$$

$$S_{xy} = \sum_{i=1}^{n}(x_i-\overline{x})(y_i-\overline{y}) = \sum_{i=1}^{n}x_i y_i - n\overline{x}\,\overline{y}$$

则 b_0 和 b_1 的**最小二乘估计**可以表示为

$$\begin{cases} \hat{b}_1 = \dfrac{S_{xy}}{S_{xx}} \\ \hat{b}_0 = \overline{y} - \hat{b}_1 \overline{x} \end{cases} \quad (9.1.5)$$

在满足模型假定的条件下, 也可以利用最大似然估计法得到的 b_0 和 b_1 的估计量, 其结果与最小二乘估计完全一致.

将 $\hat{b}_0$ 和 $\hat{b}_1$ 代入, 即可得到**回归方程**

$$\hat{y} = \hat{b}_0 + \hat{b}_1 x \quad (9.1.6)$$

也称为 y 关于 x 的**经验回归函数**, 其图形称为回归直线.

例 9.1.2(接上例)　假定温度 x 与吸附量 Y 之间满足模型 (9.1.1) 的条件, 试求 Y 关于 x 的经验回归方程.

解　本例中样本容量 $n=9$, 根据样本观测数据, 有

$$\sum_{i=1}^{9}x_i = 30.3, \ \sum_{i=1}^{9}x_i^2 = 115.11$$

$$\sum_{i=1}^{9}y_i = 91.1, \ \sum_{i=1}^{9}y_i^2 = 1036.65$$

$$\sum_{i=1}^{9} x_i y_i = 345.09$$

计算可得

$$S_{xx} = \sum_{i=1}^{n} x_i^2 - \frac{1}{n}\left(\sum_{i=1}^{n} x_i\right)^2 = 115.11 - \frac{1}{9} \times 30.3^2 \approx 13.1$$

$$S_{xy} = \sum_{i=1}^{n} x_i y_i - n\overline{xy} = 345.09 - 9 \times \frac{30.3}{9} \times \frac{91.1}{9} \approx 38.3867$$

故

$$\hat{b}_1 = \frac{S_{xy}}{S_{xx}} = \frac{38.3867}{13.1} \approx 2.9303$$

$$\hat{b}_0 = \overline{y} - \hat{b}_1 \overline{x} = \frac{91.1}{9} - 2.9303 \times \frac{30.3}{9} \approx 0.2569$$

所以回归方程为

$$\hat{y} = 0.2569 + 2.9303x$$

上式表明,温度 x 每增加 1 ℃,吸附量 Y 平均增加 2.9303mg,回归直线如图 9-2 所示.

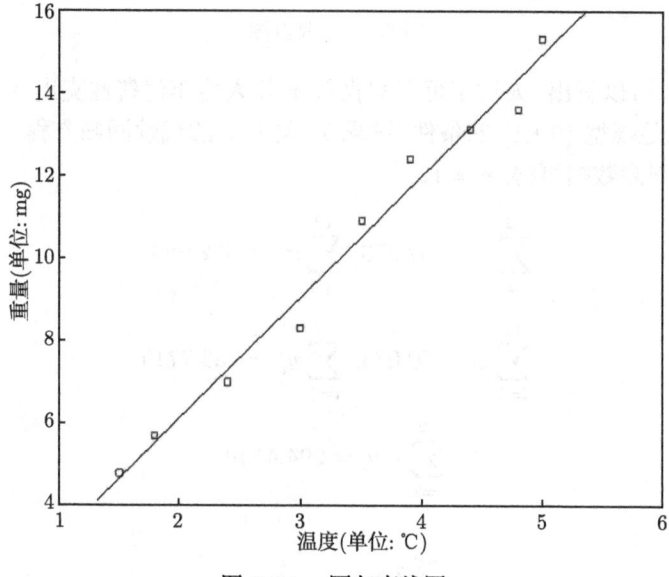

图 9-2: 回归直线图

例 9.1.3 表 9-1 中给出的是 1992 年~2003 年我国城镇居民人均年消费性支出 Y 和人均年可支配收入 x 的数据.[①]

---
①资料来源:《中国统计年鉴》,中国统计出版社, 2004

表 9-1: 我国城镇居民人均年消费支出和收入情况　　　　(单位: 千元)

年份	x	Y	年份	x	Y
1992	2.027	1.672	1998	5.425	4.332
1993	2.577	2.111	1999	5.854	4.616
1994	3.496	2.851	2000	6.28	4.998
1995	4.283	3.538	2001	6.86	5.309
1996	4.839	3.919	2002	7.703	6.03
1997	5.16	4.186	2003	8.472	6.511

为了研究我国城镇居民人均年消费支出和收入情况之间的关系, 首先利用软件做出其散点图 9-3.

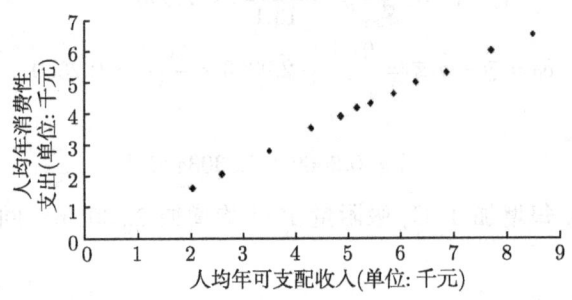

图 9-3:　散点图

由图 9-3 可以看出, 人均年可支配收入 x 和人均年消费性支出 Y 存在线性关系, 假定其满足模型 (9.1.1) 的条件, 试求 Y 关于 x 的线性回归方程.

解　由观测数据可得, $n = 12$

$$\sum_{i=1}^{12} x_i = 62.976, \quad \sum_{i=1}^{12} x_i^2 = 372.6661$$

$$\sum_{i=1}^{12} y_i = 50.073, \quad \sum_{i=1}^{12} y_i^2 = 232.7719$$

$$\sum_{i=1}^{12} x_i y_i = 294.4539$$

计算可得

$$S_{xx} = \sum_{i=1}^{n} x_i^2 - \frac{1}{n}\left(\sum_{i=1}^{n} x_i\right)^2 = 372.6661 - \frac{1}{12} \times 62.976^2 \approx 42.1681$$

$$S_{xy} = \sum_{i=1}^{n} x_i y_i - n\overline{x}\,\overline{y} = 294.4539 - 12 \times \frac{62.976}{12} \times \frac{50.073}{12} \approx 31.6708$$

故
$$\hat{b}_1 = \frac{S_{xy}}{S_{xx}} = \frac{31.6708}{42.1681} \approx 0.7511$$
$$\hat{b}_0 = \bar{y} - \hat{b}_1 \bar{x} = \frac{50.073}{12} - 0.7511 \times \frac{62.976}{12} \approx 0.2310$$

所以回归方程为
$$\hat{y} = 0.2310 + 0.7511x$$

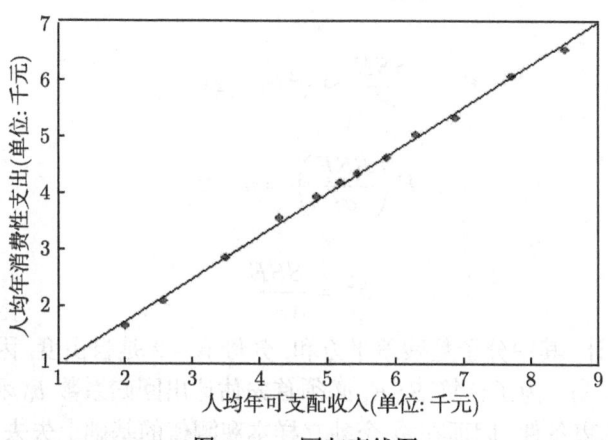

图 9-4: 回归直线图

该方程有着明确的经济学意义: 0.2310 是居民的基本消费水平, 表明与收入水平无关的最基础的年消费为 0.2310 千元; 而 0.7511 表示的是边际消费倾向, 意味着人均可支配收入每增加 1 千元, 人均消费支出就会增加 0.7511 千元.

2. σ^2 的点估计

回归模型 (9.1.1) 中除了回归系数 b_0 和 b_1, 还需要估计未知参数——随机误差项的方差 σ^2. 如上所述 b_0 和 b_1 的最大似然估计量为 (9.1.5), 故考虑利用最大似然估计法估计 σ^2. 由于 $Y_i \sim N(b_0 + b_1 x_i, \sigma^2)$, 其似然函数为

$$L(b_0, b_1, \sigma^2) = \prod_{i=1}^{n} \frac{1}{\sqrt{2\pi}\sigma} e^{-\frac{(y_i - b_0 - b_1 x_i)^2}{2\sigma^2}}$$

取对数, 得到对数似然函数

$$\ln L(b_0, b_1, \sigma^2) = -\frac{n}{2} \ln(2\pi\sigma^2) - \sum_{i=1}^{n} \frac{1}{2\sigma^2} (y_i - b_0 - b_1 x_i)^2$$

对 σ^2 求偏导令其为零, 并将 b_0 和 b_1 的最大似然估计量 $\hat{b}_0$ 和 $\hat{b}_1$ 代入, 即

$$\frac{\partial \ln L}{\partial \sigma^2} = -\frac{n}{2\sigma^2} + \frac{1}{2\sigma^4} \sum_{i=1}^{n} \left(y_i - \hat{b}_0 - \hat{b}_1 x_i\right)^2 = 0$$

若记
$$SSE = \sum_{i=1}^{n}(y_i - \hat{y}_i)^2 = \sum_{i=1}^{n}\left(y_i - \hat{b}_0 - \hat{b}_1 x_i\right)^2 \tag{9.1.7}$$

整理即得 σ^2 的最大似然估计量
$$\hat{\sigma}_M^2 = \frac{1}{n}\sum_{i=1}^{n}\left(y_i - \hat{b}_0 - \hat{b}_1 x_i\right)^2 = \frac{SSE}{n} \tag{9.1.8}$$

可以证明,
$$\frac{SSE}{\sigma^2} \sim \chi^2(n-2) \tag{9.1.9}$$

所以
$$E\left(\frac{SSE}{\sigma^2}\right) = n - 2$$

故
$$\hat{\sigma}^2 = \frac{SSE}{n-2} \tag{9.1.10}$$

是 σ^2 的无偏估计. 其中分子是残差平方和, 分母 $n-2$ 是自由度. 因为对于一元线性回归模型 (9.1.1), 为了计算 SSE, 必须首先估计出回归系数 b_0 和 b_1, 即满足其所对应的两个约束条件, 因而在 n 个独立样本观测值的基础上失去了两个自由度, 为 $n-2$.

实际计算中, 残差平方和 SSE 可以通过以下公式得到:
$$\begin{aligned}
SSE &= \sum_{i=1}^{n}\left(y_i - \hat{b}_0 - \hat{b}_1 x_i\right)^2 \\
&= \sum_{i=1}^{n}\left(y_i - \overline{y} - \hat{b}_1(x_i - \overline{x})\right)^2 \\
&= \sum_{i=1}^{n}(y_i - \overline{y})^2 - 2\hat{b}_1\sum_{i=1}^{n}(x_i - \overline{x})(y_i - \overline{y}) + \hat{b}_1^2\sum_{i=1}^{n}(x_i - \overline{x})^2 \\
&= S_{yy} - 2\hat{b}_1 S_{xy} + \hat{b}_1^2 S_{xx} \\
&= S_{yy} - 2\frac{S_{xy}}{S_{xx}}S_{xy} + \left(\frac{S_{xy}}{S_{xx}}\right)^2 S_{xx} \\
&= S_{yy} - \hat{b}_1 S_{xy}
\end{aligned}$$

例 9.1.4 (接例 9.1.1) 试求方差 σ^2 的无偏估计.

解 由于
$$S_{yy} = \sum_{i=1}^{n} y_i^2 - \frac{1}{n}\left(\sum_{i=1}^{n} y_i\right)^2 = 1036.65 - \frac{1}{9} \times 91.1^2 \approx 114.5156$$

9.1 一元线性回归

$$SSE = S_{yy} - \hat{b}_1 S_{xy} = 114.5156 - 2.9303 \times 38.3867 \approx 2.0311$$

所以 σ^2 的无偏估计为

$$\hat{\sigma}^2 = \frac{SSE}{n-2} = \frac{2.0311}{7} \approx 0.2902$$

例 9.1.5 接例 9.1.3, 试求方差 σ^2 的无偏估计.

解 由于

$$S_{yy} = \sum_{i=1}^{n} y_i^2 - \frac{1}{n}\left(\sum_{i=1}^{n} y_i\right)^2 = 232.7719 - \frac{1}{12} \times 50.073^2 \approx 23.8298$$

$$SSE = S_{yy} - \hat{b}_1 S_{xy} = 23.8298 - 0.7511 \times 31.6708 \approx 0.0419$$

所以 σ^2 的无偏估计为

$$\hat{\sigma}^2 = \frac{SSE}{n-2} = \frac{0.0419}{10} \approx 0.00419$$

3. 估计量的性质

在满足模型 (9.1.1) 基本假定的前提下, 关于回归系数 b_0 和 b_1 的估计量 (9.1.5), 有以下性质.

(1) $\hat{b}_0$ 和 $\hat{b}_1$ 分别是 b_0 和 b_1 的无偏估计量, 即

$$E\left(\hat{b}_0\right) = b_0, \ E\left(\hat{b}_1\right) = b_1 \tag{9.1.11}$$

(2)

$$D\left(\hat{b}_0\right) = \left(\frac{1}{n} + \frac{\overline{x}^2}{S_{xx}}\right)\sigma^2, \ D\left(\hat{b}_1\right) = \frac{\sigma^2}{S_{xx}} \tag{9.1.12}$$

(3)

$$\hat{b}_0 \sim N\left(b_0, \left(\frac{1}{n} + \frac{\overline{x}^2}{S_{xx}}\right)\sigma^2\right), \ \hat{b}_1 \sim N\left(b_1, \frac{\sigma^2}{S_{xx}}\right) \tag{9.1.13}$$

(4)

$$\hat{Y} = \hat{b}_0 + \hat{b}_1 x \sim N\left(b_0 + b_1 x, \left(\frac{1}{n} + \frac{(x-\overline{x})^2}{S_{xx}}\right)\sigma^2\right) \tag{9.1.14}$$

4. 模型参数的置信区间

按照区间估计的基本思路, 如果想要进一步找出模型参数 b_0、b_1、σ^2 的置信区间, 那么关键在于构造枢轴量并确定其分布. 而根据上述内容, 有

$$\hat{b}_0 \sim N\left(b_0, \left(\frac{1}{n} + \frac{\overline{x}^2}{S_{xx}}\right)\sigma^2\right), \ \hat{b}_1 \sim N\left(b_1, \frac{\sigma^2}{S_{xx}}\right), \ \frac{(n-2)\hat{\sigma}^2}{\sigma^2} \sim \chi^2(n-2)$$

根据正态总体的相关结论, 容易得到:

(1) b_0 的 $1-\alpha$ 置信区间为

$$\left[\hat{b}_0 \pm t_{\alpha/2}(n-2) \cdot \hat{\sigma}\sqrt{\frac{1}{n} + \frac{\overline{x}^2}{S_{xx}}}\right] \tag{9.1.15}$$

(2) b_1 的 $1-\alpha$ 置信区间为

$$\left[\hat{b}_1 \pm t_{\alpha/2}(n-2) \cdot \frac{\hat{\sigma}}{\sqrt{S_{xx}}}\right] \tag{9.1.16}$$

(3) σ^2 的 $1-\alpha$ 置信区间为

$$\left[\frac{(n-2)\hat{\sigma}^2}{\chi^2_{\alpha/2}(n-2)}, \frac{(n-2)\hat{\sigma}^2}{\chi^2_{1-\alpha/2}(n-2)}\right] \tag{9.1.17}$$

例 9.1.6 (接例 9.1.1) 找出参数 b_0、b_1、σ^2 的 95% 置信区间.

解 由于

$$S_{xx} = 13.1, \ S_{xy} = 38.3867, \ S_{yy} = 114.5156$$

$$\hat{b}_1 = 2.9303, \ \hat{b}_0 = 0.2569, \ \hat{\sigma}^2 = 0.2902$$

$$t_{0.025}(7) = 2.3646, \ \chi^2_{0.025}(7) = 16.013, \ \chi^2_{0.975}(7) = 1.690$$

计算可得:

(1) b_0 的 95% 置信区间为

$$\left[\hat{b}_0 \pm t_{\alpha/2}(n-2) \cdot \hat{\sigma}\sqrt{\frac{1}{n} + \frac{\overline{x}^2}{S_{xx}}}\right] = \left[0.2569 \pm 2.3646 \times \sqrt{0.2902} \times \sqrt{\frac{1}{9} + \frac{(30.3/9)^2}{13.1}}\right]$$

$$\approx [-1.0018, 1.5156]$$

(2) b_1 的 95% 置信区间为

$$\left[\hat{b}_1 \pm t_{\alpha/2}(n-2) \cdot \frac{\hat{\sigma}}{\sqrt{S_{xx}}}\right] = \left[2.9303 \pm 2.3646 \times \sqrt{\frac{0.2902}{13.1}}\right]$$

$$\approx [2.6144, 3.2462]$$

(3) σ^2 的 95% 置信区间为

$$\left[\frac{(n-2)\hat{\sigma}^2}{\chi^2_{\alpha/2}(n-2)}, \frac{(n-2)\hat{\sigma}^2}{\chi^2_{1-\alpha/2}(n-2)}\right] = \left[\frac{7 \times 0.2902}{16.013}, \frac{7 \times 0.2902}{1.690}\right]$$

$$\approx [0.1269, 1.2020]$$

9.1.3 回归方程的显著性检验

根据以上分析可知, 对于任意 n 对样本观测值 $(x_1,y_1),(x_2,y_2),\cdots,(x_n,y_n)$, 无论变量 x 和 y 之间是否是线性相关, 我们都能够利用公式 (9.1.5) 得到回归直线的方程. 但如果变量之间不存在线性关系, 那么基于线性模型的统计推断都是毫无意义的. 也就是说, 当我们得到一个实际问题的经验回归方程

$$\hat{y} = \hat{b}_0 + \hat{b}_1 x$$

后, 并不能马上就利用它进行控制与预测. 因此, 除了利用有关专业知识以及散点图来直观判断之外, 还需要根据实际观测数据对模型进行必要的假设检验.

对于一元线性回归模型 (9.1.1) 而言, 如果两个变量之间确实存在线性关系, 那么变量 x 的系数 b_1 不应该为零. 因此, 选择一元线性回归模型是否有意义, 就转化为如下假设检验问题:

$$H_0: b_1 = 0 \longleftrightarrow H_1: b_1 \neq 0 \tag{9.1.18}$$

根据检验统计量的不同, 常用的检验方法有 F 检验和 t 检验.

1. F 检验

借用方差分析的思想, 对因变量的**总离差平方和**(Total Deviation Sum of Squares)

$$SST = S_{yy} = \sum_{i=1}^{n}(y_i - \overline{y})^2 \tag{9.1.19}$$

进行分解, 即

$$SST = \sum_{i=1}^{n}[(y_i - \hat{y}_i) + (\hat{y}_i - \overline{y})]^2$$
$$= \sum_{i=1}^{n}(y_i - \hat{y}_i)^2 + 2\sum_{i=1}^{n}(y_i - \hat{y}_i)(\hat{y}_i - \overline{y}) + \sum_{i=1}^{n}(\hat{y}_i - \overline{y})^2$$

由于 $\hat{b}_0$ 和 $\hat{b}_1$ 满足正规方程组 (9.1.3), 而 $\hat{y}_i = \hat{b}_0 + \hat{b}_1 x_i$, 可以得到

$$\sum_{i=1}^{n}(y_i - \hat{y}_i)(\hat{y}_i - \overline{y}) = 0$$

令 $SSE = \sum_{i=1}^{n}(y_i - \hat{y}_i)^2$, $SSR = \sum_{i=1}^{n}(\hat{y}_i - \overline{y})^2$, 则有

$$SST = SSR + SSE \tag{9.1.20}$$

其中，SSR 称为**回归平方和**(Regression Sum of Squares)，表示的是所有 x_i 对应于回归直线上的估计值 $\hat{y}_i$ 相对于样本均值 $\bar{y}$ 的波动；SSE 称为**残差平方和**(Residual Sum of Squares)，表示的是所有观测值 y_i 偏离回归直线的程度. 注意到 $\hat{b}_1 = S_{xy}/S_{xx}$，故有

$$SSR = \sum_{i=1}^{n}(\hat{y}_i - \bar{y})^2 = \hat{b}_1^2 S_{xx} = S_{xy}^2/S_{xx} \tag{9.1.21}$$

可以证明，当原假设 H_0 为真，即 $b_1 = 0$ 时，有

$$\frac{SSR}{\sigma^2} \sim \chi^2(1)$$

而

$$\frac{SSE}{\sigma^2} \sim \chi^2(n-2)$$

且 SSR 与 SSE 独立，所以

$$F = \frac{SSR/1}{SSE/(n-2)} \sim F(1, n-2) \tag{9.1.22}$$

如上所述，我们可以将其作为 (9.1.18) 的检验统计量，F 检验因此而得名. 给定显著性水平 α，H_0 的拒绝域为

$$W = \{f \geqslant F_\alpha(1, n-2)\} \tag{9.1.23}$$

$F_\alpha(1, n-2)$ 是临界点. 类似地，也可以将整个检验做成方差分析表.

表 9-2: 方差分析表

方差来源	平方和	自由度	均方和	F 比
回归	SSR	1	$MS_R = SSR$	$F = \dfrac{MS_R}{MS_E}$
残差	SSE	$n-2$	$MS_E = \dfrac{SSE}{n-2}$	
总和	SST	$n-1$		

例 9.1.7 在例 9.1.1 中，已经求出了回归方程

$$\hat{y} = 0.2569 + 2.9303x$$

现在考虑关于回归方程的显著性检验. 计算可得

$$SST = S_{yy} = 114.5156$$

9.1 一元线性回归

$$SSR = S_{xy}^2/S_{xx} = 112.4839$$
$$SSE = SST - SRR = 2.0317$$

方差分析表

方差来源	平方和	自由度	均方和	F 比
回归	112.4839	1	112.4839	387.61
残差	2.0317	7	0.2902	
总和	114.5156	8		

给定显著性水平 $\alpha = 0.01$, 查表知 $F_{0.01}(1,7) = 12.25$, 由于

$$387.61 > 12.25 = F_{0.01}(1,7)$$

所以拒绝原假设 H_0, 认为变量之间有着十分显著的线性关系. 也可以利用统计软件直接得到 p 值进行判断.

根据平方和分解公式 (9.1.20) 我们知道, 在总离差平方和中回归平方和所占的比重越大, 说明线性回归效果越好, 也就意味着回归直线与样本观测值的拟合优度越好; 反之, 如果残差平方和所占的比重太大, 说明回归直线与样本观测值的拟合情况并不理想. 所以考虑用回归平方和与总偏差平方和之比来衡量回归的效果, 并定义为**样本决定系数**(Coefficient of determination), 用 r^2 表示, 即

$$r^2 = \frac{SSR}{SST} = 1 - \frac{SSE}{SST} \tag{9.1.24}$$

由于 $SSR = S_{xy}^2/S_{xx}$, $SST = S_{yy}$, 所以

$$r^2 = \frac{SSR}{SST} = \frac{S_{xy}^2}{S_{xx}S_{yy}} \tag{9.1.25}$$

作为衡量回归直线与样本观测值拟合优度的一个指标, 样本决定系数 r^2 的取值范围是 $0 \leqslant r^2 \leqslant 1$. 显然, 如果回归模型对于变量间的关系描述是合适的, 那么残差平方和在总离差平方和中所占的比重应该很小, 相应的 r^2 就会接近于 1; 否则, 如果 r^2 很小, 就意味着模型选择是不恰当的, 需要对模型进行修改.

如例 9.1.1 中, 决定系数为

$$r^2 = \frac{112.4839}{114.5156} \approx 0.9823$$

说明变量 y 与 x, 即温度与吸附量两者之间存在高度线性相关关系.

2. t 检验

根据回归系数的估计量的性质可知,
$$\hat{b}_1 \sim N\left(b_1, \frac{\sigma^2}{S_{xx}}\right)$$

且有
$$\frac{(n-2)\hat{\sigma}^2}{\sigma^2} = \frac{SSE}{\sigma^2} \sim \chi^2(n-2)$$

故由 $\hat{b}_1$ 和 $\hat{\sigma}^2$ 的独立性 ①, 可得
$$\frac{\frac{(\hat{b}_1 - b_1)}{\sqrt{\sigma^2/S_{xx}}}}{\sqrt{\frac{(n-2)\hat{\sigma}^2}{\sigma^2} \cdot \frac{1}{n-2}}} \sim t(n-2)$$

即
$$\frac{\hat{b}_1 - b_1}{\hat{\sigma}}\sqrt{S_{xx}} \sim t(n-2)$$

由此, 可以得到我们所需要的检验统计量. 当原假设 H_0 为真, 即 $b_1 = 0$ 时, 有
$$T = \frac{\hat{b}_1}{\hat{\sigma}}\sqrt{S_{xx}} \sim t(n-2) \tag{9.1.26}$$

所以, 给定显著性水平 α, H_0 的拒绝域为
$$W = \{|t| \geqslant t_{\alpha/2}(n-2)\} \tag{9.1.27}$$

即临界点为 $t_{\alpha/2}(n-2)$. 计算检验统计量 T 的观测值 t, 判断准则如下:

(1) 若 $|t| < t_{\alpha/2}(n-2)$, 则接受 H_0, 认为回归效果不显著.

(2) 若 $|t| \geqslant t_{\alpha/2}(n-2)$, 则拒绝 H_0, 认为回归效果显著.

接例 9.1.1, 检验统计量 T 的观测值为
$$t = \frac{\hat{b}_1}{\hat{\sigma}}\sqrt{S_{xx}} = \frac{2.9303}{\sqrt{0.2902}}\sqrt{13.1} \approx 19.6879$$

而临界值 $t_{0.025}(7) = 2.3646$, 显然 $|t| > 2.3646 = t_{0.025}(7)$, 拒绝原假设 H_0, 认为回归效果显著. 同 F 检验的结果完全一致.

在实际中, 如果经过检验认为回归效果不显著, 可能的原因有以下几种情况:

(1) 影响因变量 y 取值的除了 x 外, 还有其他不可忽略的因素;

(2) 两个变量之间的关系不是线性相关的, 而是其他相关关系, 如回归函数不是线性函数;

(3) 因变量与自变量之间的确不存在任何关系.

因此, 如果认为回归效果不显著, 对模型的修正还需要根据具体情况来分析.

---
①详细证明此处不再给出, 具体证明过程可参见相关专业书籍

9.1.4 预测

建立回归模型的主要目的就是为了应用, 预测就是最重要的应用之一. 与参数估计类似, 预测问题也分为点预测和区间预测.

指定自变量 x 的值 x_0, 由于因变量 Y 的观测值 Y_0 满足条件

$$\begin{cases} Y_0 = b_0 + b_1 x_0 + \varepsilon_0 \\ \varepsilon_0 \sim N(0, \sigma^2) \end{cases} \tag{9.1.28}$$

而 ε_0 是随机误差, 所以 Y_0 也是一个随机变量, 通常取

$$\hat{Y}_0 = \hat{b}_0 + \hat{b}_1 x_0$$

作为 Y_0 的点预测.

如例 9.1.2 中, 根据样本数据得到回归方程

$$\hat{y} = 0.2569 + 2.9303 x$$

如果我们希望知道在点 $x = 5.8°C$ 处吸附量 Y 的观测值, 将 $x = 5.8$ 代入上式得到吸附量的点预测值为 $\hat{y} = 17.25$. 与估计问题类似, 更多时候还希望进一步了解预测值的精度, 即 Y_0 的区间预测.

由上述分析已知因变量 Y 在 $x = x_0$ 处的观测值 Y_0 是随机变量, 且

$$Y_0 \sim N(b_0 + b_1 x_0, \sigma^2)$$

由于 Y_0 是将要做的一次独立试验的观测结果, 与已经得到的试验结果 $Y_1, Y_2, \cdots, Y_n$ 相互独立. 而回归系数 b_1 的估计 $\hat{b}_1$ 是 $Y_1, Y_2, \cdots, Y_n$ 的线性组合, 所以 $\hat{Y}_0 = \overline{Y} + \hat{b}_1(x_0 - \overline{x})$ 也是 $Y_1, Y_2, \cdots, Y_n$ 的线性组合, 因此 $\hat{Y}_0$ 与 Y_0 相互独立. 根据估计量性质 (9.1.14), 即有

$$\hat{Y}_0 = \hat{b}_0 + \hat{b}_1 x_0 \sim N\left(b_0 + b_1 x_0, \left(\frac{1}{n} + \frac{(x_0 - \overline{x})^2}{S_{xx}}\right)\sigma^2\right)$$

对于相互独立的正态型随机变量, 其线性组合仍然服从正态分布, 故有

$$\hat{Y}_0 - Y_0 \sim N\left(0, \left(1 + \frac{1}{n} + \frac{(x_0 - \overline{x})^2}{S_{xx}}\right)\sigma^2\right)$$

即

$$\frac{\hat{Y}_0 - Y_0}{\sigma\sqrt{1 + \dfrac{1}{n} + \dfrac{(x_0 - \overline{x})^2}{S_{xx}}}} \sim N(0, 1)$$

又已知 $\frac{(n-2)\hat{\sigma}^2}{\sigma^2} \sim \chi^2(n-2)$，其中 $\hat{\sigma}^2 = \frac{SSE}{n-2}$，且 $\hat{Y}_0$、Y_0、$\hat{\sigma}^2$ 相互独立，可以得到

$$\frac{\dfrac{\hat{Y}_0 - Y_0}{\sigma\sqrt{1 + \dfrac{1}{n} + \dfrac{(x_0 - \overline{x})^2}{S_{xx}}}}}{\sqrt{\dfrac{(n-2)\hat{\sigma}^2}{\sigma^2(n-2)}}} \sim t(n-2)$$

即

$$\frac{\hat{Y}_0 - Y_0}{\hat{\sigma}\sqrt{1 + \dfrac{1}{n} + \dfrac{(x_0 - \overline{x})^2}{S_{xx}}}} \sim t(n-2) \tag{9.1.29}$$

对于给定的 $1-\alpha$，即有

$$P\left\{\left|\frac{\hat{Y}_0 - Y_0}{\hat{\sigma}\sqrt{1 + \dfrac{1}{n} + \dfrac{(x_0 - \overline{x})^2}{S_{xx}}}}\right| < t_{\alpha/2}(n-2)\right\} = 1-\alpha$$

由此可以得到 Y_0 的置信水平为 $1-\alpha$ 的**预测区间**为

$$\left(\hat{Y}_0 \pm t_{\alpha/2}(n-2) \cdot \hat{\sigma}\sqrt{1 + \dfrac{1}{n} + \dfrac{(x_0 - \overline{x})^2}{S_{xx}}}\right)$$

即

$$\left(\hat{b}_0 + \hat{b}_1 x_0 \pm t_{\alpha/2}(n-2) \cdot \hat{\sigma}\sqrt{1 + \dfrac{1}{n} + \dfrac{(x_0 - \overline{x})^2}{S_{xx}}}\right) \tag{9.1.30}$$

可以发现，对于已经得到的 n 对样本观测值 $(x_1, y_1), (x_2, y_2), \cdots, (x_n, y_n)$，预测区间的左右端点都是 x_0 的函数，而且当 $x_0 = \overline{x}$ 时区间长度最短.

例 9.1.8 接例 9.1.1，由上可知，当 $x = 5.8°C$ 时吸附量 Y 的点预测值 $\hat{y} = 17.25$. 若给定置信水平 $1-\alpha = 95\%$，试给出当 $x = 5.8°C$ 时吸附量 Y 的预测区间.

解 由于 $n = 9$，$\hat{b}_0 = 0.2569$，$\hat{b}_1 = 2.9303$，$S_{xx} = 13.1$，$\hat{\sigma}^2 = 0.2902$，$\overline{x} = 3.3667$，且 $t_{0.025}(7) = 2.3646$，代入可得

$$t_{\alpha/2}(n-2) \cdot \hat{\sigma}\sqrt{1 + \dfrac{1}{n} + \dfrac{(x_0 - \overline{x})^2}{S_{xx}}}$$

$$=2.3646\times\sqrt{0.2902}\times\sqrt{1+\frac{1}{9}+\frac{(5.8-3.3667)^2}{13.1}}$$
$$\approx 1.59$$

故当 $x=5.8$ 时,吸附量 Y 的 95% 预测区间为

$$(17.25\pm 1.59)=(15.66,18.84)$$

9.2 多元回归及非线性回归模型

以上讨论了因变量 Y 与一个自变量 x 之间的线性回归问题,但多数情况下这只是一种特例. 本节我们将讨论多元回归以及可以转化为线性回归的非线性回归.

9.2.1 多元线性回归

以研究我国民航客运量的变化趋势为例,如果将民航客运量作为因变量 Y,那么需要考虑的主要影响因素有国民收入 x_1、消费额 x_2、铁路客运量 x_3、民航航线里程 x_4、来华旅游入境人数 x_5. 也就是说,因变量 Y 和多个自变量 x_1、x_2、x_3、x_4、x_5 有关,需要综合考虑多个因素对因变量的影响. 这也正是多元回归分析的主要任务.

一般地,假设影响因变量 Y 取值的自变量有 $p(p>1)$ 个,记为 $x_1,x_2,\cdots,x_p$. 以下仅讨论线性回归模型

$$\begin{cases} Y=b_0+b_1x_1+b_2x_2+\cdots+b_px_p+\varepsilon \\ \varepsilon\sim N(0,\sigma^2) \end{cases} \quad (9.2.1)$$

其中 $b_0,b_1,\cdots,b_p,\sigma^2$ 都是与 $x_1,x_2,\cdots,x_p$ 无关的未知参数.

对于所观测到的样本数据 $(x_{i1},x_{i2},\cdots,x_{ip},y_i)$, $i=1,2,\cdots,n$,同一元线性回归模型的处理思路一样,采用最小二乘法估计回归系数 $b_0,b_1,\cdots,b_p$,即通过使误差平方和

$$Q(b_0,b_1,\cdots,b_p)=\sum_{i=1}^n[y_i-(b_0+b_1x_1+b_2x_2+\cdots+b_px_p)]^2=\sum_{i=1}^n\varepsilon_i^2 \quad (9.2.2)$$

达到最小来确定估计值. 对 $Q(b_0,b_1,\cdots,b_p)$ 分别关于 b_0、b_1、$\cdots$、b_p 求一阶偏导,并令其为零,得到

$$\begin{cases} \dfrac{\partial Q(b_0,b_1,\cdots,b_p)}{\partial b_0}=\sum_{i=1}^n 2[y_i-(b_0+b_1x_{i1}+\cdots+b_px_{ip})](-1)=0, \\ \dfrac{\partial Q(b_0,b_1,\cdots,b_p)}{\partial b_j}=\sum_{i=1}^n 2[y_i-(b_0+b_1x_{i1}+\cdots+b_px_{ip})](-x_{ij})=0, \\ \qquad j=1,2,\cdots,p \end{cases}$$

整理即得正规方程组如下:

$$\begin{cases} b_0 n + b_1 \sum_{i=1}^{n} x_{i1} + b_2 \sum_{i=1}^{n} x_{i2} + \cdots + b_p \sum_{i=1}^{n} x_{ip} = \sum_{i=1}^{n} y_i \\ b_0 \sum_{i=1}^{n} x_{i1} + b_1 \sum_{i=1}^{n} x_{i1}^2 + b_2 \sum_{i=1}^{n} x_{i1} x_{i2} + \cdots + b_p \sum_{i=1}^{n} x_{i1} x_{ip} = \sum_{i=1}^{n} x_{i1} y_i \\ \vdots \\ b_0 \sum_{i=1}^{n} x_{ip} + b_1 \sum_{i=1}^{n} x_{ip} x_{i1} + b_2 \sum_{i=1}^{n} x_{ip} x_{i2} + \cdots + b_p \sum_{i=1}^{n} x_{ip}^2 = \sum_{i=1}^{n} x_{ip} y_i \end{cases} \quad (9.2.3)$$

为了讨论方便, 引入矩阵

$$X = \begin{pmatrix} 1 & x_{11} & x_{12} & \cdots & x_{1p} \\ 1 & x_{21} & x_{22} & \cdots & x_{2p} \\ \vdots & \vdots & \vdots & & \vdots \\ 1 & x_{n1} & x_{n2} & \cdots & x_{np} \end{pmatrix} \quad Y = \begin{pmatrix} y_1 \\ y_2 \\ \vdots \\ y_n \end{pmatrix} \quad B = \begin{pmatrix} b_0 \\ b_1 \\ \vdots \\ b_p \end{pmatrix}$$

则正规方程组 (9.2.3) 的矩阵表达式为

$$X'XB = X'Y \quad (9.2.4)$$

若矩阵 $X'X$ 可逆, 则在 (9.2.4) 两边同时左乘 $X'X$ 的逆矩阵 $(X'X)^{-1}$, 即可得到 $(b_0, b_1, \cdots, b_p)'$ 的最小二乘估计

$$\hat{B} = (X'X)^{-1} X'Y \quad (9.2.5)$$

将 $\hat{B} = \left(\hat{b}_0, \hat{b}_1, \cdots, \hat{b}_p \right)'$ 代入, 即可得到 p 元经验线性回归方程

$$\hat{y} = \hat{b}_0 + \hat{b}_1 x_1 + \hat{b}_2 x_2 + \cdots + \hat{b}_p x_p \quad (9.2.6)$$

简称回归方程.

例 9.2.1 某种产品的获取量 Y 与处理压力 x_1 及温度 x_2 有关, 测得试验数据如下:

x_1: 6.8 7.2 7.6 8.0 8.2 8.4 8.6 8.8 9.1 9.3 9.5 9.7 10.0 10.3 10.5

x_2: 665 685 690 700 695 670 675 690 700 680 685 700 650 590 670

y: 40 49 55 63 65 57 58 62 65 58 59 67 56 72 68

(1) 求 Y 关于 x_1 及 x_2 的经验线性回归方程;

(2) 检验产品的获取量 Y 与处理压力 x_1 及温度 x_2 之间的线性关系是否显著 (显著性水平为 0.01).

9.2 多元回归及非线性回归模型

解 (1) 线性回归模型为

$$Y = b_0 + b_1 x_1 + b_2 x_2 + \varepsilon, \quad \varepsilon \sim N(0, \sigma^2)$$

令

$$X' = \begin{pmatrix} 1 & 1 & 1 & 1 & 1 & 1 & 1 & 1 & 1 & 1 & 1 & 1 & 1 & 1 & 1 \\ 6.8 & 7.2 & 7.6 & 8.0 & 8.2 & 8.4 & 8.6 & 8.8 & 9.1 & 9.3 & 9.5 & 9.7 & 10.0 & 10.3 & 10.5 \\ 665 & 685 & 690 & 700 & 695 & 670 & 675 & 690 & 700 & 680 & 685 & 700 & 650 & 590 & 670 \end{pmatrix}$$

$$Y' = \begin{pmatrix} 40 & 49 & 55 & 63 & 65 & 57 & 58 & 62 & 65 & 58 & 59 & 67 & 56 & 72 & 68 \end{pmatrix}$$

$$B' = (b_0, b_1, b_2)$$

得

$$\hat{B} = (X'X)^{-1} X'Y = (-25.9769, 5.8189, 0.0508)'$$

所以 Y 关于 x_1 及 x_2 的经验线性回归方程为

$$y = -25.9769 + 5.8189 x_1 + 0.0508 x_2$$

(2) 因

$$SST = 897.6, \quad SSR = 517.2011, \quad SSE = SST - SSR = 380.3989$$

而

$$F = \frac{SSR/2}{SSE/12} \sim F(2, 12)$$

观测值 $f = \dfrac{517.2011/2}{380.3989/12} = 8.1578 > F_{0.01}(2, 12) = 6.9266$

观测值在拒绝域之外, 所以认为 Y 与 x_1 及 x_2 之间的线性关系是显著的.

相比于一元线性回归分析, 多元线性回归不仅需要对回归方程的显著性进行检验 (如 F 检验), 还必须对所有自变量 $x_1, x_2, \cdots, x_p$ 分别进行显著性检验 (如 t 检验), 从而从回归方程中剔除那些可有可无的自变量. 进一步, 还需要讨论其点预测及区间预测的问题. 相关内容此处不再详细展开, 读者可以参阅回归分析的专业书籍.

9.2.2 可化为线性回归的非线性回归

实际工作中往往会遇到更为复杂的回归问题, 也就是说因变量 Y 和自变量 x 之间并不是简单的线性关系. 但是在某些情况下, 可以通过适当的变量代换, 将问题转化为线性回归问题. 以一元回归为例, 下面介绍几种常见的变量替换形式.

1. 指数模型

$$Y = \alpha e^{\beta x} \cdot \varepsilon, \ln \varepsilon \sim N\left(0, \sigma^2\right)$$

其中 α、β、σ^2 是与 x 无关的未知参数. 将上式两边取对数, 可得

$$\ln Y = \ln \alpha + \beta x + \ln \varepsilon$$

若令 $Z = \ln Y$, $b_0 = \ln \alpha$, $b_1 = \beta$, $e = \ln \varepsilon$, 即可转化为一元线性模型

$$Z = b_0 + b_1 x + e, e \sim N\left(0, \sigma^2\right)$$

2. 幂函数模型

$$Y = \alpha x^{\beta} \cdot \varepsilon, \ln \varepsilon \sim N\left(0, \sigma^2\right)$$

其中 α、β、σ^2 是与 x 无关的未知参数. 将上式两边取对数, 可得

$$\ln Y = \ln \alpha + \beta \ln x + \ln \varepsilon$$

若令 $Z = \ln Y$, $b_0 = \ln \alpha$, $b_1 = \beta$, $t = \ln x$, $e = \ln \varepsilon$, 即可转化为一元线性模型

$$Z = b_0 + b_1 t + e, e \sim N\left(0, \sigma^2\right)$$

3. 双曲线模型

$$Y = b_0 + \frac{b_1}{x} + \varepsilon, \varepsilon \sim N\left(0, \sigma^2\right)$$

其中 b_0、b_1、σ^2 是与 x 无关的未知参数. 令 $t = \dfrac{1}{x}$, 即可转化为一元线性模型

$$Y = b_0 + b_1 t + \varepsilon, \varepsilon \sim N\left(0, \sigma^2\right)$$

4. 一般情况

$$g(Y) = \alpha + \beta h(x) + \varepsilon, \varepsilon \sim N\left(0, \sigma^2\right)$$

其中 α、β、σ^2 是与 x 无关的未知参数. 只需要令 $Z = g(Y)$, $b_0 = \alpha$, $b_1 = \beta$, $t = h(x)$, 即可得到一元线性回归模型

$$Z = b_0 + b_1 t + \varepsilon, \varepsilon \sim N\left(0, \sigma^2\right)$$

上述模型中,虽然因变量 Y 和自变量 x 之间的关系是非线性的,但通过一定的变量替换,即可将其转化为线性回归模型. 在得到相应的直线回归方程后,只需要将原自变量与因变量代回,即得到 Y 关于 x 的回归方程,其图形是一条曲线,故也称为**曲线回归方程**.

例 9.2.2 为了检验 X 射线的杀菌作用,用 200kv 的 X 射线照射杀菌,每次照射 6 分钟,照射次数为 x,照射后所剩细菌数为 Y,下表是实验记录,试给出 Y 关于 x 的曲线回归方程.

x	1	2	3	4	5	6	7	8	9	10
Y	783	621	433	431	287	251	175	154	129	103
x	11	12	13	14	15	16	17	18	19	20
Y	72	50	43	31	28	20	16	12	9	7

解 首先根据样本数据做出其散点图.

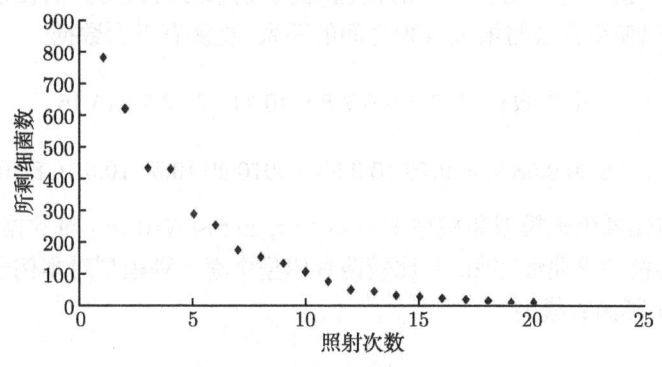

图 9-5: 散点图

从图上可以看到,样本数据呈现出指数函数的趋势,所以考虑选择指数模型:

$$Y = \alpha e^{\beta x} \cdot \varepsilon,\ \ln \varepsilon \sim N(0, \sigma^2)$$

令 $Z = \ln Y$, $b_0 = \ln \alpha$, $b_1 = \beta$, $\mathrm{e} = \ln \varepsilon$, 即可转化为一元线性模型

$$Z = b_0 + b_1 x + \mathrm{e},\ \mathrm{e} \sim N(0, \sigma^2)$$

变换后的样本数据为

x	1	2	3	4	5	6	7	8	9	10
$\ln Y$	6.66	6.43	6.07	6.07	5.66	5.53	5.16	5.04	4.86	4.63
x	11	12	13	14	15	16	17	18	19	20
$\ln Y$	4.28	3.91	3.76	3.43	3.33	3.00	2.77	2.48	2.20	1.95

代入公式计算可得 b_0 和 b_1 的估计值分别为

$$\hat{b}_0 = 6.958 \quad \hat{b}_1 = -0.247$$

即回归方程为

$$\hat{z} = \ln \hat{y} = 6.958 - 0.247x$$

相应的指数回归方程为

$$\hat{y} = e^{6.958} \cdot e^{-0.247x} = 1051.53 e^{-0.247x}$$

需要注意的是,如果可以选择的模型多于一个,那么我们就必须考虑从中选择最优的回归模型. 一般情况下,可以分别计算每个模型的残差平方和,然后选择残差平方和最小的那个模型即可.

例 9.2.3 出钢时所用盛钢水的钢包,由于钢水对耐火材料的侵蚀,容积不断增大,需要找出使用次数与增大容积之间的关系,观测有下面数据:

使用次数 x: 2 3 4 5 6 7 8 9 10 11 12 13 14 15 16

增大容积 y: 6.42 8.20 9.58 9.50 9.70 10 9.93 9.99 10.49 10.59 10.6 10.8 10.6 10.9 10.76

画散点图知幂函数模型和模型 $Y = ae^{b/x}\varepsilon$, $\ln \varepsilon \sim N(0, \sigma^2)$ 对数据都比较吻合. 试分别用两种模型求曲线回归,并比较两种模型中哪一种模型对本例子更优.

解 对于幂函数模型.

$$Y = \alpha x^\beta \varepsilon, \ \ln \varepsilon \sim N(0, \sigma^2)$$

令

$$Z = \ln Y, \ b_0 = \ln \alpha, \ b_1 = \beta, \ t = \ln x, \ e = \ln \varepsilon$$

得一元线性模型

$$Z = b_0 + b_1 t + e, \ e \sim N(0, \sigma^2)$$

代入样本数据可得

$$\hat{b}_0 = 1.8712, \ \hat{b}_1 = 0.2007$$

经验回归方程为

$$\hat{z} = 1.8712 + 0.2007t$$

相应的曲线回归方程为

$$\hat{y} = e^{1.8712} x^{0.2007} = 6.4961 x^{0.2007}$$

对于模型
$$Y = ae^{b/x}\varepsilon,\ \ln\varepsilon \sim N(0,\sigma^2)$$

令
$$Z = \ln y,\ b_0 = \ln a,\ b_1 = b,\ t = 1/x,\ \mathrm{e} = \ln\varepsilon$$

得一元线性模型
$$Z = b_0 + b_1 t + \mathrm{e},\ \mathrm{e} \sim N(0,\sigma^2)$$

代入样本数据可得
$$\hat{b}_0 = 2.4578,\ \hat{b}_1 = -1.1107$$

经验回归方程为
$$\hat{z} = 2.4578 - 1.1107 t$$

相应的曲线回归方程为
$$\hat{y} = \mathrm{e}^{2.4578}\mathrm{e}^{-1.1107/x} = 11.6791\mathrm{e}^{-1.1107/x}$$

模型比较. 第一个模型残差平方和为
$$\sum_{i=1}^{15}(y_i - \hat{y}_i)^2 = 3.3608$$

第二个模型残差平方和为
$$\sum_{i=1}^{15}(y_i - \hat{y}_i)^2 = 0.8913$$

因为 $0.8913 < 3.3608$, 所以第二个模型的曲线回归更优.

9.3 Logistic 回归分析

多元线性回归作为一个重要的研究工具已经在许多领域得到了广泛应用. 但需要注意的是, 如果因变量的取值是 "是" 和 "否"、"买" 与 "不买" 等分类变量时, 就无法再直接应用多元回归的方法进行分析. 让我们通过例子加以说明.[1]

例 9.3.1 (患心血管病和体质指数) 世界卫生组织推荐使用体质指数 BMI 作为评价体重是否正常的标准. 通常根据体质指数是否大于等于 25, 来判断被调查者是否肥胖. 体质指数 BMI 越大, 说明被调查者越肥胖. 体质指数 BMI 的计算公式如下:

---
[1] 王静龙, 梁小筠. 定性数据分析, 华东师范大学出版社, 2005

$$\text{BMI} = \frac{\text{体重 (公斤)}}{[\text{身高 (米)}]^2}$$

某高校 3983 位参加体检的教职工中有 388 位肥胖者,他们的体质指数 BMI 都大于等于 25. 对这 388 位教职工进行心血管病检查,结果见下表.

表 9-3: 体检数据

是否患心血管病	体质指数 BMI					
	25	26	27	28	29	$\geqslant 30$
是	68	55	66	32	21	25
否	42	38	20	10	7	4
患病率	0.62	0.59	0.77	0.76	0.75	0.86

可以直观的看到,当体质指数 BMI 是 25 和 26 时,患病率比较接近;当 BMI 是 27 至 29 时,患病率的差异也比较小. 但总的来说,随着体质指数 BMI 的增加,肥胖者患心血管病的概率 p 也在增加. 那么对于肥胖者而言,患心血管病的概率 p 和体质指数 BMI 之间的关系能否用一个函数关系式描述呢?Logistic 回归就是解决这类问题的统计模型.

9.3.1 Logistic 变换

将上述问题推广,我们发现在实际问题中,常常会需要研究某一事件 A 发生的概率 p 以及 p 值的大小与某些因素的关系. 但在许多情况下,自变量的变化使得概率 p 在 0 或 1 附近的变化比较缓慢,而且基本上没有确定的 $p=0$ 或 $p=1$ 出现. 所以,一个自然的想法就是希望寻找一个关于 p 的函数 $h(p)$,要求 $h(p)$ 在 $p=0$ 和 $p=1$ 附近变化幅度较大,根据这一设想,人们通常用 $h(p)$ 的导数 $\frac{\mathrm{d}}{\mathrm{d}p}h(p)$ 反映 $h(p)$ 在 p 附近的变化,取

$$\frac{\mathrm{d}h(p)}{\mathrm{d}p} = \frac{1}{p(1-p)} \tag{9.3.1}$$

用分离变量法求解 (9.3.1) 得到:

$$h(p) = \ln\frac{p}{1-p} \tag{9.3.2}$$

称之为 p 的 **Logistic 变换**. 可以看到,所谓 Logistic 变换,实质上就是将事件 A 发生的概率与不发生的概率的比值 $\frac{p}{1-p}$ 取对数. p 的取值在 0 到 1 之间,但 p 的 Logistic 变换 $h(p)$ 取值在 $-\infty$ 与 $+\infty$ 之间,所以可以将 $h(p)$ 假设为线性函数、二次函数或多项式函数.

常用的还有以下两个变换:

双对数变换 $h(p) = \ln(-\ln(1-p))$

Probit 变换 $h(p) = \Phi^{-1}(p)$, 其中 Φ^{-1} 为标准正态分布 $N(0,1)$ 分布函数的反函数.

本书将主要介绍 Logistic 变换及其应用.

9.3.2 Logistic 线性回归模型

设因变量 Y 只取 0 和 1 两个值, $p = P(Y=1)$ 是我们所关心的研究对象. 设有 k 个因素 (即自变量) $x_1, \cdots, x_k$ 影响 Y 的取值, 则称

$$\ln \frac{p}{1-p} = g(x_1, \cdots, x_k) \tag{9.3.3}$$

为 **Logistic 回归模型**. 如果 $g(x_1, \cdots, x_k)$ 是线性函数, 即

$$\ln \frac{p}{1-p} = b_0 + b_1 x_1 + \cdots + b_k x_k \tag{9.3.4}$$

其中 $b_0, b_1, \cdots, b_k$ 是待估参数, 则称 (9.3.4) 为 **Logistic 线性回归模型**. 根据模型 (9.3.4), 可以得到

$$\frac{p}{1-p} = \exp\{b_0 + b_1 x_1 + \cdots + b_k x_k\}$$

即

$$p = \frac{\exp\{b_0 + b_1 x_1 + \cdots + b_k x_k\}}{1 + \exp\{b_0 + b_1 x_1 + \cdots + b_k x_k\}} \tag{9.3.5}$$

类似于多元线性回归的方法, 假定进行 n 次观测, 其中对应于 $(x_1, \cdots, x_k)$ 的一个组合 $(x_{i1}, \cdots, x_{ik})$ 的观测值有 n_i 个 $(i = 1, \cdots, t)$. 在这 n_i 个观测值中取 1 的有 r_i 个, 取 0 的有 $n_i - r_i$ 个, 则 Logistic 回归模型的数据结构如下表所示:

表 9-4: Logistic 回归模型的数据结构

$(x_1, \cdots, x_k)$ 的值	观测值个数	取 1 的个数	取 0 的个数
$(x_{11}, \cdots, x_{1k})$	n_1	r_1	$n_1 - r_1$
$(x_{21}, \cdots, x_{2k})$	n_2	r_2	$n_2 - r_2$
$\vdots$	$\vdots$	$\vdots$	$\vdots$
$(x_{t1}, \cdots, x_{tk})$	n_t	r_t	$n_t - r_t$

根据这些数据, 利用统计软件包 (如 SPSS 和 SAS 等) 可以求得未知参数的最大似然估计.

例 9.3.2 建立肥胖者患心血管病的概率 p 关于体质指数 BMI 的 Logistic 线性回归模型如下:

$$\ln \frac{p}{1-p} = b_0 + b_1 \mathrm{BMI}$$

根据表 9-3 的数据，可以得到 b_0、b_1 的最大似然估计值[①]为

$$\hat{b}_0 = -6.03, \quad \hat{b}_1 = 0.257$$

经检验，$\hat{b}_0$ 和 $\hat{b}_1$ 都是显著的. 所以肥胖者患心血管病的概率 p 关于体质指数 BMI 的 Logistic 线性回归方程如下：

$$\ln \frac{\hat{p}}{1-\hat{p}} = -6.03 + 0.257 BMI \tag{9.3.6}$$

而且回归方程显著. BMI 的系数为正，说明身体越肥胖，患心血管病的可能性就越高. 进一步，由上式可以得到患病率 p 的拟合值计算公式为

$$\hat{p} = \frac{\exp\{-6.03 + 0.257 BMI\}}{1 + \exp\{-6.03 + 0.257 BMI\}} \tag{9.3.7}$$

利用该式得到的肥胖者患心血管病概率 p 的拟合值及实际观测值如下表所示.

表 9-5: 患心血管病概率的观测值与拟合值

患病率	体质指数 BMI					
	25	26	27	28	29	$\geqslant 30$
观测值	0.62	0.59	0.77	0.76	0.75	0.86
拟合值	0.597	0.657	0.712	0.762	0.806	0.843

可以看到，有些拟合值与观测值之间的差异相对较大. 如果想进一步提高拟合度，需要有更多的观测值，或者还需要考虑其他影响患心血管病的因素.

根据 Logistic 回归模型，可以对患心血管病的概率 p 和体质指数 BMI 之间的关系做更深入的分析. 当体质指数 BMI 为 x_1 时，患心血管病的概率记为 p_1；当 BMI 为 $x_1 + 1$ 时，患心血管病的概率记为 p_2. 根据 Logistic 线性回归方程 (9.3.4)，有

$$\ln \frac{\hat{p}_1}{1-\hat{p}_1} = -6.03 + 0.257 x_1$$

$$\ln \frac{\hat{p}_2}{1-\hat{p}_2} = -6.03 + 0.257 (x_1 + 1)$$

两式相减，可得

$$\ln \frac{\hat{p}_2}{1-\hat{p}_2} - \ln \frac{\hat{p}_1}{1-\hat{p}_1} = \ln \left(\frac{\frac{\hat{p}_2}{1-\hat{p}_2}}{\frac{\hat{p}_1}{1-\hat{p}_1}} \right) = 0.257$$

---

①计算时，BMI$\geqslant$ 30 看成体质指数为 30.

整理即有

$$\frac{\hat{p}_2(1-\hat{p}_1)}{\hat{p}_1(1-\hat{p}_2)} = e^{0.257} = 1.293 \tag{9.3.8}$$

说明

$$\frac{p_2}{1-p_2} \approx 1.293 \frac{p_1}{1-p_1}$$

也就是说,如果体质指数 BMI 上升一级,患心血管病的概率与没有患心血管病的概率其比值将是原来的 1.293 倍. 可以看到, 应用 Logistic 回归模型所得到的 (9.3.6)、(9.3.7) 和 (9.3.8), 对患心血管病的概率 p 是如何依赖体质指数 BMI, 进行了更为深入的分析和描述.

回归分析的内容非常丰富, 本章只是结合实例介绍了其基本思想和处理方法. 在实际应用中关于回归分析还有许多更为深入的问题需要讨论和解决, 此处不再一一展开讨论, 具体可参考和学习有关回归分析的专著.

练 习 题 9

1. 选用回归分析需要满足哪些基本条件?
2. 回归系数的最小二乘估计与最大似然估计有什么不同? 它们的结果是否相同?
3. 在线性回归确定之后, 影响预测精度的因素主要有哪些?
4. 下表数据是淬火温度 x 对黄铜延展性 y 效应试验结果, y 表示延长度.

x	300	400	500	600	700	800
$y(\%)$	40	50	55	60	67	70

求 y 对 x 的线性回归方程.

5. 假设某设备的实用年限 x 和支出的维修费用 y 有如下资料:

x (年)	2	3	4	5	6
y (元)	2.2	3.8	5.5	6.5	7.0

假设 y 对 x 呈线性关系, 求线性回归方程.

6. 某厂生产某种商品, 销售量 (单位: 百件) 和利润 (单位: 百元) 如下表所示:

销量	4	6	10	20	40	50	60	65	90	120
利润	4	6	8	13	17	19	25	25	29	46

试求利润和销量之间的线性回归方程.

7. 测得某物质在不同温度下吸附另一物质的重量如下:

x_i(℃)	1.5	1.8	2.4	3.0	3.5	3.9	4.4	4.8	5.0
y_i(毫克)	4.8	5.7	7.0	8.3	10.9	12.4	13.1	13.6	15.3

假定吸附量 y 和温度 x 之间具有线性关系, 试求 y 与 x 之间的回归方程.

8. 在镁合金 X 光探伤中, 要考虑透视电压 U 和透视厚度 l 之间的关系, 做了 5 次试验, 得数据如下:

l	8	16	20	34	54
U	45	52.5	55	62.5	70

求 U 对 l 的回归方程, 并检验回归方程的显著性.

9. 为研究重量 x 对弹簧长度 y 的影响, 对不同重量的 6 根弹簧进行了测量, 得到如下数据:

x(g)	5	10	15	20	25	30
y (cm)	7.25	8.12	8.95	9.90	10.9	11.8

(1) 试求弹簧长度关于重量的回归方程;
(2) 判断回归方程的显著性;
(3) 当 $x = 16$ 时, 对 y 的取值进行预测, 并给出其 90% 预测区间.

10. 某种商品的月需求量 y 与该商品价格 x 之间的一组调查数据如下:

价格 (元)	3	4.5	5.6	7	8	10
需求量 (千克)	4.5	4	3.8	3.2	3	2.8

试求需求量与价格之间的回归方程, 并对回归效果的显著性进行检验. $(\alpha = 0.05)$

11. 根据调查, 建筑面积 (百平方米) 与建筑成本 (万元) 之间存在着线性相关关系, 其统计资料如下表:

建筑面积	4	3	5	2	4	5
建筑成本	14.9	13.2	15.5	12.8	14.1	16

试求: (1) 建筑面积与建筑成本之间的回归方程;
(2) 取 $\alpha = 0.05$, 对回归效果的显著性进行检验;
(3) 当建筑面积增加 100 平方米时, 成本大约增加多少元? 当建筑面积为 600 平方米时, 成本大约是多少元?
(4) 当建筑面积为 500 平方米时, 预测建筑成本的范围 (取 $\alpha = 0.05$).

12. 为研究某一化学反应过程中, 温度 x 取 100、110、120、130、140、150、160、170、180、190 时对产品得率 $y(\%)$ 的影响分别如下: 45、51、54、61、66、70、74、78、85、89.
(1) 求 y 关于 x 的线性回归方程;
(2) 取 $\alpha = 0.05$, 对回归效果的显著性进行检验.

13. 1957~1966 年这 10 年美国旧轿车价格分别如下:

    2651, 1943, 1494, 1087, 765, 538, 484, 290, 226, 204

今以 x 表示轿车的使用年数, y 表示相应的平均价格 (以美元计), 求 y 关于 x 的回归方程.

14. 对电视机厂家来说, 在人员、设备、原材料、工艺大体不变的情况下, 其单机成本主要取决于月产量. 某厂家为了对单机成本进行预测, 收集了该厂家 15 个月的单机成本和月产量的数据如下表：

月产量 x(台)	4300	400	4350	5015	5510	5875	6650	6025
单机成本 y(元)	336	333	318	303	301	305	296	301
月产量 x(台)	6195	6470	7560	7308	6959	6355	8000	
单机成本 y(元)	297	293	295	290	297	288	286	

已知该厂电视机成本最低为 270 元/台，试求：

(1) 当月产量提高 10000 台时，预测单机成本有望降到什么程度？

(2) 若要求单机成本不高于 370 元，月产量至少应该控制在多少台以上？

15. 一保险公司希望确定居民住宅区因火灾造成的损失金额 y 与该住户到最近的消防队的距离 x 之间的关系，以便准确地定出保险金额．为解决这个问题，保险公司收集了 15 起火灾事故的损失以及火灾发生地与最近的消防队的距离，见下表：

x(千米)	3.4	1.8	4.6	2.3	3.1	5.5	0.7	3.0
y(千元)	26.2	17.8	31.3	23.1	27.5	36.0	14.1	22.3
x(千米)	2.6	4.3	2.1	1.1	6.1	4.8	3.8	
y(千元)	19.6	31.3	24.0	17.3	43.2	36.4	26.1	

(1) 试建立火灾损失与住户到最近的消防队的距离之间的回归方程；

(2) 试对回归方程进行显著性检验；$(\alpha = 0.05)$

(3) 预测距离消防队 3.5 千米的居民住宅一旦发生火灾时居民所遭受的损失额，并给出其 0.95 预测区间．

16. 某高校 3983 位参加体检的教职工中有 388 位肥胖者，他们的体质指数 BMI 都大于等于 25．按年龄分组，肥胖组患心血管病的体检数据如下：

是否患心血管病	年龄	体	质	指	数	
		25	26	27	28	29	$\geqslant 30$
是	30~39	11	5	5	2	3	3
	40~49	13	14	18	7	4	3
	50~59	22	16	21	10	4	4
	60~69	17	18	17	11	8	12
	70~	5	2	5	2	2	3
否	30~39	15	11	1	3	5	2
	40~49	8	14	11	1	1	1
	50~59	10	5	6	4	0	1
	60~69	8	7	1	1	1	0
	70~	1	1	1	1	0	0

试用 Logistic 线性回归模型分析体制指数 BMI 和年龄对患心血管病概率的影响．

17. 随着计算机的普及，与之相关的视觉及肌肉问题在青少年中变得越来越严重．研究者着重研究了垂直凝视方向，因为它是引起眼疲劳和烦躁的重要因素. 垂直凝视方向与眼表明面积有关，所以需要测量眼表明面积. 眼表明面积 y (cm^2) 与张开眼球的水平宽度 x (cm) 有关，相应的数据为

x	0.40	0.42	0.48	0.51	0.57	0.60	0.70	0.73	0.75	0.78
y	1.02	1.21	0.88	0.98	1.52	1.83	1.50	1.58	1.74	1.63
x	0.84	0.95	0.99	1.03	1.12	1.15	1.20	1.23	1.25	1.28
y	2.00	2.80	2.48	2.47	3.05	3.18	3.66	3.68	3.82	3.21
x	1.30	1.34	1.37	1.40	1.43	1.46	1.49	1.55	1.58	1.60
y	4.27	3.12	3.99	3.75	4.10	4.18	3.77	4.34	4.21	4.92

试求 y 关于 x 的线性回归方程时三个参数 b_0, b_1, σ^2 的估计，并求它们各自在置信度为 0.95 时的置信区间.

18. 城市中人口的增长会导致大量的资源使用方面的问题，比如一个非常严重的问题是废物的处理. 为研究一种新机器对固体废物的处理效率，考虑压缩废物的含水量 y (百分比) 与该机器的滤水率 x 之间的关系，数据如下

x	125.3	98.2	201.4	147.3	145.9	124.7	112.2	120.2	161.2	178.9
y	77.9	76.8	81.5	79.8	78.2	78.3	77.5	77.0	80.1	80.2
x	159.5	145.8	75.1	151.4	144.2	125.0	198.8	132.5	159.6	110.7
y	79.9	79.0	76.7	78.2	79.5	78.1	81.5	77.0	79.0	78.6

试求 y 关于 x 的线性回归方程，并且当 $x = 220$ 时预测相应的 y 值.

19. 在一个线性回归模型问题中，若已知

$$n = 14, \qquad \sum x_i = 517, \qquad \sum x_i^2 = 39095$$

$$\sum y_i = 346, \qquad \sum y_i^2 = 17454, \qquad \sum x_i y_i = 25825$$

求 y 关于 x 的线性回归方程，并且求 σ^2 的点估计值.

20. 考察某种型号的混凝土梁的挠曲强度 (FS, 单位 MPa) 与其弹性模量 (MOE, 单位 GPa) 的关系，有如下的研究资料数据

MOE:	29.8	33.2	33.7	35.3	35.5	36.1	36.2	36.3	37.5	37.7	38.7	38.8	39.6	41.0
FS:	5.9	7.2	7.3	6.3	8.1	6.8	7.0	7.6	6.8	6.5	7.0	6.3	7.9	9.0
MOE:	42.8	42.8	43.5	45.6	46.0	46.9	48.0	49.3	51.7	62.6	69.8	79.5	80.0	
FS:	8.2	8.7	7.8	9.7	7.4	7.7	9.7	7.8	7.7	11.6	11.3	11.8	10.7	

试求挠曲强度 FS 关于弹性模量 MOE 的线性回归方程，并且求三个参数 b_0, b_1, σ^2 的置信度为 0.90 的置信区间.

练习题 9

21. 许多研究表明,一种称作地衣的植物,它的生长量可以作为空气污染的一个非常具有代表性的指标. 下面是某地区单位面积上的地衣的质量 y 与空气中的沉积物量 x 的相关数据.

x	0.05	0.10	0.11	0.12	0.31	0.37	0.42	0.58	0.60	0.68	0.73	0.85	0.92
y	0.48	0.55	0.48	0.50	0.58	0.52	1.02	0.86	0.86	1.00	0.88	1.04	1.70

试求 y 关于 x 的线性回归方程,并且当 $x=2.1$ 时 y 的置信度为 0.95 的预测区间.

22. 粘土砖砌体重量的变化不仅仅影响到建筑物的结构和音质质量,而且对建筑物的采暖、通风和空调系统都有很大的影响. 以下数据是某地区用于某建筑物的砂浆样本的空气含量 $x(\%)$ 和砂浆密度 y (单位: 磅每立方英尺)

x	5.7	6.8	9.6	10.0	10.7	12.6	14.4	15.0
y	119.0	121.3	118.2	124.0	112.3	114.1	112.2	115.1
x	15.3	16.2	17.8	18.7	19.7	20.6	25.0	
y	111.3	107.2	108.9	107.8	111.0	106.2	105.0	

试求 y 关于 x 的线性回归方程,在显著性水平为 0.05 下检验相应的线性回归系数是否显著.

23. 核磁共振成像是一个用来测量身体器官里血液流速的很好的工具. 对于患有主动脉瓣狭窄的病人,其瓣膜区的血液流速用核磁共振成像来测量,分别选择了两个横截面,测得其峰值速度 (单位: m/s)

截面 1:	0.60	0.82	0.85	0.89	0.95	1.01	1.03	1.05	1.08	1.11	1.18
截面 2:	0.50	0.68	0.76	0.64	0.68	0.86	0.79	1.03	0.75	0.90	0.79
截面 1:	1.17	1.22	1.29	1.28	1.32	1.37	1.53	1.55	1.85	1.90	1.93	2.14
截面 2:	0.86	0.99	0.80	1.10	1.15	1.04	1.16	1.28	1.39	1.57	1.39	1.32

(1) 试求 y 关于 x 的线性回归方程;
(2) 三个参数 b_0, b_1, σ^2 的置信度为 0.95 的置信区间;
(3) 当 $x=2.5$ 时, y 的置信度为 0.95 的预测区间.

24. 储藏在密闭热环境中的硫化铅晶体矿物的硫化银含量 y 是结晶体温度 x 的函数,相应数据如下

x	398	292	352	575	568	450	550	408	484	350	503	560	600
y	0.15	0.05	0.23	0.43	0.23	0.40	0.44	0.44	0.45	0.29	0.59	0.53	0.60

(1) 求 y 关于 x 的线性回归方程;
(2) 在显著性水平为 0.05 时,检验此线性回归方程是否显著.

25. 供水量的减少使得人们越来越重视粮食产量等经济因素与土壤环境因素的关系. 一般来讲,距离分水岭越近,粮食产量越高. 以下是研究者观测粮食作物离分水岭的距离 x 和高粱产量 y 所得到的数据

x	0	10	20	30	45	50	70	80	100	120	140	160	170	190
y	500	590	410	470	450	480	510	450	360	400	300	410	280	350

(1) 求 y 关于 x 的线性回归方程;
(2) 在显著性水平为 0.05 时,检验此线性回归方程是否显著;
(3) 求三个参数 b_0, b_1, σ^2 的置信度为 0.95 的置信区间.

26. 在对损伤关节的治疗和固定中,需要研究插入固定材料的最大扭转力矩 x (单位: N·m) 和屈服荷载 y (单位: N) 之间的关系,以探寻更好的方法使固定材料很好地保护关节. 以下是 15 个样本数据

x	1.9	2.2	2.0	1.3	2.7	2.8	1.5	2.1	1.2	1.8	2.6	2.4	2.5	1.7	1.6
y	491	477	598	361	605	671	466	431	384	422	554	577	642	348	446

(1) 求 y 关于 x 的线性回归方程;

(2) 在显著性水平为 0.01 时,分别用 F 检验和 t 检验此线性回归方程是否显著,并比较两者检验结果是否一致.

27. 有两种方法测量柴油机的耗油率. 以 x 表示计重的方法测量柴油机的耗油率 (单位: g/hr),以 y 表示用追踪其 CI 指标的方法测量的耗油率,得到如下样本数据

x	4	5	8	11	12	16	17	20	22	28	30	31	39
y	5	7	10	10	14	15	13	25	20	24	31	28	39

(1) 求样本相关系数;

(2) 求 y 关于 x 的线性回归方程,并在显著性水平为 0.01 时,检验此线性回归方程是否显著.

28. 由高价铬白铁制作的硬质合金碳化物材料,由于其优良的耐磨性,使得它广泛应用于采矿和加工工业中. 为了测试其耐磨性能,在用一种石榴石作为磨损测试材料的测试中,x 表示合金的残余奥氏体含量 (%),y 表示磨损量 (mm^3),得到如下样本数据

x	4.6	17.0	17.4	18.0	18.5	22.4	26.5	30.0	34.0	38.8	48.2	63.5	65.8	73.9	77.2	79.8	84.0
y	0.66	0.92	1.45	1.03	0.70	0.73	1.20	0.80	0.91	1.19	1.15	1.12	1.37	1.45	1.50	1.36	1.29

(1) 求样本相关系数;

(2) 求 y 关于 x 的线性回归方程;

(3) 给定置信水平为 0.90, 为使磨损量不大于 1.35, 求 x 的范围.

29. 通过改善结构模型可以提高飞行器的允许荷载,一种用于结构建模的模式混合体需要研究结构的裂纹扩展程度,其中混合体角度通过测量滑移量相对于张开量的程度得到. 用 x 表示混合体角度,y 表示断裂韧性 (N/m),研究飞行器结构的夹层板材得到下面的数据

x	16.52	17.53	18.05	18.50	22.39	23.89	25.50	24.89	23.48	24.98	25.55	25.90	22.65	23.69	24.15	24.54
y	609.4	443.1	577.9	628.7	565.7	711.0	863.4	956.2	679.5	707.5	767.1	817.8	702.3	903.7	964.9	1047.3

(1) 求 y 关于 x 的线性回归方程;

(2) 对回归方程进行显著性检验 (显著性水平为 0.05);

(3) 当 $x = 26.00$ 时,预测 y 的值以及置信度为 0.95 的预测区间.

30. 在废物的生物滤化处理过程中,通过多空薄膜让处理物溶解于水中并转化为无害的产品. 考虑处理装置的入口温度 (°C) 和处理效率 (%) 的样本数据如下

入口温度	7.68	6.51	6.43	5.48	6.57	10.22	15.69	16.77	17.13	17.63	16.72
处理效率	98.09	98.25	97.82	97.82	97.82	97.93	98.38	98.89	98.96	98.90	98.68
入口温度	15.45	12.06	11.44	10.17	9.64	8.55	7.57	6.94	8.32	10.50	16.02
处理效率	98.69	98.51	98.09	98.25	98.36	98.27	98.00	98.09	98.25	98.41	98.51

入口温度:	17.83	17.03	16.18	16.26	14.44	12.78	12.25	11.69	11.34	10.97
处理效率:	98.71	98.79	98.87	98.76	98.58	98.73	98.45	98.37	98.36	98.45

(1) 求处理效率关于入口温度的线性回归方程;

(2) 当入口温度为 18.00 °C 时, 对处理效率的值进行预测, 并求置信度为 0.95 的置信区间;

(3) 若要使处理效率达到 99.9% 以上, 对入口温度有何要求? (置信水平为 0.95).

31. 在水产养殖中, 正常的孵卵过程会不可避免地对鱼产生压力, 这对鱼的生长、繁殖等产生负面影响, 也易于引起疾病. 这些压力体现在鱼的皮质类固醇维持在较高的水平. 研究者调查了处于压力状态下的鱼其血糖水平 y (mmol/L) 随着时间 x (min) 的变化而改变的数据

x	1	2	5	7	12	13	17	18	23	24	26	28	29	30	34	36	40	41	44	56	56	57	60	65
y	3.0	3.6	3.7	4.0	3.8	4.0	5.1	3.9	4.4	4.3	4.3	4.4	5.8	4.3	5.5	5.6	5.1	5.7	6.1	5.1	5.9	6.8	5.9	5.7

(1) 求 y 关于 x 的线性回归方程;

(2) 对方程进行显著性检验 (显著性水平为 0.05), 并求各个参数的置信区间 (置信水平为 0.95).

32. 为评估校足球运动员体内脂肪量, 传统方法是用水下皮脂测定法设备测量体内脂肪百分比 (HW 法). 一个新的空气置换装置 (BOD 法) 被引进来测量运动员体内脂肪量, 下面是两种方法所得的样本数据

BOD 法:	2.5	4.0	4.1	6.2	7.1	7.0	8.3	9.2	9.3	12.0	12.2	12.6	14.2	14.4	15.1	15.2	16.3	17.1	17.9	17.9
HW 法:	8.0	6.2	9.2	6.4	8.6	12.2	7.2	12.0	14.9	12.1	15.3	14.8	14.3	16.3	17.9	19.5	17.5	14.3	18.3	16.2

(1) 求两种方法所得数据的样本相关系数;

(2) 求用 HW 法所得的值关于 BOD 法所得的值的线性回归方程, 并对方程进行显著性检验 (显著性水平 0.01).

33. 城市垃圾处理已成为城市建设面临的一个重要问题. 某种类型垃圾焚化炉的设计需要掌握可利用废物所含的能量信息. 用 y 表示废物所含的能量 (kcal/kg), x_1 表示废物中塑料成分的比例 (%), x_2 表示废物中纸浆成分的比例 (%), x_3 表示废物中不可利用成分的比例 (%), x_4 表示废物中水分的比例 (%), 共 30 个样本数据

x_1	18.69	19.43	19.24	22.64	16.54	21.44	19.53	23.97	21.45	20.34
x_2	15.65	23.51	24.23	22.20	23.56	23.65	24.45	19.39	23.84	26.50
x_3	45.01	39.69	43.16	35.76	41.20	35.56	40.18	44.11	35.41	34.21
x_4	58.21	46.31	46.63	45.85	55.14	54.24	47.20	43.82	51.01	49.06
y	947	1407	1452	1553	989	1162	1466	1656	1254	1336
x_1	17.03	21.03	20.49	20.45	18.81	18.28	21.41	25.11	21.04	17.99
x_2	23.46	26.99	19.87	23.03	22.62	21.87	20.47	22.59	26.27	28.22
x_3	32.45	38.19	41.35	43.59	42.20	41.50	41.20	37.02	38.66	44.18
x_4	53.23	51.78	46.69	53.57	52.98	47.44	54.68	48.74	53.22	53.37
y	1097	1266	1401	1223	1216	1334	1155	1453	1278	1153
x_1	18.73	18.49	22.08	14.28	17.74	20.54	18.25	19.09	21.25	21.62
x_2	29.39	26.58	24.88	26.27	23.61	26.58	13.77	25.62	20.63	22.71
x_3	34.77	37.55	37.07	35.80	37.36	35.40	51.32	39.54	40.72	36.22
x_4	51.06	50.66	50.72	48.24	49.92	53.58	51.38	50.13	48.67	48.19
y	1225	1237	1327	1229	1205	1221	1138	1295	1391	1372

求废物所含的能量关于废物中塑料成分、纸浆成分不可利用成分和水分比例的 4 元经验线性回归方程.

34. 研究某种作物的产量 y 时，其从进入花期到选定时间段内的平均温度 x_1，以及这段时间内的日照百分比 x_2 都会影响作物的产量，样本数据如下

x_1	16.7	17.4	18.4	16.8	18.9	17.1	17.3	18.2	21.3	21.2	20.7	18.5
x_2	30	42	47	47	43	41	48	44	43	50	56	60
y	210	110	103	103	91	76	73	70	68	53	45	31

(1) 求 y 关于 x_1, x_2 的线性回归方程；
(2) 对回归方程进行显著性检验（显著性水平为 0.05）；
(3) 在 $x_1 = 22$, $x_2 = 60$ 处对作为产量进行预测，并给出预测区间（置信水平为 0.95）.

35. 煎炸食品的水分含量会影响食品的品质、保质期等，所以对其水分的控制至关重要. 水分含量 y (%) 与煎炸时间 x (sec) 有关，得到样本数据

x	5	10	15	20	25	30	45	60
y	16.3	9.7	8.1	4.2	3.4	2.9	1.9	1.3

(1) 画出散点图；
(2) 用幂函数做曲线回归，并求出回归方程；
(3) 当煎炸时间为 22 秒时对水分含量进行预测.

36. 某种物质燃烧时火焰的长度 y 与该物质的燃烧率 x 有关系，以下是样本数据

x	1.7	2.2	2.3	2.6	2.7	3.0	3.2	3.3	4.1	4.3	4.6	5.7	6.1
y	1.3	1.8	1.6	2.0	2.1	2.2	3.0	2.6	4.1	3.7	5.0	5.8	5.3

(1) 求样本相关系数；
(2) 通过散点图观察进行合适的变换做相应的曲线回归，求出回归方程.

37. 由于零部件周期性的疲劳引起飞行器的发动机失效是一个普遍存在的问题. 下面数据反应了应变幅度与疲劳破坏周期数的关系：

疲劳周期数：	1326	1593	4414	5673	29516	26	843	1016	3410	7101
应变幅度：	.01495	.01470	.01100	.01190	.00873	.01819	.00810	.00801	.00600	.00575
疲劳周期数：	7356	7904	79	4175	34676	114789	2672	7532	30220	
应变幅度：	.00576	.00580	.01212	.00782	.00596	.00600	.00880	.00883	.00676	

(1) 选择合适的模型进行曲线拟合；
(2) 求当疲劳周期数为 5000 时应变幅度的预测值.

38. 聚乙烯薄片的热导率 y 近似是薄片厚度 x 的倒数的线性函数，有如下样本数据

x	240	410	460	490	520	590	745	8300
y	12.0	14.7	14.7	15.2	15.2	15.6	16.0	18.1

(1) 估计回归函数的参数以及回归曲线；
(2) 求薄片厚度为 500 时聚乙烯热导率的预测值.

参 考 文 献

[1] 陈希孺. 概率论与数理统计. 合肥：中国科学技术大学出版社, 2002.
[2] 茆诗松, 程依明, 濮晓龙. 概率论与数理统计教程. 北京：高等教育出版社, 2004.
[3] 李裕奇, 赵联文, 王沁, 等. 概率论与数理统计 (第 3 版). 北京：国防工业出版社, 2009.
[4] 张从军, 刘亦农, 肖丽华, 等. 概率论与数理统计. 上海：复旦大学出版社, 2006.
[5] 曾五一, 肖红叶. 统计学导论. 北京：科学出版社, 2006.
[6] 何平. 数理统计与多元统计. 成都：西南交通大学出版社, 2007.
[7] 王静龙, 梁小筠. 定性数据分析. 上海：华东师范大学出版社, 2005.
[8] Jay L. Devore. Probability and Statistics for Engineering and the Sciences. Duxbury, 2000.
[9] William Mendenhall, Robert J. Beaver, Barbara M. Beaver. Introduction to Probability and Statistics. Thomson, 2006.

附 录

附表 1 标准正态分布表

$$\Phi(x) = \int_{-\infty}^{x} \frac{1}{\sqrt{2\pi}} e^{-\frac{u^2}{2}} du$$

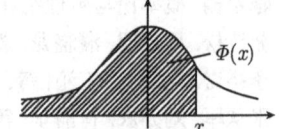

x	0	1	2	3	4	5	6	7	8	9
0.0	0.5000	0.5040	0.5080	0.5120	0.5160	0.5199	0.5239	0.5279	0.5319	0.5359
0.1	0.5398	0.5438	0.5478	0.5517	0.5557	0.5596	0.5636	0.5675	0.5714	0.5753
0.2	0.5793	0.5832	0.5871	0.5910	0.5948	0.5987	0.6026	0.6064	0.6103	0.6141
0.3	0.6179	0.6217	0.6255	0.6293	0.6331	0.6368	0.6406	0.6443	0.6480	0.6517
0.4	0.6554	0.6591	0.6628	0.6664	0.6700	0.6736	0.6772	0.6808	0.6844	0.6879
0.5	0.6915	0.6950	0.6985	0.7019	0.7054	0.7088	0.7123	0.7157	0.7190	0.7224
0.6	0.7257	0.7291	0.7324	0.7357	0.7389	0.7422	0.7454	0.7486	0.7517	0.7549
0.7	0.7580	0.7611	0.7642	0.7673	0.7703	0.7734	0.7764	0.7794	0.7823	0.7852
0.8	0.7881	0.7910	0.7939	0.7967	0.7995	0.8023	0.8051	0.8078	0.8106	0.8133
0.9	0.8159	0.8186	0.8212	0.8238	0.8264	0.8289	0.8315	0.8340	0.8365	0.8389
1.0	0.8413	0.8438	0.8461	0.8485	0.8508	0.8531	0.8554	0.8577	0.8599	0.8621
1.1	0.8643	0.8665	0.8686	0.8708	0.8729	0.8749	0.8770	0.8790	0.8810	0.8830
1.2	0.8849	0.8869	0.8888	0.8907	0.8925	0.8944	0.8962	0.8980	0.8997	0.9015
1.3	0.9032	0.9049	0.9066	0.9082	0.9099	0.9115	0.9131	0.9147	0.9162	0.9177
1.4	0.9192	0.9207	0.9222	0.9236	0.9251	0.9265	0.9278	0.9292	0.9306	0.9319
1.5	0.9332	0.9345	0.9357	0.9370	0.9382	0.9394	0.9406	0.9418	0.9430	0.9441
1.6	0.9452	0.9463	0.9474	0.9484	0.9495	0.9505	0.9515	0.9525	0.9535	0.9545
1.7	0.9554	0.9564	0.9573	0.9582	0.9591	0.9599	0.9608	0.9616	0.9625	0.9633
1.8	0.9641	0.9648	0.9656	0.9664	0.9671	0.9678	0.9686	0.9693	0.9700	0.9706
1.9	0.9713	0.9719	0.9726	0.9732	0.9738	0.9744	0.9750	0.9756	0.9762	0.9767
2.0	0.9772	0.9778	0.9783	0.9788	0.9793	0.9798	0.9803	0.9808	0.9812	0.9817
2.1	0.9821	0.9826	0.9830	0.9834	0.9838	0.9842	0.9846	0.9850	0.9854	0.9857
2.2	0.9861	0.9864	0.9868	0.9871	0.9874	0.9878	0.9881	0.9884	0.9887	0.9890
2.3	0.9893	0.9896	0.9898	0.9901	0.9904	0.9906	0.9909	0.9911	0.9913	0.9916
2.4	0.9918	0.9920	0.9922	0.9925	0.9927	0.9929	0.9931	0.9932	0.9934	0.9936
2.5	0.9938	0.9940	0.9941	0.9943	0.9945	0.9946	0.9948	0.9949	0.9951	0.9952
2.6	0.9953	0.9955	0.9956	0.9957	0.9959	0.9960	0.9961	0.9962	0.9963	0.9964
2.7	0.9965	0.9966	0.9967	0.9968	0.9969	0.9970	0.9971	0.9972	0.9973	0.9974
2.8	0.9974	0.9975	0.9976	0.9977	0.9977	0.9978	0.9979	0.9979	0.9980	0.9981
2.9	0.9981	0.9982	0.9982	0.9983	0.9984	0.9984	0.9985	0.9985	0.9986	0.9986
3.0	0.9987	0.9990	0.9993	0.9995	0.9997	0.9998	0.9998	0.9999	0.9999	1.0000

注：表中末行为函数值 $\Phi(3.0), \Phi(3.1), \cdots, \Phi(3.9)$.

附表 2 χ^2 分布表

$$P\{\chi^2 > \chi_n^2(\alpha)\} = \alpha$$

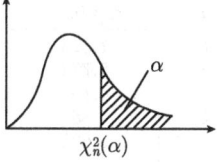

n	$\alpha=0.995$	0.99	0.975	0.95	0.90	0.75
1	–	–	0.001	0.004	0.016	0.102
2	0.010	0.020	0.051	0.103	0.211	0.575
3	0.072	0.115	0.216	0.352	0.584	1.213
4	0.207	0.297	0.484	0.711	1.064	1.923
5	0.412	0.554	0.831	1.145	1.610	2.675
6	0.676	0.872	1.237	1.635	2.204	3.455
7	0.989	1.239	1.690	2.167	2.833	4.255
8	1.344	1.646	2.180	2.733	3.490	5.071
9	1.735	2.088	2.700	3.325	4.168	5.899
10	2.156	2.558	3.247	3.940	4.865	6.737
11	2.603	3.053	3.816	4.575	5.578	7.584
12	3.074	3.571	4.404	5.226	6.304	8.438
13	3.565	4.107	5.009	5.892	7.042	9.299
14	4.075	4.660	5.629	6.571	7.790	10.165
15	4.601	5.229	6.262	7.261	8.547	11.037
16	5.142	5.812	6.908	7.962	9.312	11.912
17	5.697	6.408	7.564	8.672	10.085	12.792
18	6.265	7.015	8.231	9.390	10.865	13.675
19	6.844	7.633	8.907	10.117	11.651	14.562
20	7.434	8.260	9.591	10.851	12.443	15.452
21	8.034	8.897	10.283	11.591	13.240	16.344
22	8.643	9.542	10.982	12.338	14.042	17.240
23	9.260	10.196	11.689	13.091	14.848	18.137
24	9.886	10.856	12.401	13.848	15.659	19.037
25	10.520	11.524	13.120	14.611	16.473	19.939
26	11.160	12.198	13.844	15.379	17.292	20.843
27	11.808	12.879	14.573	16.151	18.114	21.749
28	12.461	13.565	15.308	16.928	18.939	22.657
29	13.121	14.257	16.047	17.708	19.768	23.567
30	13.787	14.954	16.791	18.493	20.599	24.478
31	14.458	15.655	17.539	19.281	21.434	25.390
32	15.134	16.362	18.291	20.072	22.271	26.304
33	15.815	17.074	19.047	20.867	23.110	27.219
34	16.501	17.789	19.806	21.664	23.952	28.136
35	17.192	18.509	20.569	22.465	24.797	29.054
36	17.887	19.233	21.336	23.269	25.643	29.973
37	18.586	19.960	22.106	24.075	26.492	30.893
38	19.289	20.691	22.878	24.884	27.343	31.815
39	19.996	21.426	23.654	25.695	28.196	32.737
40	20.707	22.164	24.433	26.509	29.051	33.660
41	21.421	22.906	25.215	27.326	29.907	34.585
42	22.138	23.650	25.999	28.144	30.765	35.510
43	22.859	24.398	26.785	28.965	31.625	36.436
44	23.584	25.148	27.575	29.787	32.487	37.363
45	24.311	25.901	28.366	30.612	33.350	38.291

$$P\{\chi^2 > \chi_n^2(\alpha)\} = \alpha$$

续表

n	α =0.25	0.10	0.05	0.025	0.01	0.005
1	1.323	2.706	3.841	5.024	6.635	7.879
2	2.773	4.605	5.991	7.378	9.210	10.597
3	4.108	6.251	7.815	9.348	11.345	12.838
4	5.385	7.779	9.488	11.143	13.277	14.860
5	6.626	9.236	11.071	12.833	15.086	16.750
6	7.841	10.645	12.592	14.449	16.812	18.548
7	9.037	12.017	14.067	16.013	18.475	20.278
8	10.219	13.362	15.507	17.535	20.090	21.955
9	11.389	14.684	16.919	19.023	21.666	23.589
10	12.549	15.987	18.307	20.483	23.209	25.188
11	13.701	17.275	19.675	21.920	24.725	26.757
12	14.845	18.549	21.026	23.337	26.217	28.299
13	15.984	19.812	22.362	24.736	27.688	29.819
14	17.117	21.064	23.685	26.119	29.141	31.319
15	18.245	22.307	24.996	27.488	30.578	32.801
16	19.369	23.542	26.296	28.845	32.000	34.267
17	20.489	24.769	27.587	30.191	33.409	35.718
18	21.605	25.989	28.869	31.526	34.805	37.156
19	22.718	27.204	30.144	32.852	36.191	38.582
20	23.828	28.412	31.410	34.170	37.566	39.997
21	24.935	29.615	32.671	35.479	38.932	41.401
22	26.039	30.813	33.924	36.781	40.289	42.796
23	27.141	32.007	35.172	38.076	41.638	44.181
24	28.241	33.196	36.415	39.364	42.980	45.559
25	29.339	34.382	37.652	40.646	44.314	46.928
26	30.435	35.563	38.885	41.923	45.642	48.290
27	31.528	36.741	40.113	43.194	46.963	49.645
28	32.620	37.916	41.337	44.461	48.278	50.993
29	33.711	39.087	42.557	45.722	49.588	52.336
30	34.800	40.256	43.773	46.979	50.892	53.672
31	35.887	41.422	44.985	48.232	52.191	55.003
32	36.973	42.585	46.194	49.480	53.486	56.328
33	38.058	43.745	47.400	50.725	54.776	57.648
34	39.141	44.903	48.602	51.966	56.061	58.964
35	40.223	46.059	49.802	53.203	57.342	60.275
36	41.304	47.212	50.998	54.437	58.619	61.581
37	42.383	48.363	52.192	55.668	59.892	62.883
38	43.462	49.513	53.384	56.896	61.162	64.181
39	44.539	50.660	54.572	58.120	62.428	65.476
40	45.616	51.805	55.758	59.342	63.691	66.766
41	46.692	52.949	56.942	60.561	64.950	68.053
42	47.766	54.090	58.124	61.777	66.206	69.336
43	48.840	55.230	59.304	62.990	67.459	70.616
44	49.913	56.369	60.481	64.201	68.710	71.893
45	50.985	57.505	61.656	65.410	69.957	73.166

附表 3 t 分布表

$$P\{T > t_n(\alpha)\} = \alpha$$

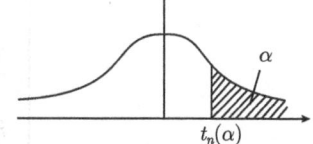

n	$\alpha=0.25$	0.10	0.05	0.025	0.01	0.005
1	1.0000	3.0777	6.3183	12.7062	31.8207	63.6574
2	0.8165	1.8856	2.9200	4.3027	6.9646	9.9248
3	0.7649	1.6377	2.3534	3.1824	4.5407	5.8409
4	0.7407	1.5332	2.1318	2.7764	3.7469	4.6041
5	0.7267	1.4759	2.0150	2.5706	3.3649	4.0322
6	0.7176	1.4398	1.9432	2.4469	3.1427	3.7074
7	0.7111	1.4149	1.8946	2.3646	2.9980	3.4995
8	0.7064	1.3968	1.8595	2.3060	2.8965	3.3554
9	0.7027	1.3830	1.8331	2.2622	2.8214	3.2498
10	0.6998	1.3722	1.8125	2.2281	2.7638	3.1693
11	0.6974	1.3634	1.7959	2.2010	2.7181	3.1058
12	0.6955	1.3562	1.7823	2.1788	2.6810	3.0545
13	0.6938	1.3502	1.7709	2.1604	2.6503	3.0123
14	0.6924	1.3450	1.7613	2.1448	2.6245	2.9768
15	0.6912	1.3406	1.7531	2.1315	2.6025	2.9467
16	0.6901	1.3368	1.7459	2.1199	2.5835	2.9208
17	0.6892	1.3334	1.7396	2.1098	2.5669	2.8982
18	0.6884	1.3304	1.7341	2.1009	2.5524	2.8784
19	0.6876	1.3277	1.7291	2.0930	2.5395	2.8609
20	0.6870	1.3253	1.7247	2.0860	2.5280	2.8453
21	0.6864	1.3232	1.7207	2.0796	2.5177	2.8314
22	0.6858	1.3212	1.7171	2.0739	2.5083	2.8188
23	0.6853	1.3195	1.7139	2.0687	2.4999	2.8073
24	0.6848	1.3178	1.7109	2.0639	2.4922	2.7969
25	0.6844	1.3163	1.7081	2.0595	2.4851	2.7874
26	0.6840	1.3150	1.7056	2.0555	2.4786	2.7787
27	0.6837	1.3137	1.7033	2.0518	2.4727	2.7707
28	0.6834	1.3125	1.7011	2.0484	2.4671	2.7633
29	0.6830	1.3114	1.6991	2.0452	2.4620	2.7564
30	0.6828	1.3104	1.6973	2.0423	2.4573	2.7500
31	0.6825	1.3095	1.6955	2.0395	2.4528	2.7440
32	0.6822	1.3086	1.6939	2.0369	2.4487	2.7385
33	0.6820	1.3077	1.6924	2.0345	2.4448	2.7333
34	0.6818	1.3070	1.6909	2.0322	2.4411	2.7284
35	0.6816	1.3062	1.6896	2.0301	2.4377	2.7238
36	0.6814	1.3055	1.6883	2.0281	2.4345	2.7195
37	0.6812	1.3049	1.6871	2.0262	2.4314	2.7154
38	0.6810	1.3042	1.6860	2.0244	2.4286	2.7116
39	0.6808	1.3036	1.6849	2.0227	2.4258	2.7079
40	0.6807	1.3031	1.6839	2.0211	2.4233	2.7045
41	0.6805	1.3025	1.6829	2.0195	2.4208	2.7012
42	0.6804	1.3020	1.6820	2.0181	2.4185	2.6981
43	0.6802	1.3016	1.6811	2.0167	2.4163	2.6951
44	0.6801	1.3011	1.6802	2.0154	2.4141	2.6923
45	0.6800	1.3006	1.6794	2.0141	2.4121	2.6896

附表 4　F 分布表

$$P\{F > F_{m,n}(\alpha)\} = \alpha$$

$\alpha = 0.10$

n \ m	1	2	3	4	5	6	7	8	9	10	12	15	20	24	30	40	60	120	∞
1	39.86	49.50	53.59	55.83	57.24	58.20	58.91	59.44	59.86	60.19	60.71	61.22	61.74	62.00	62.26	62.53	62.79	63.06	63.33
2	8.53	9.00	9.16	9.24	9.29	9.33	9.35	9.37	9.38	9.39	9.41	9.42	9.44	9.45	9.46	9.47	9.47	9.48	9.49
3	5.54	5.46	5.39	5.34	5.31	5.28	5.27	5.25	5.24	5.23	5.22	5.20	5.18	5.18	5.17	5.16	5.15	5.14	5.13
4	4.54	4.32	4.19	4.11	4.05	4.01	3.98	3.95	3.94	3.92	3.90	3.87	3.84	3.83	3.82	3.80	3.79	3.78	3.76
5	4.06	3.78	3.62	3.52	3.45	3.40	3.37	3.34	3.32	3.30	3.27	3.24	3.21	3.19	3.17	3.16	3.14	3.12	3.10
6	3.78	3.46	3.29	3.18	3.11	3.05	3.01	2.98	2.96	2.94	2.90	2.87	2.84	2.82	2.80	2.78	2.76	2.74	2.72
7	3.59	3.26	3.07	2.96	2.88	2.83	2.78	2.75	2.72	2.70	2.67	2.63	2.59	2.58	2.56	2.54	2.51	2.49	2.47
8	3.46	3.11	2.92	2.81	2.73	2.67	2.62	2.59	2.56	2.54	2.50	2.46	2.42	2.40	2.38	2.36	2.34	2.32	2.29
9	3.36	3.01	2.81	2.69	2.61	2.55	2.51	2.47	2.44	2.42	2.38	2.34	2.30	2.28	2.25	2.23	2.21	2.18	2.16
10	3.29	2.92	2.73	2.61	2.52	2.46	2.41	2.38	2.35	2.32	2.28	2.24	2.20	2.18	2.16	2.13	2.11	2.08	2.06
11	3.23	2.86	2.66	2.54	2.45	2.39	2.34	2.30	2.27	2.25	2.21	2.17	2.12	2.10	2.08	2.05	2.03	2.00	1.97
12	3.18	2.81	2.61	2.48	2.39	2.33	2.28	2.24	2.21	2.19	2.15	2.10	2.06	2.04	2.01	1.99	1.96	1.93	1.90
13	3.14	2.76	2.56	2.43	2.35	2.28	2.23	2.20	2.16	2.14	2.10	2.05	2.01	1.98	1.96	1.93	1.90	1.88	1.85
14	3.10	2.73	2.52	2.39	2.31	2.24	2.19	2.15	2.12	2.10	2.05	2.01	1.96	1.94	1.91	1.89	1.86	1.83	1.80
15	3.07	2.70	2.49	2.36	2.27	2.21	2.16	2.12	2.09	2.06	2.02	1.97	1.92	1.90	1.87	1.85	1.82	1.79	1.76
16	3.05	2.67	2.46	2.33	2.24	2.18	2.13	2.09	2.06	2.03	1.99	1.94	1.89	1.87	1.84	1.81	1.78	1.75	1.72

续表

$\alpha = 0.10$

n\m	1	2	3	4	5	6	7	8	9	10	12	15	20	24	30	40	60	120	∞
17	3.03	2.64	2.44	2.31	2.22	2.15	2.10	2.06	2.03	2.00	1.96	1.91	1.86	1.84	1.81	1.78	1.75	1.72	1.69
18	3.01	2.62	2.42	2.29	2.20	2.13	2.08	2.04	2.00	1.98	1.93	1.89	1.84	1.81	1.78	1.75	1.72	1.69	1.66
19	2.99	2.61	2.40	2.27	2.18	2.11	2.06	2.02	1.98	1.96	1.91	1.86	1.81	1.79	1.76	1.73	1.70	1.67	1.63
20	2.97	2.59	2.38	2.25	2.16	2.09	2.04	2.00	1.96	1.94	1.89	1.84	1.79	1.77	1.74	1.71	1.68	1.64	1.61
21	2.96	2.57	2.36	2.23	2.14	2.08	2.02	1.98	1.95	1.92	1.87	1.83	1.78	1.75	1.72	1.69	1.66	1.62	1.59
22	2.95	2.56	2.35	2.22	2.13	2.06	2.01	1.97	1.93	1.90	1.86	1.81	1.76	1.73	1.70	1.67	1.64	1.60	1.57
23	2.94	2.55	2.34	2.21	2.11	2.05	1.99	1.95	1.92	1.89	1.84	1.80	1.74	1.72	1.69	1.66	1.62	1.59	1.55
24	2.93	2.54	2.33	2.19	2.10	2.04	1.98	1.94	1.91	1.88	1.83	1.78	1.73	1.70	1.67	1.64	1.61	1.57	1.53
25	2.92	2.53	2.32	2.18	2.09	2.02	1.97	1.93	1.89	1.87	1.82	1.77	1.72	1.69	1.66	1.63	1.59	1.56	1.52
26	2.91	2.52	2.31	2.17	2.08	2.01	1.96	1.92	1.88	1.86	1.81	1.76	1.71	1.68	1.65	1.61	1.58	1.54	1.50
27	2.90	2.51	2.30	2.17	2.07	2.00	1.95	1.91	1.87	1.85	1.80	1.75	1.70	1.67	1.64	1.60	1.57	1.53	1.49
28	2.89	2.50	2.29	2.16	2.06	2.00	1.94	1.90	1.87	1.84	1.79	1.74	1.69	1.66	1.63	1.59	1.56	1.52	1.48
29	2.89	2.50	2.28	2.15	2.06	1.99	1.93	1.89	1.86	1.83	1.78	1.73	1.68	1.65	1.62	1.58	1.55	1.51	1.47
30	2.88	2.49	2.28	2.14	2.05	1.98	1.93	1.88	1.85	1.82	1.77	1.72	1.67	1.64	1.61	1.57	1.54	1.50	1.46
40	2.84	2.44	2.23	2.09	2.00	1.93	1.87	1.83	1.79	1.76	1.71	1.66	1.61	1.57	1.54	1.51	1.47	1.42	1.38
60	2.79	2.39	2.18	2.04	1.95	1.87	1.82	1.77	1.74	1.71	1.66	1.60	1.54	1.51	1.48	1.44	1.40	1.35	1.29
120	2.75	2.35	2.13	1.99	1.90	1.82	1.77	1.72	1.68	1.65	1.60	1.55	1.48	1.45	1.41	1.37	1.32	1.26	1.19
∞	2.71	2.30	2.08	1.94	1.85	1.77	1.72	1.67	1.63	1.60	1.55	1.49	1.42	1.38	1.34	1.30	1.24	1.17	1.00

$\alpha = 0.05$

n\m	1	2	3	4	5	6	7	8	9	10	12	15	20	24	30	40	60	120	∞
1	161.4	199.5	215.7	224.6	230.2	234.0	236.8	238.9	240.5	241.9	243.9	245.9	248.0	249.1	250.1	251.1	252.2	253.3	254.3
2	18.51	19.00	19.16	19.25	19.30	19.33	19.35	19.37	19.38	19.40	19.41	19.43	19.45	19.45	19.46	19.47	19.48	19.49	19.50
3	10.13	9.55	9.28	9.12	9.01	8.94	8.89	8.85	8.81	8.79	8.74	8.70	8.66	8.64	8.62	8.59	8.57	8.55	8.53
4	7.71	6.94	6.59	6.39	6.26	6.16	6.09	6.04	6.00	5.96	5.91	5.86	5.80	5.77	5.75	5.72	5.69	5.66	5.63

续表

α = 0.05

n\m	1	2	3	4	5	6	7	8	9	10	12	15	20	24	30	40	60	120	∞
5	6.61	5.79	5.41	5.19	5.05	4.95	4.88	4.82	4.77	4.74	4.68	4.62	4.56	4.53	4.50	4.46	4.43	4.40	4.36
6	5.99	5.14	4.76	4.53	4.39	4.28	4.21	4.15	4.10	4.06	4.00	3.94	3.87	3.84	3.81	3.77	3.74	3.70	3.67
7	5.59	4.74	4.35	4.12	3.97	3.87	3.79	3.73	3.68	3.64	3.57	3.51	3.44	3.41	3.38	3.34	3.30	3.27	3.23
8	5.32	4.46	4.07	3.84	3.69	3.58	3.50	3.44	3.39	3.35	3.28	3.22	3.15	3.12	3.08	3.04	3.01	2.97	2.93
9	5.12	4.26	3.86	3.63	3.48	3.37	3.29	3.23	3.18	3.14	3.07	3.01	2.94	2.90	2.86	2.83	2.79	2.75	2.71
10	4.96	4.10	3.71	3.48	3.33	3.22	3.14	3.07	3.02	2.98	2.91	2.85	2.77	2.74	2.70	2.66	2.62	2.58	2.54
11	4.84	3.98	3.59	3.36	3.20	3.09	3.01	2.95	2.90	2.85	2.79	2.72	2.65	2.61	2.57	2.53	2.49	2.45	2.40
12	4.75	3.89	3.49	3.26	3.11	3.00	2.91	2.85	2.80	2.75	2.69	2.62	2.54	2.51	2.47	2.43	2.38	2.34	2.30
13	4.67	3.81	3.41	3.18	3.03	2.92	2.83	2.77	2.71	2.67	2.60	2.53	2.46	2.42	2.38	2.34	2.30	2.25	2.21
14	4.60	3.74	3.34	3.11	2.96	2.85	2.76	2.70	2.65	2.60	2.53	2.46	2.39	2.35	2.31	2.27	2.22	2.18	2.13
15	4.54	3.68	3.29	3.06	2.90	2.79	2.71	2.64	2.59	2.54	2.48	2.40	2.33	2.29	2.25	2.20	2.16	2.11	2.07
16	4.49	3.63	3.24	3.01	2.85	2.74	2.66	2.59	2.54	2.49	2.42	2.35	2.28	2.24	2.19	2.15	2.11	2.06	2.01
17	4.45	3.59	3.20	2.96	2.81	2.70	2.61	2.55	2.49	2.45	2.38	2.31	2.23	2.19	2.15	2.10	2.06	2.01	1.96
18	4.41	3.55	3.16	2.93	2.77	2.66	2.58	2.51	2.46	2.41	2.34	2.27	2.19	2.15	2.11	2.06	2.02	1.97	1.92
19	4.38	3.52	3.13	2.90	2.74	2.63	2.54	2.48	2.42	2.38	2.31	2.23	2.16	2.11	2.07	2.03	1.98	1.93	1.88
20	4.35	3.49	3.10	2.87	2.71	2.60	2.51	2.45	2.39	2.35	2.28	2.20	2.12	2.08	2.04	1.99	1.95	1.90	1.84
21	4.32	3.47	3.07	2.84	2.68	2.57	2.49	2.42	2.37	2.32	2.25	2.18	2.10	2.05	2.01	1.96	1.92	1.87	1.81
22	4.30	3.44	3.05	2.82	2.66	2.55	2.46	2.40	2.34	2.30	2.23	2.15	2.07	2.03	1.98	1.94	1.89	1.84	1.78
23	4.28	3.42	3.03	2.80	2.64	2.53	2.44	2.37	2.32	2.27	2.20	2.13	2.05	2.01	1.96	1.91	1.86	1.81	1.76
24	4.26	3.40	3.01	2.78	2.62	2.51	2.42	2.36	2.30	2.25	2.18	2.11	2.03	1.98	1.94	1.89	1.84	1.79	1.73

续表

$\alpha = 0.05$

n \ m	1	2	3	4	5	6	7	8	9	10	12	15	20	24	30	40	60	120	∞
25	4.24	3.39	2.99	2.76	2.60	2.49	2.40	2.34	2.28	2.24	2.16	2.09	2.01	1.96	1.92	1.87	1.82	1.77	1.71
26	4.23	3.37	2.98	2.74	2.59	2.47	2.39	2.32	2.27	2.22	2.15	2.07	1.99	1.95	1.90	1.85	1.80	1.75	1.69
27	4.21	3.35	2.96	2.73	2.57	2.46	2.37	2.31	2.25	2.20	2.13	2.06	1.97	1.93	1.88	1.84	1.79	1.73	1.67
28	4.20	3.34	2.95	2.71	2.56	2.45	2.36	2.29	2.24	2.19	2.12	2.04	1.96	1.91	1.87	1.82	1.77	1.71	1.65
29	4.18	3.33	2.93	2.70	2.55	2.43	2.35	2.28	2.22	2.18	2.10	2.03	1.94	1.90	1.85	1.81	1.75	1.70	1.64
30	4.17	3.32	2.92	2.69	2.53	2.42	2.33	2.27	2.21	2.16	2.09	2.01	1.93	1.89	1.84	1.79	1.74	1.68	1.62
40	4.08	3.23	2.84	2.61	2.45	2.34	2.25	2.18	2.12	2.08	2.00	1.92	1.84	1.79	1.74	1.69	1.64	1.58	1.51
60	4.00	3.15	2.76	2.53	2.37	2.25	2.17	2.10	2.04	1.99	1.92	1.84	1.75	1.70	1.65	1.59	1.53	1.47	1.39
120	3.92	3.07	2.68	2.45	2.29	2.17	2.09	2.02	1.96	1.91	1.83	1.75	1.66	1.61	1.55	1.50	1.43	1.35	1.25
∞	3.84	3.00	2.60	2.37	2.21	2.10	2.01	1.94	1.88	1.83	1.75	1.67	1.57	1.52	1.46	1.39	1.32	1.22	1.00

$\alpha = 0.025$

n \ m	1	2	3	4	5	6	7	8	9	10	12	15	20	24	30	40	60	120	∞
1	647.8	799.5	864.2	899.6	921.8	937.1	948.2	956.7	963.3	968.6	976.7	984.9	993.1	997.2	1001	1006	1010	1014	1018
2	38.51	39.00	39.17	39.25	39.30	39.33	39.36	39.37	39.39	39.40	39.41	39.43	39.45	39.46	39.46	39.47	39.48	39.49	39.50
3	17.44	16.04	15.44	15.10	14.88	14.73	14.62	14.54	14.47	14.42	14.34	14.25	14.17	14.12	14.08	14.04	13.99	13.95	13.90
4	12.22	10.65	9.98	9.60	9.36	9.20	9.07	8.98	8.90	8.84	8.75	8.66	8.56	8.51	8.46	8.41	8.36	8.31	8.26
5	10.01	8.43	7.76	7.39	7.15	6.98	6.85	6.76	6.68	6.62	6.52	6.43	6.33	6.28	6.23	6.18	6.12	6.07	6.02
6	8.81	7.26	6.60	6.23	5.99	5.82	5.70	5.60	5.52	5.46	5.37	5.27	5.17	5.12	5.07	5.01	4.96	4.90	4.85
7	8.07	6.54	5.89	5.52	5.29	5.12	4.99	4.90	4.82	4.76	4.67	4.57	4.47	4.42	4.36	4.31	4.25	4.20	4.14
8	7.57	6.06	5.42	5.05	4.82	4.65	4.53	4.43	4.36	4.30	4.20	4.10	4.00	3.95	3.89	3.84	3.78	3.73	3.67
9	7.21	5.71	5.08	4.72	4.48	4.23	4.20	4.10	4.03	3.96	3.87	3.77	3.67	3.61	3.56	3.51	3.45	3.39	3.33
10	6.94	5.46	4.83	4.47	4.24	4.07	3.95	3.85	3.78	3.72	3.62	3.52	3.42	3.37	3.31	3.26	3.20	3.14	3.08
11	6.72	5.26	4.63	4.28	4.04	3.88	3.76	3.66	3.59	3.53	3.43	3.33	3.23	3.17	3.12	3.06	3.00	2.94	2.88
12	6.55	5.10	4.47	4.12	3.89	3.73	3.61	3.51	3.44	3.37	3.28	3.18	3.07	3.02	2.96	2.91	2.85	2.79	2.72

续表

$\alpha = 0.025$

m\n	1	2	3	4	5	6	7	8	9	10	12	15	20	24	30	40	60	120	∞
13	6.41	4.97	4.35	4.00	3.77	3.60	3.48	3.39	3.31	3.25	3.15	3.05	2.95	2.89	2.84	2.78	2.72	2.66	2.60
14	6.30	4.86	4.24	3.89	3.66	3.50	3.38	3.29	3.21	3.15	3.05	2.95	2.84	2.79	2.73	2.67	2.61	2.55	2.49
15	6.20	4.77	4.15	3.80	3.58	3.41	3.29	3.20	3.12	3.06	2.96	2.86	2.76	2.70	2.64	2.59	2.52	2.46	2.40
16	6.12	4.69	4.08	3.73	3.50	3.34	3.22	3.12	3.05	2.99	2.89	2.79	2.68	2.63	2.57	2.51	2.45	2.38	2.32
17	6.04	4.62	4.01	3.66	3.44	3.28	3.16	3.06	2.98	2.92	2.82	2.72	2.62	2.56	2.50	2.44	2.38	2.32	2.25
18	5.98	4.56	3.95	3.61	3.38	3.22	3.10	3.01	2.93	2.87	2.77	2.67	2.56	2.50	2.44	2.38	2.32	2.26	2.19
19	5.92	4.51	3.90	3.56	3.33	3.17	3.05	2.96	2.88	2.82	2.72	2.62	2.51	2.45	2.39	2.33	2.27	2.20	2.13
20	5.87	4.46	3.86	3.51	3.29	3.13	3.01	2.91	2.84	2.77	2.68	2.57	2.46	2.41	2.35	2.29	2.22	2.16	2.09
21	5.83	4.42	3.82	3.48	3.25	3.09	2.97	2.87	2.80	2.73	2.64	2.53	2.42	2.37	2.31	2.25	2.18	2.11	2.04
22	5.79	4.38	3.78	3.44	3.22	3.05	2.93	2.84	2.76	2.70	2.60	2.50	2.39	2.33	2.27	2.21	2.14	2.08	2.00
23	5.75	4.35	3.75	3.41	3.18	3.02	2.90	2.81	2.73	2.67	2.57	2.47	2.36	2.30	2.24	2.18	2.11	2.04	1.97
24	5.72	4.32	3.72	3.38	3.15	2.99	2.87	2.78	2.70	2.64	2.54	2.44	2.33	2.27	2.21	2.15	2.08	2.01	1.94
25	5.69	4.29	3.69	3.35	3.13	2.97	2.85	2.75	2.68	2.61	2.51	2.41	2.30	2.24	2.18	2.12	2.05	1.98	1.91
26	5.66	4.27	3.67	3.33	3.10	2.94	2.82	2.73	2.65	2.59	2.49	2.39	2.28	2.22	2.16	2.09	2.03	1.95	1.88
27	5.63	4.24	3.65	3.31	3.08	2.92	2.80	2.71	2.63	2.57	2.47	2.36	2.25	2.19	2.13	2.07	2.00	1.93	1.85
28	5.61	4.22	3.63	3.29	3.06	2.90	2.78	2.69	2.61	2.55	2.45	2.34	2.23	2.17	2.11	2.05	1.98	1.91	1.83
29	5.59	4.20	3.61	3.27	3.04	2.88	2.76	2.67	2.59	2.53	2.43	2.32	2.21	2.15	2.09	2.03	1.96	1.89	1.81
30	5.57	4.18	3.59	3.25	3.03	2.87	2.75	2.65	2.57	2.51	2.41	2.31	2.20	2.14	2.07	2.01	1.94	1.87	1.79
40	5.42	4.05	3.46	3.13	2.90	2.74	2.62	2.53	2.45	2.39	2.29	2.18	2.07	2.01	1.94	1.88	1.80	1.72	1.64
60	5.29	3.93	3.34	3.01	2.79	2.63	2.51	2.41	2.33	2.27	2.17	2.06	1.94	1.88	1.82	1.74	1.67	1.58	1.48
120	5.15	3.80	3.23	2.89	2.67	2.52	2.39	2.30	2.22	2.16	2.05	1.94	1.82	1.76	1.69	1.61	1.53	1.43	1.31
∞	5.02	3.69	3.12	2.79	2.57	2.41	2.29	2.19	2.11	2.05	1.94	1.83	1.71	1.64	1.57	1.48	1.39	1.27	1.00

续表

$\alpha = 0.01$

m \ n	1	2	3	4	5	6	7	8	9	10	12	15	20	24	30	40	60	120	∞
1	4052	4999.5	5403	5625	5764	5859	5928	5982	6022	6056	6106	6157	6209	6235	6261	6287	6313	6339	6366
2	98.50	99.00	99.17	99.25	99.30	99.33	99.36	99.37	99.39	99.40	99.42	99.43	99.45	99.46	99.47	99.47	99.48	99.49	99.50
3	34.12	30.82	29.46	28.71	28.24	27.91	27.67	27.49	27.35	27.23	27.05	26.87	26.69	26.60	26.50	26.41	26.32	26.22	26.13
4	21.20	18.00	16.69	15.98	15.52	15.21	14.98	14.80	14.66	14.55	14.37	14.20	14.02	13.93	13.84	13.75	13.65	13.56	13.46
5	16.26	13.27	12.06	11.39	10.97	10.67	10.46	10.29	10.16	10.05	9.89	9.72	9.55	9.47	9.38	9.29	9.20	9.11	9.02
6	13.75	10.92	9.78	9.15	8.75	8.47	8.26	8.10	7.98	7.87	7.72	7.56	7.40	7.31	7.23	7.14	7.06	6.97	6.88
7	12.25	9.55	8.45	7.85	7.46	7.19	6.99	6.84	6.72	6.62	6.47	6.31	6.16	6.07	5.99	5.91	5.82	5.74	5.65
8	11.26	8.65	7.59	7.01	6.63	6.37	6.18	6.03	5.91	5.81	5.67	5.52	5.36	5.28	5.20	5.12	5.03	4.95	4.86
9	10.56	8.02	6.99	6.42	6.06	5.80	5.61	5.47	5.35	5.26	5.11	4.96	4.81	4.73	4.65	4.57	4.48	4.40	4.31
10	10.04	7.56	6.55	5.99	5.64	5.39	5.20	5.06	4.94	4.85	4.71	4.56	4.41	4.33	4.25	4.17	4.08	4.00	3.91
11	9.65	7.21	6.22	5.67	5.32	5.07	4.89	4.74	4.63	4.54	4.40	4.25	4.10	4.02	3.94	3.86	3.78	3.69	3.60
12	9.33	6.93	5.95	5.41	5.06	4.82	4.64	4.50	4.39	4.30	4.16	4.01	3.86	3.78	3.70	3.62	3.54	3.45	3.36
13	9.07	6.70	5.74	5.21	4.86	4.62	4.44	4.30	4.19	4.10	3.96	3.82	3.66	3.59	3.51	3.43	3.34	3.25	3.17
14	8.86	6.51	5.56	5.04	4.69	4.46	4.28	4.14	4.03	3.94	3.80	3.66	3.51	3.43	3.35	3.27	3.18	3.09	3.00
15	8.68	6.36	5.42	4.89	4.56	4.32	4.14	4.00	3.89	3.80	3.67	3.52	3.37	3.29	3.21	3.13	3.05	2.96	2.87
16	8.53	6.23	5.29	4.77	4.44	4.20	4.03	3.89	3.78	3.69	3.55	3.41	3.26	3.18	3.10	3.02	2.93	2.84	2.75
17	8.40	6.11	5.18	4.67	4.34	4.10	3.93	3.79	3.68	3.59	3.46	3.31	3.16	3.08	3.00	2.92	2.83	2.75	2.65
18	8.29	6.01	5.09	4.58	4.25	4.01	3.84	3.71	3.60	3.51	3.37	3.23	3.08	3.00	2.92	2.84	2.75	2.66	2.57
19	8.18	5.93	5.01	4.50	4.17	3.94	3.77	3.63	3.52	3.43	3.30	3.15	3.00	2.92	2.84	2.76	2.67	2.58	2.49
20	8.10	5.85	4.94	4.43	4.10	3.87	3.70	3.56	3.46	3.37	3.23	3.09	2.94	2.86	2.78	2.69	2.61	2.52	2.42

续表

$\alpha = 0.01$

n \ m	1	2	3	4	5	6	7	8	9	10	12	15	20	24	30	40	60	120	∞
21	8.02	5.78	4.87	4.37	4.04	3.81	3.64	3.51	3.40	3.31	3.17	3.03	2.88	2.80	2.72	2.64	2.55	2.46	2.36
22	7.95	5.72	4.82	4.31	3.99	3.76	3.59	3.45	3.35	3.26	3.12	2.98	2.83	2.75	2.67	2.58	2.50	2.40	2.31
23	7.88	5.66	4.76	4.26	3.94	3.71	3.54	3.41	3.30	3.21	3.07	2.93	2.78	2.70	2.62	2.54	2.45	2.35	2.26
24	7.82	5.61	4.72	4.22	3.90	3.67	3.50	3.36	3.26	3.17	3.03	2.89	2.74	2.66	2.58	2.49	2.40	2.31	2.21
25	7.77	5.57	4.68	4.18	3.85	3.63	3.46	3.32	3.22	3.13	2.99	2.85	2.70	2.62	2.54	2.45	2.36	2.27	2.17
26	7.72	5.53	4.64	4.14	3.82	3.59	3.42	3.29	3.18	3.09	2.96	2.81	2.66	2.58	2.50	2.42	2.33	2.23	2.13
27	7.68	5.49	4.60	4.11	3.78	3.56	3.39	3.26	3.15	3.06	2.93	2.78	2.63	2.55	2.47	2.38	2.29	2.20	2.10
28	7.64	5.45	4.57	4.07	3.75	3.53	3.36	3.23	3.12	3.03	2.90	2.75	2.60	2.52	2.44	2.35	2.26	2.17	2.06
29	7.60	5.42	4.54	4.04	3.73	3.50	3.33	3.20	3.09	3.00	2.87	2.73	2.57	2.49	2.41	2.33	2.23	2.14	2.03
30	7.56	5.39	4.51	4.02	3.70	3.47	3.30	3.17	3.07	2.98	2.84	2.70	2.55	2.47	2.39	2.30	2.21	2.11	2.01
40	7.31	5.18	4.31	3.83	3.51	3.29	3.12	2.99	2.89	2.80	2.66	2.52	2.37	2.29	2.20	2.11	2.02	1.92	1.80
60	7.08	4.98	4.13	3.65	3.34	3.12	2.95	2.82	2.72	2.63	2.50	2.35	2.20	2.12	2.03	1.94	1.84	1.73	1.60
120	6.85	4.79	3.95	3.48	3.17	2.96	2.79	2.66	2.56	2.47	2.34	2.19	2.03	1.95	1.86	1.76	1.66	1.53	1.38
∞	6.63	4.61	3.78	3.32	3.02	2.80	2.64	2.51	2.41	2.32	2.18	2.04	1.88	1.79	1.70	1.59	1.47	1.32	1.00

$\alpha = 0.005$

n \ m	1	2	3	4	5	6	7	8	9	10	12	15	20	24	30	40	60	120	∞
1	16211	20000	21615	22500	23056	23437	23715	23925	24091	24224	24426	34630	24836	24940	25044	25148	25253	25359	25465
2	198.5	199.0	199.2	199.2	199.3	199.3	199.4	199.4	199.4	199.4	199.4	199.4	199.4	199.5	199.5	199.5	199.5	199.5	199.5
3	55.55	49.80	47.47	46.19	45.39	44.84	44.43	44.13	43.88	43.69	43.39	43.08	42.78	42.62	42.47	42.31	42.15	41.99	41.83
4	31.33	26.28	24.26	23.15	22.46	21.97	21.62	21.35	21.14	20.97	20.07	20.44	20.17	20.03	19.89	19.75	19.61	19.47	19.32
5	22.78	18.31	16.53	15.56	14.94	14.51	14.20	13.96	13.77	13.62	13.38	13.15	12.90	12.78	12.66	12.53	12.40	12.27	12.14
6	18.63	14.54	12.92	12.03	11.46	11.07	10.79	10.57	10.39	10.25	10.03	9.81	9.59	9.47	9.36	9.24	9.12	9.00	8.88
7	16.24	12.40	10.88	10.05	9.52	9.16	8.89	8.68	8.51	8.38	8.18	7.97	7.75	7.65	7.53	7.42	7.31	7.19	7.08

续表

α = 0.005

n\m	1	2	3	4	5	6	7	8	9	10	12	15	20	24	30	40	60	120	∞
8	14.69	11.04	9.60	8.81	8.30	7.95	7.69	7.50	7.34	7.21	7.01	6.81	6.61	6.50	6.40	6.29	6.18	6.06	5.95
9	13.61	10.11	8.72	7.96	7.47	7.13	6.88	6.69	6.54	6.42	6.23	6.03	5.83	5.73	5.62	5.52	5.41	5.30	5.19
10	12.83	9.43	8.08	7.34	6.87	6.54	6.30	6.12	5.97	5.85	5.66	5.47	5.27	5.17	5.07	4.97	4.86	4.75	4.64
11	12.23	8.91	7.60	6.88	6.42	6.10	5.86	5.68	5.54	5.42	5.24	5.05	4.86	4.76	4.65	4.55	4.44	4.34	4.23
12	11.75	8.51	7.23	6.52	6.07	5.76	5.52	5.35	5.20	5.09	4.91	4.72	4.53	4.43	4.33	4.23	4.12	4.01	3.90
13	11.37	8.19	6.93	6.23	5.79	5.48	5.25	5.08	4.94	4.82	4.64	4.46	4.27	4.17	4.07	3.97	3.87	3.76	3.65
14	11.06	7.92	6.68	6.00	5.56	5.26	5.03	4.86	4.72	4.60	4.43	4.25	4.06	3.96	3.86	3.76	3.66	3.55	3.44
15	10.80	7.70	6.48	5.80	5.37	5.07	4.85	4.67	4.54	4.42	4.25	4.07	3.88	3.79	3.69	3.58	3.48	3.37	3.26
16	10.58	7.51	6.30	5.64	5.21	4.91	4.69	4.52	4.38	4.27	4.10	3.92	3.73	3.64	3.54	3.44	3.33	3.22	3.11
17	10.38	7.35	6.16	5.50	5.07	4.78	4.56	4.39	4.25	4.14	3.97	3.79	3.61	3.51	3.41	3.31	3.21	3.10	2.98
18	10.22	7.21	6.03	5.37	4.96	4.66	4.44	4.28	4.14	4.03	3.86	3.68	3.50	3.40	3.30	3.20	3.10	2.99	2.87
19	10.07	7.09	5.92	5.27	4.85	4.56	4.34	4.18	4.04	3.93	3.76	3.59	3.40	3.31	3.21	3.11	3.00	2.89	2.78
20	9.94	6.99	5.82	5.17	4.76	4.47	4.26	4.09	3.96	3.85	3.68	3.50	3.32	3.22	3.12	3.02	2.92	2.81	2.69
21	9.83	6.89	5.73	5.09	4.68	4.39	4.18	4.01	3.88	3.77	3.60	3.43	3.24	3.15	3.05	2.95	2.84	2.73	2.61
22	9.73	6.81	5.65	5.02	4.61	4.32	4.11	3.94	3.81	3.70	3.54	3.36	3.18	3.08	2.98	2.88	2.77	2.66	2.55
23	9.63	6.73	5.58	4.95	4.54	4.26	4.05	3.88	3.75	3.64	3.47	3.30	3.12	3.02	2.92	2.82	2.71	2.60	2.48
24	9.55	6.66	5.52	4.89	4.49	4.20	3.99	3.83	3.69	3.59	3.42	3.25	3.06	2.97	2.87	2.77	2.66	2.55	2.43
25	9.48	6.60	5.46	4.84	4.43	4.15	3.94	3.78	3.64	3.54	3.37	3.20	3.01	2.92	2.82	2.72	2.61	2.50	2.38
26	9.41	6.54	5.41	4.79	4.38	4.10	3.89	3.73	3.60	3.49	3.33	3.15	2.97	2.87	2.77	2.67	2.56	2.45	2.33
27	9.34	6.49	5.36	4.74	4.34	4.06	3.85	3.69	3.56	3.45	3.28	3.11	2.93	2.83	2.73	2.63	2.52	2.41	2.29
28	9.28	6.44	5.32	4.70	4.30	4.02	3.81	3.65	3.52	3.41	3.25	3.07	2.89	2.79	2.69	2.59	2.48	2.37	2.25

续表

α = 0.005

n \ m	1	2	3	4	5	6	7	8	9	10	12	15	20	24	30	40	60	120	∞
29	9.23	6.40	5.28	4.66	4.26	3.98	3.77	3.61	3.48	3.38	3.21	3.04	2.86	2.76	2.66	2.56	2.45	2.33	2.21
30	9.18	6.35	5.24	4.62	4.23	3.95	3.74	3.58	3.45	3.34	3.18	3.01	2.82	3.73	2.63	2.52	2.42	2.30	2.18
40	8.83	6.07	4.98	4.37	3.99	3.71	3.51	3.35	3.22	3.12	2.95	2.78	2.60	2.50	2.40	2.30	2.18	2.06	1.93
60	8.49	5.79	4.73	4.14	3.76	3.49	3.29	3.13	3.01	2.90	2.74	2.57	2.39	2.29	2.19	2.08	1.96	1.83	1.69
120	8.18	5.54	4.50	3.92	3.55	3.28	3.09	2.93	2.81	2.71	2.54	2.37	2.19	2.09	1.98	1.87	1.75	1.61	1.43
∞	7.88	5.30	4.28	3.72	3.35	3.09	2.90	2.74	2.62	2.52	2.36	2.19	2.00	1.90	1.79	1.67	1.53	1.36	1.00

α = 0.001

n \ m	1	2	3	4	5	6	7	8	9	10	12	15	20	24	30	40	60	120	∞
1	4053†	5000†	5404†	5625†	5764†	5859†	5929†	5981†	6023†	6056†	6107†	6158†	6209†	6235†	6261†	6287†	6313†	6340†	6366†
2	998.5	999.0	999.2	999.2	999.3	999.3	999.4	999.4	999.4	999.4	999.4	999.4	999.4	999.5	999.5	999.5	999.5	999.5	999.5
3	167.0	148.5	141.1	137.1	134.6	132.8	131.6	130.6	129.9	128.3	129.2	127.4	126.4	125.9	125.4	125.0	124.5	124.0	123.5
4	74.14	61.25	56.18	53.44	51.71	50.53	49.66	49.00	48.47	48.05	47.41	46.76	46.10	45.77	45.43	45.09	44.75	44.40	44.05
5	47.18	37.12	33.20	31.09	27.75	28.84	28.16	27.64	27.24	26.92	26.42	25.91	25.39	25.14	24.87	24.60	24.33	24.06	23.79
6	35.51	27.00	23.70	21.92	20.81	20.03	19.46	19.03	18.69	18.41	17.99	17.56	17.12	16.89	16.67	16.44	16.21	15.99	15.75
7	29.25	21.69	18.77	17.19	16.21	15.52	15.02	14.63	14.33	14.08	13.71	13.32	12.93	12.73	12.53	12.33	12.12	11.91	11.70
8	25.42	18.49	15.83	14.39	13.49	12.86	12.40	12.04	11.77	11.54	11.19	10.84	10.48	10.30	10.11	9.92	9.73	9.53	9.33
9	22.86	16.39	13.90	12.56	11.71	11.13	10.70	10.37	10.11	9.89	9.57	9.24	8.90	8.72	8.55	8.37	8.19	8.00	7.81
10	21.04	14.91	12.55	11.28	10.48	9.92	9.52	9.20	8.96	8.75	8.45	8.13	7.80	7.64	7.47	7.30	7.12	6.94	6.76
11	19.69	13.81	11.56	10.35	9.58	9.05	8.66	8.35	8.12	7.92	7.63	7.32	7.01	6.85	6.68	6.52	6.35	6.17	6.00
12	18.64	12.97	10.80	9.63	8.89	8.38	8.00	7.71	7.48	7.29	7.00	6.71	6.40	6.25	6.09	5.93	5.76	5.59	5.42
13	17.81	12.31	10.21	9.07	8.35	7.86	7.49	7.21	6.98	6.80	6.52	6.23	5.93	5.78	5.63	5.47	5.30	5.14	4.97
14	17.14	11.78	9.73	8.62	7.92	7.43	7.08	6.80	6.58	6.40	6.13	5.85	5.56	5.41	5.25	5.10	4.94	4.77	4.60
15	16.59	11.34	9.34	8.25	7.57	7.09	6.74	6.47	6.26	6.08	5.81	5.54	5.25	5.10	4.95	4.80	4.64	4.47	4.31
16	16.12	10.97	9.00	7.94	7.27	6.81	6.46	6.19	5.98	5.81	5.55	5.27	4.99	4.85	4.70	4.54	4.39	4.23	4.06

续表

α = 0.001

n \ m	1	2	3	4	5	6	7	8	9	10	12	15	20	24	30	40	60	120	∞
17	15.72	10.66	8.73	7.68	7.02	7.56	6.22	5.96	5.75	5.58	5.32	5.05	4.78	4.63	4.48	4.33	4.18	4.02	3.85
18	15.38	10.39	8.49	7.46	6.81	6.35	6.02	5.76	5.56	5.39	5.13	4.87	4.59	4.45	4.30	4.15	4.00	3.84	3.67
19	15.08	10.16	8.28	7.26	6.62	6.18	5.85	5.59	5.39	5.22	4.97	4.70	4.43	4.29	4.14	3.99	3.84	3.68	3.51
20	14.82	9.95	8.10	7.10	6.46	6.02	5.69	5.44	5.24	5.08	4.82	4.56	4.29	4.15	4.00	3.86	3.70	3.54	3.38
21	14.59	9.77	7.94	6.95	6.32	5.88	5.56	5.31	5.11	4.95	4.70	4.44	4.17	4.03	3.88	3.74	3.58	3.42	3.26
22	14.38	9.61	7.80	6.81	6.19	5.76	5.44	5.19	4.99	4.83	4.58	4.33	4.06	3.92	3.78	3.63	3.48	3.32	3.15
23	14.19	9.47	7.67	6.69	6.08	5.65	5.33	5.09	4.89	4.73	4.48	4.23	3.96	3.82	3.68	3.53	3.38	3.22	3.05
24	14.03	9.34	7.55	6.59	5.98	5.55	5.23	4.99	4.80	4.64	4.39	4.14	3.87	3.74	3.59	3.45	3.29	3.14	2.97
25	13.88	9.22	7.45	6.49	5.88	5.46	5.15	4.91	4.71	4.56	4.31	4.06	3.79	3.66	3.52	3.37	3.22	3.06	2.89
26	13.74	9.12	7.36	6.41	5.80	5.38	5.07	4.83	4.64	4.48	4.24	3.99	3.72	3.59	3.44	3.30	3.15	2.99	2.82
27	13.61	9.02	7.27	6.33	5.73	5.31	5.00	4.76	4.57	4.41	4.17	3.92	3.66	3.52	3.38	3.23	3.08	2.92	2.75
28	13.50	8.93	7.19	6.25	5.66	5.24	4.93	4.69	4.50	4.35	4.11	3.86	3.60	3.46	3.32	3.18	3.02	2.86	2.69
29	13.39	8.85	7.12	6.19	5.59	5.18	4.87	4.64	4.45	4.29	4.05	3.80	3.54	3.41	3.27	3.12	2.97	2.81	2.64
30	13.29	8.77	7.05	6.12	5.53	5.12	4.82	4.58	4.39	4.24	4.00	3.75	3.49	3.36	3.22	3.07	2.92	2.76	2.59
40	12.61	8.25	6.60	5.70	5.13	4.73	4.44	4.21	4.02	3.87	3.64	3.40	3.15	3.01	2.87	2.73	2.57	2.41	2.23
60	11.97	7.76	6.17	5.31	4.76	4.37	4.09	3.87	3.69	3.54	3.31	3.08	2.83	2.69	2.55	2.41	2.25	2.08	1.89
120	11.38	7.32	5.79	4.95	4.42	4.04	3.77	3.55	3.38	3.24	3.02	2.78	2.53	2.40	2.26	2.11	1.95	1.76	1.54
∞	10.83	6.91	5.42	4.62	4.10	3.74	3.47	3.27	3.10	2.96	2.74	2.51	2.27	2.13	1.99	1.84	1.66	1.45	1.00

† 表示要将此数乘以 100

索 引

B

边缘分布律, 99
边缘概率密度函数, 102
泊松 (Poisson) 分布, 65

C

超几何 (Hypergeometric) 分布, 66
成对数据, 236
抽样分布, 149

D

第二类错误, 206
第一类错误, 206
点估计, 168
多元线性回归, 267

E

二维正态分布, 104
二项分布, 61

F

方差, 82
方差分析, 239
分布函数, 52
分布律, 55
负二项分布, 64

G

概率, 29
概率密度, 57
个体, 4
古典概型, 31

J

极差, 8, 150
几何分布, 62
假设检验, 204
简单随机样本, 147
茎叶图, 11
矩, 88
矩估计法, 168
均匀分布, 65
均值, 6

L

联合分布律, 98
联合密度函数, 101
两点分布, 60

Q

区间估计, 191
全概率公式, 40

S

散点图, 14
数学期望, 78
顺序统计量, 150
四分位数, 7
随机变量, 52
随机事件, 25
随机试验, 26

T

条件分布, 112
条件分布律, 113

条件概率, 36
条件概率密度, 116
统计量, 147, 149

W

无偏性 (unbiasedness), 182

X

显著性检验, 206
相关系数, 124
相合性 (consistency), 187
箱线图, 15
协方差, 123
协方差矩阵, 129

Y

样本, 5
样本变异系数, 150
样本标准差, 150
样本方差, 9, 150
样本均值, 150
样本空间, 26
样本 k 阶原点矩, 150
样本 k 阶中心矩, 150
一元线性回归, 251
有效性 (efficiency), 184
原假设, 205

Z

正态分布, 71
直方图, 12
指数分布, 69
置信区间, 192
中位数, 6
中心极限定理, 152
总体, 4
最大似然估计法, 172

其他

Bayes 公式, 42
Logistic 线性回归, 275
F 分布, 160
χ^2 分布, 156
t 分布, 159